滚动复利理论
系列丛书

滚动交易系统

应知应会篇

罗振文 著

- 全方位讲解滚动操盘的应知应会知识要点、难点和重点。
- 知识体系完整、技术切实可行、内容丰富翔实。
- 能让读者在极短的时间内学会滚动交易系统的核心要领。

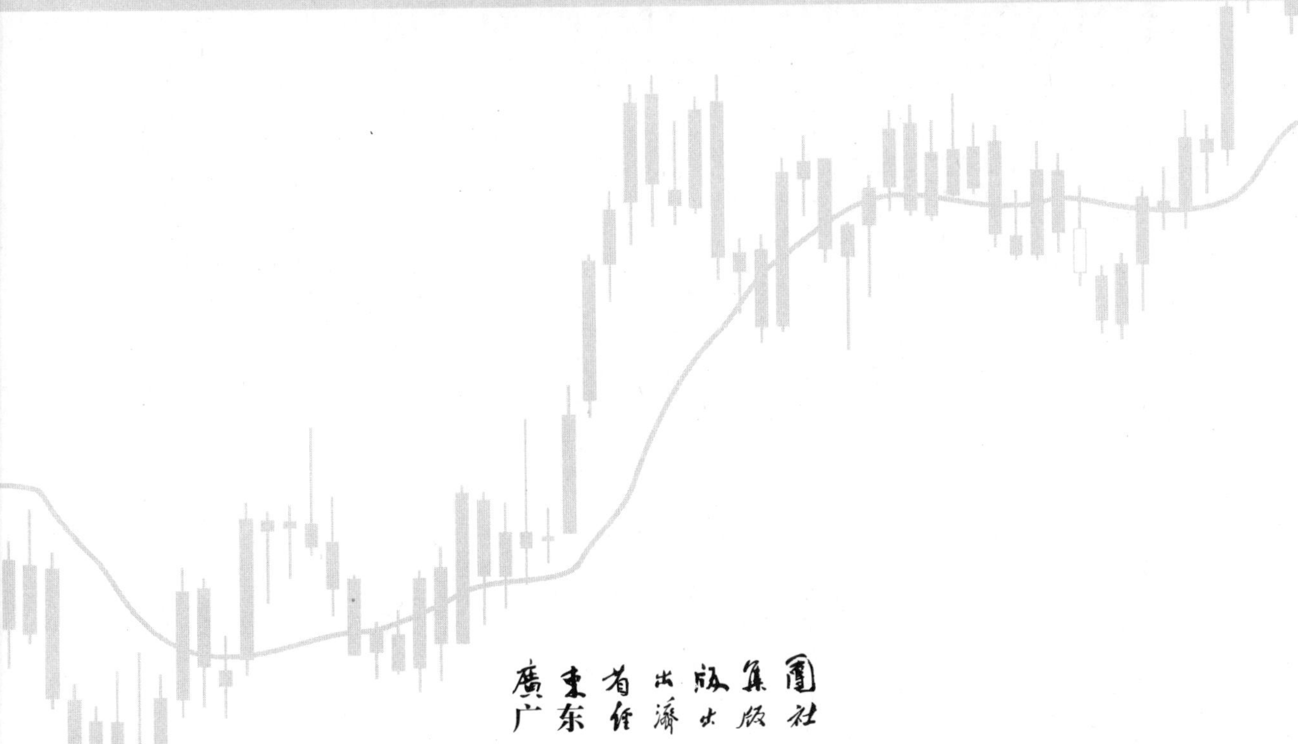

廣東省出版集團
广东经济出版社

图书在版编目（CIP）数据

滚动交易系统．应知应会篇／罗振文著．—广州：广东经济出版社，2012.9

（滚动复利理论系列丛书）

ISBN 978－7－5454－1509－4

Ⅰ.①滚…　Ⅱ.①罗…　Ⅲ.①股票交易—基本知识　Ⅳ.①F830.91

中国版本图书馆CIP数据核字（2012）第204937号

出版发行	广东经济出版社（广州市环市东路水荫路11号11～12楼）
经销	全国新华书店
印刷	广东新华印刷有限公司（广东省佛山市南海区盐步河东中心路）
开本	787毫米×1092毫米　1/16
印张	20.25　2插页
字数	332 000字
版次	2012年9月第1版
印次	2012年9月第1次
印数	1～6 000册
书号	ISBN 978－7－5454－1509－4
定价	50.00元

如发现印装质量问题，影响阅读，请与承印厂联系调换。

发行部地址：广州市环市东路水荫路11号11楼

电话：（020）38306055　38306107　邮政编码：510075

邮购地址：广州市环市东路水荫路11号11楼

邮购电话：（020）37601950　邮政编码：510075

营销网址：**http：//www.gebook.com**

广东经济出版社常年法律顾问：何剑桥律师

顺应天道，合乎时势，见机而作，生生不息。

关于《滚动交易系统》的来由

这些年来不断地思索：有什么办法能够在股市上稳定盈利？2009 年夏天，匆匆忙忙写了一本《滚动操盘技术》，原来计划写成上下两册，因为工作繁忙，只完成了上册，就没有再写下去。这本书是我书面探讨稳定盈利的开始。现在回过头来再看，发现书里有很多很幼稚的地方，需要逐一订正，于是就有了再写一本第二版的想法。但是，几经折腾，还是作罢了。2010 年初夏，反复思考之后又写了一本《滚动交易技术》，继续深化稳定盈利的想法，出版之后，受欢迎的程度超出了我的预期，说明追求稳定盈利的投资者为数不少。但是，这本书还是有很多欠缺，还不能完全反映我对稳定盈利的构想。经过两年多的实践之后，我对稳定盈利又有了新的想法。于是，2012 年夏天开始写作《滚动交易系统》这套丛书。和《滚动操盘技术》、《滚动交易技术》相比，这套《滚动交易系统》基本上属于重写的新书，除了稳定盈利的投资理念不变之外，在框架结构上和内容安排上，都鲜有雷同之处。特地说明。

《滚动交易系统》属于套书，共分为五个独立分册，各个分册的主体内容大致如下：

一、《应知应会篇》全方位讲解滚动操盘的应知应会知识要点、难点和重点。具有知识体系完整、技术切实可行等特点。能让读者在最短的时间内学会滚动交易系统的核心要领。

二、《实战案例篇》收录作者及其粉丝们多年来的实战案例，真实记录滚动操作的盈利过程，详细讲解实盘操作中如何运用滚动交易系统达成盈利目标。

三、《疑问解答篇》详细讲述投资者在学习滚动交易系统过程中碰到的各种疑难问题，通过实战案例来解释疑难问题的重点和难点，并给出切实可行的非常个性化的解决方案。

四、《训练图谱篇》属于滚动交易系统实训教材，用训练图谱的形式，将滚动交易系统模块化、系统化、工具化，使读者在最短的时间内快速掌握滚动交易系统的精髓。

五、《心智训练篇》用大量的实战案例，结合心理学知识，讲解如何克服实战过程中的心理障碍，如何树立良好的心态，提高心理素质，在股市上做到长期稳定盈利。

关于滚动交易系统的学习和实践，我想引用杰西·利弗摩尔说过的一段话来表达我的意思：耐心等待市场真正完美的趋势，不要做预测性介入；耐心、把握时机是获得成功的诀窍。赚大钱要靠静静地等待，而不是靠预测和想法。我们需要做的只是观察市场，看看市场正在告诉我们什么，并对此做出反应。答案就在市场本身，我们要无条件地顺从和尊重市场。

目 录

前言　关于《滚动交易系统》的来由

第一章　滚动交易系统操盘原则

第一节　本金安全第一，先求稳而后求赚　4
第二节　稳健至上，稳定盈利，长久生存　6
第三节　不断滚动复利，实现收益最大化　8

第二章　滚动交易系统交易策略

第一节　初级阶段以低频滚动为主要交易策略　14
第二节　中级阶段以中频滚动为主要交易策略　16
第三节　高级阶段以高频滚动为主要交易策略　18

第三章　滚动交易系统选股思路

第一节　低风险区域优先的选股原则　23
第二节　低价位品种优先的选股原则　42

第三节 低技术态势优先的选股原则 44

第四章 滚动交易系统进场要领

第一节 根据K线形态结构选择买点 53
第二节 根据关键技术点位选择买点 75
第三节 根据量能集散结构选择买点 84

第五章 滚动交易系统持筹要领

第一节 小型资金持筹要领 98
第二节 中型资金持筹要领 112
第三节 大型资金持筹要领 113

第六章 滚动交易系统出场要领

第一节 根据K线形态结构选择卖点 121
第二节 根据关键技术点位选择卖点 134
第三节 根据量能集散结构选择卖点 139

第七章 滚动交易系统资金配置

第一节 上升市道资金配置的基本原则 145
第二节 平衡市道资金配置的基本原则 148
第三节 下跌市道资金配置的基本原则 150

第八章 滚动交易系统仓位管理

第一节 建立基础仓位的基本方法 171
第二节 使用滚动仓位的基本方法 184
第三节 仓位动态调节的基本方法 271

第九章 滚动交易系统风险控制

第一节 事前制定缜密严谨的交易计划 285
第二节 严格按照滚动交易技术要领操作 292
第三节 要力戒贪婪和恐惧，坚决止盈和止损 294

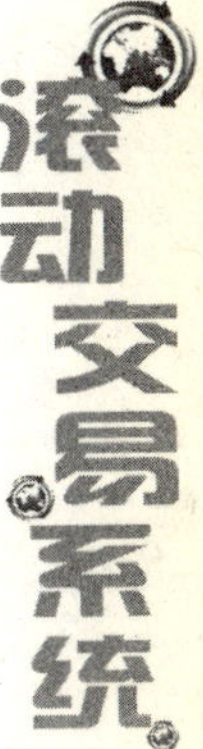

第十章 滚动交易系统修炼方法

第一节 初级交易员滚动操盘修炼方法 300
第二节 中级交易员滚动操盘修炼方法 311
第三节 高级交易员滚动操盘修炼方法 313

后记 滚动复利是成功人生的秘诀

第一章 滚动交易系统操盘原则

【本章学习要点】

一、本金安全第一，先求稳而后求赚

二、稳健至上，稳定盈利，长久生存

三、不断滚动复利，实现收益最大化

滚动交易系统的总体操盘原则，应该充分体现出稳中求胜的交易理念，在确保本金不受亏损的前提下，全力争取资本收益的最大化。用几个关键词来表述滚动交易系统的总体原则，可以归纳为两组八句短语。第一组是：顺应天意，合乎时势，择机而作，生生不息；第二组是：紧扣热点，快速转换，高频交易，滚动复利。这两组关键词各自的侧重点不同，第一组是关于操盘战略层面的，是我们的指导思想。意思是说，我们要顺势而为，天意不可违，不要逆势而动。我们的每一次交易，都要建立在合乎时势的基础之上，如果不是合乎时势的交易，最终必定是失败的交易。这个市场有太多的诱惑，也有太多的陷阱。因此，我们要做到见机不惑，择机而作，而不是心驰神荡，意乱情迷，要把持住自己，沉得住气，才能生生不息。第二组关键词是关于操盘战术层面的，是我们的交易技法。我们知道，任何一波阶段性的大行情或小行情，即所谓市场热点，都是政策驱动、资金推动的结果。我们不可能依靠自身的力量制造热点，但我们可以紧紧盯住市场的热点，紧扣热点，快速转换，在交易技法上，或者操盘技术上，采取高频滚动的方式来完成每一个项目的交易。这样做的目的，就是要借助频繁的交易来实现复利的目标。为了达成这个目标，在技术框架设计上，我们选择了高频滚动复利的操作方法。我们认为，滚动交易系统的核心和精髓，就在于高频滚动复利。因此，具体而言，我们要在实际操作中，彻底贯彻我们的操盘原则，也就是首先顺应大趋势，在大趋势整体有利的背景下，全力出击。具体而言，就是立足于大波段套利、小波段投机、日内滚动博取差价，在滚动操作的基础上实现本金复利化，在复利化的基础上实现资本收益最大化。总而言之，我们的目标，就是用高频滚动复利的方式实现资本收益最大化。而要实现这个目标，就必须严格执行滚动交易系统的操作战略和操盘战术，技术性买卖，策略性投资，以点位操盘技术为日常操作基础，以区位操盘技术为阶段操作依托，积极追踪市场热点，紧跟主流资金步伐，充分发挥私募资金自身特有的灵活优势，加速资金流转，在有效规避风险的前提下，快速转换，频繁出击，用高频滚动交易来达成我们的创富目标。

滚动交易系统建立在成熟的心智之上，心力强大才能成功。沉稳、细致、严谨是我们倡导的操盘风格，张狂、粗疏、松散是失败的根由，要坚决杜绝。和任何操盘技术一样，技术本身是冰冷的、机械的，唯有注入了人的因素，才能成为有用的创富工具。同一种技术、同一套系统，不同的人用会得到不同的结果，产生差异的原因不在于技术本身，而在于人的差异。人与人之间，最大的差异在于什么呢？不是知识、不是财富、不是身份和地位，而是心智、定力、胸襟和气魄。决定交易成败的终极因素，也不是知识、财富、身份和地位这些东西，而是与心力有关的看不见摸不着的东西。这些东西无影无形，却又无时不在无处不在。它们左右了我们的交易，影响交易的成败甚至决定交易的成败。因此，当我们学习滚动交易系统的时候，不能仅仅停留在技术层面的学习，而是要同步训练自己的心智，使自己的内心世界变得强大，坚强无比，使自己形成沉稳、细致、严谨的操盘风格，彻底摒弃张狂的作风，彻底改掉粗疏的陋习，彻底革除松散的弊病。当你不断修炼达到这样的境界之时，就是你登堂入室成为绝伦圆融的顶级高手之日。你现在也许还不是，但是，既然你下定了决心，坚持不懈地努力下去，终有一日成功会属于你。

第一节 本金安全第一，先求稳而后求赚

世界上最伟大的股神巴菲特曾经说过：投资股市获得成功的第一条秘诀是保住本金，第二条秘诀请参见第一条，第三条秘诀请参见第二条。打个比方来说，本金就是我们的种子，如果没有了种子，我们便无法播种，更无法期望有收获。在投资市场上，每时每刻都会面临各种风险，随时都可能产生亏损。因此，我们要时时刻刻都小心翼翼，谨慎操作，在每一次操作的时候，要默念三声：我一定要谨慎操作，因为保住本金比赚钱更重要。可以这样说，进入股票市场，开始投资之前，首先要牢牢记住巴菲特的忠告，最应该先考虑的就是如何不亏损，如何保住本金，然后才考虑如何盈利。如果本金都没有了，那么赚钱就只能是空谈。

既然本金安全是我们首先必须考虑的，那么无论何时何地，作为交易员，在决定买卖的时候，务必先问自己，在当前的技术状态下，在当前的空间位置中，在当前的市场环境中，我们这笔买卖是否处于安全态势中。我们可以考虑采用值博率来考量每一笔交易是否可行。如果值博率大于50%甚至更大，也就是胜算比较大，这个时候才考虑进场。相反，如果一笔交易的值博率很低，甚至我们自己心里都没有谱，那么，这样的交易就不要进行了。

总而言之，我们务必坚守的第一个操盘原则是：本金安全第一，先求稳而后求赚。怎样才能做到确保本金安全呢？比如在具体操作上，交易员务必先看大盘环境是否健康，是否适合操作。如果是，才考虑操作，如果不是，就保持观望。我们要记住，股市上的钱是永远也赚不完的，但是我们的本金很有限，很容易就会亏完了，因此我们没有必要在大盘环境欠佳的时候去冒险，轻率冒险是要付出巨大代价的。对于那些风险程度过高的品种，要坚决回避，绝不参与，这是铁律，要坚决遵守。情绪会影响我们的交易，当我们内心感到恐惧的时候，当我们心绪不宁的时候，当我们精神状态不佳的时候，宁可休息也不要勉强去交易。

为了确保本金的安全，我们只做自己熟悉的品种，只做自己能够把握的品种，凡是自己不熟悉的，凡是自己看不懂的，都要坚决摒弃，坚决回避。不要贪多务得，不要好大喜功，不要逞强好胜。要谦虚谨慎，沉着应战。孙子说，胜兵先胜而后求战。在股市上投资也好，投机也罢，都要先掐算掐算：风险大吗？胜算高吗？把握大吗？只有那些胜算比较高的机会、那些把握比较大的机会、那些风险比较小的机会，才是真正的好机会，才是我们需要的机会。

为了确保本金的安全，你需要首先学习滚动交易系统，学习如何选股、如何建仓、如何持股、如何滚动、如何清仓，等等。但是，光有这些技术层面的知识和技能是远远不够的，你还必须进行心智训练，使自己的内心世界变得强大、坚韧、笃定，使自己能够从容自若面对股市风云，涨跌不惊，应对得法，进退自如。也就是说，我们不仅要学习滚动交易系统，更要修心养性，炼心、修心、养心。每逢大事须有静气。而这种静气来源于精气神的聚合，来源于我们的日常修炼。当你真正修炼到家之后，你就会明白，在股市上，要确保本金的安全，需要的不仅仅是技术，更需要的是我们的心智。

第二节

稳健至上，稳定盈利，长久生存

股市如战场，想要在战场上最后胜出，首先要注意的是如何不被打败，如何保住性命，如何不被消灭。股市又如同足球场，要想不被对手打败，首先就要稳固防守，后防线绝对不能出纰漏，不给对手可乘之机。资本市场有很多不确定性因素，风险随时出没，防不胜防。我们身处资本市场，务必抱有一种战战兢兢、如临深渊、如履薄冰的谨慎和如临大敌的警戒。千万不可自以为是，恃才自傲，目空一切，以为自己可以独步天下。在资本市场，追求一夜暴富是很不现实的，没有人能够一蹴而就，企图迅速致富也难以心想事成。也就是说，不要祈求一口吃成胖子，罗马也不是一天可以建成的。财富需要慢慢积累，财富的创造正如当初江河湖海的形成，点点滴滴，日积月累，才有汪洋大海，才能蔚为大观。因此，当我们立志于学习滚动交易系统，决心用滚动复利创造财富的时候，千万不可急于求成。成语有云：集腋成裘，聚沙成塔。我们恪守的信念是稳健至上，稳定盈利。因为我们深切知道，只有稳健至上，稳定盈利，长久生存，才是正道。可以这样说，在资本市场上，比拼的不是一时之功，而是谁活得更长久。要想在资本市场上长久生存，就要把稳健放在第一位，追求稳定盈利。

因此，我们务必坚守的第二个操盘原则是：稳健至上，稳定盈利，长久生存。正如前边所说，在具体操作上，只操作自己熟悉的品种，只参与比较有把握的品种。凡是没有把握的、没有研究透彻的、没有计划的品种，一律不得随意操作。随意操作是我们的大敌，随意操作会给我们带来灭顶之灾，我们要彻底根除随意操作这种不良习惯。

要做到稳健至上，就要每时每刻都稳健放在第一位，无论是落实投资理念，确定交易理念，选用交易技术，筛选操作品种，建立交易系统，设计买卖信号，调度操作资金，配置仓位比例，落实风控措施，等等，每一个环节都要以稳健为评测基准，反复测试，反复检核，细致检查，深入评估，以确保周全，没有隐患和纰漏。细节决定成败，有时候，一件很细小的事情可以成全你，也可以彻底毁灭你。因此，我们在落实稳健至上措施的时候，要大处着眼，小处着手，特别是在制定交易计划的时候，要全方位反复权衡，从全局的高度，从整体的视野来考量，力争做到万无一失。在交易计划实施的过程中，既要坚决果断，又要镇定自若。坚决果断和鲁莽蛮干不是一回事，镇定自若和优柔寡断也不是一回事。我们要稳健至上，但不需要迟疑不决。勇敢、机智、坚定、沉着。这是我们的座右铭。

世界多变幻，行情多反复。人在股市上，总是很容易迷失自己，很容易张狂，也很容易沮丧。人性的弱点往往左右我们的交易，甚至促使我们意乱情迷，认不清自己。在这样的情境下，就完全无法控制好自己了，更别说什么稳定盈利了。因此，正如前边所说，学习滚动交易系统，不能仅仅停留在技术层面上，而要把学习技术和心智修炼结合在一起，静其心，笃其行，神思笃定，知行合一，只有这样，才有可能做到稳定盈利，长久生存。

第三节 不断滚动复利，实现收益最大化

滚动交易系统既崇尚价值投资，也信奉趋势投机。实际上，如果我们选择的操作标的没有投资价值，那么我们的选择就是不妥当的。没有投资价值的东西，不值得我们参与，这一点我们在学习之前首先要明确。也就是说，滚动交易系统是建立在价值投资的基础之上的。只有被操作的对象具有投资价值的时候，我们才考虑长期持有，滚动操作，反复套利。这是我们在学习滚动交易系统之前首先要明确的根本点。但是，崇尚价值投资，并不是说可以随意买入，更不是买入之后死死捂住，一点也不动，买入并持有的意思并不是说买入之后就牢牢抱住，不再操作。买入之后，根据趋势的演变不断滚动操作，以投机的手段扩大盈利，降低成本，实现盈利最大化，这才是我们的追求，也是滚动交易系统的精髓所在。

在具体的操作原则上，我们把滚动复利理论作为滚动交易系统的理论依据，采取长短兼顾、攻防兼备的交易策略，在上升趋势明确的前提下立足于中长线持有底仓，科学地管理资金，合理地分配仓位，赚足上升大波段行情，获取最大化波段收益；与此同时，根据盘口的变化和股价运动的规律，以短线交易技术为辅助手段，依托日内滚动交易策略，做好高抛低吸，赚取差价，极大限度地降低持仓成本。在此基础上，融入点位交易技术和区位交易技术，将高级波段交易技术融为一体，力争做到小波段和大波段通吃，从而真正做到在稳健的前提下达成资本盈利最大化。因此，我们务必坚守的第三个操盘原则是：不断滚动复利，实现收益最大化。实践已经证明，滚动交易系统是实现资本收益最大化的最佳武器，是目前最先进的、使用最广泛的、最具有杀伤力的操盘技术。在临盘实战中，我们务必坚持使用这种操盘技术，力争用精、用通、用透，竭尽全力把它的神奇魔力发挥到极致。

在这里需要特别说明的是，滚动交易系统所涉及的关键词是趋势明确。也就是说，只有股价的走势出现了明确的趋势之后，我们才考虑实施滚动操作，否则，我们是不会采用滚动操作的方式去交易的。不少人对滚动交易系统一知半解，经常操作失败，甚至滚到臭水沟里去了。这并不是滚动交易系统本身的缺陷所造成的，而是没有掌握滚动交易系统的精髓，没有领会滚动交易系统的关键要旨。在这里再强调一次，滚动交易系统的关键词是趋势明确！只有在趋势已经明朗化的走势中，才采取滚动操作的方式交易。如果走势是混沌的，方向不明的，那么就坚决不要参与，保持观望才是最明智的选择。如果你已经进场，那么尽快撤离才是明智的。君子不立于危墙之下，趋利避害，远祸存身，做人如此，做股票也是如此。

天下熙熙，皆为利来；天下攘攘，皆为利往。君子爱财，取之有道。学习滚动交易系统，目的在于实现资本收益最大化，这无可厚非。但是，虽然盈利是我们的目的，但不是我们的着眼点，更不是唯一的追求。我们的着眼点是道，是交易之道，而不是一时的得失。当我们进入交易状态的时候，首先要考虑的并不是盈利与否和盈利大小，而是我们的交易是否正确，是否合乎技术规范，是否暗合交易之道。当我们做到正确交易的时候，赚钱只是自然而然的必然结果；相反，当我们的交易偏离股道的时候，即使一时获利，亏损也是迟早的事，如果我们不能及早自省，继续坚持错误的交易，我们甚至会招致灭顶之灾，万劫不复。因此，我们强调不断滚动复利，但我们更强调，我们的每一次交易，都要力争符合交易要义。

第二章 滚动交易系统交易策略

【本章学习要点】

一、初级阶段以低频滚动为主要交易策略

二、中级阶段以中频滚动为主要交易策略

三、高级阶段以高频滚动为主要交易策略

滚动交易系统采用稳步向前、循序渐进、逐级进阶的交易策略、指导操作，经由科学的、合理的高密度强化训练，使整套交易技术成为自己的技术素养，烂熟于心，运用自如，并通过反复实践，达到炉火纯青、出神入化的境界。对交易员而言，滚动交易系统的总体策略是经由新手入门级、初级、中级和高级四个阶段的训练最终达到稳健盈利、长久生存的境界。按照培训程序设计，新手入门级的考核标准是连续 12 周每周盈利达到操盘总资产的 1% 以上。这个标准是参加职业操盘晋级训练课程考核的最低入门标准，也是当下最流行的衡量一个人是否适合以操盘为职业的量化评估标准。只有顺利通过入门级考核，才可以正式开始职业操盘培训课程学习。也就是说，只有经过严格的训练之后，才有可能以交易为生，并做到稳健盈利，长久生存。这个考核标准初看起来貌似很低，但是，据我们所知，很多参与测试的人员都没有做得到。由此可见，盈利一两次并不难，难的是长久地持续盈利。

当你顺利通过入门级考核之后，恭喜你，你已经具备了稳健盈利的潜质，可以继续学习滚动交易系统，以交易为生，在股市上实现自己的创富理想。你聪明的，对自己有信心吗？顺便说一下，如果你不论做什么事都不能持之以恒，那么请你不要购买这本书，以免浪费你的金钱；即使购买了也不要再往下阅读，以免浪费你的时间。这是我真诚的忠告！

接下来介绍我们的训练考核标准。孔子说：“取乎其上，得乎其中；取乎其中，得乎其下；取乎其下，则无所得矣。”因此，我们本着高标准、严要求的原则，以 100 万元为操盘总资产的上限，将职业操盘实盘训练的晋级考核标准设定如下：

初级：连续 12 周每周盈利达到操盘总资产的 5% 以上。

中级：连续 12 周每周盈利达到操盘总资产的 10% 以上。

高级：连续 12 周每周盈利达到操盘总资产的 20% 以上。

关于这个训练标准，需要说明一下。这是我们交易人员内部训练的考核标准，各位将信将疑是很正常的，因为它太难了，难在什么地方呢？难在连续二字。因为要连续盈利，就要做到稳定，就要有定力，能恒定。能笃定才能恒定，能恒定才能稳定。

而要做到稳定，最需要定力。实际上，这世界有太多的人心性飘忽，游移不定。他们缺乏定力，因为他们没有坚强意志，没有坚毅精神，没有这些根本性的心力，内心世界不足够强大，又怎么能够创造奇迹呢？所以，要学好滚动交易系统，不是从技术本身入手，而是从心智训练入手，才是正道。学技先炼心，心力决定智力，智力决定能力。心力强大，智力超群，能力出众，自然就可以卓尔不凡，可以做到常人做不到的事情。欲成非常之功，必待非常之人。如果自甘平庸，每日沉湎于浑浑噩噩的混世日子之中，虚耗年华，不思进取，不思改变，那么，除非你能够与过去决绝、坚决改变自己，否则神仙也救不了你，更遑论连续盈利、稳定盈利。

第一节 初级阶段以低频滚动为主要交易策略

滚动交易系统所采用的交易策略，不是一成不变的，而是根据投资者的技术熟练程度，划分为初级、中级和高级三个不同的阶段。每一个阶段所采取的交易策略，涉及的技术交易系统不同，盈利标准也不同。这样设计的目的，在于因人而异，循序渐进，使技术熟练程度不同的投资者能够根据自己的实际情况，采取相应的对策，达成阶段性的创富目标。

在初级阶段，学习滚动交易系统的投资者适合以低频滚动为主要手段，以日线图分析周期为依据，进行滚动操作。在这个阶段里，首先要训练自己的耐心，要沉得住气，千万不可急躁，急于求成的结果是一无所成。为了帮助初级阶段的投资者顺利完成训练目标，我们在制定考核标准的时候，盈利的基准值定得比较低。如果你还不是职业投资者，请参照业余选手的标准测试自己。初级阶段的业余选手，低频滚动，以月度为考核周期，每月盈利的标准定为5%（以100万元为操盘总资产的上限）。初级阶段的职业选手，低频滚动，以一周为考核周期，每周盈利的标准定为5%（以100万元为操盘总资产的上限）。

滚动交易系统追求的是长期的稳定盈利，而不是偶尔的、一两次的获取大利或者暴利。所以，即使在初级阶段，我们的考核标准依然是以连续的12周作为一个完整的测试周期。不管是业余选手还是职业选手，你们在自我测试的时候，一定要注意，我们强调的是连续的、持续的稳定盈利。这是我们的追求，虽然很难，但是，如果不是从难要求自己，如果不是从严要求自己，又怎么能够成就一番大事业呢？又怎么能够成为顶尖的交易高手呢？如果你现在畏难情绪就开始占据了上风，那么，还是请你赶紧放下这本书，别再往下看了。拜托!

新手从接触滚动交易系统到入门，通常需要很长的时间才能做得到。我们定义的新手评测标准只有每周盈利达到操盘总资产的1%，并且是以100万元以下的资金规模作为考核依据的。也就是说，这里的考核并不涉及大资金。但是，即使是规模很小的资金，要做到连续12周盈利达到操盘总资产的1%也不是一件容易的事。这个阶段实际上是练习阶段，通过不断的实战训练自己的定力，训练自己的盘感。各位不要轻视这个环节，更不要直接跳过这个环节就进入初级阶段的学习。实际上，初级阶段的学习是很有压力的，职业选手要做到连续12周每周盈利达到操盘资产的5%可不是一件轻而易举的事。根据我们的观察，通常没有经过三五年的历练，是很难做到稳定的、持续的盈利的。所以，如果想学好滚动交易系统，顺利通过初级阶段的学习，就要多下苦功，反复揣摩，反复演练，除此之外，别无捷径。

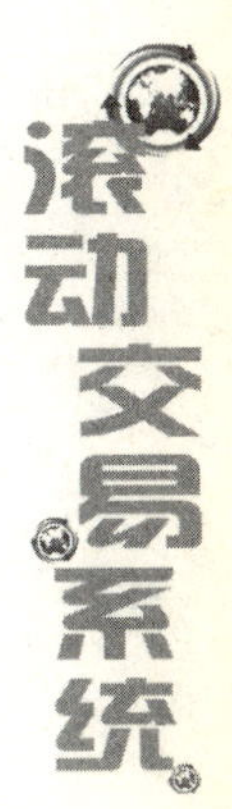

大多数人一开始都是业余的选手，这不要紧，也不要心急。从业余选手到职业选手的转变，成本很高，代价很大，风险难料。因此，一开始的时候，不妨从业余选手起步，慢慢磨练自己。业余选手的考核标准比较低，比较容易做到得到，这有助于培养我们的自信，也有助于我们修心养性，提升我们自身的素质。当条件成熟之后，转变成职业投资者，就会少历许多艰险，少走许多弯路，就会更容易理解和掌握滚动交易系统的精髓，实现资产收益最大化。

第二节 中级阶段以中频滚动为主要交易策略

经过一段时间的学习，反复实践，如果你已经熟练掌握了滚动交易系统的基本要领，并且已经做到了连续12周完成考核目标，那么你可以进入中级阶段的学习了。如果你是业余选手，那么你可以自定义连续盈利的时间长度，一般以12个月为佳。在中级阶段，我们的交易策略是以中频滚动为主要手段，以分钟图分析周期为依据，进行滚动操作。

在中级阶段，业余选手采用中频滚动的交易策略进行操作，以月度作为考核时长，每月盈利的标准定为10%（以100万元为操盘总资产的上限）。而职业选手也是采用中频滚动的策略进行操作，但考核的时长则是以周为单位，每周盈利的盈利标准定为10%（以100万元为操盘总资产的上限）。很显然，职业选手的操作难度要比业余选手大得多。

在中级阶段，为什么要采用分钟图作为分析周期呢？在这里需要特别说一下。因为我们的技术熟练程度已经进入了中级水平，为了加大滚动操作的频度，需要使用更加短促的时间周期作为操作分析的依据。也就是说，需要加快资金的周转频率，以便获得更多的套利机会。换句话来说，就是要加大操作的力度，加强操作的频度，使资金周转得更快。

对于业余选手来说，可以选用相对大一点的分钟分析周期，比如可以选用60分钟作为分析周期，进行滚动操作。如果还嫌不够，也可以选用15分钟的分析周期来滚动操作。对于职业选手来说，可以考虑选择比较小一点的分析周期，比如5分钟或者自定义分钟周期，作为滚动操作的时长依据。当然，这种划分不是一成不变的，各位投资者可以根据自己的习惯选择合适的分析周期。比如，你可以选择 10 分钟之类，等等。

从初级进入中级之后，投资者往往会发现一时难以适应。首先是盈利目标的大幅度提高，给自己的心理压力很大，虽然我们定义的考核标准比较低，但是，职业选手从以前的每周盈利 5% 上升到 10%，幅度可不小。要做到一周盈利 10% 或许不太难，难的是要稳定、持续地连续 12 周盈利 10%，这可真的太难了。当然，在资金规模比较小的情况下，要做到这个目标也不是不可能的，前提是你必须熟练运用滚动交易系统，正确地滚动套利。

在以往的实战操作中，我们日夜钻研，反复斟酌，刻苦训练，对滚动交易系统的每一个环节都烂熟于心，并且对市场运作的规律已经十分熟悉。因此，在操作上遇到的障碍就很少了。这说明什么呢？世上无难事，只怕有心人。如果你能做个有心人，做一个有信心、有恒心、有定力、有智慧的投资者，那么实现稳定盈利就不是什么不可能的事。事在人为，成功在于自己。正如爱默生所说，人类所有的成功，最初都只是一个梦想。因为有梦想，敢作敢当，勇于担当，矢志不移，最终达成梦想的，就可能是你。再说一次，事在人为！

第三节 高级阶段以高频滚动为主要交易策略

在高级阶段，滚动交易系统要求投资者以专业水准来衡量自己的每一次操作，因而标准更高，难度更大。在高级阶段，滚动交易系统以高频滚动为主要手段，以分时图（或者闪电图、分笔图）分析周期为依据，进行滚动操作。这是当前最为流行的滚动复利范式。

在高级阶段，业余选手也可以采用高频滚动的方式操作，不过在考核标准上，要适当放松一些。以月度为例，每月盈利的标准可以定为20%（以100万元为操盘总资产的上限）。对于业余选手来说，这个标准已经很有难度了。要做到可不是一件容易的事。而对于职业选手来说，在高级阶段必须采取高频滚动的方式来操作，否则，就很难做到每周盈利20%（以100万元为操盘总资产的上限）。当然，如果以100万元操盘资产作为考核基准，做不到每周盈利20%的话，也不大好意思自称高手吧？

实际上，滚动交易系统是职业投资者长期稳定地获取高额利润的实战利器，当我们在实战操作中以高频交易作为交易策略的时候，就可以发现，时间是最大的成本，因此，在分析周期上，我们选择了分时图，或者闪电图，或者分笔图。这些分析周期目前已经属于最小的，时长最短的。在操作上，频度更高，密度更大。因此，每一次操作的盈利预期就不要过高，只需要顺着分时走势图的波动趋势进行操作即可。集腋成裘，聚沙成塔，积小利为大利，积小胜为大胜，如此这般，就成了高频交易的基本策略。所以，每一次滚动，不必祈求暴利，只需追求盈利即可。关于这方面的内容，我们将在后边的章节中详细讲解。

高级阶段所采用的交易策略已经很接近职业投资者了。但是，即使是进入了高级阶段，也还有很多时候出现操作失误，影响我们的操作绩效。为什么呢？据我所知，当你经过系统的学习晋升到高级阶段的时候，影响操作绩效的因素已经不是技术层面的东西，而是心法层面的某些元素。这些元素可能是各式各样的，来源不同，构成因子也不同，但都与心绪相关。因此，我们把它统称为心魔。心魔是魔鬼，它时常出没，影响我们的交易，甚至有时候左右我们的交易。我们要战胜它，就要不断的炼心。我们有一个规矩，就是每日研读《清静经》，为什么要这样做呢？俗话说，心清过得海。也就是说，内心世界清静，我们的神思连宽阔无边的大海都可以飞越。做人如此，做交易也是如此。

所以，学习滚动交易系统，学到最后，就不要仅仅停留在技术层面上了。关于这部分内容，我们将在后边的章节中深入讲解。总而言之，道行高深的投资者不仅仅是技术老到，更是智慧圆融，技术和智慧浑然天成，合而为一。倘能做到这种境界，那么真正实现长期稳定盈利就不再是一种梦想，而是一种事实，一种生存方式，一种拈花微笑的理想境界。

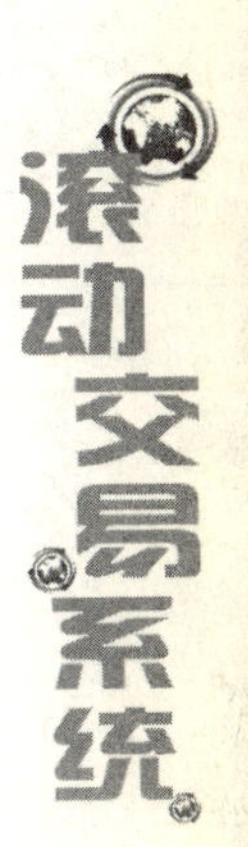

第三章 滚动交易系统选股思路

【本章学习要点】

一、低风险区域优先的选股原则

二、低价位品种优先的选股原则

三、低技术态势优先的选股原则

滚动交易系统追求的是稳健盈利、长久生存，也就是说，首先是稳字当头。怎样才能做到财富稳中求呢？在选股环节就要严格把关，要把滚动操作的对象框定在风险最小的品种上。当然，世界上没有绝对安全的品种，所谓安全，只是相对的、阶段性的。基于这样的认识，我们在设计选股原则的时候，就要把技术趋势明朗、基本面过硬、安全系数高作为甄别的标准。用这样的标准来衡量，在选股的时候，首先就要查看目标品种的技术趋势：当前的走势是处于整个走势的什么阶段，是上升趋势还是下降趋势，或者是横向走势。趋势确认之后，还要细细考察当前股价处于趋势运行的什么阶段，是初期、中期还是末期。以上升趋势为例，在上升趋势的不同时期，比如初期和中后期，滚动操作的策略是不同的。这是选股的时候要认真考虑的因素。其次是基本面，任何一只股票在列为操作品种之前，都需要细细研究它的基本面，以确保不至于踩中地雷。为什么先看趋势再看基本面呢？可不可以先看基本面再看趋势呢？可以，趋势和基本面都是需要查看的，这两者的先后顺序之所以这样安排，目的在于节省时间，提高效率。因为先看趋势，就会把那些趋势不佳的品种过滤掉，接下来再看基本面的时候，就可以节省不少时间了。当我们查清趋势和研究基本面之后，建立自己的股票池，把这些经过筛选的品种放进去，进一步跟踪分析。然后，再运用三低原则，精挑细选，筛选出可供操作的品种，制定交易计划书，递交交易部门审核。选股的流程大致如此。

关于选股的课题，涉及的内容很多，本书在阐述选股思路的时候，限于篇幅，仅仅是从最基本的技术原则方面来切入的，并不涉及到更多的其他内容。实际上，在选股的时候，首先需要考虑的是政策面，只有符合政策倾斜、政策支持、政策引导等主导因素的品种，才有资格称得上是主流品种。其次是要考虑资金面，任何股价的涨跌都是资金作用的结果，股价上涨是资金推动的结果，股价下跌是资金撤离的结果。上边这两个因素是我们在选股时需要优先考虑的，归纳起来，就是两句关键词：政策驱动、资金推动。在满足这个条件的基础上，才进一步考虑运用技术层面的因素来进一步筛选。所有这些，都是我们在进行选股的时候需要了解和掌握的前提条件，请各位牢记于心，永志不忘。

低风险区域优先的选股原则

为了确保滚动交易系统的有效实施，真正做到通过滚动操作实现财富复利式增长，从选股开始，我们就要着手控制和防范风险，把我们操作的品种植根于低风险、高胜率的平台上。为此，我们设计了一套特有的选股思路，这套选股思路包括了空间位置、当前价位和技术态势三个方面。从空间位置来说，我们把所有目标品种所处的空间位置划分为三个区间：一是低位区间，二是中位区间，三是高位区间。这三个区间和风险的大小有密切关系。对于我们来说，因为厌恶风险的缘故，我们把操作的主要区间定位在低位区间。这个区间称为低风险区间，或者叫低风险区域。选股的第一个原则，就是低风险区域优先原则。

在这里要明确一下股价空间位置的划分标准。股价空间位置简称为空间位置，为了叙述的方便，也可以简称为位置。空间位置的高低是怎样划分的？划分的标准是什么？首先我们要明白，所谓的空间位置高低是相对的，阶段性的，不是绝对的、长期性的，更不是恒久远的。也就是说，我们要辩证地看待空间位置的高低，动态地理解空间位置的高低这个问题。

一、空间位置的高低

在划分空间位置高低的时候，第一步是确定分析图表的时间长度（简称为时长）。以浦发银行（600000）为例，这个分析图表的时间长度可以确定为从上市交易的第一天算起，截至我们着手分析的当下，也就是从开始到现在这段时间。这个分析的时间长度也可以叫分析区间长度，或者简称为分析区间。为了从全局的高度来衡量空间位置的高低，我们采取全程分析的方法，因而每一次分析都是从目标品种上市交易第一天算起的，把这一天作为时间长度的起点。第二步是确定股票价格的最高点和最低点，也就是把上市以来到分析的当下为止出现过的最高价和最低价找出来。参见图例 001 所示。

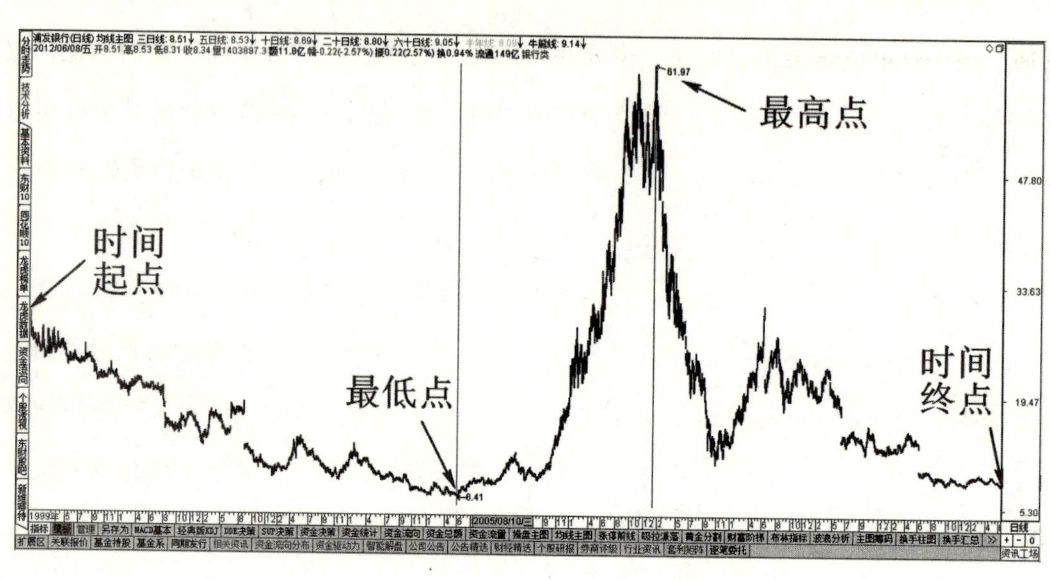

图例 001 浦发银行（600000）日线走势全景图

特别说明一下：为了反映股价走势的真实情况，选择分析图表请不要复权处理。

确定了分析图表的时间起点、时间终点、最高点和最低点之后，接下来就可以划分空间位置的高低了。划分空间位置高低的方法有很多，划分的标准可以自定义，在这里我们采用最简单的划分方法。在分析图表上找到历史上的最低点，画一条垂直线。再找到历史上的最高点，也画一条垂直线。从最低点到最高点之间有一片空间，称为基准空间。把这个基准空间垂直等分为三份，自下而上，从最低点算起的第一个等分区间，就是空间位置的低位。第二个等分区间就是空间位置的中位。第三个等分区间就是空间位置的高位。

完成了这个等分步骤之后，接下来我们开始观察当前股价所在的位置与这个基准空间的关系，以确定当前股价空间位置的高低。如果当前股价处于第一等分区间，那么就可以定义为股价处于空间位置的低位。以此类推，就可以得出空间位置中位和高位的判断。为了叙述方便，也为了更好地衡量风险的大小，我们还可以把每一个等分区间再划分为三个部分，然后定义为绝对低位、相对低位和普通低位三种类型。

上边我们介绍了空间位置最简单的划分方法，这种方法的特点就是很直观、很容易懂，很快就可以学会了。但是，需要注意的是，这仅仅是区分空间位置的高低，仅此而已，我们要表达的意思是空间位置如何划分，而不是说空间位置低的品种就可以买入，请大家务必注意这一点，在实战操作中，不要一见到空间位置低位的品种就产生买入的冲动。

为了分析图表的清晰，在分析股价空间位置高低的时候，对于那些分析时长很长的老股票，可以采用比较大的时间周期，比如可以采用周线或者月线甚至季线。还是以浦发银行（600000）为例，我们可以采用周线来分析，也可以采用月线或者季线来分析。如图例 002、图例 003 和图例 004，就分别是浦发银行（600000）的周线走势全景图、月线走势全景图和季线走势全景图。用这样不同的时间周期走势图对比来看空间位置，就更加清晰、直观。

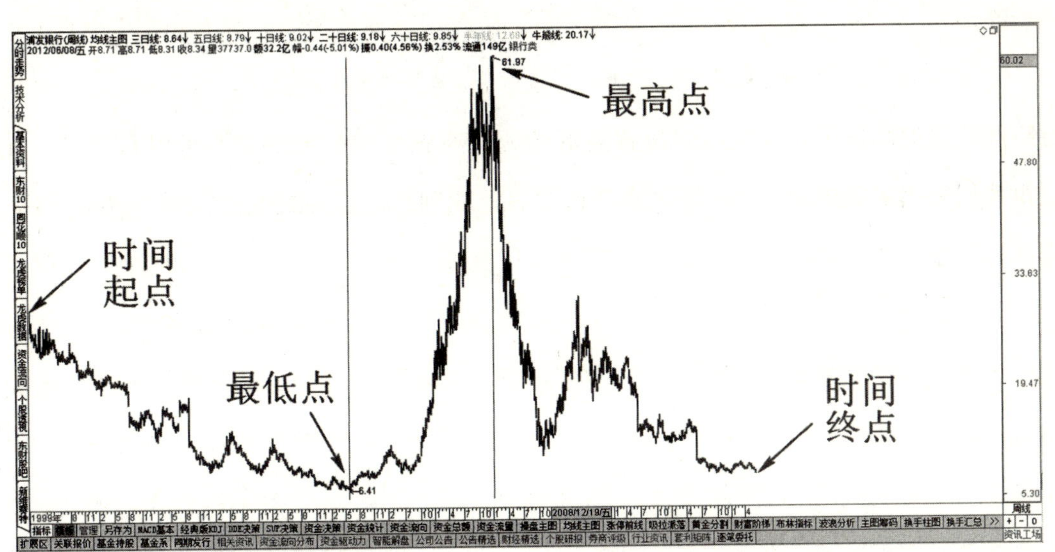

图例 002　浦发银行（600000）周线走势全景图

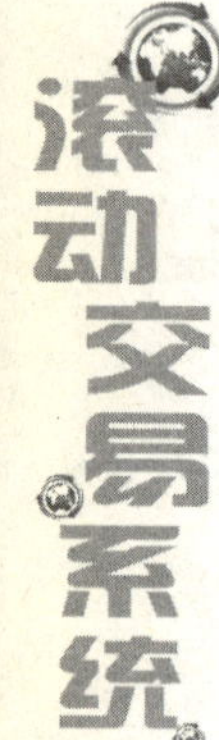

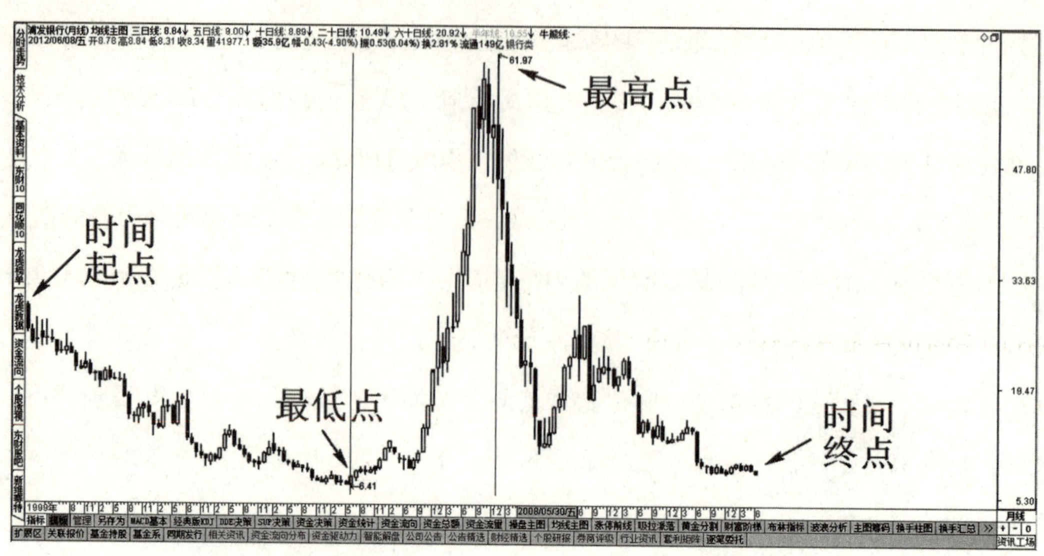

图例 003 浦发银行（600000）月线走势全景图

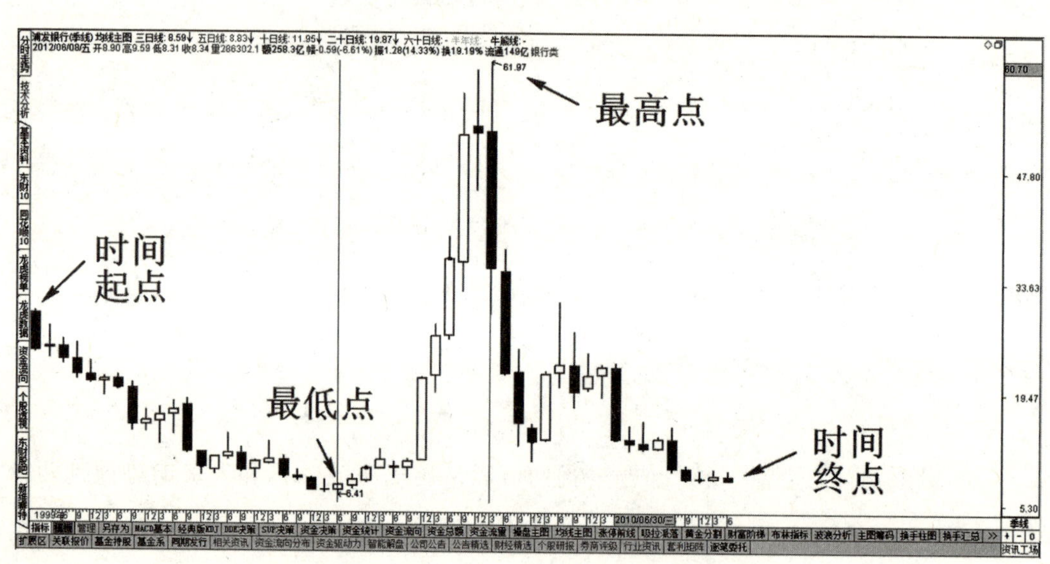

图例 004 浦发银行（600000）季线走势全景图

在划分空间位置高低的时候，我们还要涉及到下边几个概念：和低点相关的绝对低点、相对低点、阶段性低点、前低、近低、新低等等；和高点相关的绝对高点、相对高点、阶段性高点、前高、近高、新高等等。这些概念与滚动操作有关，因此，在划分空间位置的时候，当我们需要评估操作成功率大小的时候，就要考虑到时间的因素，将时间因素和空间位置结合起来思考分析。不管是高点还是低点，距离当前股价所在位置的时间越短，对当前股价的影响力就越大，反之就越小。因此，在实战分析中，我们经常要使用3天前的低点、5天前的低点、10天前的低点、20天前的低点、60天前的低点、1周前的低点、3周前的低点、5周前的低点、10周前的低点、1个月前的低点、1年前的低点之类数据。同样道理，我们也经常要使用到相同时间段的高点数据。这些高低点的数据可以帮助我们分析当前股价的空间位置，进而判断当前股价所在的空间位置是否具有操作价值。

二、空间位置与风险大小

空间位置的高低和风险的大小有很直接的关系，在正常情况下，空间位置越低，风险系数越小；相反，空间位置越高，风险系数越大。在这里请各位特别注意，这里所说的仅仅是指在正常情况下空间位置和风险大小的关系。对于非正常情况，就不能这么理解。比如说，一家上市公司的基本面出现了问题，经营绩效每况愈下，各种问题越来越多，股价走势反复向下，越来越低，看不到尽头，甚至有退市风险。那么，对于这样的品种，就不能说空间位置越低风险越小，而是空间位置越低就越危险了。因此，我们在考量空间位置的时候，不能教条地理解，不能只顾一点不及其余。须知，我们进入股市，投资也好，投机也罢，都需要综合分析，全盘考虑，而不能只见树木不见森林，否则，吃亏是早晚的事。

关于空间位置与风险大小的问题，我们可以从历史图表分析和未来走势预判两个方面进行研究，总结其中隐藏的规律性的东西，指导我们的操作。从历史图表来看，我们把历史上的最低点到历史上的最高点之间的高度假设为100%量度涨幅，那么按照三等分的方式来划分，就可以把每一个基准区间的量度涨幅厘定为33.33%左右。把这个33.33%作为基准，从历史最低点算起，当股价上涨了33.33%左右时，空间位置的低位就结束了，如果再往上涨，就进入了新的风险区间。相反，如果股价从历史上的最低点起步上涨了33.33%之后开始往下跌，不断向原先的起点靠拢，那么这个一涨一跌就构成了一个小循环，这个小循环叫做风险轮回。意思是说，从历史低点起步，走了一圈，又再次向历史低点靠拢。这种情形在股价筑底阶段经常发生。当股价靠近历史上的最低点的时候，不创新低，也就是没有跌穿前边的历史最低点就出现了止跌信号，止跌回升，进入新一轮的上升周期。这时候，原先的风险释放完毕，新的风险轮回重新开始。这是我们要讨论的第一种情形。如图例 005 所示。

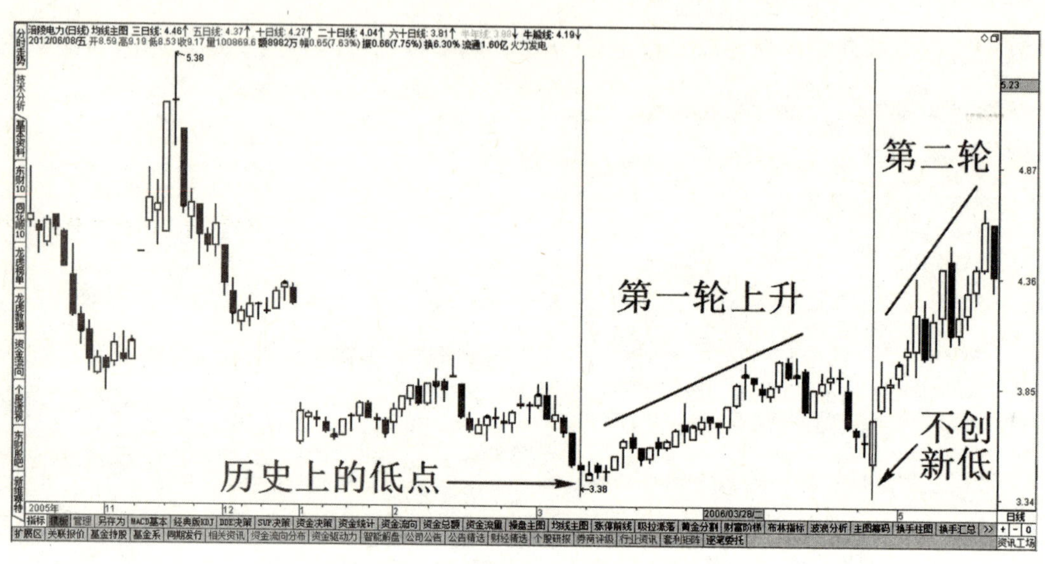

图例 005　空间位置低位的风险轮回

很显然，从图例 005 我们可以看到，如果一只股票在空间位置的低位出现了风险轮回，那么，在接近历史上的最低点的时候，就是我们需要特别警觉的时候。因为这时候既意味着风险即将发生，也意味着机会即将来临。成魔或者成佛，只在转换那一刻。那一瞬间，那一时刻，那个日子，可能是悲戚的，也可能是美妙的。图例 005 接下来的走势是美妙的，这种走势也是我们要反复演练、切实掌握的经典案例。

研究历史图表的时候，我们还经常看到另外一种图形：股价从历史上的最低点起步之后，一路上升，在达到第一个等分区间的量度涨幅之后，并没有深度回撤，仅仅是稍作整理，停留很短时间，就继续向前高歌疾进，甚至一去不回头了。这时候，我们应该如何理解空间位置与风险大小的关系呢？我们可以用两种办法来处理，一种是累计法，将原来的量度涨幅包含在内一起计算，再加上一个新的量度涨幅 33.33%，两者相加，就是 66.66% 了。这个意思是说，当股价从历史上的最低点起步，量度涨幅达到66.66%的时候，风险已经比较大了，要特别小心，注意保存利润，规避风险。一种是重起法，就是把原来的量度涨幅归零，把整理平台作为新的起点，重新计算量度涨幅，重新测量风险轮回。测量的涨幅还是以33.33%为标准。当股价向上拉升达到33.33%的时候，就需要特别注意风险了。其实，这两种测算的方法并没有本质上的区别，要说有区别，也仅仅是计算的基点不同而已。

图例006　短暂整理之后继续高歌向前

从图例006我们可以看到，从历史低点起步上升之后，第一阶段的拉升结束后进入整理阶段，回落的幅度并不深，仅仅是小幅度回落，构建一个整理平台，短暂的整理之后，继续向前推进。这时候，就不能用前边介绍的第一种方法来应对了。这时候我们就要引用一个新的概念：阶段性低点，也就是某一个时间段的低点。在一段时间内，这个短暂的整理平台就构成了阶段性低点，它不是历史上的最低点，但可能是未来一段时间之内的低点了。此时我们如果不进场，就有可能踏空，错过获利机会。研究历史图表，我们发现，这样的例子很多。

从图例006来看，我们在分析空间位置的时候，要辩证地思考，我们一方面要时刻牢记风险的存在，另一方面也要时刻关注机会的光临。机会与风险并存，我们要把握好这两者之间的转换关系，有时候，在貌似危险的地方，往往是新一轮机会的起点。如何把握好这个转换的关键点，是我们学习滚动交易系统的时候需要深入研究的课题。关于这个课题，我们将会在后边做详细的解读。

当一只股票从历史上的最低点起步，完成了66.66%的量度涨幅之后，是不是就不能再做了呢？不一定。这时候，我们既要注意风险，也要知道，从股价操纵的流程来看，量度涨幅还没有完成，如果按照正常的操作程序来考量，至少还有33.33%的量度涨幅需要完成。也就是说，当一只股票上涨了66.66%之后，它的操作流程还没结束呢。当然，这仅仅是按照常规来理解的，如果市场环境发生了改变，任何一只股票的操作流程都会发生变化，没有人会墨守成规，愚蠢到断守教条的地步。当一只股票上涨了66.66%之后，从空间位置来看，已经到了中位，这时候属于可上可下的位置，向上是高位，向下是低位，何去何从，可能一时难以断定。这时候，我们可以采取观望的态度，静观其变。继续向上，则我们继续跟进，拐头向下，则我们获利了结。也就是说，当股价运行到了空间位置的中位时，风险系数有点高了，该谨慎一些了。如图例007所示，当一只股票经过一轮拉升之后，不一定是完成了标准的量度涨幅，也会进入整理区间。这时候，我们就要意识到风险的存在。至于风险是大是小，不要贸然

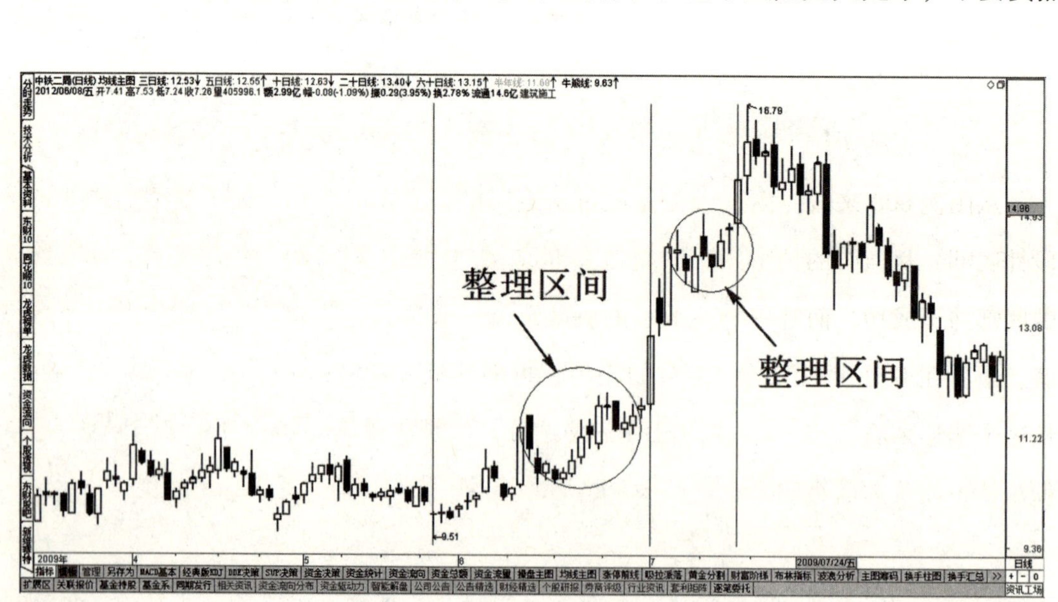

图例007　第二次进入整理区间示意图

下结论，而是要结合空间位置的高低进一步评估。

图例 007 是一个很特殊的例子，放在这里讨论的目的，就是要让大家明白，如果一只股票从起涨的位置算起，量度涨幅接近或者达到 66.66% 的时候，要特别注意风险。如果此时进入整理区间，随后是否还会进一步拉升，很难预料，不要妄下结论。从空间位置的角度来说，当股价从低位经由拉升进入中位之后，已经积聚了不少风险，从中位再拉上高位，是一种预期，但不能说是绝对的事情。世界上没有绝对的事情，一切都会因为外界环境的改变而改变。所以，尽管从量度涨幅来看，一只股票还没有彻底完成它的操作流程，但是，因为外部环境的改变，它的操作计划也会改变的，图例 007 就是一个很典型的案例。

上边我们讨论了如何从历史图表来看待空间位置与风险大小的关系，接下来，我们花一点时间来探讨一下如何预判未来走势的空间位置与风险大小。这个话题实质上是如何设计操作计划的课题。关于这一点，我们可以从历史走势图表的研究中得到启发。大家可以先回顾一下刚才我们讨论的话题，复习一下刚才的重点内容：一是量度涨幅的大小，二是空间位置的高低，三是风险系数的大小。我们预判股价的未来走势，也是从这三个方面来考量的。

先看下边的图例，认真观察一下，你认为第一个风险轮回它会上升到什么高度呢？

从图例 008 来看，图上 A 处是股价从近期的高点 16.64 元一路下跌之后构筑的阶段性底部，从当时的情形来看，貌似底部成立，但是，后来的走势却表明，A 处构筑的底部并不成功，而是一个失败了的底部形态。股价经过反弹之后再次下跌，不断寻底，最后在 B 处出现了向下跳空的小岛，再创新低，从而否定了 A 处是底部的说法。从这个图形来看，当一个风险轮回完成之后，如果股价跌穿了前期低点，再创新低，那么就不能认为前边的低点属于上升趋势的起点，而只能看作是下跌的中继。

现在我们以 B 处出现的低点作为基准，考量下一个风险轮回的起点 C 处的低点是否成立。从当前最新的走势来看，股价不断地下跌寻底之后，并没有创出新低，就嘎

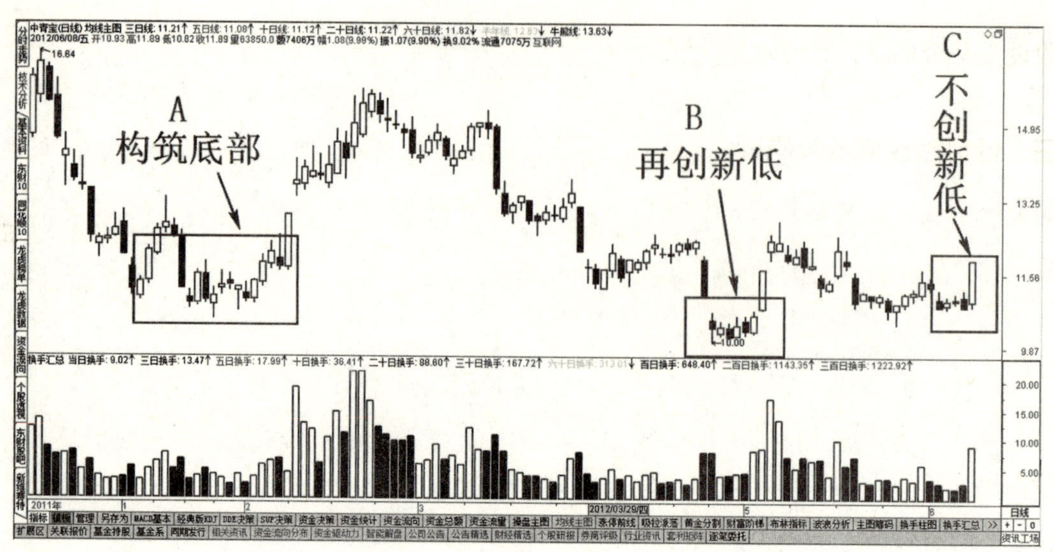

图例 008

然而止，并拉出了一根光头大阳线。在这里我们姑且把这根大阳线看作是止跌回升的信号，看作是新一轮上升的起点。接下来我们以此作为基准点，预判未来的走势会如何演绎。

未来走势有两种可能：一是以此作为基准点展开新一轮上升行情，量度涨幅可能达到 33.33% 左右的高度。二是反弹失败，继续向下寻底，并且击穿 B 处的低点，再创新低，向下的量度跌幅达到 33.33% 左右。一切皆有可能。因此，我们在预判行情的时候，尽可能做比较周全的计划，将各种有可能出现的走势展现出来，并拟定相应的对策，力求做到胸有成竹，在未来的日子里能够应对自如。

假设未来的走势属于第一种，那么未来几天的走势必须满足以下条件：当前这根大阳线作为一个起点，即使被反复整理，但始终没有被击穿，没有被吞没。最理想的走势是下一个交易日直接高开高走，从此一去不回头。第二种走势是平开高走，震荡向上。第三种是小幅度低开，稍微下探或者不做下探就直接向上，震荡盘升。这三种走势都属于比较强劲的范畴。如果未来的走势是这样，那么我们就有理由认为以此作为新一轮风险轮回的起点，空间的高度可能达到 33.33% 左右。以上的预判仅仅是一种假设，是否成立，有待未来验证。

三、低风险区域选股原则

上边我们从历史图表来探讨了各种空间位置的风险和应对策略，为我们设计选股思路提供了决策依据。从分析中我们知道，空间位置的低位风险最小，值博率最大。当然，我们在理解空间位置的高低时，要以区间、区域之类概念来理解，而不能以点位、价位之类概念来解读。以空间位置低位为例，这个低位不能理解为某一个点位或者某一个价位，而要解读为某一个区间或者某一个区域。这是我们在解读空间位置的时候首先要明确的基本常识。

在正常情况下，空间位置的低位可以理解为低风险区间或者低风险区域。那么如何理解和界定低风险区域呢？常用的方法有很多，在这里我们介绍最为直观的两种。一种是 K 线形态结构确认法，另一种是均线态势结构确认法。这两种方法都很常用，都和量能有关。

低风险区域通常可以理解为空间位置的低位区域，但是，并不是所有的空间位置低位都是低风险的，正如前边我们曾经说过的那样，如果一只股票属于问题股，那么即使不断下跌，空间位置越来越低，也不能理解为风险越来越低。所以，我们在讨论低风险区域的时候，适用的范围仅限于那些基本面正常的股票，请各位牢牢记住这一点。参见图例 009 所示。

确认空间位置进入低风险区域的第一种方法，可以使用 K 线形态结构确认法。根据 K 线技术的相关知识得知：当多空双方的分歧缩小的时候，K 线的实体部分就会变小，如果双方基本上达成短暂的平衡，那么上下影线也会变短，甚至没有。也就是说，我们可以通过 K 线的形态结构来确认多空双方是否达成了妥协，股价走势是否到了变盘的临界区域。如果股价的波动幅度由大变小，下跌的速度由快变慢，就意味着空头的势能即将衰竭，此时就有可能开始进入变盘临界区域。前边我们说过，我们可以利

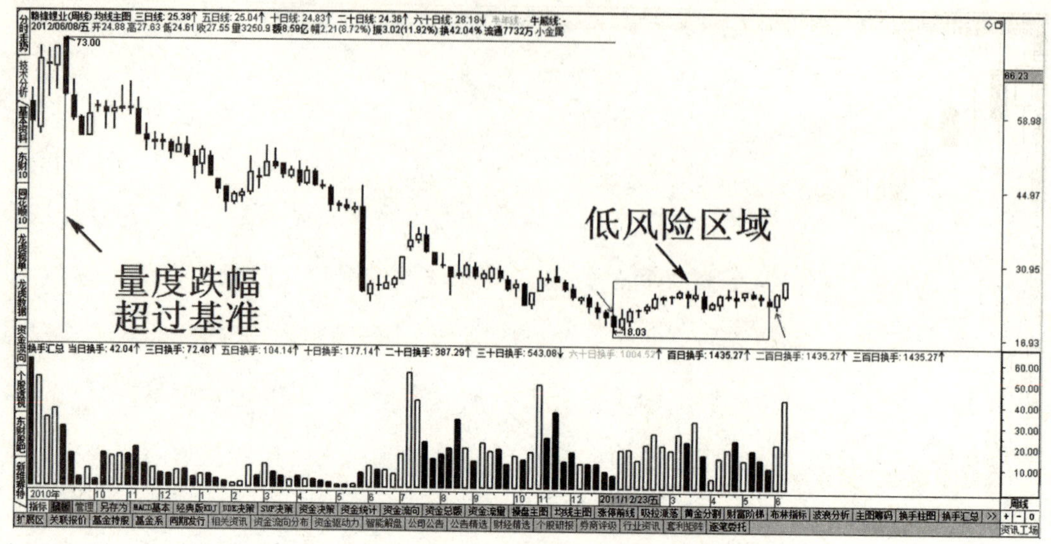

图例 009　空间位置进入低风险区域示意图

用历史上的最高点、最低点、阶段性高点、阶段性低点、近高点和近低点来判断当前股价所处的空间位置。如果当前股价进入了空间位置的低位区域，同时 K 线形态结构显示出见底特征，那么，我们就可以结合量能结构和量度跌幅来判断股价是否进入了低风险区域。

图例 009 是周线图。从图例上来看，股价从历史上的最高点一路下跌，量度跌幅超过了 66.66% 这个基准值，可谓跌幅巨大。再从 K 线形态结构来看，当股价创下 18.03 元历史新低之后，这个低点就成为了阶段性的低点，此后出现了止跌 K 线组合。经过了长达 5 个月的反复盘底，股价也没有再跌穿前期的低点。因此，我们可以认为此时股价已经进入了空间位置的低风险区域，可以列为自选股，进入密切跟踪分析阶段。如果我们从月线来看，整个走势的底部特征就更加清晰可见了。参见图例 010 所示。

K 线形态结构低风险区域确认法的基本要领归纳起来，有以下几个方面：

（一）空间位置要处于低位。

（二）K 线结构要出现止跌信号。

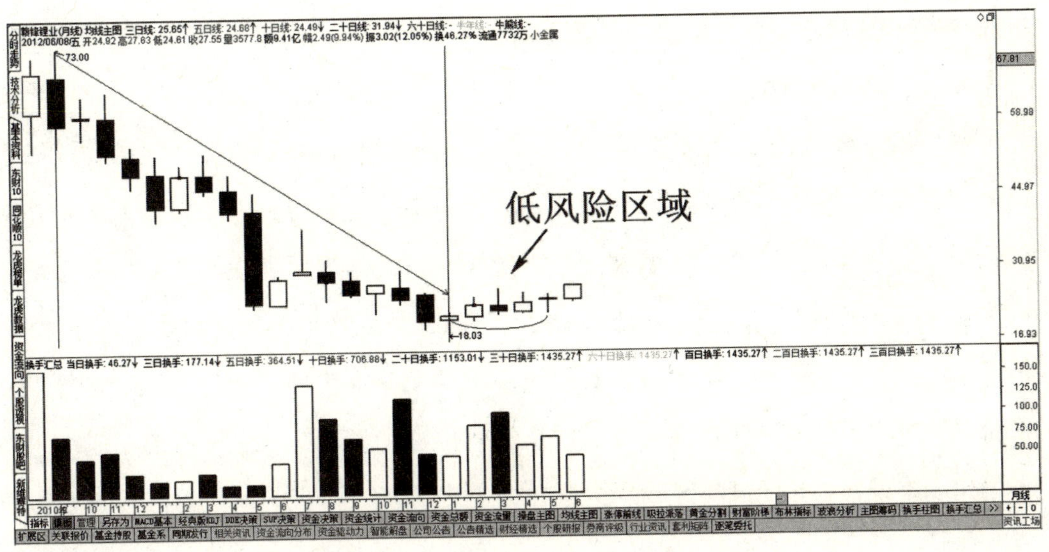

图例 010　空间位置低位月线走势示意图

（三）股票价格波动幅度要比较小。

（四）量能结构要同步配合。

（五）上市公司基本面要绝对没问题。

确认空间位置进入低风险区域的第二种方法，可以使用均线态势结构确认法。使用的平均线可以是普通的平均线，也可以是加权平均线。均线的参数一般采用3、5、10、20、60、120、240……之类常见的参数。均线反映了市场的平均成本，同时反映了价格趋势，因此，我们可以使用均线来确认空间位置的低位是否进入了低风险区域。

为了叙述的方便，我们给均线赋予特别的名称，详情如下：

滚动线：指3日平均线。

微波线：指5日平均线。

小波线：指10日平均线。

中波线：指20日平均线。

大波线：指60日平均线。

半年线：指 120 日平均线。

牛熊线：指 240 日平均线。

从平均线的角度来说，什么是空间位置低位的低风险区域呢？从纯粹的均线技术角度来说，凡是所有均线系统（具体来说，就是短期均线系统、中期均线系统和长期均线系统）都从呈现为空头排列转化为平滑走势、或者出现向上拐头的时候，就是风险得到充分释放的时候，因而也就是低风险的时候。也就是说，如果滚动线、微波线、小波线、中波线、大波线、半年线、牛熊线都出现了从空头排列转化为平滑走势，说明股价已经进入了低风险区域。这个区域从空间位置来说不一定是最低的，但从风险轮回的角度来说，却是低风险区域。这个时期出现的买入信号，就值得高度重视。我们在选股的时候，要优先选择这样的品种。如果当前股价处于这样的区域，就是我们建立底仓的最佳区域。在具体运用上，可以根据资金规模的大小选择相应的均线参数，不必强求一致。对于 1000 万元以上、1 亿元以下的资金来说，最稳健的选股策略就是选择大波线即 60 日均线作为基准。只有当大波线 60 日均线开始走平，股价从下方向上放量穿越 60 日均线的时候，才是大举进场建仓的时机。

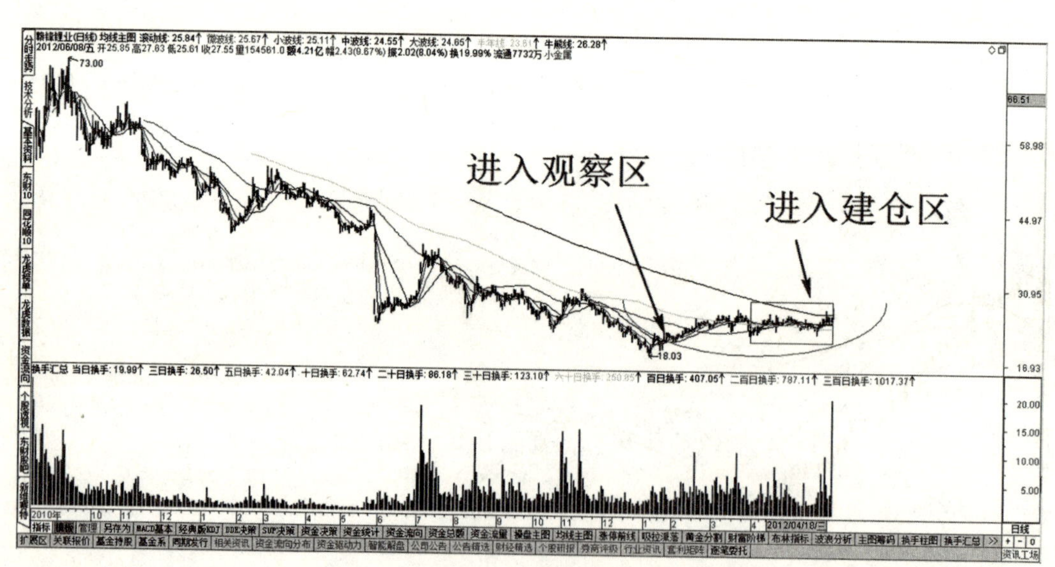

图例 011　均线态势结构确认法示意图

关于均线态势结构确认法的使用方法，在这里简单介绍一下：

（一）均线系统的选择，可以分为短期、中期和长期三组，各自选出一条均线来代表就可以了。这样做可以使整个画面简洁明快，更加好看。短期均线可以选择 20 日均线，中期均线可以选择 60 日均线，长期均线可以选择 240 日均线。

（二）注意分别这里所说的低风险区域，并不是低价位区域。因为均线反映的是价格趋势，而且具有滞后性，所以，当某一条均线走平的时候，当前的股价已经不是最低价，但是，还是处于低风险区域。这和 K 线形态结构确认法有些不同。

（三）不管是使用短期均线、中期均线还是长期均线，都需要注意的关键词是：由空头排列转化为平滑走势、或者拐头向上。这是研判的关键点。

（四）无论是选择哪一条均线作为基准，都需要注意均线和 K 线的位置关系。如果当前的 K 线位于所选均线的上方，称为线上线；如果当前的 K 线与所选的均线有交叉，称为线中线；如果当前的 K 线位于所选的均线下方，称为线下线。

（五）当前的股价走势与均线的关系必须是从下方向上靠拢，而不是从上方向下方俯冲。

下边我们用图例加以介绍，参见图例 012、013、014、015 所示。

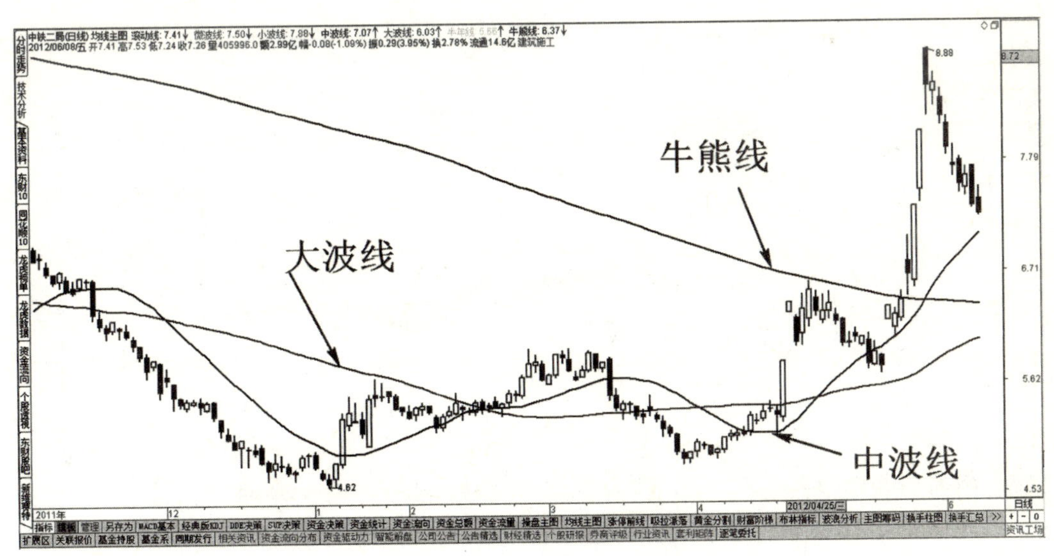

图例 012 将均线系统简化为三条均线示意图

从滚动操盘实战的角度来看，利用长期均线来研判低风险区域并不是一种上佳的

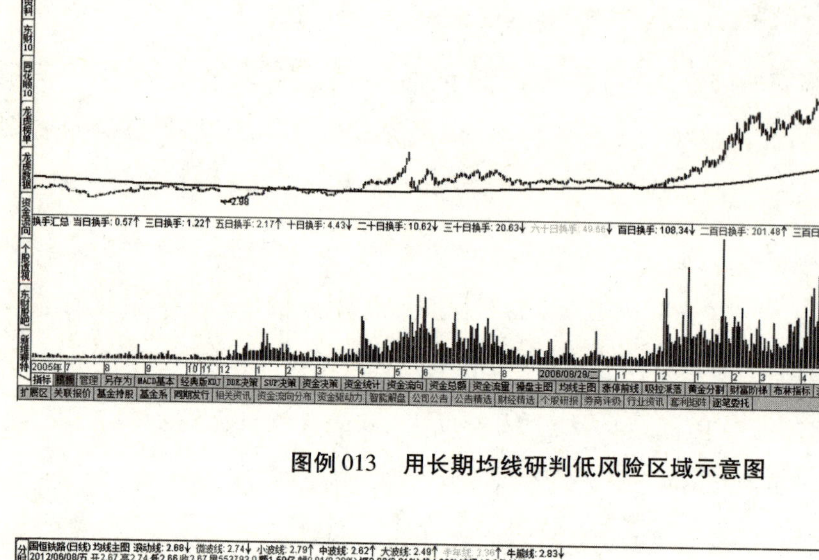

图例 013　用长期均线研判低风险区域示意图

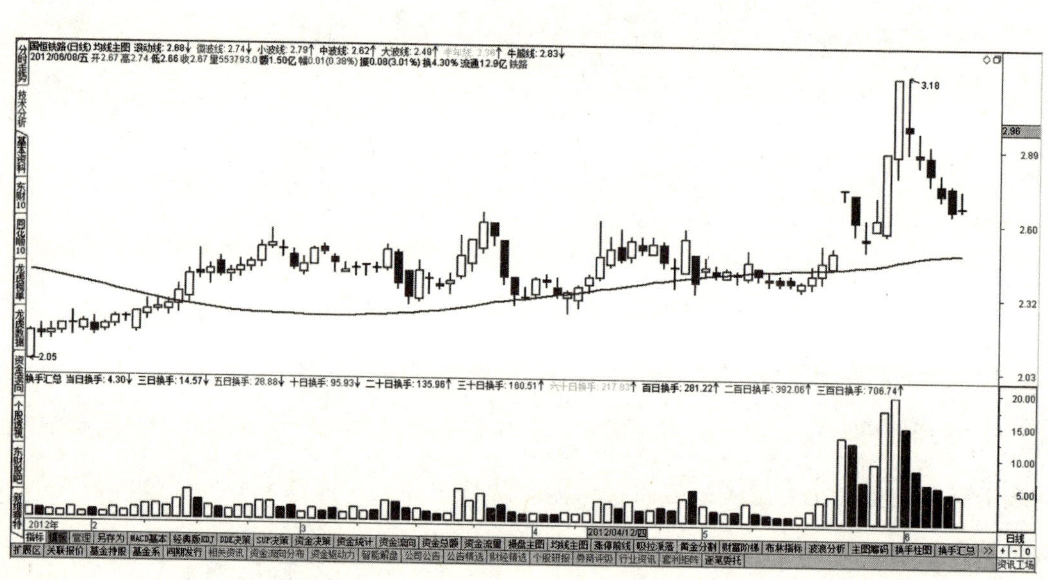

图例 014　用中期均线研判低风险区域示意图

方法，因为长期均线的时间跨度很长，对于小资金来说，用这样的均线来权衡，有点不太合适。在实战中我们可以改换分析周期，比如，同样是使用 240 单位均线，但分析的周期不再是日线周期，而是分钟周期，那么得出来的效果可能会更好。我们常用 60 分钟、15 分钟周期的 240 均线来判断风险区域的高低，效果还不错。各位如果有兴趣，不妨一试。当然，如果你已经进入了职业选手的行列，就犯不着用平均线来判断

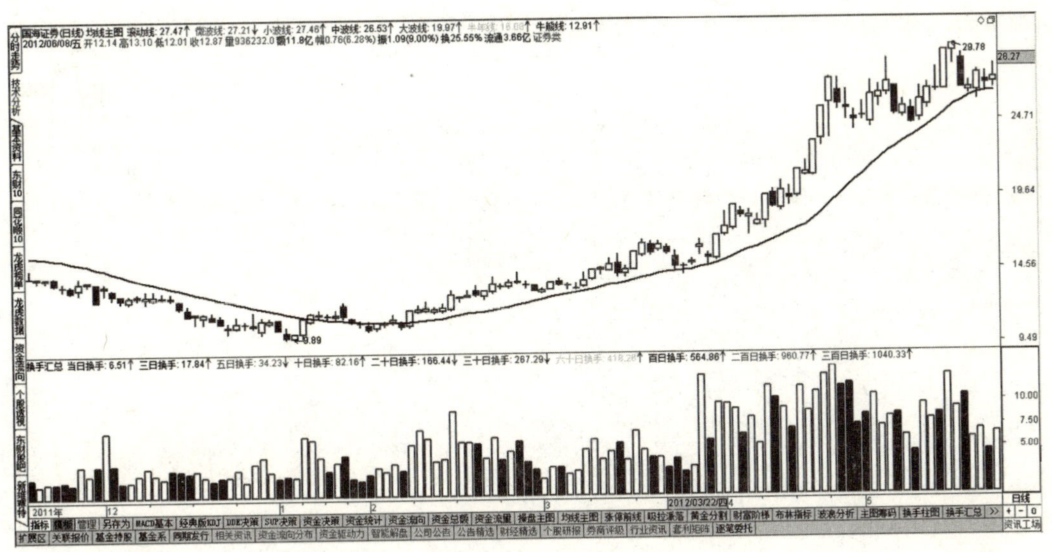

图例 015　用短期均线研判低风险区域示意图

风险区域的高低了。直接采用 K 线形态结构来判断，实战效果会更好。

通过观察上边的长期均线、中期均线和短期均线三幅示意图，不难发现，采用长期均线来判断风险区域的高低，时间跨度过长，如果采用短期均线的话又有些过短。而选择中期均线则比较合适。因此，在实战中，我们通常选用中期均线作为研判行情大小和风险高低的依据。在本书中，我们把中期均线 60 日均线定义为大波线，意思是说，60 日均线反映了大波段趋势的走向，有很高的实战参考价值。如果一只股票 60 日均线由空头趋势转化为走平，进而拐头向上延伸，那么说明接下来将会有比较大的套利机会。从实战的角度来说，选择 60 日均线作为定义低风险区域的基准，也取得了不错的战绩。因此，建议各位不妨把 60 日均线作为均线交易系统的基准均线，用它来衡量风险程度的高低。

现在我们再把前边讨论过的知识点归纳一下，在滚动交易系统里，选股的第一个原则是低风险区域优先。区分低风险区域的常用方法有 K 线形态结构确认法和均线态势结构确认法两种。最常用的均线是 60 日均线。当一只股票 60 日均线走平的时候，就值得密切留意了，因为 60 日均线是大波线，60 日均线走平，就意味着大波段行情可能要到来了。我们不妨翻阅2012年上半年走势良好的品种，验证一下大波线的威力。参见图例016所示。

区间分析报表-涨跌幅度 市场：深沪A股 区间：2012-01-04,三 - 2012-05-31,四 点右键操作

	代码	名称	涨跌幅度↓	前收盘	最高	最低	收盘	振荡幅度	成交量	总金额	市场比%	换手率%	5日量变%
1	600462	*ST石岘	11.87 301.27%	3.94	16.10	4.14	15.81	11.96 288.89%	1.55亿	7.87亿	0.01	37.69	648.24
2	600113	浙江东日	9.41 205.46%	4.58	17.41	4.25	13.99	13.16 309.65%	19.62亿	247.4亿	0.31	615.73	5253.72
3	000750	国海证券	18.43 165.29%	11.15	29.83	9.89	29.58	19.94 201.62%	20.64亿	408.6亿	0.58	563.22	164.86
4	000007	零七股份	9.12 138.60%	6.58	16.95	6.23	15.70	10.72 172.07%	5.06亿	62.3亿	0.09	273.60	320.02
5	600111	包钢稀土	25.56 137.12%	18.64	45.87	1.93	44.20	43.93 2270.54%	43.05亿	2268亿	2.80	290.96	248.98
6	600300	维维股份	5.20 135.06%	3.85	11.04	3.62	9.05	7.42 204.97%	56.39亿	420.1亿	0.52	337.24	713.51
7	600780	通宝能源	8.40 133.76%	6.28	14.92	5.66	14.68	9.26 163.60%	6840万	4.95亿	0.01	7.84	5.27
8	600260	凯乐科技	6.81 124.27%	5.48	14.05	4.98	12.29	9.07 182.13%	30.76亿	293.0亿	0.36	582.94	302.34
9	000970	中科三环	23.28 116.46%	19.99	44.95	18.45	43.27	26.50 143.63%	21.18亿	661.6亿	0.93	417.30	158.86
10	000852	江钻股份	10.52 112.51%	9.35	21.36	8.87	19.87	12.49 140.81%	13.71亿	219.0亿	0.31	1053.91	247.67
11	300239	东宝生物	9.10 112.21%	8.11	23.98	6.31	17.21	17.67 280.03%	3.55亿	77.1亿	0.11	933.05	610.85
12	002542	中化岩土	8.72 110.38%	7.90	17.48	7.80	16.62	9.68 124.10%	2.81亿	51.4亿	0.07	485.24	3027.61
13	002272	川润股份	4.73 105.58%	4.48	12.88	4.27	9.21	8.61 201.29%	15.76亿	178.6亿	0.25	845.43	3258.40
14	000531	穗恒运A	6.35 96.65%	6.57	13.50	6.00	12.92	7.50 125.00%	3.14亿	32.2亿	0.05	92.72	173.66
15	000975	科 学 城	4.73 96.14%	4.93	11.11	4.18	9.66	6.93 166.11%	6.72亿	60.7亿	0.09	107.85	506.41
16	600259	广晟有色	36.17 94.86%	38.13	76.84	7.35	74.30	69.49 945.44%	7.44亿	453.8亿	0.56	298.37	11.05
17	600702	沱牌舍得	15.42 92.72%	16.63	33.86	8.22	32.05	25.64 311.92%	7.64亿	202.1亿	0.25	226.49	102.01
18	000908	ST天一	4.30 92.47%	4.65	9.58	4.37	8.95	5.21 119.22%	1.07亿	7.73亿	0.01	38.34	-12.63
19	600228	*ST昌九	6.11 92.30%	6.62	13.20	5.81	12.73	7.39 127.19%	7.91亿	87.1亿	0.11	327.63	-43.09
20	601800	中国交建	2.63 89.15%	2.95	6.74	5.49	5.58	1.25 22.77%	31.85亿	188.3亿	0.23	380.43	-29.79

分类▲ 个股拉升 板块吸筹 板块拉升 即时决策 决策信号 资金选股 A股 中小 创业 B股 基金 AH对照 板块▲ 自定▲ 板块指数 自选 港股▲ 期货与商品▲ 基金与宏观▲ 外盘外汇▲

图例016　2012年1月至5月区间涨跌幅度统计数据

从上边的区间涨跌幅度统计数据可以看到，2012年1月至5月，涨幅最大的前20名分别是600462、600113、000750、000007、600111、600300、600780……如果注意查看它们的走势，就会发现它们有一个共同的特征，就是60日均线从空头趋势转换为平滑走势之后，一旦被放量突破，都走出比较凌厉的攻势，涨幅可观。由此可见，60日均线对研判风险程度的高低和对选择操作的品种有非常重要的实战意义。

另外，在这里我们顺便介绍一下20日均线。在本书中，我们把20日均线定义为中波线，意思是说，当20日均线从空头走势转换为平滑走势之后，就意味着套利的机会即将到来。如果20日均线走平的时候，当前股价位于它的下方，那么这时候的K线就叫做线下线。如果位于20日均线的上方，就叫做线上线。如果和20日均线发生关联，就叫做线中线。这里的定义方法和前边介绍的60日均线涉及的线上线、线中线、线下线本质相同。

20 日均线有奇妙的作用。如果 20 日均线走平的时候，当前 K 线还属于线下线，而且是小型 K 线，不断地向上延伸，向 20 日均线靠拢，那么，此时可以理解为阶段性的低风险区域，是极好的潜伏式建仓机会。如果此时股价的波动幅度小、成交量比较温和、换手率比较低，K 线结构呈现出阴阳交错的特征，分时图上不断出现尖角状的冲击波，诸如此类，那么可以肯定，已经有大资金在默默吸纳，悄悄建仓。此时，股价处于空间位置低位，走势整体上处于低风险区域。如此品种，当然不可错过，应当密切跟踪分析。如果背后还有相关的政策驱动和相应的题材拉动，那么，聪明的投资者当然知道该怎么做了。

第二节 低价位品种优先的选股原则

和做生意的道理一样，我们在选股的时候，要遵循低价位品种优先的原则。在同等条件下，谁的价位低就优先选谁。根据以往的研究，我们得知，在同一板块里，如果个股的基本面大致相同，技术状态相似，那么，谁的价位最低，谁就最有可能成为主力机构炒作的龙头品种。以 1 亿元资金为例，这样的资金也只能算是小资金，不可能主导股价的走势，因此，在操作策略上，只能是跟随，跟随当期市场最热的主流热点，狙击主流热点中的龙头品种。据我所知，集团式板块炒作的时候，价位最低的品种往往是率先启动的龙头品种。因此，低价格品种优先的原则，必须成为我们选股的基本原则之一。

什么价位才算低价位呢？低价位是相对而言的，没有绝对的说法。在本书中，我们把 10 元以下的价格定义为低价，10 元以上、20 元以下定义为中价，20 元以上定义为高价。除此之外，还可以在高价区把 30 元以上的定义为天价。为了看盘的方便，我们自定义看盘版面，将这四种不同价格区间的股票各自归档，如图例 017 所示那样，查看起来就比较方便了。

在上边的看盘版面里，我们把所有股票按照股价的高低划分为四个档次，分别命名为低价股、中价股、高价股和天价股。这样归类之后，看盘的时候，就可以实时监控，发现其中的套利机会。需要说明的是，随着时间的推移，原先的低价股可能演变成为中价股或者高价股，原先的高价股也有可能演变成为中价股或者低价股。因此，要经常检查每一个档次的成份股，定期更新，以确保版面数据的准确性。

	代码	名称	涨幅%↓	现价
1	300052	中青宝	9.99	11.89
2	002334	英威腾	4.98	14.55
3	300007	汉威电子	3.96	17.06
4	300017	网宿科技	3.41	14.87
5	300014	亿纬锂能	3.17	14.00
6	300051	三五互联	3.00	11.00
7	002335	科华恒盛	2.39	12.41
8	002310	东方园林	2.32	50.64
9	000538	云南白药	2.24	54.70
10	300059	东方财富	2.10	13.12
11	000513	丽珠集团	1.71	25.55
12	002250	联化科技	1.71	15.50
13	300041	回天胶业	1.60	16.46
14	002373	联信永益	1.48	13.06
15	002038	双鹭药业	1.40	28.94
16	002230	科大讯飞	1.35	23.95
17	300045	华力创通	1.34	12.08
18	002315	焦点科技	1.21	35.15
19	002340	格林美	1.20	12.63
20	002375	亚厦股份	1.19	23.88
21	002285	世联地产	1.14	15.07
22	002292	奥飞动漫	1.10	20.17
23	002296	辉煌科技	1.07	21.70
24	002383	合众思壮	1.01	16.99
25	002236	大华股份	0.99	29.50
26	300001	特锐德	0.98	14.47
27	600315	上海家化	0.97	36.38
28	002273	水晶光电	0.95	15.92

天价股▲

	代码	名称	涨幅%↓	现价
1	002329	皇氏乳业	7.17	12.86
2	002096	南岭民爆	4.76	31.28
3	600085	同仁堂	3.95	15.52
4	600594	益佰制药	3.93	18.49
5	600725	云维股份	2.98	5.53
6	000028	国药一致	2.96	26.40
7	600458	时代新材	2.67	13.84
8	600038	哈飞股份	2.64	18.26
9	000562	宏源证券	2.56	17.23
10	000762	西藏矿业	2.46	16.24
11	002324	普利特	2.35	12.62
12	600985	雷鸣科化	2.27	12.62
13	000042	深 长 城	2.18	19.71
14	000519	江南红箭	2.16	10.40
15	000987	广州友谊	2.11	14.55
16	000809	铁岭新城	2.06	10.40
17	002363	隆基机械	1.97	14.00
18	002148	北纬通信	1.97	16.60
19	002307	北新路桥	1.93	7.93
20	002190	成飞集成	1.93	16.92
21	600267	海正药业	1.91	16.00
22	600256	广汇股份	1.88	15.18
23	002357	富临运业	1.84	8.87
24	002146	荣盛发展	1.77	12.07
25	002051	中工国际	1.73	32.87
26	002208	合肥城建	1.69	6.61
27	000065	北方国际	1.65	12.96
28	300010	立思辰	1.61	8.82

高价股▲

	代码	名称	涨幅%↓	现价
1	600343	航天动力	10.00	12.98
2	600478	科力远	9.99	25.21
3	600732	上海新梅	7.95	7.20
4	600452	涪陵电力	7.63	9.17
5	600738	兰州民百	6.45	6.77
6	600891	秋林集团	6.33	9.40
7	000014	沙河股份	5.71	7.77
8	600369	西南证券	5.62	11.84
9	002112	三变科技	5.51	8.24
10	600338	*ST珠峰	5.02	6.49
11	600506	ST香梨	4.94	10.83
12	000638	万方地产	4.39	7.13
13	000517	荣安地产	3.81	7.35
14	600623	双钱股份	3.45	10.79
15	600587	新华医疗	3.44	24.35
16	600526	菲达环保	3.26	13.00
17	600073	上海梅林	3.26	9.83
18	002176	江特电机	3.20	10.32
19	002014	永新股份	3.08	15.40
20	000570	苏常柴A	3.06	6.74
21	600773	西藏城投	3.00	14.76
22	000627	天茂集团	2.97	3.12
23	000509	SST华塑	2.97	9.72
24	600855	航天长峰	2.93	9.12
25	002025	航天电器	2.83	12.70
26	600545	新疆城建	2.77	6.67
27	002231	奥维通信	2.71	9.49
28	600644	乐山电力	2.65	9.28

中价股▲

	代码	名称	涨幅%↓	现价
1	000766	通化金马	5.37	5.10
2	600614	鼎立股份	5.36	16.71
3	600179	ST黑化	5.03	5.01
4	000958	ST东热	5.02	3.35
5	000613	ST东海A	5.01	3.56
6	600385	*ST金泰	4.97	4.65
7	000676	ST思达	4.91	3.42
8	000017	*ST中华A	4.76	3.52
9	600578	京能热电	3.68	7.88
10	600221	海南航空	3.58	5.21
11	600995	文山电力	3.38	7.04
12	600234	ST天龙	3.18	4.54
13	600766	*ST园城	3.11	11.59
14	600886	国投电力	2.94	6.31
15	000543	皖能电力	2.80	5.87
16	000927	一汽夏利	2.71	7.97
17	600115	东方航空	2.68	4.21
18	000975	科 学 城	2.60	9.09
19	600246	万通地产	2.58	3.98
20	600421	*ST国药	2.48	4.55
21	000600	建投能源	2.44	4.20
22	600719	大连热电	2.20	7.90
23	000036	华联控股	2.13	3.83
24	600726	华电能源	1.96	2.60
25	600145	ST国创	1.93	5.29
26	600101	明星电力	1.88	11.95
27	000899	*ST赣能	1.80	3.96
28	000040	宝安地产	1.76	4.62

低价股▲

图例 017　按照股票价格的高低自定义看盘版面示意图

第三节 低技术态势优先的选股原则

这里所讲的技术态势，也可以称为技术状态。技术状态一词原是指在技术文件中规定的并在产品中达到的物理特性和功能特性，引用到股市上，在这里是指技术指标所属的某一时间段呈现出来的空间位置。每一位交易员在买卖的时候，都务必首先考量股价当前所处的空间位置，通俗地说，就是要考虑股价当前所处的空间位置是高位还是低位：如果是高位，择机减仓，或者要坚决回避；如果是低位，要择机建仓，或者加码买进。那么，如何界定技术态势的高低呢？从交易员实战做盘的角度来说，可以选用两个技术指标来考量股价技术态势的高低，一个是 KDJ 指标，而另一个是 MACD 指标。关于如何运用这两个技术指标来制造股价技术态势的高低，属于机构做盘的范畴，在这里不做讨论。对于广大中小投资者来说，我们不需要深入研究机构如何制造技术指标态势来调控盘面走势，我们只需要知道，在选股的时候，务必坚守低技术态势优先的原则，这就足够了。

如何判断技术状态的高低呢？我们认为最直观的方法是选用平均线来界定。当然，你也可以选用 KDJ 或者 MACD 之类指标来界定。选择平均线来界定有很多好处，一是用在主图上，十分直观，一目了然。二是平均线本身揭示了价格的趋势，将价格趋势和技术状态高低融合在一起研判行情，可以一举两得。三是可以将 K 线位置与平均线走向结合起来，划分出线上线、线中线、线下线三种类型，及时区分当前 K 线的空间位置，迅速作出操作对策，等等。限于篇幅，其他好处就不一一列举了。

用平均线来辨别技术状态的高低，可以从当前平均线的位置与当前股价的位置之间的关系入手，观察它们之间的偏离程度。对于线上线而言，偏离程度越大，技术状态越高；偏离程度越小，技术状态越低。对于线中线而言，则不存在偏离的问题，我们可以把线中线作为观察偏离程度的基准。对于线下线而言，则是从做空的角度观察它的偏离程度，我们把它称为向下偏离。目前，暂时还没有完全的做空机制，这种向下偏离就不介绍了。

由于投资者资金规模不同，对技术状态的适用性也就有所不同。因此，在利用平均线观察技术状态高低时，可以根据自己资金规模的大小，选择相应的指标参数。对于资金规模大小的界定，各位可以自定义。我们自定义的标准如下：

微型资金：100 万元以下。

小型资金：100 万元以上，1000 万元以下。

中型资金：1000 万元以上，1 亿元以下。

大型资金：1 亿元以上，100 亿元以下。

巨型资金：100 亿元以上。

在观察分析平均线技术状态高低的时候，首先要确定一个观察基准点。我们把平均线由空头趋势转换为平滑走势的时间段作为观察基准平台，也就是说，只有当平均线由下降趋势变为走平的时候，才是观察技术状态高低的适用基点位置，否则就无从谈起。如果平均线走平之后转换为向上延伸，说明原先的平滑走势转换为上升趋势，此时可能预示着新一轮风险轮回进入开始阶段，新的行情已经开始。一旦进入新的上升周期，我们就要密切观察当前股价与平均线的偏离程度，及时监控分析它的技术状态。参见图例 018、019、020、021 所示。

对于微型资金和小型资金来说，使用比较小的平均线来观察分析技术状态的高低已经足够了。比如，可以使用 5 日平均线、10 日平均线或者 20 日平均线。通常来说，小规模的资金需要加快周转速度，才能更快地完成财富的积累。因此，在选择均线交易系统的时候，可以优先考虑短期均线交易系统来作为操作的参考。

对于中型资金来说，可以选择中波线或者大波线来观察技术状态的高低，如果资

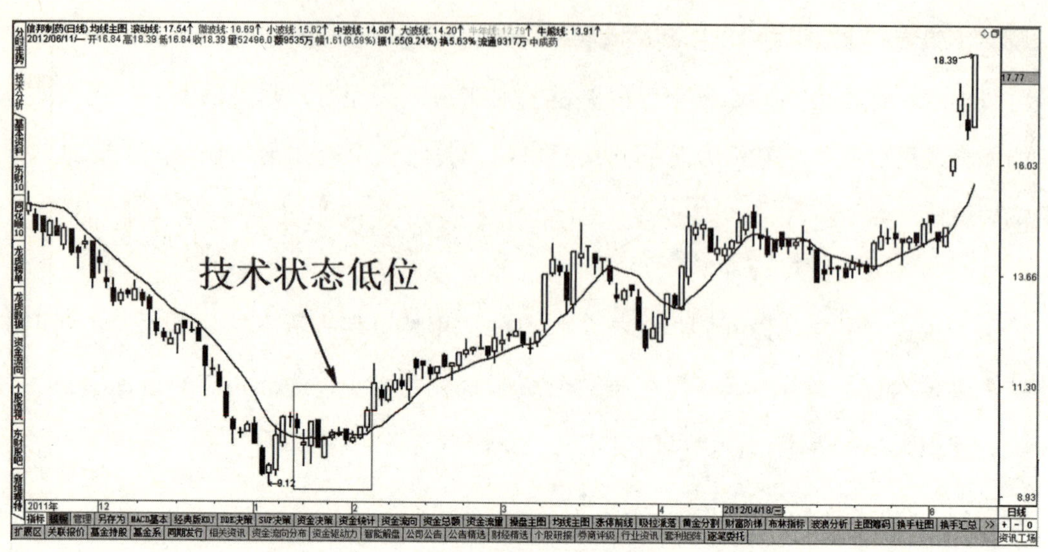

图例 018　运用小波线观察分析技术状态示意图

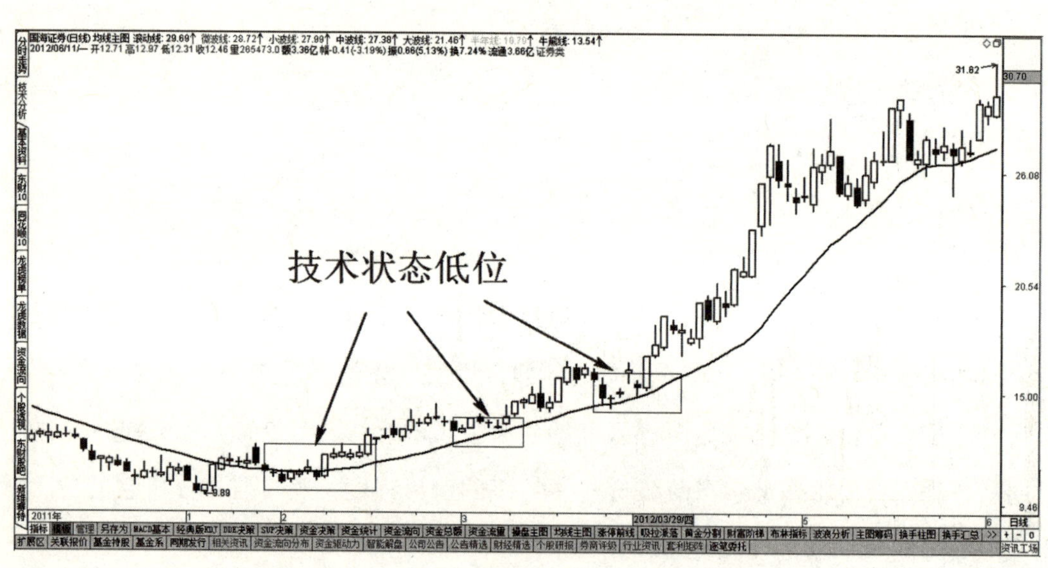

图例 019　运用中波线观察分析技术状态示意图

金规模较大，采用大波线会更加合适。在设计均线交易系统的时候，可以把大波线作为基准线，同时参考小波线、中波线的趋势，如果这三条平均线都同时从空头趋势转换为平滑走势，并且粘合在一起，形成整理平台，那么此时属于绝佳的低技术状态，是很不错的建仓区域。

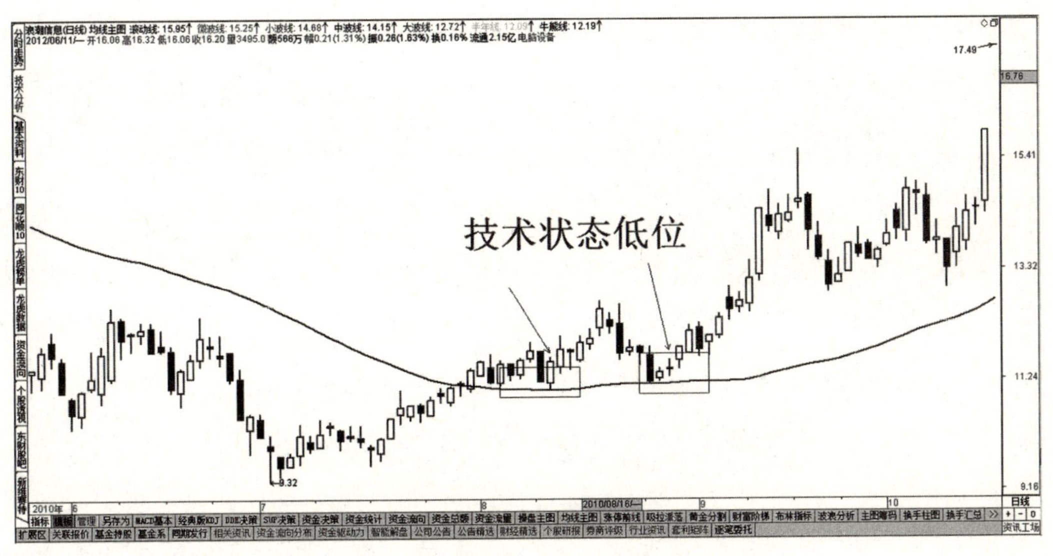

图例 020　运用大波线观察分析技术状态示意图

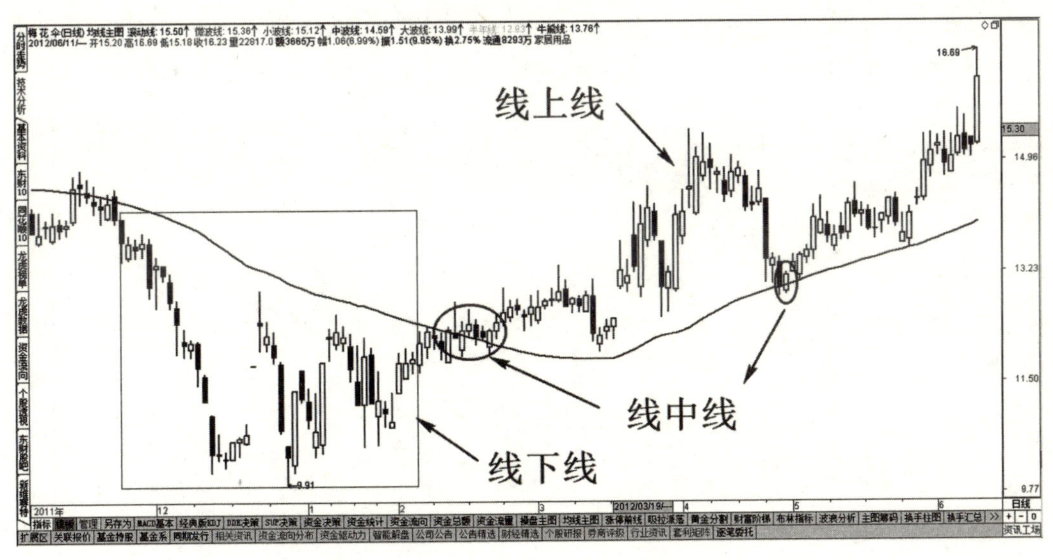

图例 021　线上线、线中线、线下线示意图

关于利用平均线判断技术状态的高低，我们还可以利用均线流指标来研判，也可以利用瀑布线指标来判断。均线流指标的参数可以自定义，比如，我们把均线流分为三组，第一组是短期均线流，参数可以设为 3、6、9、13、16、19；第二组是中期均线流，参数可以设为 33、36、39、43、46、49；第三组是长期均线流，参数可以设为 103、106、109、113、116、119。这些参数不是一成不变的，你可以根据自己的爱好自

定义参数。这三组均线流可以用来观察不同时间长度的均线趋势，同时可以用它来判别技术状态的高低。关于这部分内容，在后边的章节中，我们会详细讲解。

除了利用平均线来判断技术状态的高低之外，我们还可以利用黄金分割指标、布林线指标、轨道线指标、财富阶梯指标等技术指标来判断技术状态的高低。对于判断阶段性技术状态的高低，利用黄金分割指标可能是很直观的方法。在这里我们把黄金分割比率从低点到高点划分为若干个档次，并以50%作为中轴线。这些比率从小到大分别是19.8%、38.2%、50%、61.8%和80.9%。我们把从低点到38.2%这个区间定义为技术状态低位，从61.8%到高点这个区间定义为技术状态高位。从38.2%至61.8%这个区间定义为技术状态中位。为了分析的精细化，还可以把19.8%以下的区间定义为技术状态绝对低位，把80.9%以上的区间定义为技术状态绝对高位。通过这样划分之后，再观察操作品种的走势图或者考察备选品种的走势图，就能够对股价的阶段性技术状态一目了然。参见图例022所示。

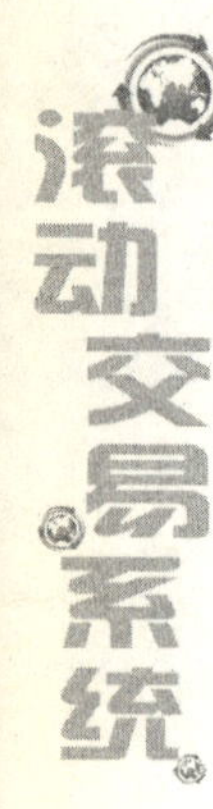

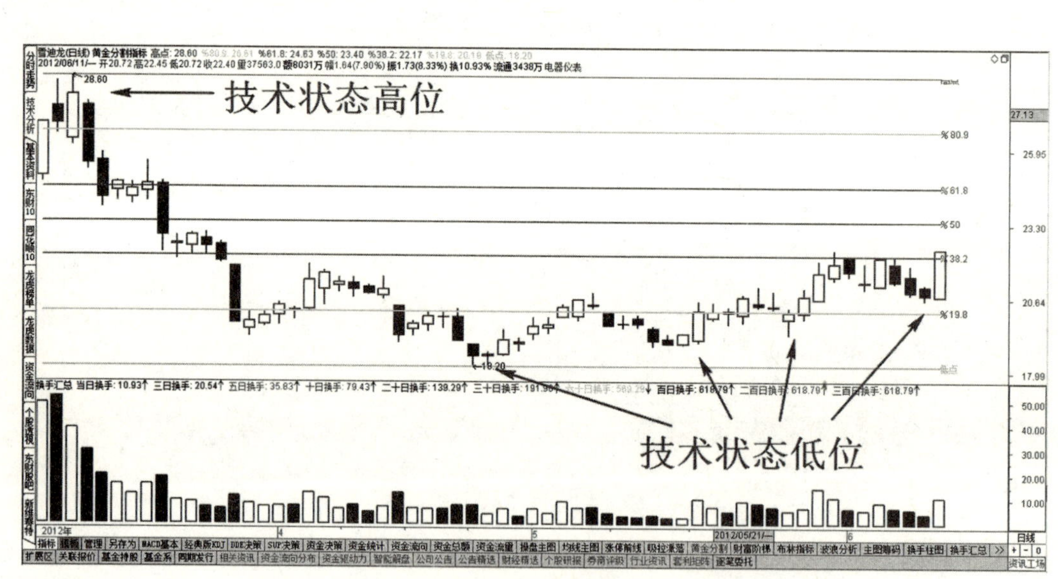

图例022　利用黄金分割指标判断技术状态高低示意图

本章我们详细介绍了滚动交易系统选股的基本思路，归纳起来有三个要点：一是从空间位置来考虑，要选择空间位置处于低位的品种，选择当前还处于低风险区域的品种；二是从成本价位来考虑，要选择成本价位处于低位的品种；三是从技术状态来考虑，要选择技术状态处于低位的品种。低风险区域、低成本价位、低技术状态，这三个方面的因素简称为三低原则，它们直接影响着我们操作的绩效。因此，在学习滚动交易系统的时候，要牢牢记住三低原则，切实把它运用到选股工作中。选股影响成败，当我们把选股工作做好了，我们后边的操作就会更加顺利，更加惬意，更加得心应手。

当我们学习和掌握了三低选股原则之后，接下来最重要的就是坚持不懈地按这个原则做好复盘工作，在复盘的时候做好选股工作。每一个交易日收盘之后，抽出一点时间，从涨幅排名榜、跌幅排名榜、振幅排名榜、量比排名榜、换手率排名榜、净流入排名榜、净买率排名榜、攻击波排名榜、回头波排名榜等相关要素，逐项查看，逐一筛选，把符合三低原则的品种放入股票池，进行跟踪。这是学习滚动交易系统的日常基础工作，请各位有志于成为职业投资者、有志于以交易为生的朋友，坚持做好这个工作。

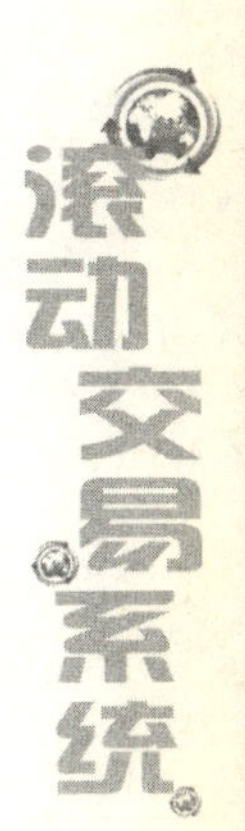

第四章 滚动交易系统进场要领

【本章学习要点】

一、根据K线形态结构选择买点

二、根据关键技术点位选择买点

三、根据量能集散结构选择买点

当我们根据滚动交易系统选股思路筛选出一批股票之后，把它们放入股票池，跟踪观察，系统分析，逐一解剖，严格审查之后，精选出若干个可供操作的品种，接下来要做的就是如何选择恰当的时机和合适的价位，调度资金，配置仓位。通俗地说也就是进场买入。在这里需要考虑的主要问题是：选择什么时间节点买入、挑选什么价位买入、使用多少资金买入、分多少次买入、每一次买入的仓位是多少等等。这些问题归纳起来统称为进场要领。滚动交易系统根据什么来设计进场要领呢？我们认为，可以从三个方面入手。一是根据K线形态结构来设计进场要领，也就是根据K线技术来设计买点。二是根据均线态势结构来设计进场要领，也就是根据当前股价所处的位置与当前均线的态势结构来设计买点，通常我们把它叫做选择关键技术点位买入。在这里需要特别说明的是，根据平均线来设计进场要领的时候，并不涉及到股市中经常言及的金叉死叉之类俗不可耐的说辞。三是根据量能集散结构来设计进场要领，也就是根据成交量柱的分布特征来设计买点。在这里就会涉及到每笔均量、每笔换手、每日换手和阶段换手等技术要素。总而言之，滚动交易系统所使用的进场要领并不复杂，而是十分简明，通俗易懂。用几个关键词来归纳，就是K线形态结构买入法、关键技术点位买入法和量柱分布特征买入法三大类。如果再简化一下，就是K线买入法、点位买入法和量柱买入法三大类。

根据K线形态结构选择买点

我们知道，K线有大小之分，根据K线实体部分的大小，我们把K线分为大型K线、中型K线和小型K线。目前受涨跌幅度的限制，大型K线实体最大幅度为10%左右。实际上，有时候会略大于10%，有时候会略小于10%，为了叙述的方便，统称为10%。

大型K线是指实体部分大于7%但小于10%的K线。大型K线包括大阳线、大阴线。如果收盘价>开盘价，并且（收盘价－开盘价）÷开盘价>7%，就称为大阳线。如果收盘价<开盘价，并且（开盘价－收盘价 ÷开盘价>7%，就称为大阴线。

中型K线是指实体部分小于7%但大于3%的K线。中型K线包括中阳线、中阴线。如果收盘价>开盘价，并且7%>（收盘价－开盘价）÷开盘价>3%，就称为中阳线。如果收盘价<开盘价，并且7%>（开盘价－收盘价）÷开盘价>3%，就称为中阴线。

小型K线是指实体部分小于3%但大于1%的K线。小型K线包括小阳线、小阴线。如果收盘价>开盘价，并且3%>（收盘价－开盘价）÷开盘价>1%，就称为小阳线。如果收盘价<开盘价，并且3%>（开盘价－收盘价）÷开盘价>1%，就称为小阴线。

为了更加直观，我们把上边的叙述简化为衡量公式列举如下：

大阳线：10%>（收盘价－开盘价）÷开盘价>7%

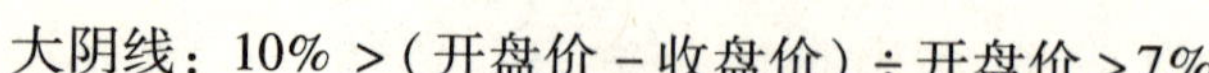

大阴线：10% >（开盘价 – 收盘价）÷ 开盘价 >7%

中阳线：7% >（收盘价 – 开盘价）÷ 开盘价 >3%

中阴线：7% >（开盘价 – 收盘价）÷ 开盘价 >3%

小阳线：3% >（收盘价 – 开盘价）÷ 开盘价 >1%

小阴线：3% >（开盘价 – 收盘价）÷ 开盘价 >1%

在 K 线形态结构里，还涉及到上下影线的有无和长短。在这里，我们还要引入波动区间的概念。波动区间不是指 K 线实体部分的大小，而是指从最低价到最高价之间的价差。在行情软件里，通常用振幅来表示。价差越大，波动的幅度就越大，振幅就越大。为了叙述的方便，我们把价差大于 10% 的叫做大幅度波动，通俗地说，就是振幅大于 10%。如果价差小于 10%，就叫做小幅度波动，也就是振幅小于 10%。如果价差小于 5% 的话，就目前的交易制度和交易费率而言，就很难进行滚动操作了。因此，在滚动交易系统里，凡是阶段性价差太小的品种，原则上不作为滚动操作的品种。

在运用 K 线形态结构选择买点的时候，首先要考虑的是当前 K 线所在的位置，主要涉及的问题包括是高位还是低位、是高风险区域还是低风险区域、是高技术状态还是低技术状态等。其次，还要考虑 K 线自身的形态结构，主要涉及的问题包括 K 线实体的大小、上下影线的长短、K 线之间的位置关系、K 线与价格趋势线的位置关系、K 线对应的成交量等。在本书中，我们结合滚动交易系统的操作特点，逐一讲解如何根据 K 线形态结构选择买点，帮助投资者全面掌握 K 线技术进场要领。我们从可买和不可买两个方面来讲解。

一、先看不买的 K 线形态结构类型

在 K 线形态结构类型中，有相当一部分属于不可买入的图形。我们要熟知这些不可买入的类型，以免犯错。为什么不可买入呢？需要从多方面来综合分析，才能明白其中原因。在这里，我们结合前边学过的三低原则，列举一些不可买入的图形类型，供大家参考。

(一) 空间位置高位出现的大型 K 线，原则上不可买入。

关于空间位置的高低，我们在前边已经做了详细的讲解。在这里强调一下空间位置低位、中位、高位与量度涨跌幅的关系。我们把量度涨幅 33.33%、66.66%、99.99%定义为观察空间位置的基准量度涨幅，再把每一个档次的基准数值细分为三个子项。比如第一档次的 33.33% 可以划分为 11.11%、22.22%、33.33%，余此类推。这样划分的目的在于方便观察分析。关于这个话题的更多内容，我们将在后边的章节中详细讲解。

我们在判断当前的 K 线是否处于空间位置高位的时候，可以分几步走：

第一步，找出该品种历史上的最低点、或者近期的最低点，画一条竖线，作为观察基准。

第二步，找出最低点出现之后每一次回落整理后再度启动的 K 线位置，观察它启动之后上升的高度，看看是否达到量度涨幅。如图例 023 所示。

第三步，设定量度涨幅的间隔区间，一般设为 33.33%、66.66、99.99% 三个档次。

第四步，观察当前 K 线是否触及这三个档次的警戒线。警戒线可以上下浮动 5%。

第五步，设定可能出现的整理区间，一般设在警戒线附近。一旦股价进入这个区间，就有可能出现整理。因此，当股价运行到这些警戒区域的时候，就不适宜建仓。

图例 023 最后一根大阳线，收盘价是 26.02 元，从历史上最低点 16.60 元算起，上涨的幅度达到 56% 以上。假设下一个交易日再上涨 10% 的话，就达到 66%，距离量度涨幅 66.66% 已经很接近了。也就是说，这时候股价进入整理的可能性已经很大。很显然，这根大阳线已经处于阶段性的空间位置高位，我们应当采取观望的态度，而不是买进。

在设定量度涨幅的参数时，不一定是我们设计的 33.33%、66.66%、99.99%，你可以自定义自己的标准。比如可以是 30%、60%、90% 之类。也可以是黄金分割的比率数值 19.8%、38.2%、50%、61.8%、80.9% 之类。总而言之，条条大路通罗马，

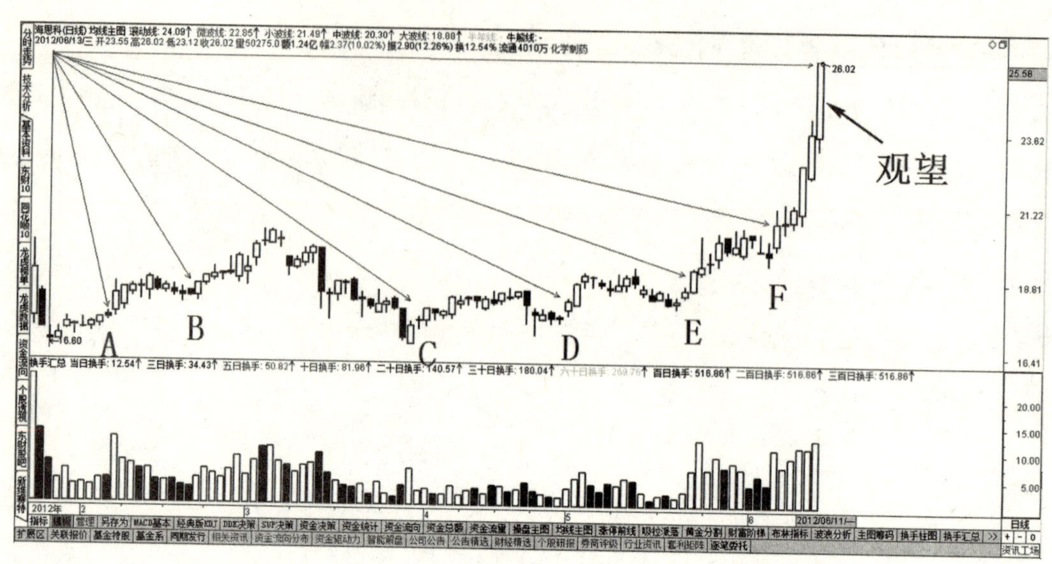

图例 023　阶段性空间位置高位出现大型 K 线，不宜买进

只要适合自己的实战操作就可以了，没有必要强求一致。特地说明。

上边的例子介绍的是阶段性空间位置高位出现大型 K 线，像这样的例子只是说明近期内需要整理，并不表明后边不会再拉升。但是，如果短期内急速拉升，量度涨幅达到甚至超过 99.99% 的话，那么此时即使是从阶段性起涨的位置算起，空间位置也属于高位了。当一只股票短期内飙升接近 100% 的话，从防范风险的角度来说，就绝对没有理由再去买入。例如下边的图例 024 就是短期内飙升超过 100% 的案例。像这样的走势，在空间位置高出现大型 K 线：红灿灿的大阳线啊！虽然很耀眼，很刺激，但绝对不是买入的信号。

从图例 024 可以看到，这只股票在很短的时间里迅速飙升，量度涨幅超过了 100%，也就是说，它已经在很短的时间内透支了未来若干年可能出现的上涨空间。在滚动交易系统里，凡是这样的品种，在高位绝对不允许买入。图中箭头所指的那一根大型 K 线，红彤彤，鲜艳无比，却是诱人入局的骗线。在这里请各位牢牢记住：凡是在空间位置的高位，包括阶段性的高位在内，如果出现低开高走的大阳线，那就是做盘资金在实施诱多计划，操盘的意图就是要引诱不明就里的投资者去接盘，以便实施

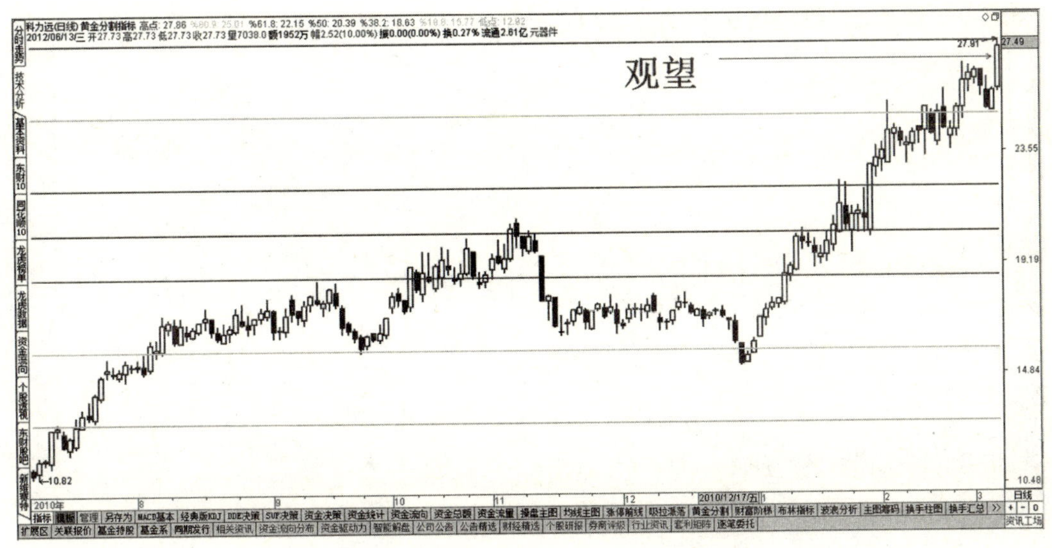

图例 024　空间位置高位出现低开高走大阳线绝不去买

有预谋的甩货计划。此时不需要思考，只需要形成本能的反应即可：凡是空间位置高位出现的大型 K 线，一律不买！

空间位置的高位出现大型 K 线还包括大阴线在内。这类 K 线从做空的角度来说，倒是很好的开仓机会。但是，目前中国股市还不具备做空的机制，因此，凡是在空间位置高位出现大阴线，就不需要思量什么，尽管观望吧。记住，凡是空间位置高位出现大阴线，绝没有什么好果子给你吃的，你要做的就是坚决不去碰它。

（二）技术状态高位出现的大型 K 线，原则上不可买入。

凡是技术状态处于高位的时候，都不是进场的时机。也就是说，不管你使用什么技术工具来判定技术状态的高低，使用平均线也好，使用黄金分割指标也好，或者使用 KDJ、MACD 之类指标也好，总而言之，凡是技术状态已经处于高位的时候，都只能是观望，不要有任何侥幸心理，企图买入技术状态已经处于高位的品种。

图例 025 是使用黄金分割指标来判定技术状态的高低。如图所示，右上角最后一根 K 线是大阳线，此时该 K 线已经触及黄金分割指标的高点，从黄金分割率来看，已经处于 80.9% 的上边，很明显，此时技术状态已经处于高位。那么此时就不是合适的

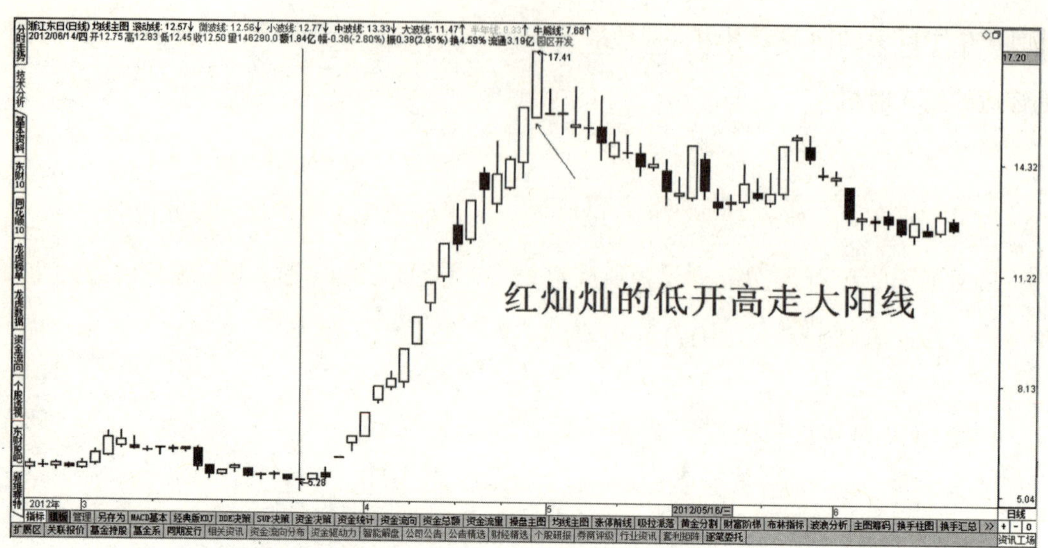

图例 025　从黄金分割指标判定技术状态的高低示意图

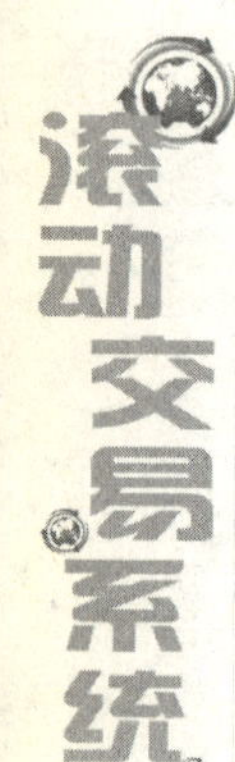

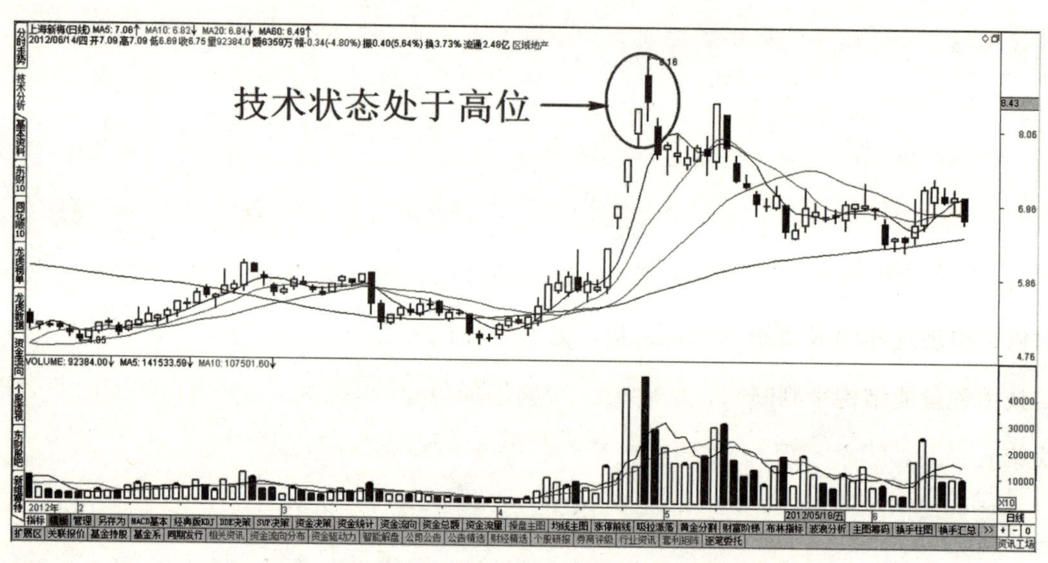

图例 026　利用平均线指标判断技术状态高低示意图

买入时机。

除了黄金分割指标之外，我们还可以用最常见的平均线指标来判断技术状态的高低。如图例 027 所示，当股价处于远离已经走平的 60 日均线的时候，此时股价与 60 日均线的偏离值已经很大，随时有回落的风险。也就是说，因为股价远离了 60 日均线，此时产生了巨大的向下牵引力，促使股价向60日均线回归。那么，很显然，此时就不是合适的买入时机。

为了直观起见，本书在使用指标的时候，尽可能选用主图指标，特此说明。

关于不买的K线形态结构类型，还有很多，限于篇幅，同时也是避免内容的重复和雷同，在这里就不一一介绍了。各位可以参见后边的出场要领相关内容，特地说明。

二、再看可买的K线形态结构类型

根据滚动交易系统的基本原理，在买点选择上，从K线形态结构的角度来说，可以考虑选择空间位置低位的小型K线各类组合、空间位置低位下影线各类组合、空间位置低位企稳大阳线各类组合等形态结构类型作为买入的依据。各种形态结构类型有各自的特点，它们构成了经典的进场定式。

（一）空间位置低位出现小型K线各类组合，通常是筑底阶段。

空间位置低位出现的小型K线各类组合，包括连续小阳线、连续小阴线、阴阳交错小K线、并排小阳线、并排小阴线、单一小锤头线、单一T型线、单一倒锤子线、单一倒T线、长十字线、复合下影线、复合小锤子线等。当股价处于空间位置低位的时候，出现这样的K线形态结构，很可能是阶段性见底信号。这时候，要结合K线区位技术和量能结构来判断它们的性质，研判进场建仓的可行性，及时作出正确的投资决策。

第一种：不创新低的复合小型K线，是常见的潜伏信号。

股价经过长时间、大幅度的下跌之后，量度跌幅已经达到或者超过了观察基准值，之后，首先出现一根很长的探底下影线，略微反弹之后再次下跌，但不再创出新低，之后就是小阳线、小阴线，组成复合形态。这些小阳线、小阴线不再创出新低。虽然小阴线连续出现高开低走的走势，但是每一次都在收盘价位几乎相同的水平线上嘎然止跌。这样的走势图形就是我们所说的不创新低的复合小型K线，这是股价即将进入阶段性见底的信号。从滚动交易系统的角度来说，这是试探性进场的好时机。如果我们有意识地在盘中寻找低点分批买进，或者在尾盘阶段寻找机会买进，那么这样的建仓方式可称为潜伏式建仓。参见图例 027 所示。

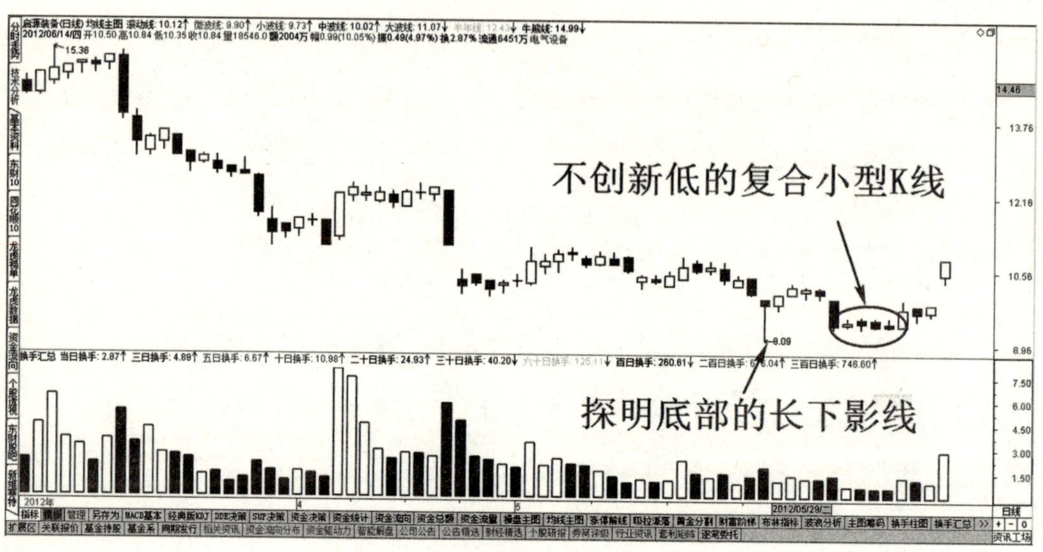

图例 027　不创新低的复合小型 K 线示意图

在图例 0027 中，需要注意的观察关键点是：第一，前边已经出现明显的长下影线，探明了下跌的空间。第二，后边出现的复合小型 K 线不再创出新低，即使是连续的高开低走，也没有创出新低。这是非常关键的要点，各位在自我训练时，一定要记住这点。如果后边的小型 K 线再创出新低，那么买入的理由就不成立，此时就需要保持观望。

第二种：创出新低的小 T 线，往往是阶段性见底的先兆。

股价经过长时间的深跌之后，在空间位置的低位出现创出新低的小 T 线，这是常见的止跌信号，这根 K 线可以是向下跳空的，也可以是以孕线的形式出现的。在图形上，这根小 T 线往往与前后的 K 线组成早晨之星，因此，我们把它定义为阶段性见底的先兆。参见图例 028 所示，这个创出新低往往是空头最后一次竭尽全力的杀跌，但最终无功而返，当日收盘时被多头强力推高，形成 T 型结构。在滚动交易系统里，激进型的投资者可以在尾盘阶段试探性进场，买入第一仓。如果下一个交易日并没有出现企稳信号，则需要止损。

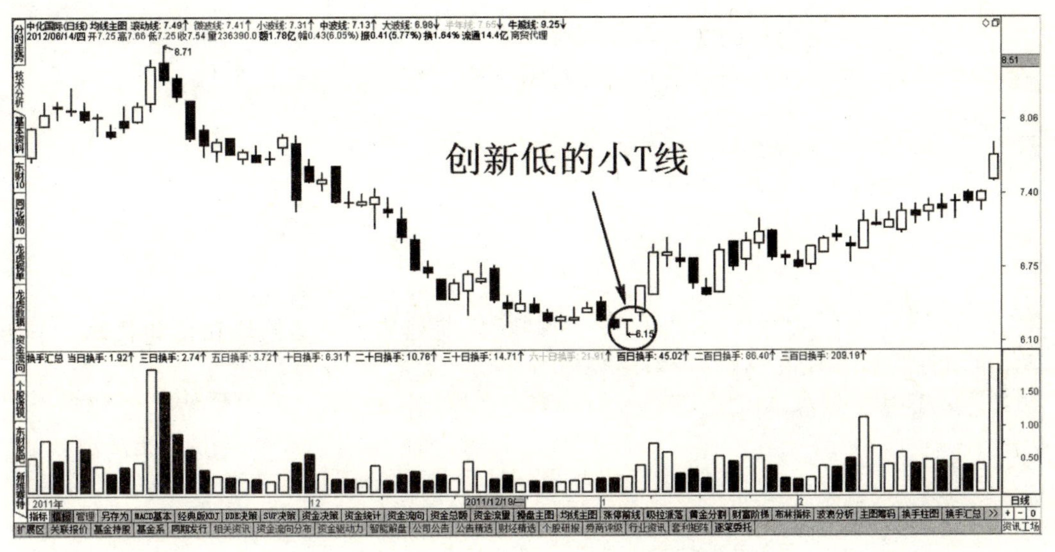

图例 028　创出新低的小 T 线示意图

第三种：创出新低的长下影线，往往是阶段性见底的先兆。

长下影线是一种很奇妙的 K 线，如果出现在经过长时间、大幅度下跌之后的空间位置低位，那么这根长下影线就可能称为阶段性见底的先兆。如图例 029 所示，长下影线很长，而且创出了新低，在 K 线形态结构里称为单针探底。单针探底是比较典型的止跌信号，一旦在空间位置的低位出现这样的走势，则需要高度重视，立即把这样的品种列为跟踪分析的对象，观察它随后的走势是否再创新低。如果不再创新低，那么阶段性见底就可能成立。

怎样发现这样的品种呢？每一个交易日收盘之后，我们在复盘的时候，找到振幅排名榜，从大到小查看振幅大于 10% 的品种，逐一查看它们当天的走势，就可以及时挖掘出正在单针探底的品种。结合前边我们讲过的空间位置知识，进一步甄别，如果符合条件，就列为自选股，进一步观察。如果随后的走势始终都没有再创新低，甚至所有的收盘价一直高于单针探底的下影线位置，那么说明创出新低的长下影线探底成功，此时就需要择机进场啦。

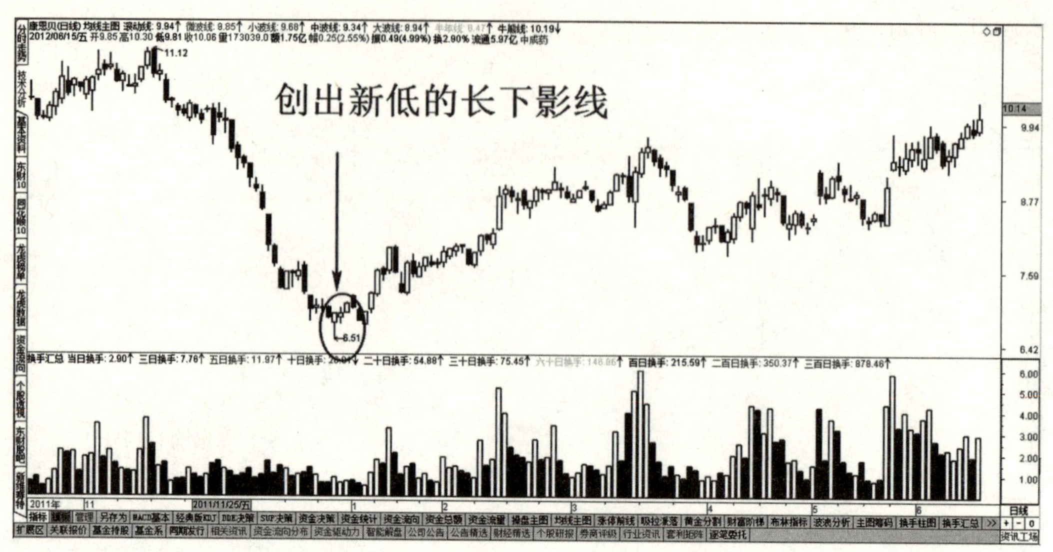

图例 029　创出新低的长下影线示意图

第四种：空间位置低位区域反复出现小连阳，属于建仓信号。

空间位置低位区域反复出现小连阳走势，说明有先知先觉的正在建仓。此时我们不必急于进场，但对于这样的品种，一定要密切跟踪分析，一旦出现启动上攻动作，要及时跟进。

如图例 030 所示，在空间位置低位区域反复多次出现小连阳走势，说明已经有大资金暗中建仓，这样的走势是非常经典的建仓图形，此时不要犹豫，紧紧跟住，切勿错失良机。

第五种：大幅度下跌之后出现复合型小 K 线，属于筑底特征。

股价经过大幅度的下跌之后，在空间位置的低位出现阴阳交错的复合型小 K 线，这种走势属于阶段性筑底特有的经典图形。在走势图上，往往是小阳线之后出现小阴线，小阴线之后再出现小阳线，阴阳交错，循环往复，给人的感觉是只要股价稍有拉升，就被一种无形的力量打下去。但回头再看，其实也没跌多少，甚至是原地踏步而已。再细细观察，你会发现每天的低点稍稍上移了。虽然这一切都在悄悄地进行，但是，瞒天过海的走势却瞒不过有心人。只要我们善于思考，就不会被做盘资金蒙骗。参见图例 031 所示，像这样的走势，可以持续跟踪分析，但不必急于介入。当出现启

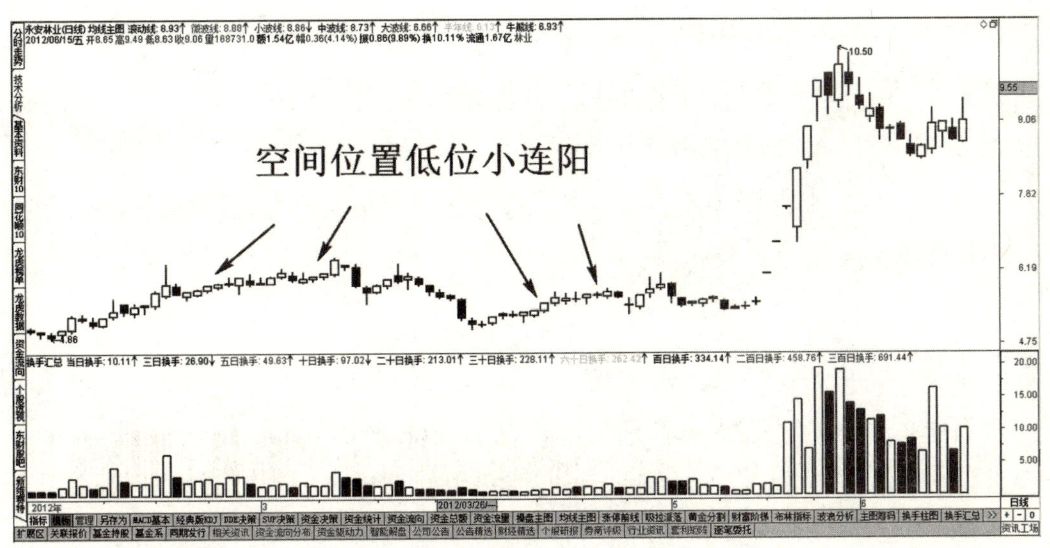

图例 030　空间位置低位小连阳走势示意图

动大阳线的时候，再介入也不迟。

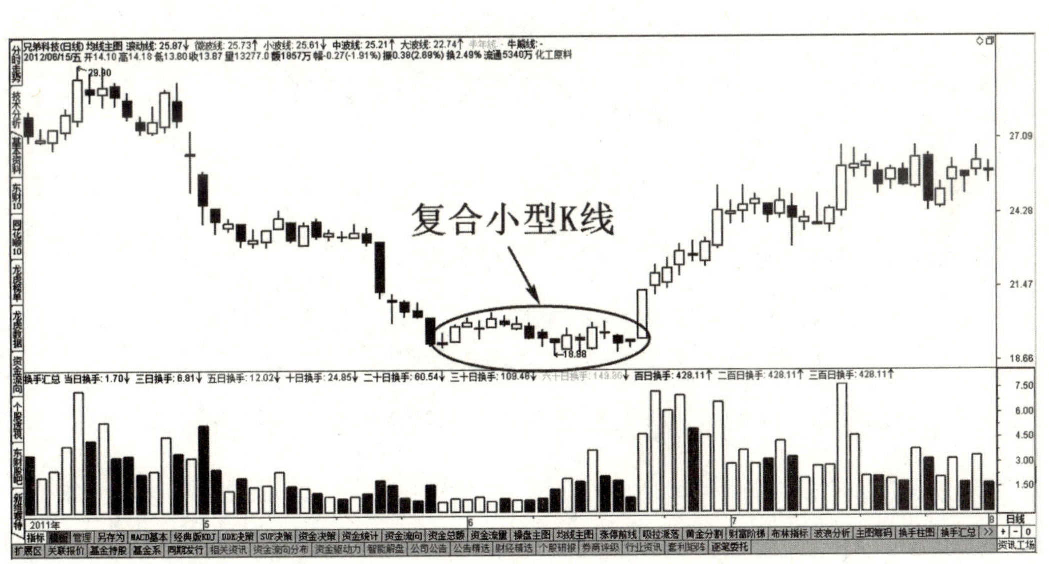

图例 031　空间位置低位复合型小 K 线示意图

如图例 031 所示，凡是在空间位置的低位，股价进入了低风险区域之后，出现拉升有量回落缩量、有规律性的、节奏分明的复合型阴阳交错小 K 线走势特征，都表明有先知先觉的做盘资金在积极行动，暗中吸纳筹码。这表明它们已经开始行动，从股价循环的角度来说，后边出现大型 K 线大幅度拉升是必然的事。就像月相的变化一样，当我们看到弯弯月牙儿的时候，就知道往下必然是月儿渐渐圆。相反，当我们看到月亮圆又圆的时候，就知道再往下必然是月儿渐渐弯又小。从小到大，再从大到小，这是循环往复的规律。月相的变化如此，有时候，或者大多数时候，股价的变化也是如此。更多的内容请参见后边的叙述。

K 线的变化如同月相的变化，在空间位置低位区域的时候，往往是小型的，如同弯弯的月牙儿，此时月光虽暗淡，前景却是可以期待的。而到了空间位置高位的时候，K 线往往是大型的、红彤彤的、绚丽耀眼的、激荡人心的，但是，如同天心圆月一样，此时虽然月色朗朗，令人心旷神怡、神思飞驰，但是前景却是随时间的流逝而渐渐亏缺。因此，当我们观察分析空间位置低位的 K 线形态结构时，不要嫌弃那些当前还是处于孩提时代的小型 K 线，正是它们的存在，才给了我们更多的期待、更多的获利空间。在滚动交易系统里，我们认为应多花心思留意那些还处于空间位置低位、目前还处于小型 K 线的品种，研究它们的内部结构，从分时图的波形和量峰着手，深入分析，把握做盘资金在其中活动的深度和力度。这是我们研究进场要领的基础环节，请各位务必认真做好这个基础研究工作。

第六种：坑底出现的连续小型 K 线，属于重新蓄势信号。

在正常的平稳走势中突然出现无征兆连续暴跌，短期内跌幅达到或者超过 33.33%，甚至达到或者超过 66.66%，这种现象称为挖大坑。参见图例 032 所示。挖坑之后，下跌的速度放缓，之后出现一连串的小型 K 线，我们称之为坑底小 K 线。这是在坑底重新蓄势的信号，阴阳交错的小型 K 线说明有资金开始积极活动。观察它的走势可以发现，每一个交易日的低点已经不断上移，说明成交的重心已经发生变化，向上移动已经表明先知先觉的做盘资金开始悄然进驻。因此，遇到这样的图形，我们可以采用分批吸纳的方式，滚动建仓。在具体操作上，可以锁定第一仓，然后随着高低点的不断上移逐步加大仓位。如果出现突破坑底小圆弧的征兆，可以迅速加仓，保持和做盘资金同步运作。

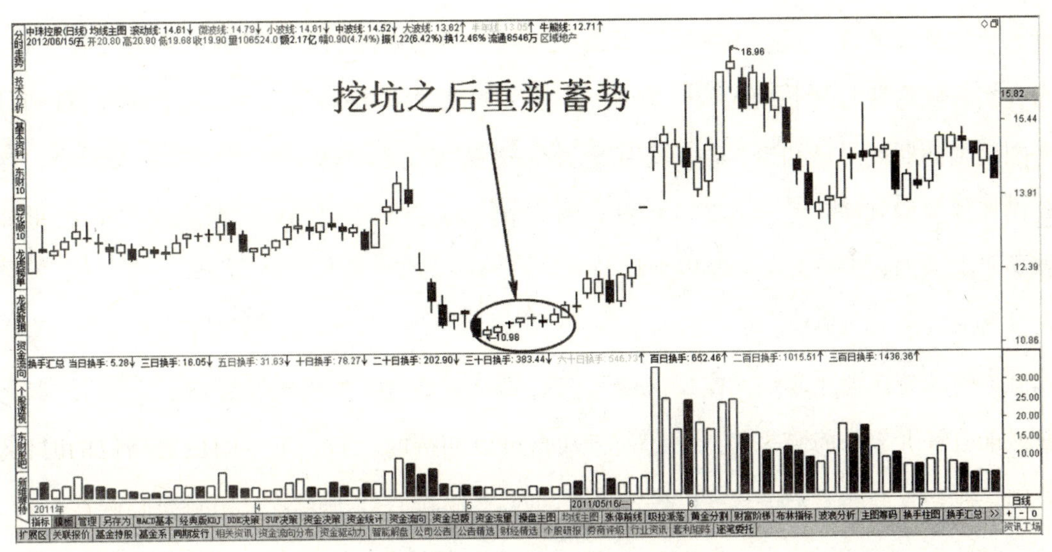

图例 032　坑底小型 K 线是做盘资金运作的特征

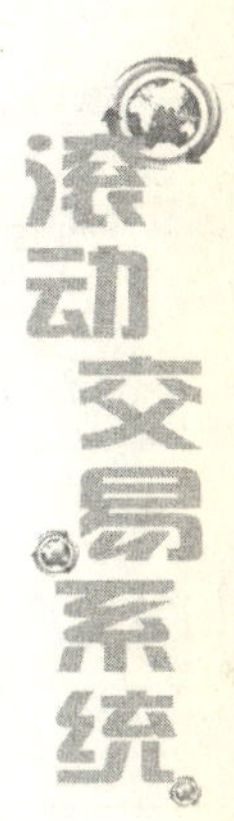

如图例 032 所示，如果一只股票在建仓的末期突然出现猛烈的挖坑动作，并且有重磅利空消息配合，说明做盘资金在运作的过程中做盘流程并不顺畅，不得已而采用自损三千的苦肉计。因为在建仓的末期，已经沉淀了不少筹码，此时挖坑，一是消耗珍贵的时间，须知时间成本是最大的成本。二是损失筹码，就算约定交易做得非常到位，也不可能完全没有损失。如此带有自残性质的挖坑动作，不到万不得已的地步，轻易不会采用。因此，如果在正常情况下出现如此不可思议的自残走势，那么我们应当立即将挖坑的品种列为自选股，密切跟踪分析。在出现坑底小 K 线回补特征的时候，要坚决果断地杀进去，决不手软。

在历史上，自残式挖坑的例子并不少见，已有的还会有，因此，我们对这样的空间位置低位挖坑动作要精心研究，不失时机地逢低狙击。如何判定挖坑之后出现的小型 K 线是否有回补迹象，可以从分时图上的波形结构、量峰结构、时间节点和走势形态来研判。凡是连续出现建仓波形、吸筹量峰，并在重要的时间节点上出现拦截、托底、急抽和反搓等动作，就充分说明做盘资金已经现身其中，鬼影幢幢，在暗地里干些不愿意让人觉察的勾当。这是天赐良机。天予不取，反受其咎。我们要顺应时势，当仁不让。如果你没有耐心慢慢滚动建仓，也可以在出现启动大阳线的时候，积极跟进。

（二）空间位置低位出现的大型 K 线，通常是特别警示信号。

前边我们介绍了空间位置低位出现小型 K 线的常见类型，如果说它们是柔顺型、舒缓型、慢热型、稳健型操作风格，那么接下来我们介绍的空间位置低位出现大型 K 线，就属于威猛型、刚烈型、彪悍型、激进型操盘风格。在空间位置的低位，出现大型 K 线包括两大类型，一是直接对抗的大阳线，二是顺势猛踹的大阴线。前者是直接对空头发起猛烈的攻击，用强悍的手段促使原来的趋势产生逆转。后者是顺势对空头穷追猛打，将其逼上悬崖赶尽杀绝，榨干其最后一滴血。不管是哪一种情形，凡是在空间位置的低位出现大型 K 线，都需要高度重视，深入研究，及时把握其中蕴藏的盈利机会。

第一种：空间位置低位出现大阳线，可能是低位启动信号。

空间位置低位出现大阳线，属于非常典型的多头反击信号。如果是长时间下跌之后第一次出现这样的大阳线，则说明下跌可能告一段落。如果是前边已经不远处出现新低、二次探底不创新低，随后出现大阳线，则说明探底成功，新一轮上升趋势即将展开。参见图例 033 所示。像这样的走势，尽管后边还出现反复震荡整理，但是，只要在整理的过程中不再跌破这根大阳线的最低点，那么就宣告低位大阳线的支撑成立。

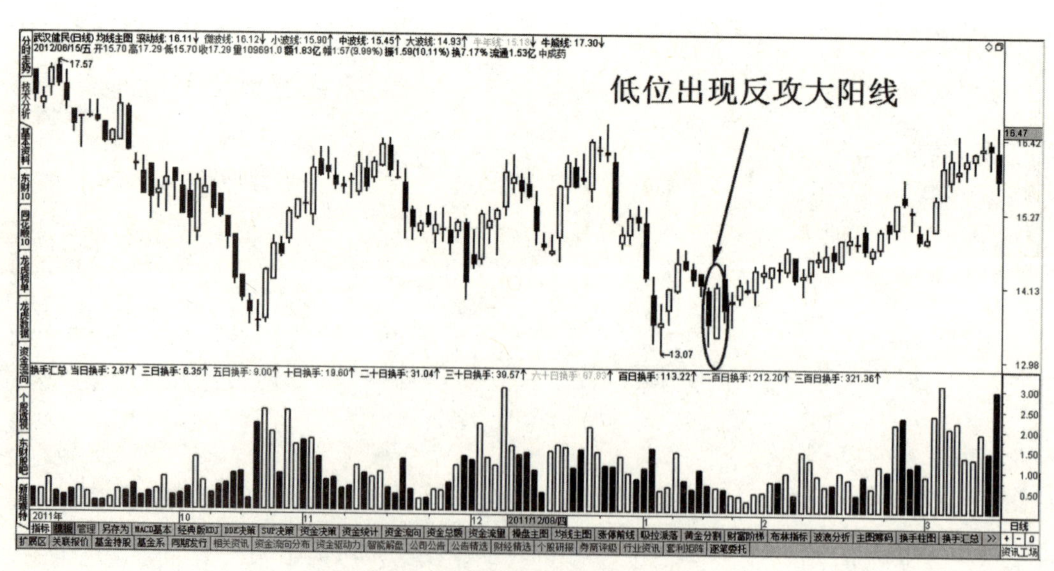

图例 033 低位反攻大阳线示意图

在一段时间内，这个低点就成为了新一轮上升趋势的起点。在这里，观察的关键点在于低位出现反攻大阳线之后，是不是不再创新低。如果是，则启动点成立；否则就是失败形态。即使是成功的启动点，此时进场的时候，也要选择盘中低点分批买进，滚动建仓。这样才比较稳健、比较安全。

在图例 033 里，反攻大阳线出现之前，已经在近低出现过止跌信号，之后虽然出现了 4 连阴走势，但是并没有击穿近期的低点，而是出现比较长的下影线，如此走势表明临近前低的时候下档承接有力，支撑力度强劲。出现大阳线当天，开盘价虽然低开，但并没有创新低，而是包含在前一个交易日下影线之内，而且开盘价就是当天的最低价，说明当天多头的进攻能量很充足，做多决心很大，不给空头反扑机会。收盘时将前一个交易日的阴线全部吞没，更表明了多头的决心。见此走势，我们要做的就是调配好资金，做好进场准备。

技术分析经常会遇到历史重演的情况。已有的还会有，该来的一定来，太阳底下没有什么新鲜事。这种说法虽然有点偏激，但在某种情境下，股市会常常重演历史走势。参见图例 034 所示，对比一下图上 A 点和 B 点两根大阳线，你有什么感觉呢？是

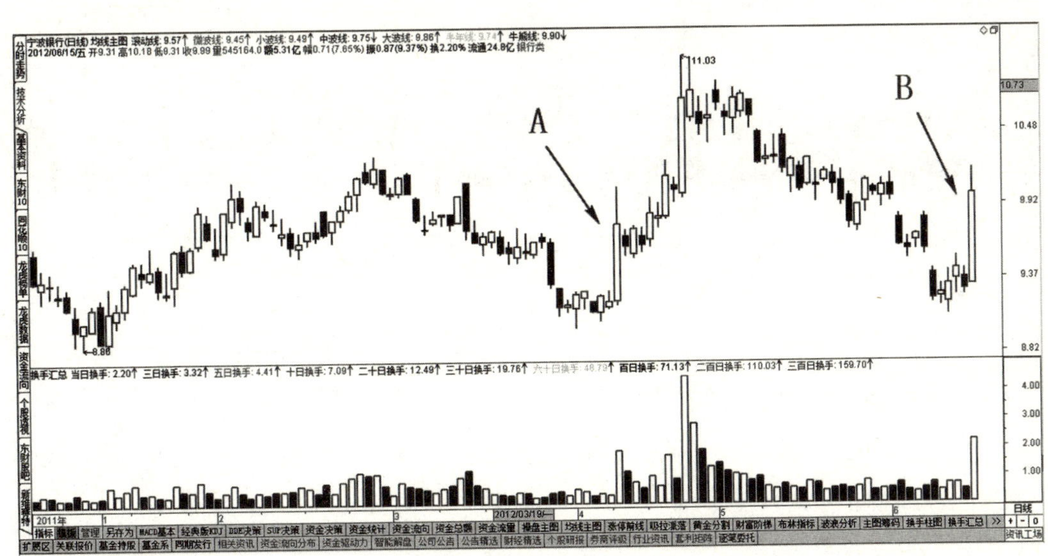

图例 034　历史总是惊人的相似

不是有一种似曾相识燕归来的感觉呢？历史会不会重演？当然，历史不会简单地重复，但总会惊人地相似。

再看图例 035 的走势，在空间位置的低位出现了一根十分耀眼的大阳线，气壮山河啊！成交量柱也是顶天立地。但是，如此表演也消耗了不少元气吧？因此，这种竭尽全力才扯出来的大阳线，接下来并不见得是立即就猛烈反攻，而是需要休整。因此，当我们遇到如此这般的低位区域大阳线的时候，少一些激动，少一些冲动，多几分沉稳，多几分冷静。你可以把它列为自选股跟踪分析，观察做盘资金如何演绎后边的走势，但是，记住这一点：悠着点，别急于进场。为什么呢？你想想，吃奶劲儿都用上了才弄出这么根大阳线，要不要歇歇呢？

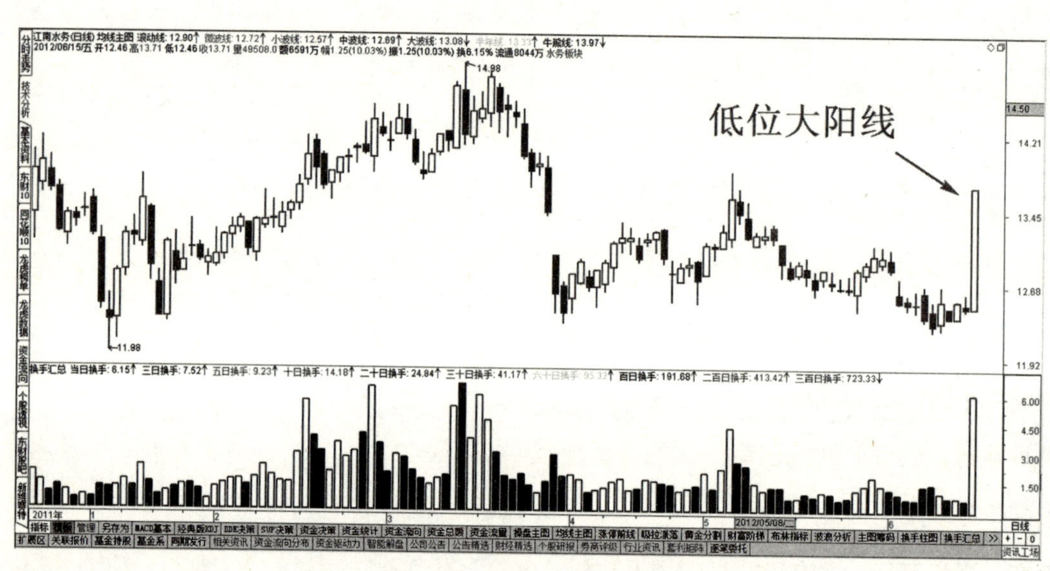

图例 035　低位大阳线示意图

再看图例 036 出现的低位大阳线，很明显和图例 035 出现的低位大阳线有些不同。不同在哪里呢？对比一下，不难发现。一是出现大阳线之前的 K 线组合不同，图例 035 是阴阳交错的小型 K 线，图例 036 是缓慢爬升的三连阳加小阴星线。二是消耗的能量明显不同。图例 035 消耗能量过大，有一种拼尽全力的感觉；而图例 036 给人的感觉是费力不多，轻松就吞掉了前边的跳空缺口。因此，对于这样的低位大阳线，操作策略自然就不能和图例 035 相同了。这叫做因股而异。这是一种交易智慧，请各位注意仔

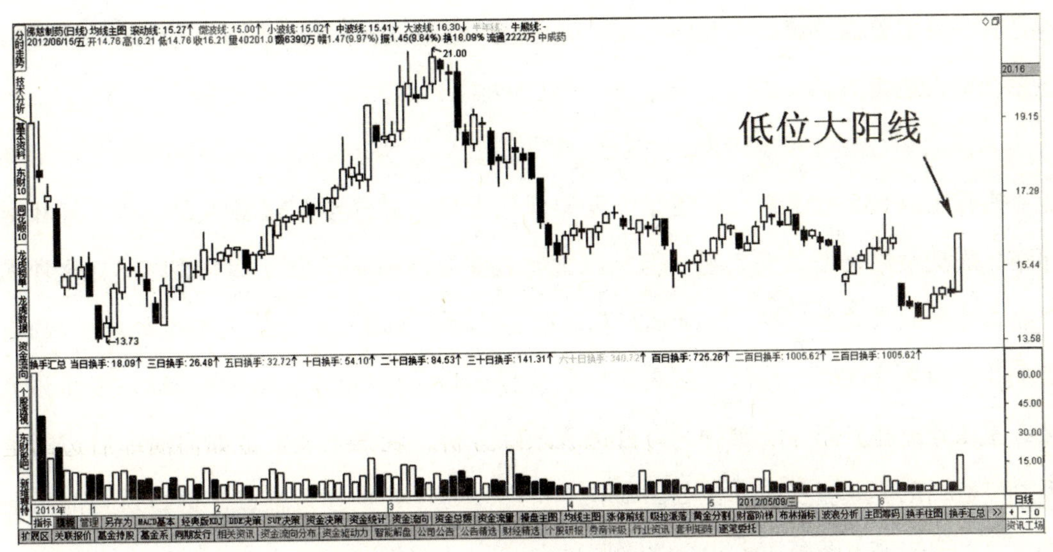

图例 036　比较悠然的低位大阳线

细体会其中的玄机。

前边我们列举了低位大阳线常见的类型。在实战应用中，要特别注意结合量能结构来分析，不要机械地、教条地来理解。因为虽然图形相似，位置相同，但是由于相对应的能量不同，所产生的结局也会不同。所以，我们要注意学会区别对待，针对不同的个股设计不同的进场策略。不要一根筋思维，不要一条道走到黑。世界上没有包治百病的灵丹妙药，股市上没有包赚不赔的通杀绝技。市场环境不同、交易对象各异、做盘资金偏好千差万别，因此，不要企图把一种方法套用到所有操作中去。只有因股而异，择时而变，择机而行，才有可能做到进退自如，方寸不乱，稳操胜券，稳定盈利，长久生存。

第二种：空间位置低位出现大阴线，可能是加速赶底信号。

在空间位置的低位，股价经过长时间、大幅度的下跌之后，再次出现大阴线，这样的情形很可能是加速赶底的信号。如果是以向下跳空的形式出现，更可能是构建常见的晨星左侧 K 线，接下来再次跳空下行，构建那颗闪耀的晨星。也可能是构建赶底双飞燕，出现两连阴走势。还有更恶劣的是出现三连阴乃至四连阴、五连阴甚至更多阴线。但是，即使如此，也不必恐慌，而是要以反向博弈的思维看待如此恶劣的图形。

飘风不终日，暴雨不终朝。世界上从来就没有只跌不涨的股市，当然也没有只涨不跌的股市。明白这个道理之后，我们就会坦然处之，泰然观之，怡然惜之。为什么呢？因为暴跌之后往往是艳阳天啊。曾经有先哲说过，当满街都是一片狼藉的时候，商机就在其中。经商如此，做股票也是如此。当股价已经进入空间位置低位，处于地板之上了，此时纵然暴跌，也不会持久，反而可能是加速赶底而已。如是观之，岂能不怡然惜之呢？惜什么，珍惜这难得的建仓机会啊。暴跌之后，风险经过了充分的释放，筹码不是更便宜了吗？珍惜这样的建仓机会。所以，但凡股价已经充分完成了量度跌幅，进入空间位置低位，如果再次出现暴跌大阴线，一根也好，两根也罢，三根也无所谓，都需要提起精神来，做好进场准备。如图例037所示，一路下跌，反弹之后创新低，如是者三，重复了若干次之后，再来一次，却成了最后一跌。

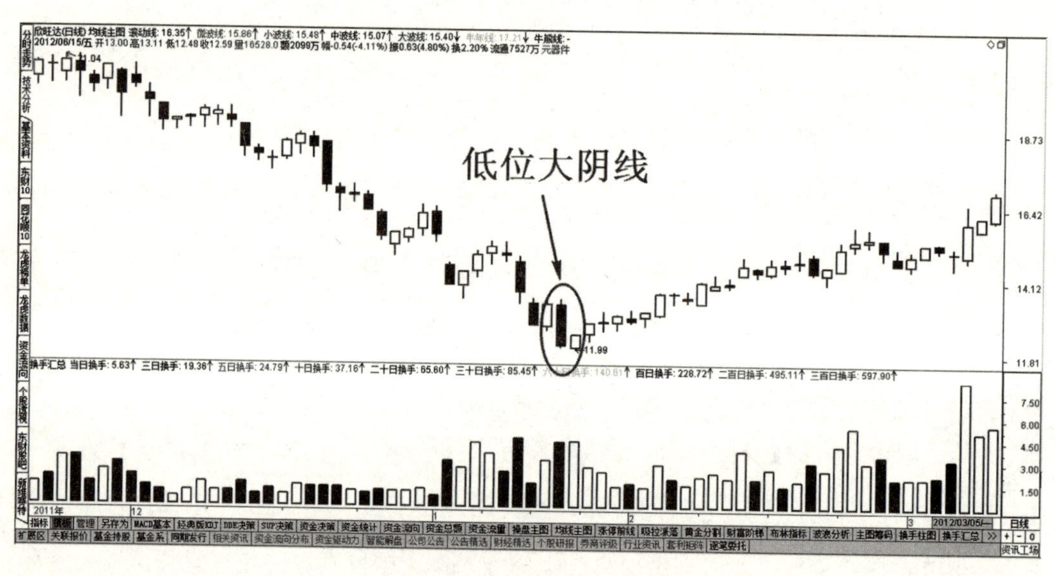

图例037　低位大阴线示意图

在滚动交易系统里，稳健和安全是第一位的。因此，对于出现低位大阴线的品种，我们的态度是列为自选股，进入股票池，观察分析，但不要急于进场。当确认股价不再创出新低之后，才考虑进场建仓。因此，此时操作的关键点是：首先观察大阴线之后会不会再创新低，如果不再创新低，可以在尾盘阶段试探性买进一仓。其次，在下一个交易日再观察验证，可以考虑采用两日分时图来对比看盘，只有不再击穿上一个交易日的最低点时，才考虑滚动建仓，逐步加大仓位。否则，需要及时止损出局，以

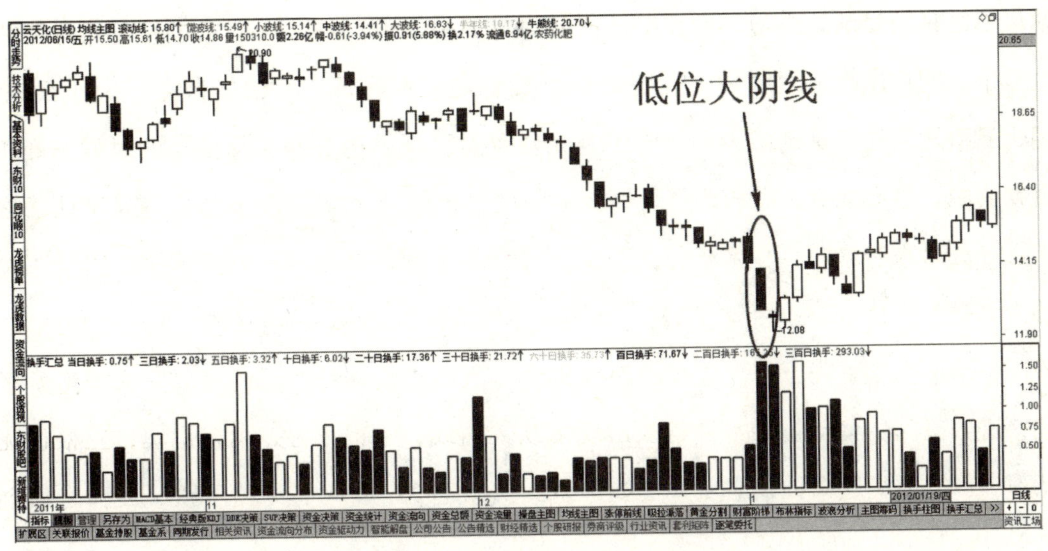

图例 038　低位连阴赶底示意图

免损失扩大化。

（三）空间位置低位出现中型止跌 K 线，通常是低位启动信号。

在空间位置低位区域，大多数股票经常是以中型 K 线的形式出现在止跌定式里。也就是说，大多数股票往往是以中阳线或者中阴线的 K 线形态结构来宣告底部构筑成功的。参见图例 039、040 所示，这是以空间位置低位中阳线的形式构建止跌信号，并

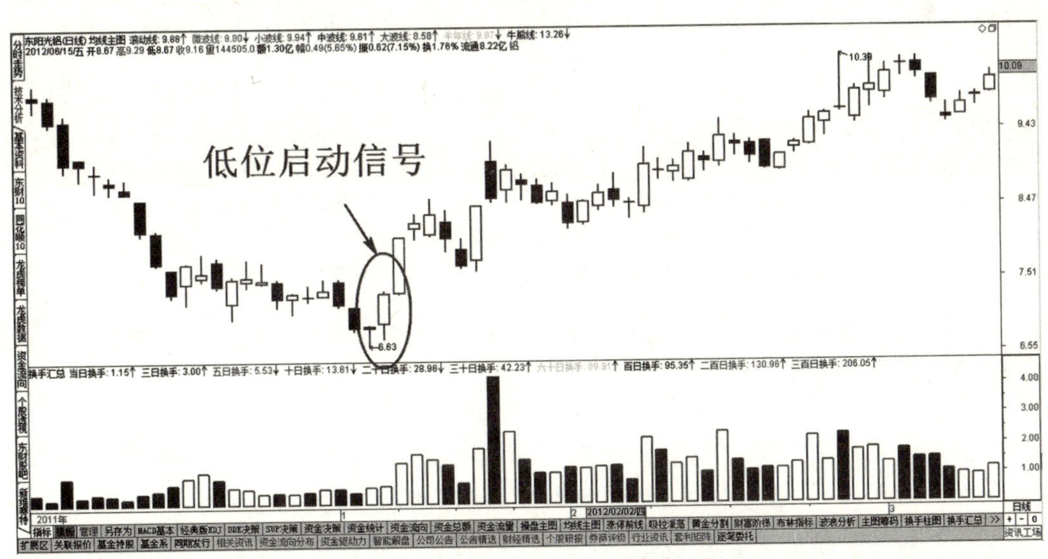

图例 039　空间位置低位出现启动信号示意图

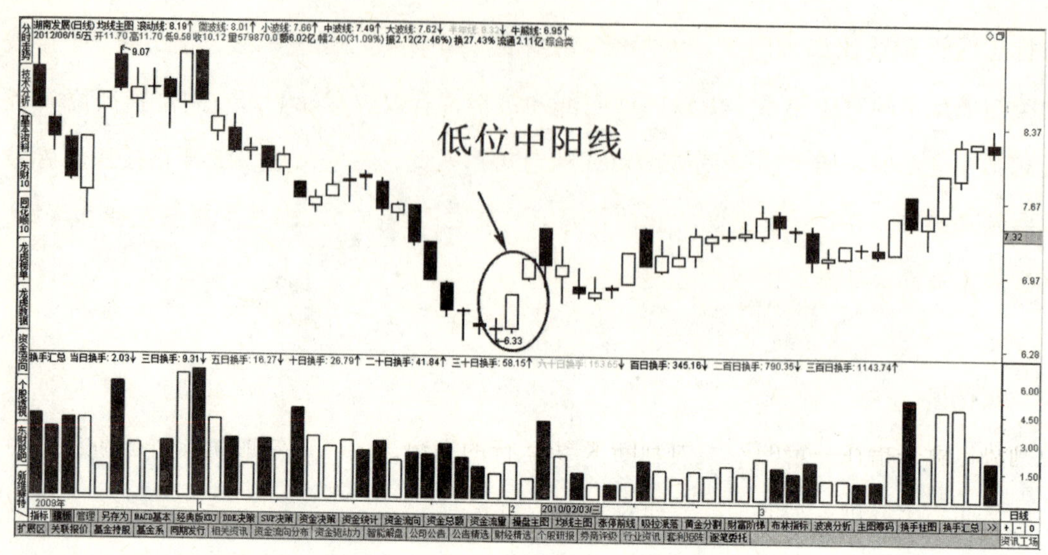

图例 040　空间位置低位出现中阳线示意图

宣告新一轮上升趋势由此开始。因此，我们需要深入研究中阳线低位启动信号，掌握它的进场要领。

在图例 039、040 中，首先是股价出现了大幅度的下跌，已经处于低风险区域。其次，出现中阳线之后，后边的走势不再跌破这根中阳线，这是关键中的关键点。我们在观察低位中阳线的时候，千万记住这一点：不管后边接着出现什么样的 K 线形态结构，它们的最低点都不能再出现跌穿止跌启动中阳线，否则就正如前边介绍大阳线所说的那样，属于失败形态了。再重复强调一次：后边的成交重心要不断上移，至少也要保持在启动中阳线的水平位置之上。否则这个启动中阳线的支撑作用就不再成立。请各位牢牢记住这一关键点。

K 线形态结构进场策略总结：

在这一节里我们介绍了 K 线形态结构进场策略的主要内容，归纳起来，有三个要点：一是要看 K 线所处的空间位置，如果已经处于低风险区域，那么就具备了进场的前提条件。二是要看当前 K 线的大小，以及出现止跌迹象之后有没有再继续创新低。如果成交重心能够不断上移，那么进场的信号就初步成立。三是要看空间位置低位带有标志性的K线比如大阳线、大阴线、中阳线、中阴线、长下影线、锤头线、T字线之类与成交量的对应关系，借以确认底部构筑是否有效。实际上，空间位置低位K线形态结构进场要领属于反弹型进场定式的范畴，因此，在实战中，要严格按照反弹技术要领来操作。在资金配置上、仓位布局上，都要严格执行反弹技术操盘纪律。否则，将会陷于被动，甚至产生巨额亏损。

在这里，我们顺便介绍一下空间位置低位K线形态结构的区位判势法则。所谓区位判势，就是指在一定的区间内判断K线运行的态势，借以确定股价运行的阶段性方向，从而给出股价运动的趋势。简要地说，就是判断一个区间的价格趋势。怎么判断呢？最简单的方法，就是观察以近期最低点作为基准的一组K线所运行的方向。可以逐日分析相互间的位置关系。分析的方法很简单，也很直观。具体的分析步骤介绍如下：

第一步：确定近期最低点，并把它作为观察基准点。

第二步：依次观察后边每一个交易日产生的K线，先观察它们的最低价，看是不是一天比一天抬高，低点位置逐步上移。如果低点出现下移，则暂停分析，但保持跟踪。

第三步：依次观察每一根K线的开盘价，是不是后一天总比前一天抬高，高点不断上移，如果是，则做一个记号，如果不是，则列为警戒品种，注意随时可能出现的风险。

第四步：依次观察每一根K线的最高价，观察它们的高点是不是不断上移。

第五步：依次观察它们的收盘价，观察它们的收盘价位置是不是不断上移。

完成了上边的五个步骤之后，列一个表，逐一记录下来，存档备查。通过这样反复分析之后，你就可以一眼看出哪些品种具有操作性，哪些品种需要及时止损，哪些品种需要等待。为什么要这么训练自己呢？因为K线是最基本的、最原始的、最真实的市场语言，你需要一眼就能读懂它，了解和掌握它的真实含义。

上边的分析方法，介绍的就是区位判势方法。当一个区间之内所有的K线都呈现为成交重心不断上移的时候，那么它的趋势就是典型的上升趋势。相反，就是下降趋势。如果中间出现高高低低参差不齐的起伏走势，那么就是混沌走势，方向不明。走势明朗，则趋势明朗。走势混沌，则趋势难辨。滚动交易系统严格要求在趋势明确的前提下进行操作。如果趋势难辨，那么就坚决不要参与了。顺势而为永远是第一位的，任何时候都是如此。切记！

第二节 根据关键技术点位选择买点

在滚动交易系统里，当我们进行任何一次技术分析的时候，首先需要考虑的是时间因素，其次是空间因素。再往下是价格因素，最后是量能因素。为什么要这么设计分析顺序呢？我们知道，从纯粹的意义上来说，股票并没有好坏之分，只有时机合适与否之分。即使是再好的股票，如果你接触的时机不合适，也赚不到它的钱；即使是再烂的股票，只要它还可以存在，也就是还可以交易的话，如果你出现的时机恰当，也可以赚到它的钱。选股不如选时，强调的就是这个意思。在合适的时间节点出现在合适的空间位置，我们就可以赢得财富。这个时间节点和空间位置汇合的地方，我们定义为时空交汇点。用通俗的话来说，就是关键技术点位。我们所做的一切努力，就是要找到这个东西。因为在那里，我们可以发现机会，可以利用机会，可以进行交易，可以赢得财富。在这一节里，我们要介绍的就是如何寻找关键技术点位、用什么技术工具来发现关键技术点位、在关键技术点位如何操作。等等。

在界定关键技术点位的时候，涉及的因素主要有两个，一是时间，二是空间。前边我们所说的时间节点和空间位置，就是这个意思。在本书中，我们也反复讲解时间节点和空间位置的重要性。用什么来判断时间节点是否合适呢？我们可以用 1、3、5 这三个数字来权衡。用什么来判断空间位置是否合适呢？我们可以用 3、6、9 这三个数字来权衡。数字 1、3、5 指的是交易时间，一周有 5 个交易日，从周一到周五，我们究竟选择什么时间进场交易呢？选择什么时间离场休息呢？在本书中，我们设计了三日战法，周一、周二、周三，共三天，这三个交易日构成一个交易周期。这是一周内的第一个交易循环。周三、周四、周五，共三天，构成第二个交易循环。从时间节点来说，周一、周三、周五是最重要的，周一是交易的开端，周五是交易的中止。而周三则是承前启后的中枢。因此，我们把周三定义为最重要的、最关键的时间节点。这个时间节点既是第一个交易循环的终结点，又是第二个交易循环的起始点，非常关键，非常重要。再说空间位置，数字3、6、9蕴含了自然法则。道生一，一生二，二生三，三生万物。这个三，就成为了万物的发轫点。任何一波大行情，都始于这个发轫点，也败于这个发轫点。突破了，向上了，就可能触发大行情，萎缩了，回落了，就可能宣告失败，需要重新蓄势，徐图再起。所以，我们在观察时空交汇点的时候，要特别注意观察周一、周三、周五这三个时间走势的变化情形；要特别注意观察跟3、6、9有关的空间位置。前边我们设计的33.33%、66.66%、99.99%这一组量度涨跌幅的数值，就含有3、6、9，为什么如此设计呢？无他，特别警示自己注意自然法则，如此而已。

本书在判断关键技术点位的时候，选择了两套技术指标。一套是最为常用的均线组合，参数分别为3、5、10、20、60、120、240等，依次分别定义为滚动线、微波线、小波线、中波线、大波线、半年线、牛熊线。你可以选择和使用这套指标来界定空间位置的高低，也可以用来判断关键技术点位的时空交汇点。另一套是用3、6、9相关数字来设计的新奇特均线流，参数分别是3、6、9、13、16、19、33、36、39、43、46、49、103、106、109、113、116、119等。这18条均线划分为三组，第一组含有3、6、9、13、16、19共六个参数，第二组含有33、36、39、43、46、49共六个参数，第三组含有103、106、109、113、116、119共六个参数。这三组均线分别代表股票价格的短期、中期、长期走势方向，可以用来判断短期趋势、中期趋势和长期趋势。上边两组均线都可以用来判断关键技术点位，请各位根据自己的爱好加以选择。如果交易时间节点、空间位置高低、均线趋势方向三者融合在一处，形成三位一体的融汇点，那么这个融汇点就是最精妙、最绝妙、最神奇的关键技术点位。

（一）用一条均线观察关键技术点位，寻找进场时机。

利用平均线来观察关键技术点位的时候，可以只用一条均线，也可以采用一组均线。在这里先介绍只用一条均线的观察方法。这一条均线可以是5日均线、10日均线、20日均线、60日均线或者别的均线，均线的参数可以自定义。从本质上来说，均线反映了价格运动的方向，揭示了市场的平均成本。因此，我们在利用一条均线观察关键技术点位的时候，观察的着眼点应该集中于均线移动的本身对价格走势的作用力，以及价格出现位置对均线的反作用力。也就是均线对价格是构成支撑还是构成压制。如果K线是线上线，那就观察均线的支撑是否成立、是否有效、是否持久、持续多久。如果K线是线中线，那就观察K线是继续缠绕还是向上突破或者向下突破，缠绕的时间持续多长，突破的时机何时出现。如果K线是线下线，那就观察均线是否对K线构成压制，如果对K线构成压制，时间持续多长，如果被穿越，穿越时机何时到来，等等。参见图例041、042、043、044所示。

在滚动操盘实战中，究竟选用哪种参数作为设定一条均线的基准值才合适呢？我们先做一个对比，方法如下：选定一只股票，用不同参数的均线来观察，看看哪一种参数比较合适。先看图例041，它选用的是5日均线，很显然，这均线的参数值太小，虽然可用，但总有一种局促感、压迫感，距离太近，舒展的空间就比较小。因此，这样参数只适合规模比较小的资金，对于规模大的资金来说，就有些不合适。注意观察图例041中A、B、C、D、E，a、b、c这些点位与5日均线的位置关系。这些地方都是可以进场的关键技术点位，但是用5日均线来观察的时候，却很难在图表上反映出来。很显然，这是一种缺陷。

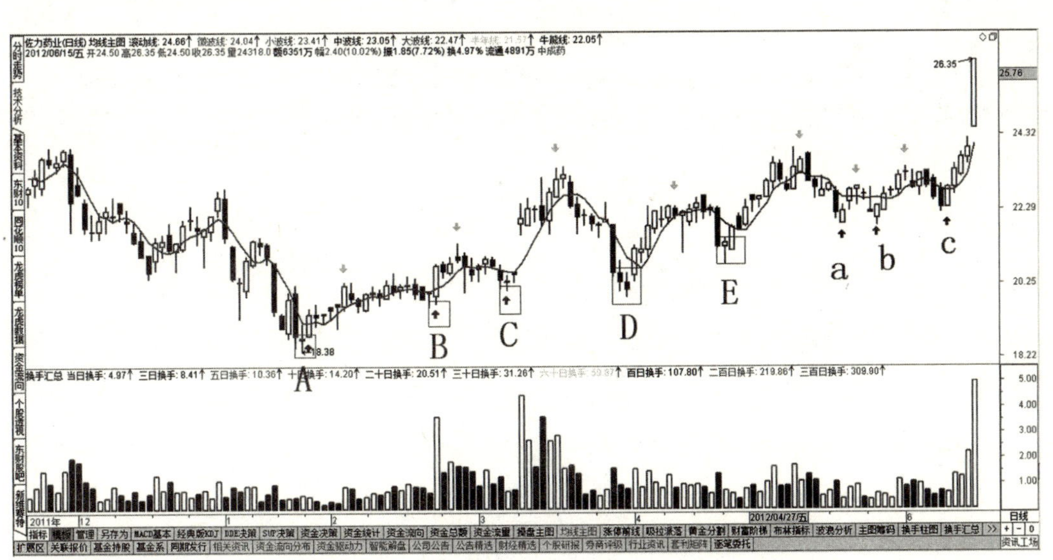

图例041　从5日均线观察关键技术点位示意图

用5日均线来观察关键技术点位的时候，需要注意以下几点：第一点，观察5日均线的趋势何时从空头转化为平滑走势，只有当5日均线由下行走势转化为平滑走势的时候，才有考虑进场的价值。由于5日均线的时间长度比较短，所以经常出现一根大型K线就促使5日均线走势产生动摇的局面。也就是说，5日均线对趋势的反应是比较敏感的。第二点，观察当前K线与5日均线的位置关系，只有当K线从下方向上穿越5日均线并且5日均线呈现为多头趋势的时候，才具有进场操作的价值。第三点，观察当前股价与5日均线的偏离程度，如果是下偏离值过大，就会出现反弹；相反，如果上偏离值过大，就会出现回落。上边三点是我们在运用5日均线观察关键技术点位的时候需要特别注意的地方。

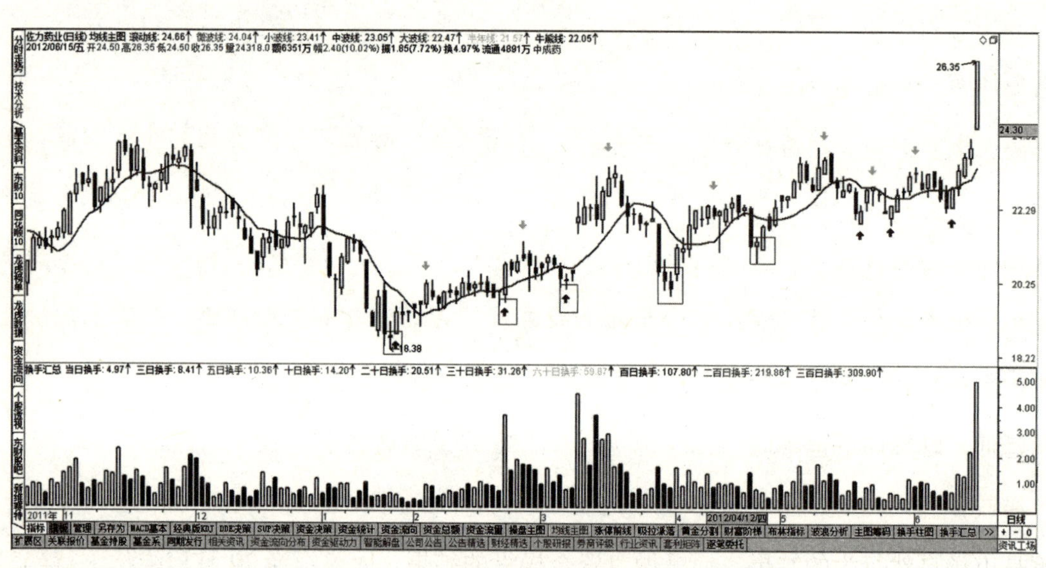

图例042　从10日均线观察关键技术点位示意图

图例042是运用10日均线来观察关键技术点位的示意图。从图上我们可以看到，当10日均线由下行趋势转变为平滑走势的时候，或者转变为上行趋势的时候，如果股价从下方向上穿越，当天进场都有盈利的可能。因此，这是关键技术点位之一。但是，如果股价从高位向下回落，10日线就不一定是强有力的支撑。这一点需要注意。

再看图例043，这里用来观察关键技术点位的是20日均线。在技术分析里，20日均线是一条非常重要的均线，很多人把它称为万能均线。我们在观察关键技术点位的

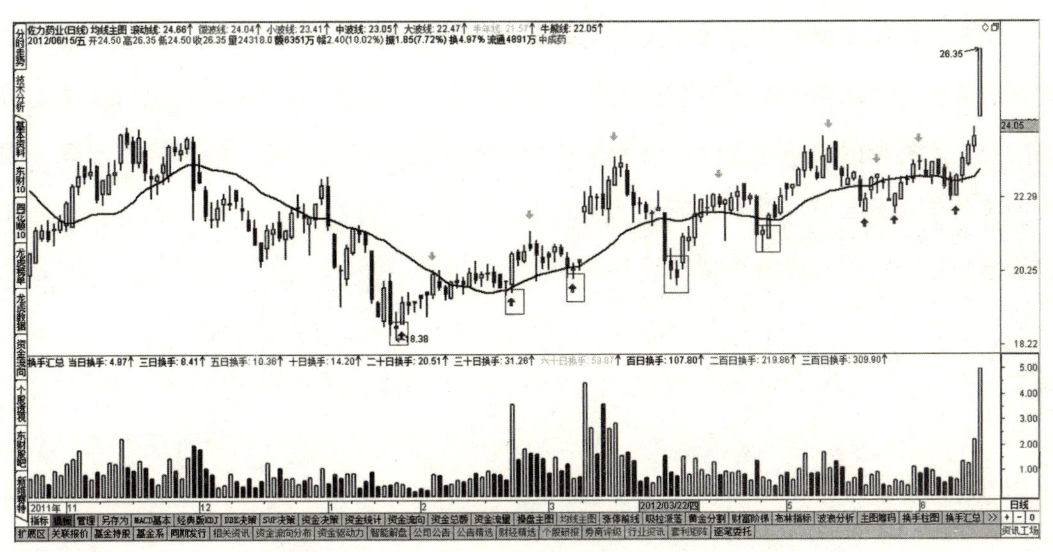

图例 043 从 20 日均线观察关键技术点位示意图

时候，也要把它放在重要的地位。我们知道，如果不考虑大月小月的因素，一个月通常有 4 个交易周，每个交易周有 5 个交易日，加起来就是 20 个交易日。也就是说，20 日均线反映的是一个月时间内市场平均持股成本。因此，如果 20 日均线从下行趋势转换为平滑走势的时候，意味着这个时间段市场平均成本开始大幅度趋同，假如你的持股成本恰好是落在这个位置，就意味着没有获利空间。如果 20 日均线一直以水平的方向延伸，既不向下也不向上，这说明了什么呢？说明做盘资金在刻意压制股价，骗人入局或者诱人出局。这句话的意思是说，20 日均线之所以走平，之所以能够走平，并不是市场自然行为的结果，而是做盘资金操纵的结果。因此，当 20 日均线从下行趋势转换为平滑走势的时候，就是我们积极寻找进场机会的时候。相反，如果 20 日均线从上行趋势转换为平滑走势的时候，就是风险即将引爆的时候。

图例 044 用的是 60 日均线。从图上可以明显感觉到，60 日均线的时间跨度比较大，含有三个月的交易时间在内，因此曲线比较舒缓。60 日均线是观察股价运行趋势的主要工具，也是滚动交易系统里最重要的分析工具，我们前边已经把它定义为大波线。意思是说，当 60 日均线由下行趋势转换为平滑走势的时候，大波段行情已经得到了充分的酝酿，蓄势已经很到位，已经到了一触即发的临界点。在这样的背景下，如

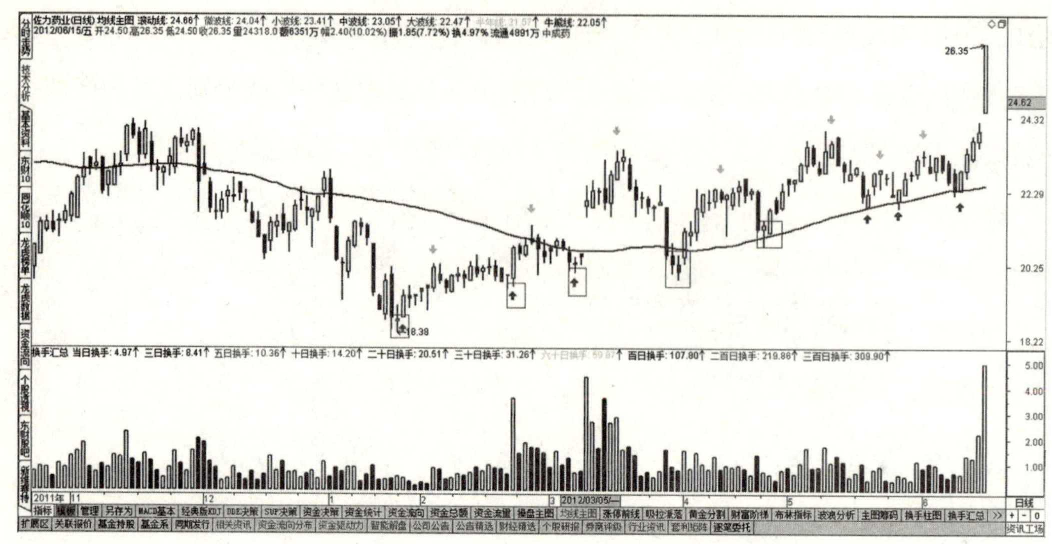

图例 044　从 60 日均线观察关键技术点位示意图

果股价从 60 日均线的下方向上带量穿越，破土而出，那么新的一轮上升趋势就宣告开始了。相反，在 60 日均线平滑走势不变甚至开始呈现出上行态势的时候，如果股价从高位回落向下击穿 60 日均线或者仅仅是触及而未击穿 60 日均线就拐头向上，那么这时就要积极跟踪分析，因为此时可能是绝佳的关键技术点位，是我们再次进场的绝妙时机。这一点请各位多多研究，熟练掌握。

上边我们在同一个品种中观察了不同均线的变化情形，通过观察可以看到，用均线来寻找关键技术点位的时候，比较舒缓从容的是 60 日均线，比较急促紧迫的是 5 日均线，而比较中庸的是 20 日均线。从实战的角度来说，我们可以考虑把 60 日均线作为观察行情大小的主要依据，把 20 日均线作为观察做盘进程的主要依据，把 10 日均线作为观察资金调度的主要依据，把 5 日均线作为观察仓位变化的主要依据。当 60 日均线由下行趋势转换为平滑走势的时候，我们则需要观察此时仓位是否发生变化、资金进出是否异常、做盘力度是否加大。所有这些，都可以从 5 日均线、10 日均线和 20 日均线的排列组合找到依据。

（二）用一组均线观察关键技术点位，寻找进场时机。

如果喜欢同时用几条平均线来观察关键技术点位，那么可以选择 5 日均线、10 日均线、20 日均线和 60 日均线，共 4 条即可。当然，你也可以选择其他均线来观察关键技术点位。没有必要强求一致。在前边的讲解中，我们把这些均线分别命名为微波线、小波线、中波线、大波线，它们分别代表不同的市场含义。在这里归纳如下：

微波线：指的是 5 日均线，它反映了仓位变化的大小。

小波线：指的是 10 日均线，它反映了资金进出的多少。

中波线：指的是 20 日均线，它反映了做盘力度的深浅。

大波线：指的是 60 日均线，它反映了阶段行情的长短。

我们选择这几条均线合为一组，构建一个均线交易系统，用来观察关键技术点位，既兼顾了仓位变化问题、资金进出问题，又兼顾了做盘力度问题、行情长短问题，可以说是一举多得。参见图例 045 所示，图上 A、B、C、D、E 这几个点，从不同的均线位置来看，都属于关键技术点位，是进场的好时机。A 点是基于 5 日均线来说的，在这里，可以看出做盘资金有明显的增仓行为。B 点是基于 10 日均线来说的，在这里，可以看出股价在调整的过程中，资金并没有出现大规模撤离的迹象。C 点是基于 20 日均线来说的，在这里，可以看到做盘资金操纵股价的力度很大，但又同时看到，凶猛的背后是孱弱和心虚，而且，一旦再度启动，行情将会更持久、更深远。至于 D、E 两个

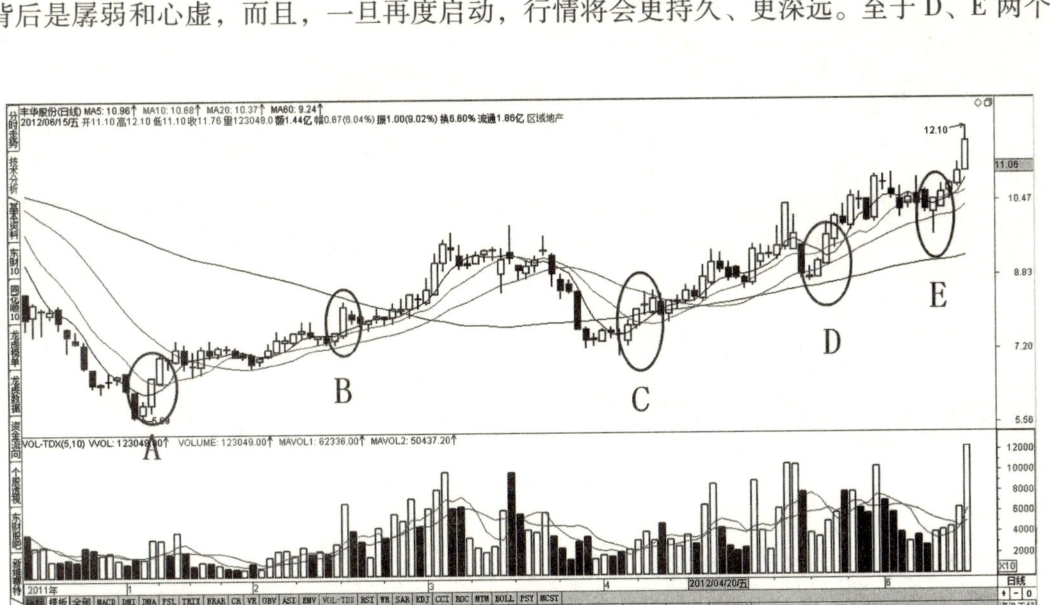

图例 045　从 60 日均线观察关键技术点位示意图

地方，看看就明白了。可以认为，这地方就是操盘资金玩耍的平台，同时也是我们进场加码的关键技术点位。

利用一组均线来观察关键技术点位的时候，可以先看60日均线的态势，比如查看它当前是上行还是下行、或者横向运动，确定它的趋势属性。如果当前的60日均线还处于下行阶段，也就是下行趋势，那么就把当下的行情定义为反弹行情。筛选关键技术点位的时候，就可以依次着眼于5日均线、10日均线、20日均线这三条均线与当前K线的位置关系，从中挖掘关键技术点位。如果当前的60日均线已经由原来的下行趋势转化为平滑走势或者上行态势，那么我们就把这样的行情定义为主升行情。在筛选关键技术点位的时候，首先查找当前K线与60日均线的位置关系，从中挖掘关键技术点位。然后，再依次查找20日均线、10日均线、5日均线上边的关键技术点位。这是用一组均线观察关键技术点位的基本方法。

（三）用一种指标观察关键技术点位，寻找进场时机。

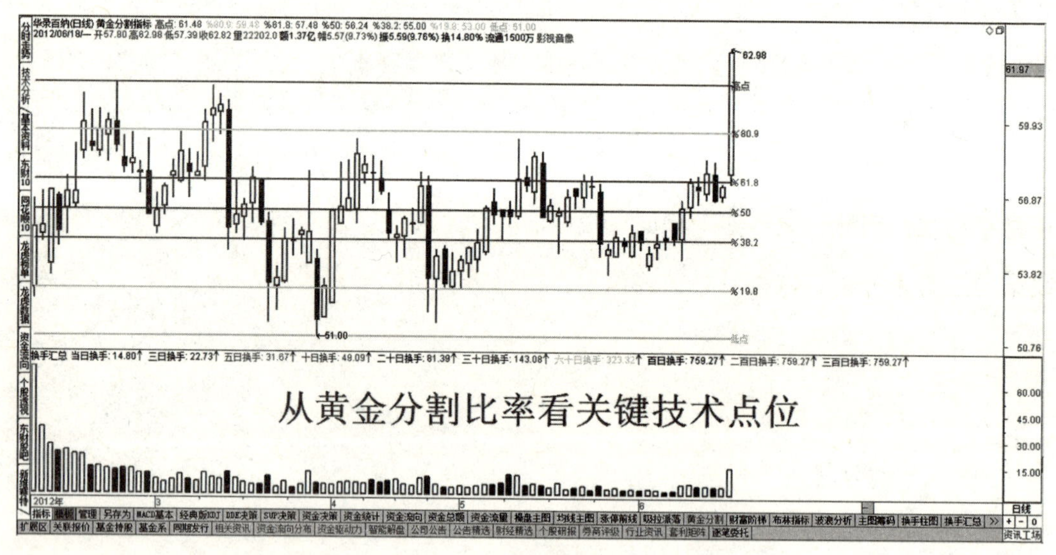

图例0046　从黄金分割比率看关键技术点位示意图

前边我们在讲解技术状态高低的时候，引用了黄金分割指标。当我们观察关键技术点位的时候，也可以使用黄金分割指标来判断股价是否运行到了关键技术点位。在这里，我们可以把黄金分割比率定义为关键技术点位。从小到大，黄金分割比率依次是 19.8%、38.2%、50%、61.8%和 80.9%。参见图例 046 所示。黄金分割的每一档次比率都可以认为是关键技术点位，它们对股价的涨跌形成支撑或者压制。在空间位置低位区域出现的关键技术点位，可以考虑适当介入，比如在 19.8%附近、38.2%附近，可以结合 K 线形态结构寻找买入机会。但是如果股价已经到了比较高的位置，如 50%、61.8%和 80.9%附近，就轻易不要介入了。

关键技术点位进场策略总结：

关于关键技术点位的进场策略，总结起来，可以用两句话来概括。第一句话是：上行趋势看回踩。第二句话是：下行趋势看新低。第一句话的意思是说，在上行趋势中，股价处于多头挟制之下，如果出现缩量回踩，我们可以在关键技术点位（包括 5 日均线、10 日均线、20 日均线和 60 日均线之类）附近狙击。只要上行趋势不变，这些关键技术点位往往是极好的进场点位。第二句话的意思是说，在下行趋势中，股价处于空头的控制之下，如果出现下跳空创新低、再下跳空创新低、再下跳空创新低的走势，三低之后往往就是阶段性的底部区域。这时候，可以考虑适当建仓。因为股价跳三空，气数已尽，空头将死，多头将至。通常情况下，空头趋势的关键技术点位难以掌握，因此，对于大多数人来说，只要关注多头趋势的关键技术点位即可。至于观察关键技术点位的技术工具，虽然有很多选择，但是最直观、最常用、最易于掌握的，还是平均线。因此，只要熟练掌握最常用的移动平均线，结合空间位置、成交量能、K 线结构三者来分析，就可以对关键技术点位进场要领运用自如了。

第三节 根据量能集散结构选择买点

量能集散结构从本质上来说，属于资金集散的范畴，量能总是以资金作为表现工具来演绎市场行为语言的。在滚动交易系统里，我们把所有跟资金流向有关的技术因素统称为量能集散结构元素，简称为量能集散结构或者量能结构。包括成交量、成交金额、净流入、大宗流入、净买率等等。所有这些元素，从本质上来说，都是资金作用的结果。在这一节里，我们主要是从成交量的角度，简要分析进场的要领。关于成交量，有三种情况值得特别留意，第一种是明显的低位区域放量，最好是暴量、天量之类，这种情况属于务必跟踪分析的量能异动。第二种是明显的底部堆量，这是大资金活动的重要迹象，需要引起高度重视。第三种是明显密集放量之后出现的快速缩量形成的地量结构，比如在低位明显密集放量形成明显的上升趋势，途中出现快速缩量的地量结构，就是很好的买入点。诸如此类，不一而足。在这一节里，我们从不同的时间周期对量能集散结构进行分析，讲解它们的进场要领。

在学习量能集散结构之前，我们首先确定一个观察量能的基准点。观察分析量能的方法有很多，每个人的方法不尽相同，也没必要强求一致。我们把每一个价格循环周期的最低点作为基准点，以此作为观察量能集散的参照标的。从这一天开始，如果后续的量能放大，不管是连续的放大还是间歇性的放大，都可以定义为放量。放量的标准是当前的量比基准点的量至少放大 1.5 倍。放量可以划分为相对放量、持续放量两大类。相对放量是指当天的量和前一天相比、本周的量和上一周相比、本月的量和上一个月相比。持续放量是指最近一段时间和前边某个阶段性的地量相比。为了在分析图表的时候表述方便，我们建议各位像我们一样，把每一个价格循环的最低点作为观察分析量变的起点。

在这里还需要解释一下什么叫做量。所谓量，或者叫做成交量，是以手为计算单位的。如果某投资者想要卖出 1 手某股票，那么就需要有某个投资者买进 1 手才可能达成交易。反过来也一样。在这个过程中，如果从卖方来说一次卖单成交后即会产生一次量的变化。如果从买方来说，同样道理一次买单成交后也会产生一次量的变化。这一买一卖达成的交易就构成了即时成交量，也可以称为即时量，简称为量。如果是以卖方的报价成交的，属于主动买入，如果是以买方的报价成交的，属于主动卖出。卖方把股票卖掉，买方把股票买回，这样就产生了换手，所以成交量实际上是交易换手的记录而已。如果一只股票某一天的换手比较高的话，那么当天就有一个比较大的成交量与之对应，如果这个成交量和前一个交易日相对比放大了 1.5 倍甚至更多，这就是所谓的放量，这种放量叫做相对放量。如果一连几天都是接着放量，那么就叫做持续放量。如果放量之后，出现缩量，再出现放量，带有规律性的间隔放量，就叫做间歇性放量。如果没有规律性，也没有什么比例可言，就叫做成交量混乱。如果某一天成交量很大，换手很高，就需要特别警惕。更多的内容将在后边讲解。

虽然换手和成交两之间是一种对应关系，但大家不要把换手率的大小和成交量等同起来，更不能把不同品种的成交量和对应的换手率进行比较。因为成交量和换手率是两个不同的概念，各自的着眼点不同，技术含义和市场意义也不同。这一点请大家注意分辨。在滚动交易系统里，观察分析成交量的时候，要和空间位置高低、均线趋势方向、K 线形态结构结合起来综合分析，才能准确判断做盘资金的操作意图。因此，我们每一次讲解量能集散结构，都是结合空间位置高低、均线趋势方向、K 线形态结构来讲解的。特地说明。

（一）日线图上空间位置低位连续温和放量，需要积极关注。

用日线图来观察分析量能的集散情况是最常见的做法，观察的第一步是首先找到近期的低点、阶段性的低点、历史上的最低点；或者找到一周内的低点、一个月内的低点、一个季度内的低点、一年内的低点，选择其中一个作为观察的基准点。从这个基准点开始，观察量能的变化。参见图例 047 所示，当股价创下新低之后，出现了明显的连续放量。在这里需要注意的关键点是：第一，股价创出新低之后，不再创新低，因此此时可以理解为阶段性低点，属于阶段性空间位置低位。第二，成交量连续放大，

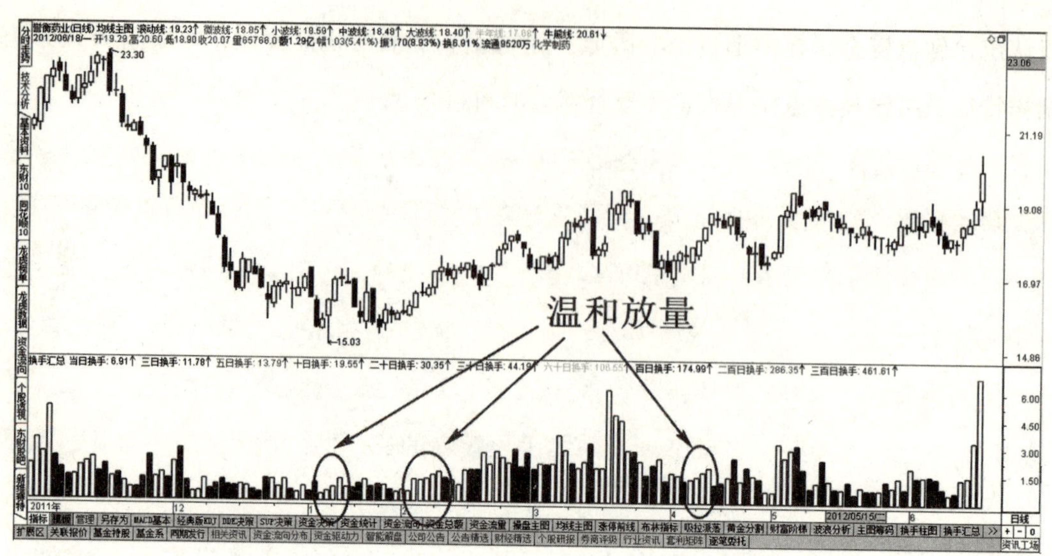

图例 047　空间位置低位出现连续温和放量示意图

持续多次。像这样的图形，可以认为是做盘资金操纵的结果，操纵的目的在于吸纳筹码。因此，此时可以积极关注。观察的第二步是详细计算从基准点开始至今成交量变化的情形：温和放量有几次？每一次持续的时间多长？每一次持续温和放量的总量是多少？对应的换手率是多少？通过统计分析，就可以大致上了解到做盘资金在这个阶段沉淀了多少筹码，以此推算出下一步的对策是什么。

（二）日线图上空间位置低位连续均衡放量，需要积极关注。

和日线图上空间位置低位温和放量不同，均衡放量是指股价创出新低之后，从不再创新低的时候算起出现的均衡量。均衡量可以是相对量，也可以是持续量。参见图例 048 所示，这图上既有持续量，也有相对量。它们都是以均衡的形式出现的。从对应的 K 线趋势来看，高低点不断上移，呈现出很明显的上行趋势。但成交量却是很均衡，不瘟不火，很明显感觉到有一股力量在压制着、控制着、引导着成交量。这是通过控制每天的换手率来达成的做盘结果，是做盘资金操纵的结果。如果没有强悍的、看不见的背后力量主导着每天的盘面，是不可能出现这样的走势，不可能出现这样的量能集散结构的。因此，我们把空间位置低位出现出现均衡量的走势界定为做盘资金操纵走势，而不是大众资金演绎出来的自然走势。也就是说，这是人为痕迹很明显的走势，而非自然交易形成的走势。凡是在空间位置低位区域出现这样的均衡量，都可以认定是做盘资金正在悄悄进场。因此，此时我们也需要积极关注，并根据 K 线形态结构特征、关键技术点位原理，需找合适的时机进场。

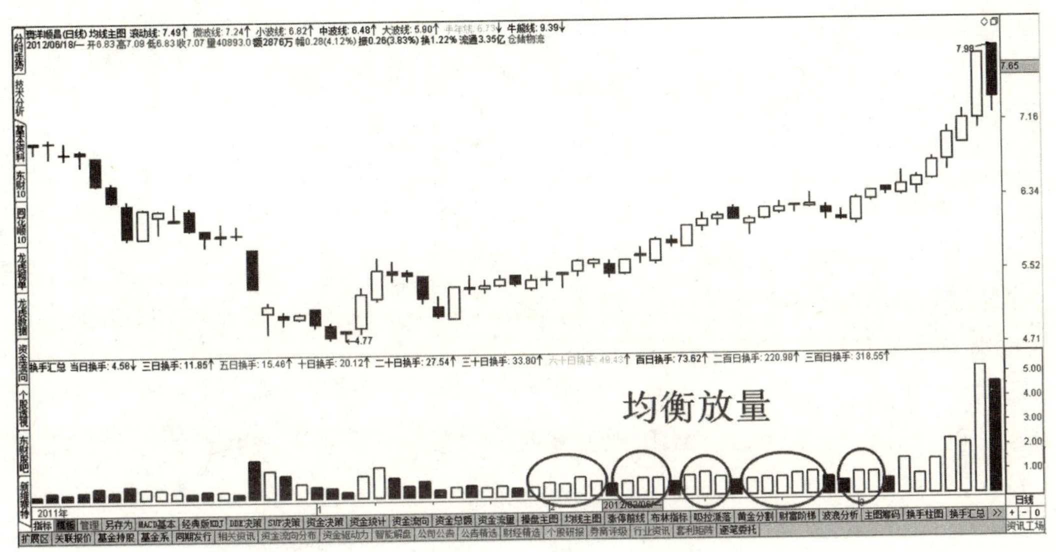

图例 048　空间位置低位出现的均衡放量示意图

（三）日线图上空间位置低位出现间歇性放量，需要积极关注。

空间位置低位出现间歇性放量，是滚动建仓的重要特征。参见图例 049 所示，股

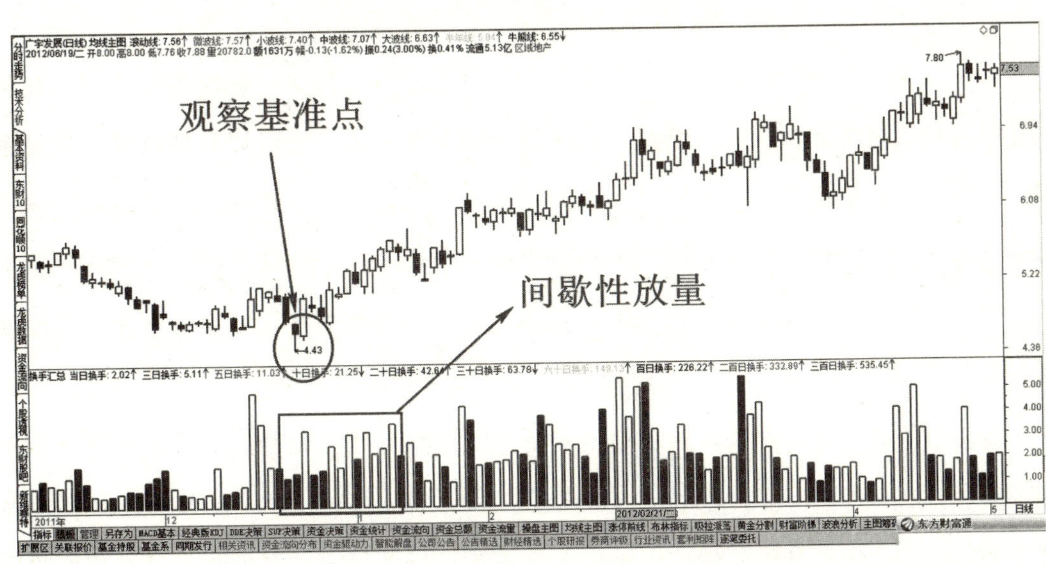

图例 049　空间位置低位出现间歇性放量示意图

价在阶段性低位区域，急跌创出新低之后，出现企稳迹象，随后出现了非常明显的间歇性放量。拉升放量、回落缩量，阳线放量、阴线缩量，间歇的特征明显。这是资金实力不够强大的做盘资金在空间位置低位滚动建仓的主要手法。遇到像这样走势的品种可以积极关注。

（四）日线图上空间位置低位突发性放量，需要积极关注。

在空间位置的低位区域，不管是近期的低点还是阶段性的低点，如果出现突发性放量，都属于量能异动的范畴。这时候，不要急于介入，但是必须对量能异动的品种积极关注。参见图例050所示，在空间位置的低位区域，突然间出现上市以来的天量，这是非常典型的低位暴量。在实时看盘的时候，也许来不及分析研究，但是，遇到这样量能异常的品种，首先要高度重视。复盘的时候深入研究，查找量能异动的原因，并作出正确的投资决策。

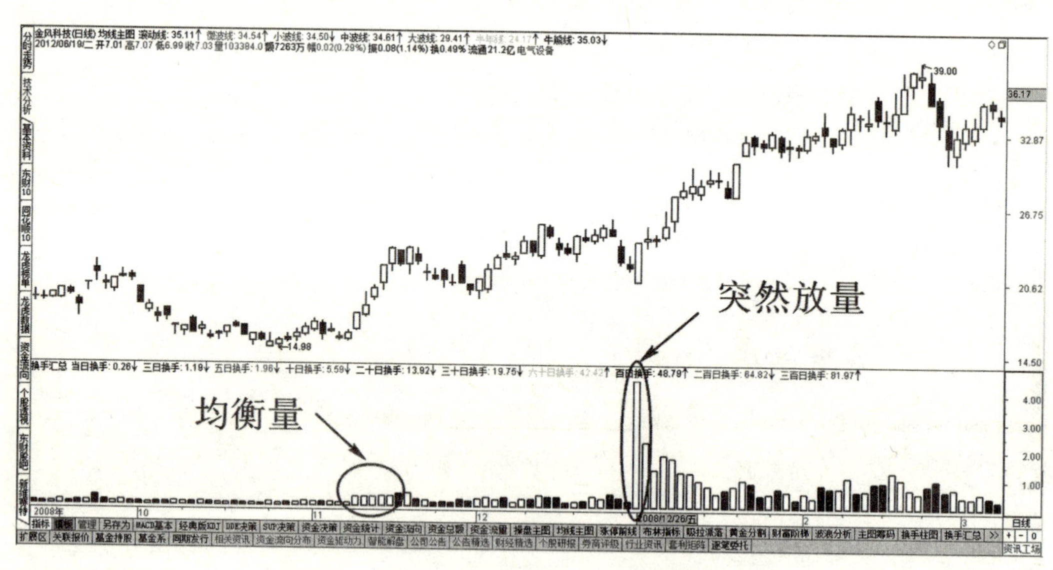

图例050　空间位置低位出现突发性放量示意图

空间位置低位出现量能异动的原因是很多方面的，既有可能是大小非限售股的上市导致流通盘的增加，也有可能是协议换庄，或者别的什么原因。因此，从稳健的角度来说，对于这样的量能异动，我们的态度是：第一，不漠视，要深入研究，挖掘其中可能存在的套利机会。第二，不冒进，在弄清量能异动的原因之前，不要急于进场。

正确的做法是可以把这样的品种列为自选股，跟踪观察，熟悉之后再考虑动手。

（五）日线图上空间位置低位密集堆量，需要积极关注。

空间位置低位出现密集堆量，属于量能异常，从本质上来说，这是做盘资金恶意操纵的结果，而绝对不是正常的自然交易行为。参见图例 051 所示。也就是说，凡是密集堆量，都不可能是市场的正常交易行为，而是对倒，是典型的约定交易行为。从股价走势和成交量的对应关系可以看出，有一股力量渗透其中，反复操纵。表现在 K 线形态结构上，接二连三出现低开高走的阳线，这本身就不是自然的正常的交易行为。如果是正常的市场行为，就不可能出现如此恶劣的开盘、如此恶劣的走势。在短短的一段时间内，K 线连续出现低开高走的阳线，成交量持续保持在一定水平，换手率都很接近。很显然，这是操纵。这是做盘资金滚动套利的经典手法，一旦消停下来，整个走势就歇菜。因此，如果遇到这样的走势，首先要积极关注，因为有做盘资金操纵股价，存在着短期暴利的可能。其次，要谨慎对待，即使是进场参与，也要保持警觉，控制好仓位。一旦发现苗头不对，就立即撤退。

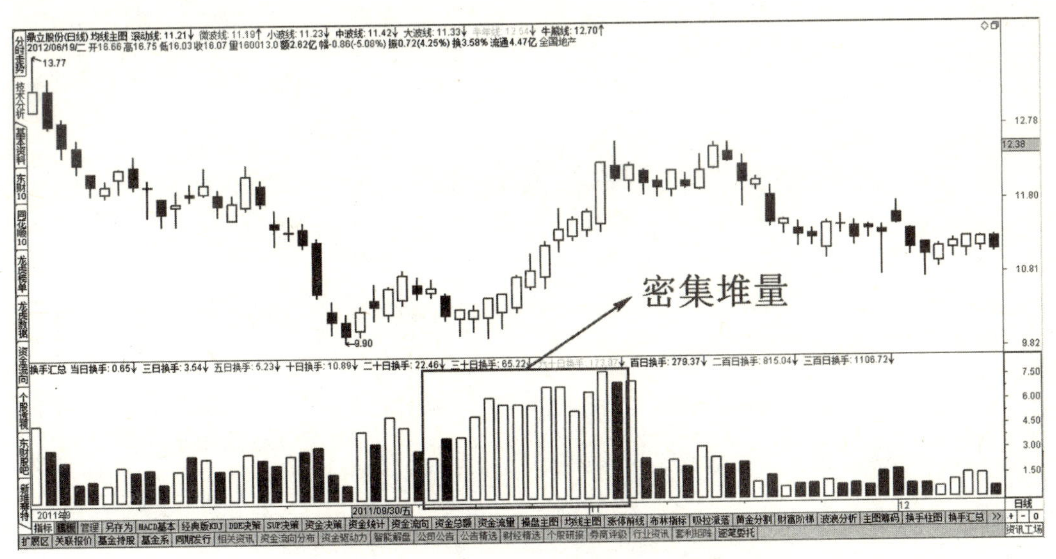

图例 051　空间位置低位出现密集堆量示意图

（六）日线图上空间位置低位阶梯式放量，需要积极关注。

空间位置低位出现阶梯式放量，属于最刺激的量能集散结构，同时也是短期内获取暴利的经典走势。参见图例 052 所示。阶梯式放量在形成之前，通常是地量结构，然后出现温和放量。当量能累积到一定程度之后，股价出现跳空式上涨，同时成交量出现阶梯式放大。这种急剧放量的走势，通常是政策驱动下资金积极推动的结果，往往是游资爆炒，或者是短庄恶炒，因此行情发展神速，股价飙升飞快，成交量呈现出跳跃式暴增。近年来，很多短线飙股都是以这样的形式炒作的。这是非常诱人的暴利机会，也是我们需要高度关注的独特机会。如果政策是明朗的，题材是确定的，股价位置是处于空间低位的，那么这样的机会就不要错过。如果是次新股，之前还没有经过炒作，上档也没有密集的套牢盘，那更是绝佳的品种。

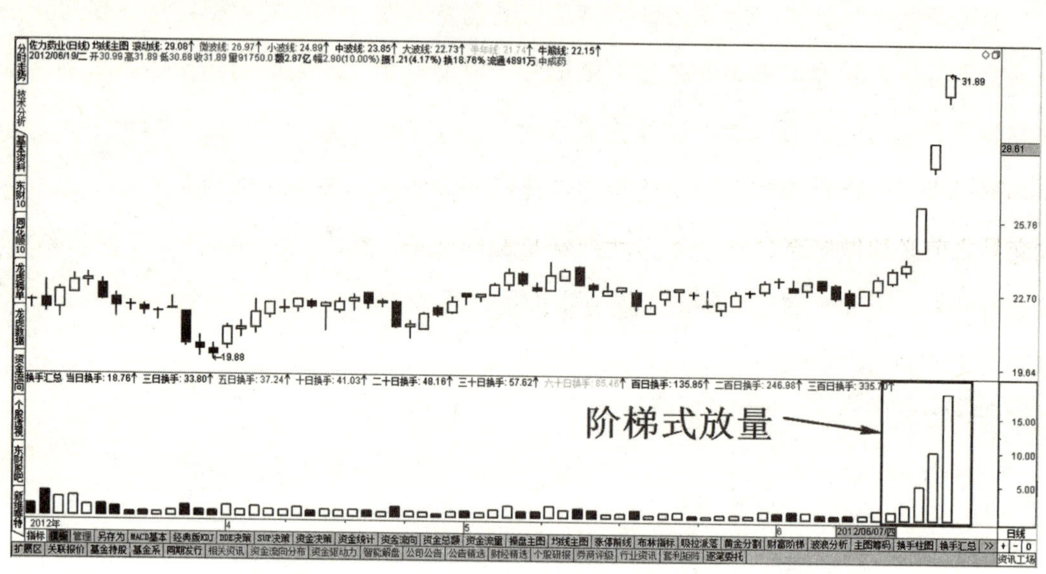

图例 052　空间位置低位出现阶梯式放量示意图

量能集散结构进场策略总结：

量能集散结构进场策略是基于成交量为主导的进场策略，具体而言，包括三个重要的方面，一是以建仓为诉求的进场策略，我们可以重点留意空间位置低位出现的温和放量和密集堆量两种类型，这两种类型都和建仓密切相关。如果在空间位置的低位长时间出现温和放量，说明有做盘资金在耐心吸筹。这是我们发现主力的主要依据。如果在空间位置低位区域出现密集堆量，则不仅仅是建仓这么简单，而更可能是做盘资金已经高度控盘，利用密集堆量制造轰动效应，吸引眼球，借机反复滚动操作，牟取利益。不管是低位温和放量还是密集堆量，都是可以积极关注的量能操作定式。二是以洗盘为诉求的低位间歇性放量，这种操盘手法越来越被做盘资金重视，近年来使用得越来越多。一方面可以通过间歇性放量清洗不坚定的筹码，另一方面又可以借助间歇性放量完成滚动操作，降低成本。真可谓一举两得。对于这样的量能集散结构，我们的策略是滚动建仓，踩准节奏，和做盘资金保持同步即可。三是以快速牟取暴利为诉求的阶梯式放量，这种量能集散结构具有来势汹汹，疾风暴雨式，来的飞快，去的也迅猛。跟进的难度很大。如果不是在第一时间发现目标并跟进，很容易吃套。因此，对于阶梯式放量的品种，要谨慎对待，一旦错过了最佳进场时机，就不要追击了。

前边我们已经讲解了滚动交易系统进场的基本要领，接下来我们再综合起来介绍一下实施进场要领的基本步骤。参见图例053所示，我们把进场的步骤分解如下，供各位参考。

第一步，检查进场之前的准备工作。我们的交易原则是不打无准备之仗，在每一次交易之前必须做好充分的准备，计划好我们的交易。然后进入实施阶段，才是交易我们的计划。因此，在进场之前，第一步就是全面检查准备工作究竟做得如何，是否做到位了，如果没有做到位，还存在什么缺失，如何及时补漏。只有准备充分，才不至于被动挨打。

进场前的准备工作包括以下几个方面，请各位逐项检查核对：

（一）对备选品种的基本情况是否已经全面了解。

（二）对备选品种的历史走势是否已经深入分析。

（三）对备选品种的筹码分布是否已经精心解剖。

（四）对备选品种的做盘主力是否已经详尽解析。

（五）对备选品种的技术参数是否已经充分掌握。

（六）对当前市场环境是否已经做过精准的评估。

……

上边这些基本步骤，是我们进场之前务必做好的准备工作，请各位认真执行。接下来，进入实盘操作阶段，基本操作步骤如下，供各位参考。

第二步，复核交易计划，并在集合竞价之前做最后的修正。

第三步，根据集合竞价结果，判断当天走势的基本类型。

第四步，根据开盘三线的特征，判断当天是否进场建仓。

第五步，根据多日分时图形态，设定当天进场价格区间。

第六步，盘后检查当天的操作，写好复盘作业，存档备查。

上边介绍了滚动交易系统进场要领的实施步骤，在这些步骤中，最关键的一点，是如何买入。换句话说，根据什么来判定某一个点位是合理的买入点，在这个点位上应该买多少才合适。这个问题涉及到资金配置和仓位管理，为了避免内容重复，我们把这部分内容放在后边资金管理的章节讲解，在这里就不做展开了。特地说明。

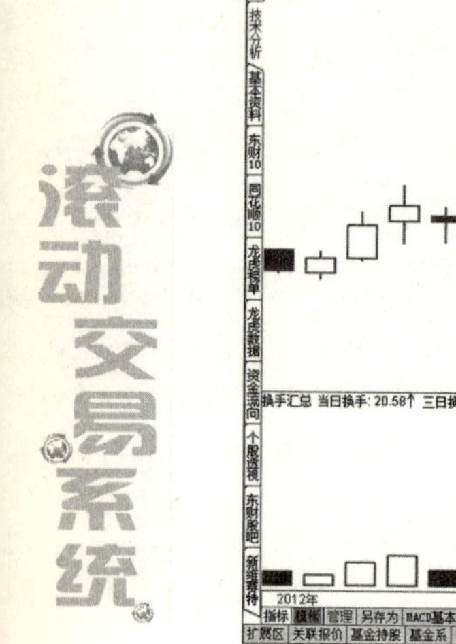

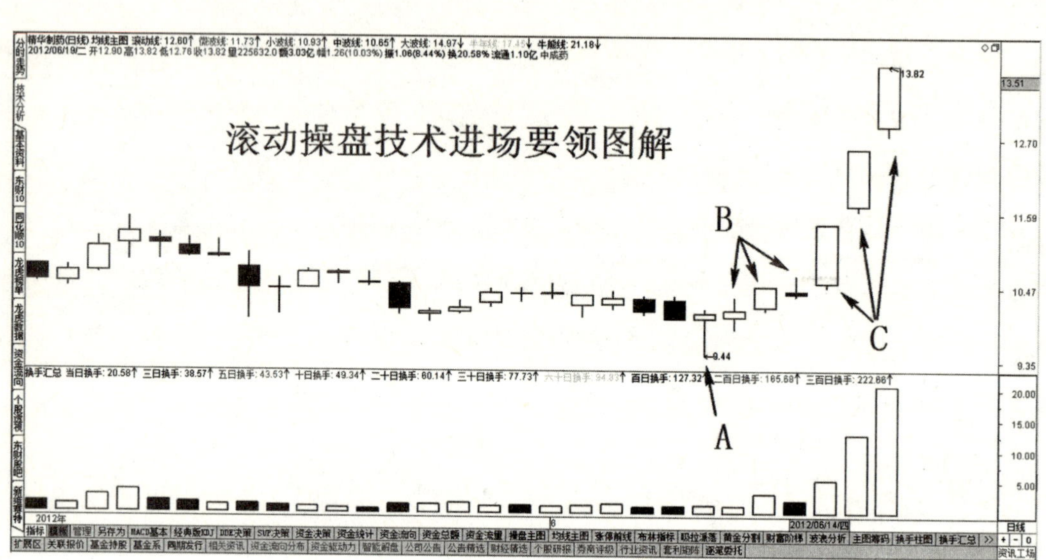

图例 053　滚动交易系统进场要领示意图

图例 053 是我们最近操作的一只股票。图上 A 点是最近一段时间以来出现的阶段性低点，是一路向下调整以来创出的新低。对照我们前边讲过的知识可以得知，在股价创下新低的时候出现长下影线，并以小锤头的 K 线形态结构报收，说明阶段性的低点已经出现，此时需要积极关注，并做好进场准备。这个低点是如何发现的呢？方法是：在复盘的时候，查看振幅榜就可以发现了。因为凡是出现长下影线的品种，一定会出现在振幅榜排名靠前的位置上。随后，我们在 B 所示的三个位置分别建仓，建仓的理由是：股价创出新低之后出现企稳迹象，而且当前股价处于空间位置低风险区域，应该试探性建仓。图上 C 所示的三根大阳线，是实盘滚动操作的位置，在锁定底仓不变的前提下，盘中反复滚动操作，降低成本，扩大盈利。在这里需要特别注意的是，原先在B处进场而持有的底仓不要加码，只要保持不变即可。随意加码会提高持股成本，而且会占用流动资金，影响滚动操作。关于滚动操作的实战案例还有很多，我们将在《实战案例篇》详细讲解。在此从略，特地说明。

在本书的第四章，我们学习了滚动交易系统的进场要领，归纳起来，有三个方面。一是从K线形态结构来设计的进场策略，二是从关键技术点位来设计的进场策略，三是从量能集散结构来设计的进场策略。实际上，当我们需要制定进场策略的时候，总是从诸多方面来综合考虑的，之所以拆分开来讲解，仅仅是为了讲解方便而已。当我们学习了这些进场策略之后，就要把它们综合起来，融会贯通，从全局的高度，从整体的角度，考量每一个备选品种，做综合的分析、评估，制定完整的操作计划，指导我们的实战。只顾一点不及其余的思路是不对的，以偏概全，只见树木不见森林，会使我们迷失方向，惨遭失败。因此，当我们学习了进场要领的基础知识之后，就不要再像以前那样考虑问题了。而是要转变观念，全面考察，综合权衡，整体分析，多维考量。当我们能够把操作目标品种解剖透彻、并按照我们的操作计划有条不紊地实施的时候，那么我们的交易就进入了全新的境界，而我们收获的，也将是全面的惊喜。长期以往，坚持下去，那么，稳定盈利就不再是梦幻世界里的事，复利创富、长久生存的奋斗目标，也将会得到实现。那一天并不遥远，从现在就开始努力吧！

第五章 滚动交易系统持筹要领

【本章学习要点】

一、小型资金持筹要领

二、中型资金持筹要领

三、大型资金持筹要领

我们进入股市的目的很明确，就是为了赚钱，而不是为了被迫当股东。但是，实际上很多人进入股市之后，却不得不成为股东，时间或长或短。为什么呢？很显然，这是缺乏最基本的股票经营意识所导致的。孙子说：兵贵胜，不贵久。打仗讲究的是速战速决。做股票也是一样，追求的是快速赚到钱，而不是长时间持股，更不是因为被套牢而不得不出任股东。各位务必明白，在当今的股市上，持股时间越长，承担的风险就越大。因此，在滚动交易系统里，虽然讲究稳定盈利、长久生存、复利创富，但绝对不是叫你买入并持有，更不是叫你买入之后，长时间地持有。相反，我们倡导的是阶段性持股，高频率套利。

为什么这样说呢？这样说的意思是什么呢？前边说过，持股时间越长风险越大。这是事实，无需我们做更多的解释。所以，我们倡导阶段性持股，也就是当股价运行的趋势十分明朗的时候，我们才考虑持股，否则持币。什么叫趋势十分明朗呢？在这里指的是股价上行的趋势十分明显，绝不含糊。因为目前没有做空机制，下行趋势就不讨论了。当我们操作的品种正处于上行趋势十分明朗的时候，我们才考虑持股，这就是滚动交易系统的持股原则。持股的时候，不是以时间长短来衡量的，而是以趋势和动能来考虑的。持股的时间可以很长，也可以很短。很长可以长到几周、几个月甚至一年或者更长；很短可以短到今天买进的明天卖出，甚至极端到今天尾盘阶段最后几分钟买进、明天集合竞价阶段一上来就卖掉。不必有什么心理障碍。因为我们深切知道，持股不是目的，赚钱才是根本。如果当初我们买入的理由成立，而且是一直成立，并且上行趋势没有任何问题，那么我们当然继续持股。但是，假如发生了意外，出现了差错，那为什么不立即改正呢？对于错误的操作，改正越快越好。

在这一章里，我们从资金规模大小的角度切入，详细讲解持股的基本要领。为了更好地说明问题，我们将滚动操作的做盘手段和技术要点也一并放在这里讲解。滚动操作的做盘手段原本是做盘资金引诱和折磨大众资金的商业私密，因此在讲解的时候，只能点到为止，不可能深入展开，请各位谅解和理解。至于滚动操作的技术要点，原本属于交易员日常营利的雕虫小技，不值得一提。但是，为了更好地说明问题，也就不得不拿一些出来讲讲了。实际上，操作细节决定操作绩效，在实际操作中，如果我们忽略了这些细节性的东西，是很难完成前边定义的绩效考核标准的。虽然这些玩意是针对职业选手而言的，但是，如果你还是业余选手，了解一下也有益无害，甚至会帮助你进一步提高盈利水平。

第一节 小型资金持筹要领

前边我们已经说过，在使用滚动交易系统的时候，需要根据自己的实际情况选择相应的分析周期和操作模式。世界上没有包治百病的灵丹妙药，同样道理，股市上也没有包赚不赔的葵花宝典。在这一节里，我们讲解小型资金的滚动要领，请各位注意，这仅仅是适合于小型资金滚动操作的，并不适合其他类型的资金。什么是小型资金呢？在本书中，我们是这样划分资金的规模的：100 万元以下的称为微型资金；100 万以上、1000 万元以下称为小型资金。为什么这样划分呢？因为股市是玩钱的地方，股市玩的是金钱游戏，你没有钱，怎么玩呢？股市每天进进出出的资金都很大，1000 万元算什么？在股市上，这点钱根本不值得一提。也就是说，在茫茫股海上，1000 万元其实很渺小，渺小到几乎连起个泡都很难的地步。因此，我们就把 1000 万元以下的资金规模定义为小型资金。据我所知，目前我们的市场大多数人的资金规模都很小，甚至小到根本无法用规模这个词来描述的地步。比如我们把 100 万以下的资金定义为微型资金，而实际上，在绝大多数业余投资者当中，达到或者超过 100 万元规模的，比例并不大。这是市场的现状。但是，你不必泄气，即使现在我们还弱小，但是，星星之火可以燎原，通过学习和实践滚动交易系统，我们有信心也有能力把资金规模从微不足道的区区几万元、几十万元或者几百万元，用滚动复利的操作模式，滚动增长，变成中型资金、大型资金甚至是巨型资金。我们的理念是积小成大，积少成多，集腋成裘，聚沙成塔。滴水虽小，却可以汇流成江河。这是我们的理念，也是我们的信念，更是我们的追求。今天我们是嫩绿的小树，明天将长大成栋梁。如果你是坚毅的人，就一定能够出头。

你必须时时刻刻使自己的内心世界保持强大，强大到任何困难都无法把你摧毁。你能做到这一点吗？如果做不到，就不要继续学习下去了。如果能，那么请你持之以恒。

一、职业选手运作小型资金持筹要领

首先说明一下：为了叙述的方便，同时也是为了节省篇幅，我们把微型资金持筹要领放在一起讲解。职业选手和业余选手的操作模式是不同的，即使是小型资金也是如此。对于小型资金而言，因为资金规模小，所以抗风险的能力很差甚至是没有。同时，小型资金需要快速成长起来。因此，小型资金需要追求快速流转，只有高速流转才能提高资金使用效率，才能迅速成长起来。这句话的意思是说，小型资金需要采取极端的操作模式，使资金的周转速度达到极值，甚至达到无以复加的地步。请各位注意，这是针对职业选手而言的。为了做到这一点，我们在设计小型资金操作模式的时候，从以下几个方面着手：

（一）操作品种的选择，以强势市场的热点品种为主。

（二）分析周期的选择，以分时图为主要依据，兼顾日线图。

（三）持股原则的设计，以一根 K 线为基准，兼顾空间位置的高低。

（四）滚动操作的要领，以闪电图为判断依据，兼顾分时图和分钟图。

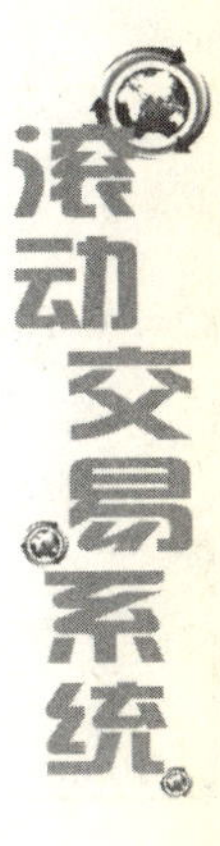

在上边的四个方面中，第一个方面涉及到选股的问题，对于小型资金来说，一定要选择强势市场的热点品种来操作，这是基本原则，也是根本原则。闹里有钱，静处安身。小型资金一定要紧扣热点操作，要采取跟进策略，发现哪里有热点，就跟到哪里。跟得越早、越快就越好。跟晚了，就会吃苦头。第二个方面涉及到如何分析热点品种的问题。对于小型资金来说，要以分时图作为主要分析依据，所有的买卖点都要体现在分时图上。作为职业选手，要把自己的每一次操作建立在分时图上，而不是建立在日线图上。当然，在分析的时候，也要适当兼顾日线图，从日线图来判断整体趋势，判断做盘资金的总体计划，解析筹码分布的总体状况。在使用分时图的时候，不能仅局限于当日的分时图，还要观察多日分时图，从多日分时图上观察股价的支撑力度和阻力位置，进而作出正确的决策。第三方面涉及到持股原则，是这一节讲解的主要内容。第四方面涉及到滚动操作的策略和手段，也是需要深入细致讲解的。在滚动操作的时候，小型资金要以闪电图作为操作的判断依据。这样，我们可以看得更清楚、更细致，更及时了解盘面的细微变化，进而快速作出反应。

接下来我们详细讲解一下小型资金的持股要领。上边我们已经提到，小型资金持股原则的设计，要以一根 K 线作为基准，同时兼顾空间位置的高低。这句话的意思是说，对于小型资金而言，判断要不要继续持股，观察一根 K 线的形态结构就足够了。这是很激进的持股定式。具体来说，适宜持股的定式可以细化为下边八个方面的类型，供各位参考。

第一种类型：和前一根 K 线相比，当天早盘开盘时强势高开高走，而且当天的最高点高于前一天的最高点，当天的最低点也高于前一天的最低点。这种类型是最经典的持股定式。从 K 线形态结构的角度来说，如果当天 K 线的高点高于前一个交易日的高点，说明做盘资金向上攻击的意愿明显，不管这种意愿是真的还是假的，总而言之是攻上去了。如果当天的最高点就是收盘价，即以最高点收盘，那就更说明上攻意愿强烈，而且攻击动能充足。而且当天的最低点高于前一个交易日的最低点，甚至远远高于前边的最低点，参见图例 054 所示，那就说明股价上行的态势非常威猛，做盘资

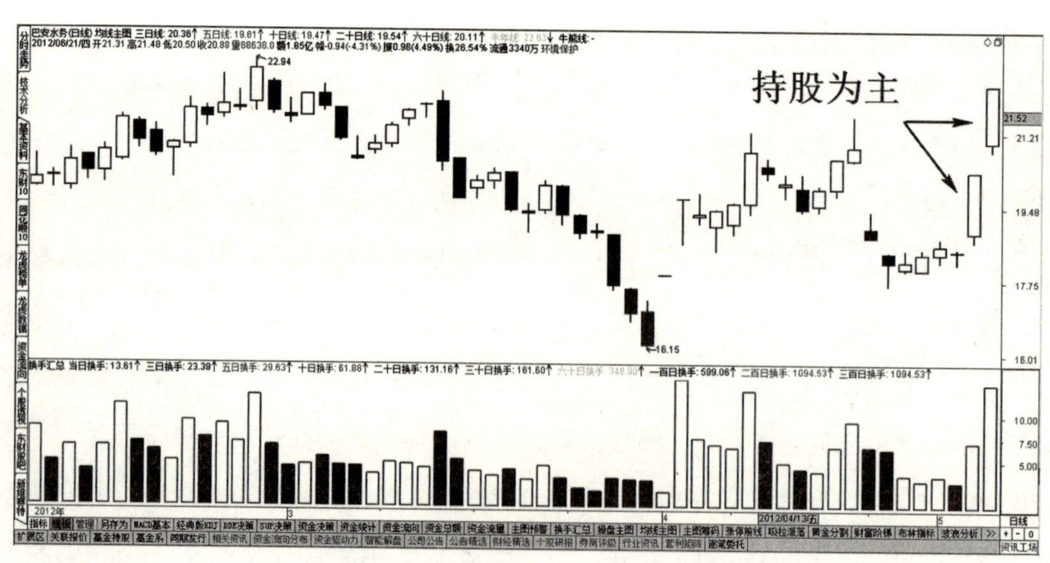

图例 054　持股定式第一种类型示意图

金根本不给大众资金低位进场的机会。这种高低点同步上移的走势，我们把它称为双高走势。对于小型资金（含微型资金）来说，此时持股是正确的选择。只要这种双高走势能继续保持下去的话，就继续持有底仓，滚动操作。

第二种类型：和前一根K线相比，当天早盘开盘时普通高开高走，而且当天的最高点高于前一天的最高点，当天的最低点也高于前一天的最低点。第二种持股类型实际上是第一种的变异，它的差别在于开盘的攻击力度偏弱了一些。虽然如此，只要当天的最高点继续上移，当天的最低点也继续保持上移，那么也可以继续持股。因为，高低点能够保持同步上移，说明成交的重心向上移动，股价运行的趋势是向上的，此时依旧可以谨慎持股。参见图例055所示，图上箭头所指的那根K线，高低点保持了上移，是持股的特征。但是，注意观察K线本身的形态结构，可以发现它和图例054略有不同。在临盘实战中，要特别注意观察分析这个细微的不同：成交量放得比较大，说明多空分歧比较大，多方为了上攻消耗了不少动能，有休整的内在需求。有上影线，说明面临着一定的压力需要化解。因此，此时我们的对策是谨慎持有，如果下一个交易日出现低开的情形，要立即停止开新仓，在盘中寻找高点出掉已经进场的筹码。这样做的目的，就在于规避可能出现的调整。也就是说，如果随后的交易日不能保持上

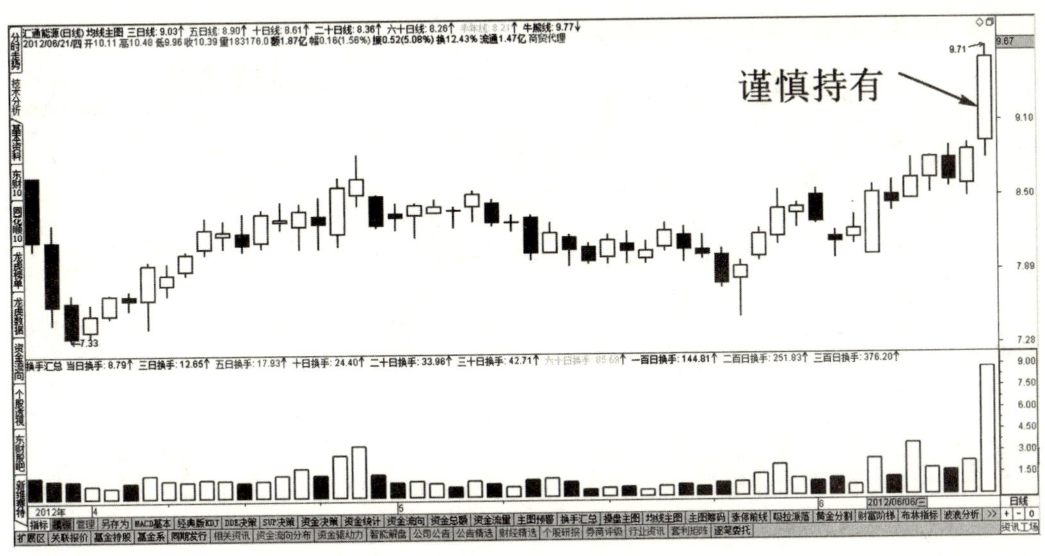

图例055　持股定式第二种类型示意图

攻态势的话，要立即停止滚动仓的操作，以免滚到臭水沟里去了。

第三种类型：和前一根 K 线相比，当天早盘开盘时强势低开高走，但是当天的最高点高于前一天的最高点，当天的最低点也高于前一天的最低点。强势低开是最常见的开盘定式，在空间位置低位区域，如果当前的趋势符合进场要求，出现这样的走势往往意味着绝妙的操作机会已经到来。参见图例 056 所示，图上 A、B、C 三个点，都是绝妙的滚动操作套利点。A 这个点，前一个交易日创出了阶段性的低点，探明了阶段性的底部，说明阶段性进场机会已经到来。A 点当天强势低开，开盘之后向下快速俯冲，但并没有再创出新低就嘎然止住，强大的买盘迅速推高股价，随后向上发起攻击。B 点的走势和 A 点略有不同，此时股价向上的态势已经很明朗，因此早盘强势低开就是很好的滚动资金进场机会。如果已经建立了底仓，那么此时就是持股滚动的大好时机。再看 C 点，它实际上是和 B 点大阳线呼应的，属于整理末期向上突破的信号。很显然，此时最佳的策略就是继续持股。但是，C 点的持股不是死死捂住那种持股，而是要密切留意接下来的开盘方式，如果出现高开高走的走势，则坚定持股，同时在盘中继续滚动套利。从图上来看，C 点的 K 线出现了比较长的上影线，这不是什么好兆头，而是说明上档的抛压比较大，需要进一步消化。从这一点往回看，可以发现此

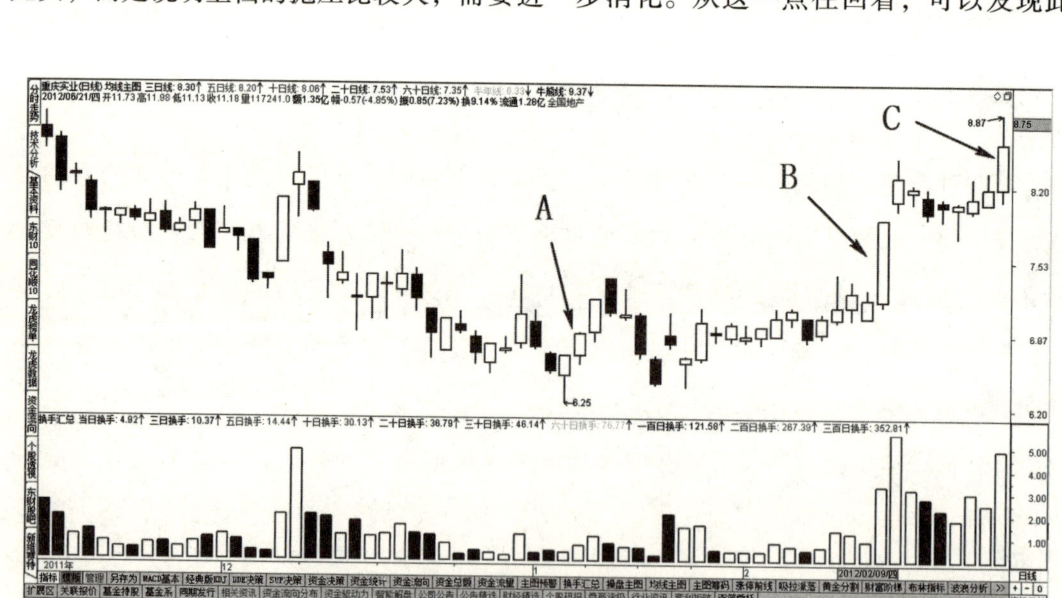

图例 056　持股定式第三种类型示意图

时面临着近期高点和前期高点的双重压力，对于做盘资金来说，比较明智的做法是在这个位置狠狠地震仓，上窜下跳，玩蹦极，用宽幅震荡的做盘手法，彻底清洗浮筹。而对于已经参与其中的小型资金来说，接下来可能出现的宽幅震荡正是绝佳的营利时机。因此，在C点，我们一方面要紧紧握住已有的底仓，不要轻易弄丢了，同时要加大滚动操作的力度，要猛干、大干、敢干，为什么呢？再仔细观察一下从A点到C点的走势图，你就会明白，用一句话来描述，就是：鬼子已经进村了，兄弟们，上！

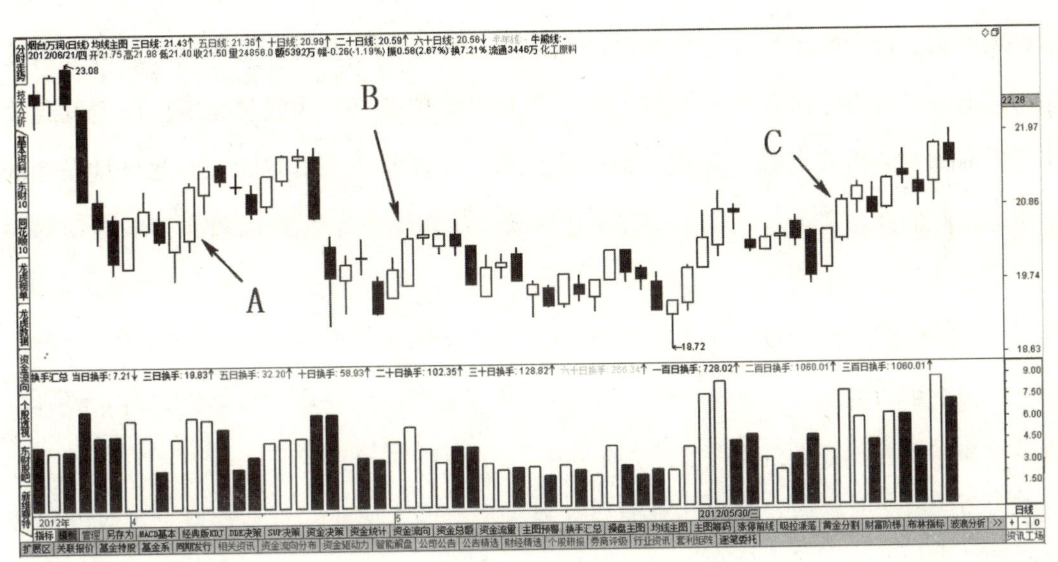

图例057　持股定式第四种类型示意图

第四种类型：和前一根K线相比，当天早盘开盘时普通低开高走，但是当天的最高点高于前一天的最高点，当天的最低点也高于前一天的最低点。第四种持股类型和第三种大致形同，所不同的是开盘价更低一些。像这样的走势，当天开盘之后，可以认真观察它的分时走势，如果开盘后向下俯冲但不创新低，就是极好的买点。参见图例057所示，图上C点向上趋势已经明朗，如果已经进场，此时可以继续持有，并在盘中寻找低点买进滚动仓，大胆滚动操作。而虽然同是低开高走，但是A点和B点却不宜恋战，只能快进快出。为什么呢？观察一下K线形态结构就会看到，A点面临着比较大的压力，腾挪的空间比较小。B点则属于面临前边小缺口的阻力，同样需要进一步化解阻力才能上升。

上边我们介绍了小型资金持股的基本类型，这些类型包括高开和低开两个方面的内容，它们都是在实战中经常遇到的，请各位反复熟悉，牢记心中。至于平开高走的类型，可以参考强势低开高走的持股定式，在这里就不做单独的讲解了。

在这里，我们顺便把不适宜持股的走势定式也列举如下，供各位自我训练时参考。

第一种类型：和前一根K线相比，当天早盘开盘时强势高开低走，当天的最高点高于前一天的最高点，当天的最低点也高于前一天的最低点。注意这里的关键词是强势高开低走。

不管是处于什么样的空间位置，凡是出现这样的走势，对于职业投资者来说，都需要立即减仓，规避可能出现的调整。为什么要这么激进呢？因为我们现在还是小型资金，还很弱小，伤不起，耗不起，更输不起。我们应当积极避险，尽可能躲避风险。而高开低走之后，接下来会不会继续调整呢？会不会是背后有什么未曾披露的风险呢？我们不知道。那么，此时我们唯一能做的，就是根据盘口的走势，走为上，先躲一躲再说。不要相信什么洗盘之类说法。对于小型资金来说，打得赢就打，打不赢就跑，这才是正确的做法。即使高开低走真的是做盘资金的洗洗而已，也没有必要死死抱住头寸参与洗盘。要知道，时不我待啊，时间才是最大的成本，我们以往的操作绩效为什么不佳，想一想，是不是效率低下引起的？如果是，那就从现在开始改正吧。记住：凡是接下来可能会出现调整的走势，都要坚决回避。

第二种类型：和前一根K线相比，当天早盘开盘时强势低开低走，虽然当天的最高点高于前一天的最高点，但是当天的最低点却低于前一天的最低点。这里的关键词是低开低走。所谓强势低开，是指低开的幅度不大。强势低开原本是表示空头的力量并不大，但是开盘之后却出现低走，这时候就要警惕了。记住：如果股价已经处于空间位置的中位或者高位，低开低走的走势出现之后，要立即停止买进滚动仓，当天不再进行滚动。此时要积极观察盘中分时图走势，如果向上冲击的时候能够挺住，保持强势，则暂时不要动手。一旦发现后续的拉升量能出现疲软迹象，要立即减仓。如果当天的高点超过了前一个交易的高点，放出了巨大的成交量却没有能够守住，那么这就是非常危险的信号，要立即撤退。如果是先往下打出极长的下影线，低点比前一个

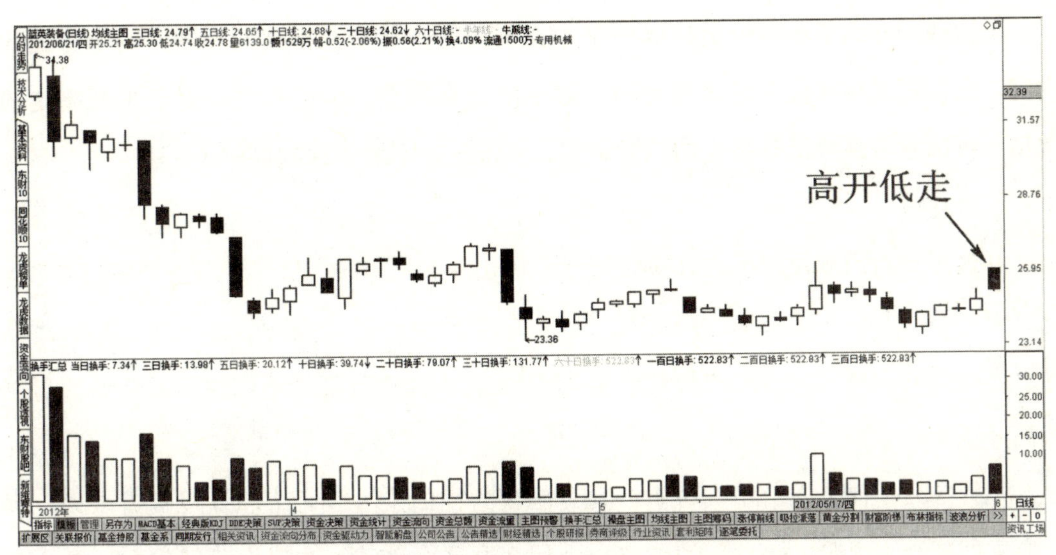

图例 058　非持股定式第一种类型示意图

交易日的低点还低，之后才是迅猛拉升，这样的做盘手法属于先砸后拉，很具有欺骗性。此时我们要观察往下砸盘的时候是否带量，是对倒砸盘还是对敲砸盘。如果是对倒砸盘，那么接下来还有反拉的机会。如果是对敲砸盘，那么接下来即使是反拉，也是做盘资金为了兑现账面盈利而刻意拉抬股价，制造出逃空间。对于小型资金来说，我们不需要深入了解做盘资金究竟想干什么，而是直接找机会远离是非之地。任由做盘资金如何折腾，反正此时我不跟你玩。这就是我们应有的态度。参见图例 059 所示。图上箭头所指的位置，就是典型的强势低开低走类型，像这样的走势，我们的对策是出局观望。

第三种类型：和前一根 K 线相比，当天早盘开盘时普通低开低走，虽然当天的最高点低于前一天的最高点，但是当天的最低点却高于前一天的最低点。这里的关键词是低开低走、当天的低点高于前一个交易日的低点。所谓普通低开，是指低开幅度比较大的低开。对于小型资金来说，任何不能保持强势的开盘方式都是不能忽视的、大意的。大家注意这一点，凡是出现低开的情形，都要警惕起来，尤其是在空间位置的高位或者相对高位，低开就意味着攻击乏力，意味着多头开始畏缩，空头开始嚣张。这时候，需要立即停止开新仓，静观形势变化。参见图例 060 所示，当天的高点低于前一天的高点，说明多头已经没有能力或者不愿意继续上攻，这是危险的信号。凡是

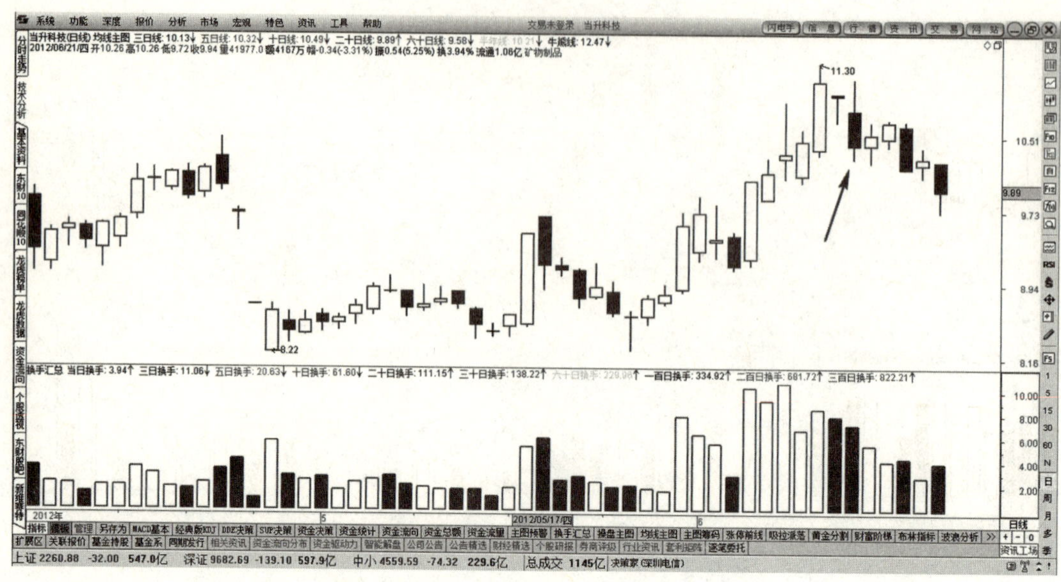

图例 059　非持股定式第二种类型示意图

攻击不力，我们就要做好撤离的准备。再看当天的低点高于前一天的低点，这样的走势很有欺骗性，当天虽然不能断定未来会发生什么，但是，如果股价已经处于空间位置的高位，从控制风险的角度来说，大幅度减仓是必要的。即使不是全部清空，至少要减掉大部分筹码。这样操作也许会出现卖错的情形，但是，结合前边的走势来分析，就不难看出主力的操盘意图：前一天拉红盘的时候，高点已经无法超越前期高点，反而是呈现出下行态势。这是观察的关键所在。假如当天能够高开，继续向上发起攻击并创出新高，那么多头依旧威猛，强势依旧，还可以继续持股。但是当天却出现普通低开，太叫人失望了。参见图例 060 所示，图上箭头所指的那根 K 线，模样衰败，令人失望至极。因此，此时的策略是：立即停止买进新的筹码，盘中寻找高点大幅度减仓，或者彻底清仓，换股操作。这样的操作也许你会认为过于激进，但是，对于小型资金来说，必须如此决绝，才能在市场上立足。很多人往往心慈手软，对做盘资金抱有幻想，把自己的美好愿望当作是未来的必然走势，一厢情愿以为行情继续高歌疾进，殊不知，想当然的结果是大错特错、大亏特亏，甚至连底裤都输光了。这样说也许过于残酷，但市场又何曾有过温情让你心想事成呢？市场永远是残酷的、无情的、冰冷的，你不要自作多情。很多人都有过这样的痛苦经历：以为它还会涨，结果是深度套牢。牢记教训吧，不要再一厢情愿了。作为交易员，我们要做的是根据眼前所见交易，

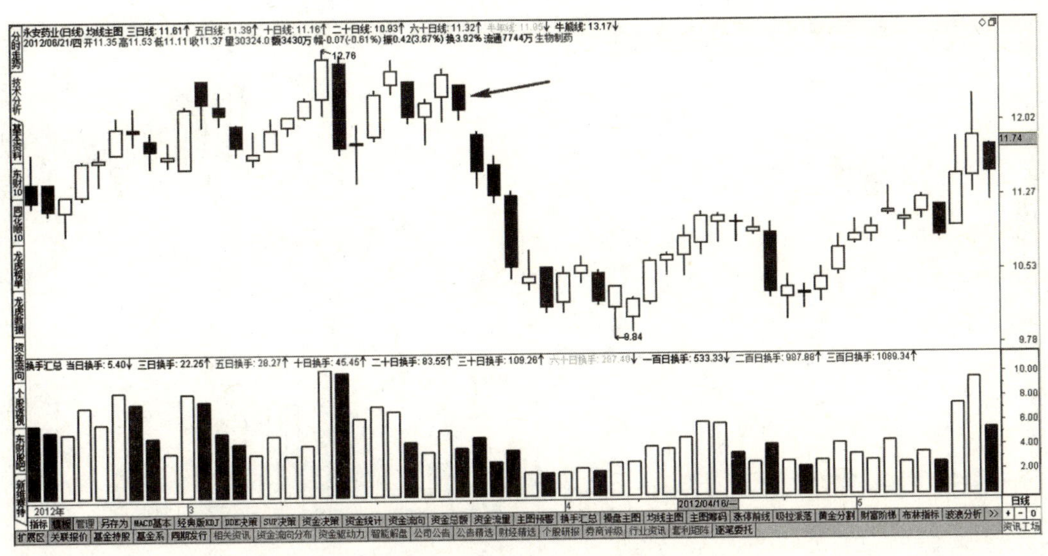

图例 060　非持股定式第三种类型示意图

而不是根据脑子所想交易。眼前的走势已经向你表明做盘资金不想玩下去了，你还犹豫什么呢？别傻了，走吧！

第四种类型：和前一根 K 线相比，当天早盘开盘时强势低开低走，虽然当天的最高点高于前一天的最高点，但是当天的最低点却低于前一天的最低点。注意这里的关键词是：当天的最低点低于前一天的最低点。这个地方是我们看盘的关键所在。当天开盘的时候能够强势低开，说明空头虽然嚣张，但是并没有全力出击。最高点高于前一个交易日的最高点，说明多头还在努力拼搏。但是最低点下来了，这就是多头溃败的特征。参见图例 061 所示。多头溃败就意味着下跌空间被打开，后市堪忧。这时候就没有了继续持股的理由。因此，当我们在早盘看到股价低开的时候，就要立即意识到当天可能出现危险，要立即停止开新仓，以防不测。这句话已经反复讲了很多次，但在实战中还是有很多人没有注意这一点，老是埋头买进新仓，老是只顾滚动套利。结果是小利没套上，老本亏一截。教训很深刻啊。所以各位要学会先抬头看天，后迈脚走路。不少人阅读了《滚动操盘技术》（上册）之后，热血沸腾，但是经常滚到臭水沟里去了。为什么呢？原因是多方面的，其中有一条，就是不注意这些细节性的东西。为了避免悲催的事情再次发生，我在本书里会花很多篇幅，反复讲解操作上的一些

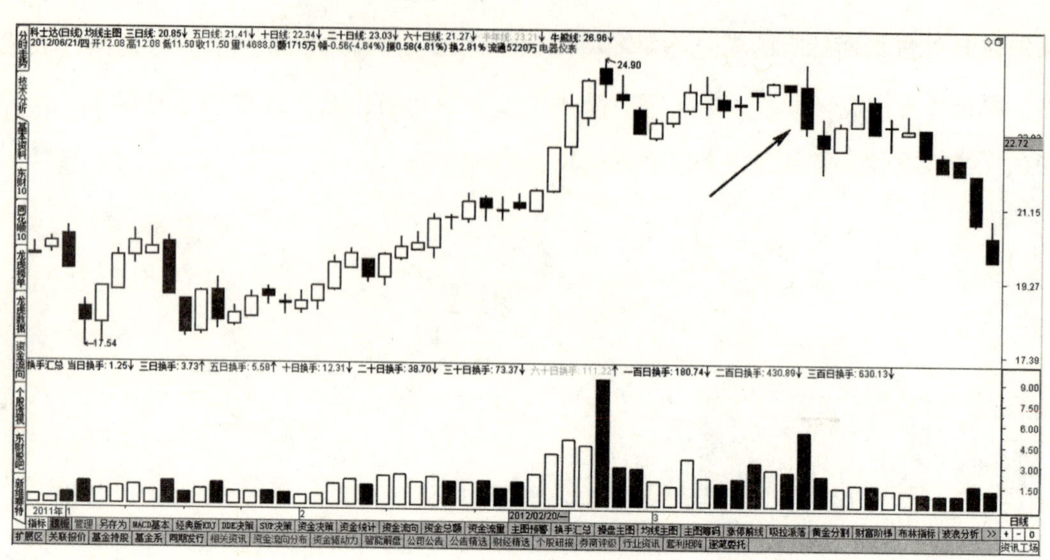

图例 061　非持股定式第四种类型示意图

细节，请各位多加留意，避免操作上再犯错误。言归正传。在图例 061 中，实际上箭头所指的位置已经不是持股的位置，只是为了说明问题，才选了这个例子。真正应该离开的地方是前边的高点创下之后的第二天，因为这一天未能保持强势高开，而且当时的高点下来了，低点也下来了，一副衰败的样子，十分颓废，不是强悍的特质。大家记住了，凡是这样的走势，都是疲软的先兆，是出局避险的经典定式。你想想看，前一天耗费了那么多动能，结果是高开低走衰到底，第二天连个高开的力气都没有了，你还留着它干什么呢？所以，凡是遇到这样的走势，对策就是一跑了之，不要多想，不要留恋。要舍得跑掉，而不要患得患失，老是担心万一再涨怎么办。假如真的是你一跑就再涨，那就算了。说明那钱跟你没缘分，不是你的，算了吧。

上边我们详细讲解了小型资金持股和非持股的经典走势，请各位反复演练，力争尽快掌握。接下来讲解一种很叫人纠结的走势，参见图例 062 所示。从图上来看，这是空间位置的相对低位，短期内风险不大。图上箭头所指的位置应该如何操作呢？对于这样的 K 线形态结构，该如何处理呢？大多数人的看法可能是持有吧。我们的看法是对于明显的整理走势，小型资金也不要参与。因为我们要追求更高的效率，谁知道这个整理什么时候结束呢？前边已经讲过，我们要紧扣热点，只做强势品种。很显然，图例 062 箭头所示的走势已经不是强势了。已经不符合我们的交易原则，那就不要在上边浪费时间。

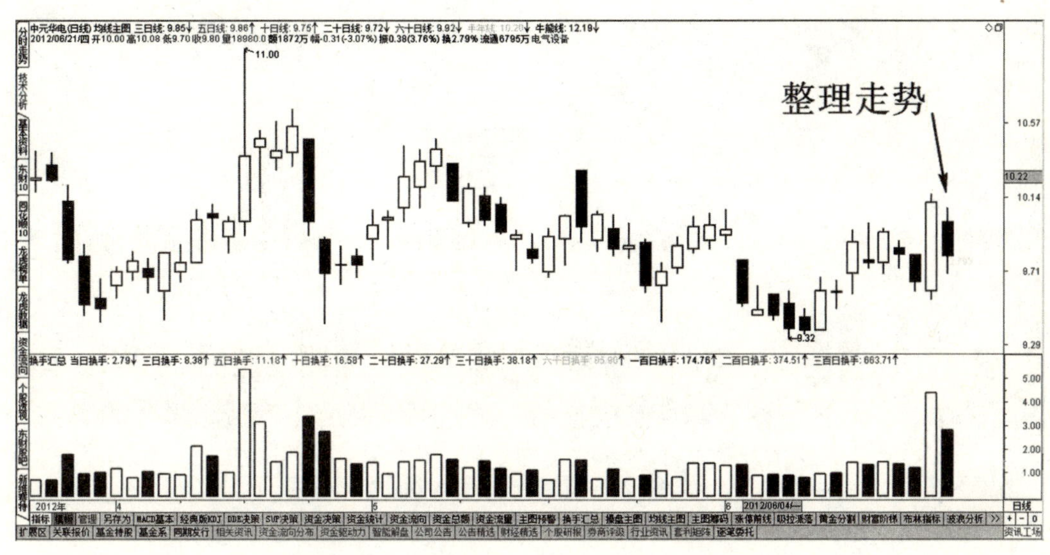

图例 062　小型资金不要参与整理走势示意图

二、业余选手操作小型资金持筹要领

职业选手运作小型资金的时候可以根据一根 K 线定去留，业余选手就不一定需要这么激进了。因为业余选手的时间有限，做不到时时刻刻盯盘，所以，我们建议业余选手以一组 K 线为依据，根据一组 K 线决定自己的操作。也就是说，业余投资者可以适当降低标准，把持股和非持股的衡量标准放宽到一组 K 线这个层面上。这一组 K 线是什么呢？以启动阳线为基准，这个启动阳线可以是大阳线，也可以是中阳线，在它的最高价、最低价两个位置上各画一条水平延长线。这两条线定义为持股保险线，如图例 063 所示。以启动阳线的最高价为基准画出来的水平直线称为强势持股线，以启动阳线的最低价为基准画出来的水平直线称为弱势持股线。如果后续走势一直运行在强势持股线上方，则继续持股；如果跌穿强势持股线向下运行，则开始分批减仓，降低仓位；如果股价击穿弱势持股线，则坚决清仓。

假如根据启动阳线买进之后，一路攀升，又该如何决定是否持股呢？前边我们已经说过，可以把 3、6、9 几个关键的数字作为判断拉升幅度的基准。如果股价上升幅

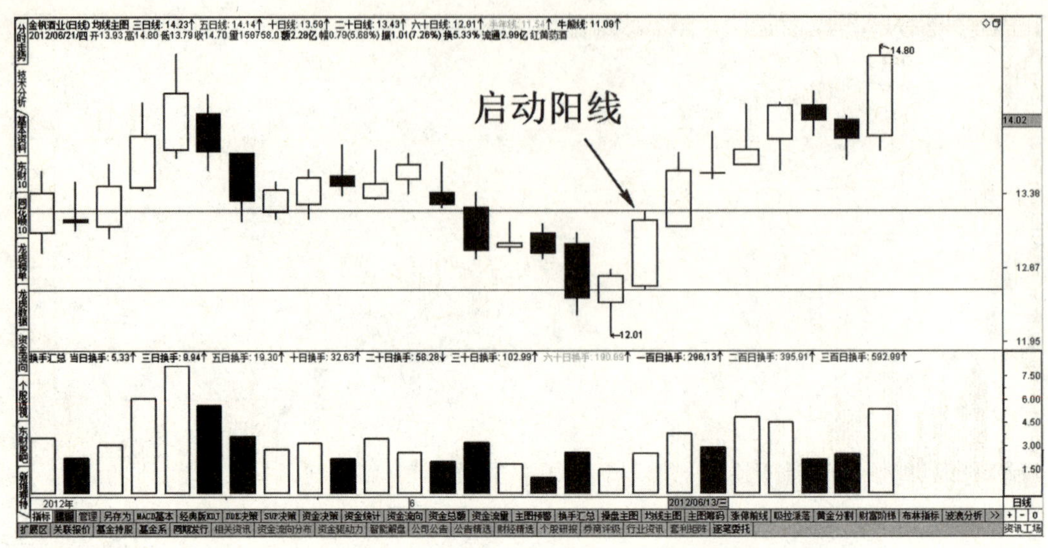

图例 063　业余投资者操作小型资金持股要领示意图

度达到 33.33%之后，我们可以把原先的持股基准线撤销，设定新的持股基准线。参见图例 064 所示，当股价不断拉升，远离了 A 点启动阳线，而且上升的幅度已经超过了 33.33%的量度涨幅，那么我们可以把持股基准线上移到 B 点，重新设定强势持股线和弱势持股线。使用的方法和 A 点相同。如果股价继续拉升，达到了量度涨幅 66.66%甚至更多，只要按照这个方法重新设定持股基准线即可。余此类推。

对于业余投资者来说，因为时间所限，要频繁操作是不可能的。因此，只要上升的大趋势不变，就可以坚定持股，不必计较那些日内波动。有些钱不是自己能赚的，就不要在意。赚自己能赚的钱，做自己能做的事，才是正道，才合乎天道。至于滚动操作，业余投资者就不要做日内回转交易了，只要做好大小波段的次级滚动，就已经足以实现创富目标。关于如何实现次级滚动这个问题，我们将在后边的章节详细讲解。

关于持股基准线的使用问题，业余投资者也可以自行设定涨跌幅度的参数，比如可以设定为 10%、20%、30%之类，每上涨一档，持股基准线就更新一次。也可以根据自己的需要，每周更新一次。总而言之，持股基准线是用来帮助我们观察股价运行态势的，不必教条来理解，不必拘泥于某一定规，便宜行事，相机而动，灵活处理，有利于实战即可。

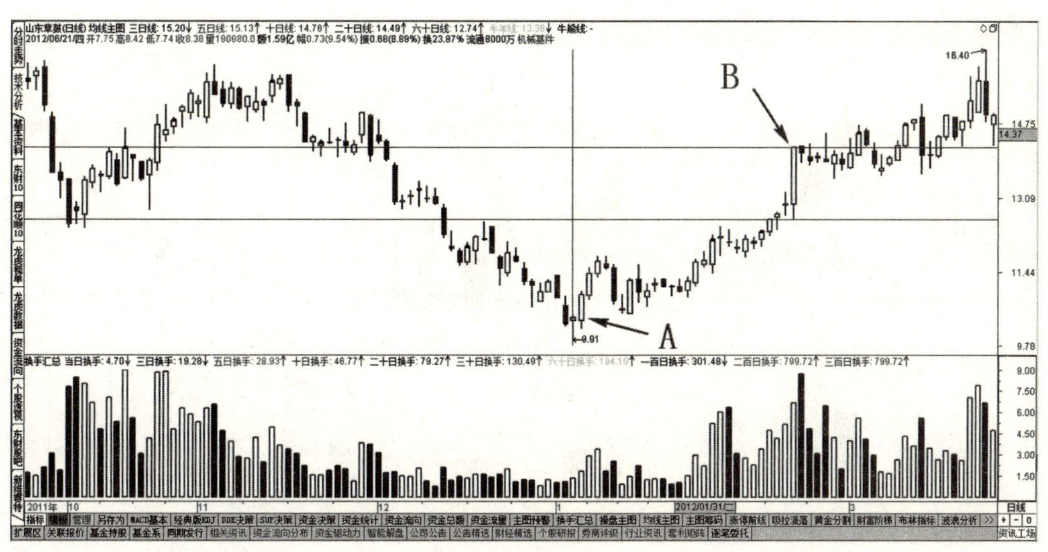

图例 064 业余投资者操作小型资金持股要领示意图

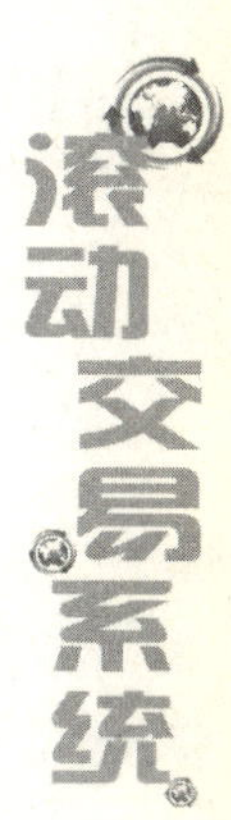

职业投资者也可以使用持股基准线来观察股价运行的态势，不过分析的周期就不必选择日线图作为基准，而是选择多日分时图。参见图例 065 所示。在画线的时候，有条件的职业投资者不宜选用水平线来画线，而应当选择分时预警线来画线，这样的话，就可以观察多日分时图的高低点变化，为盘中高频滚动操作提供决策依据。

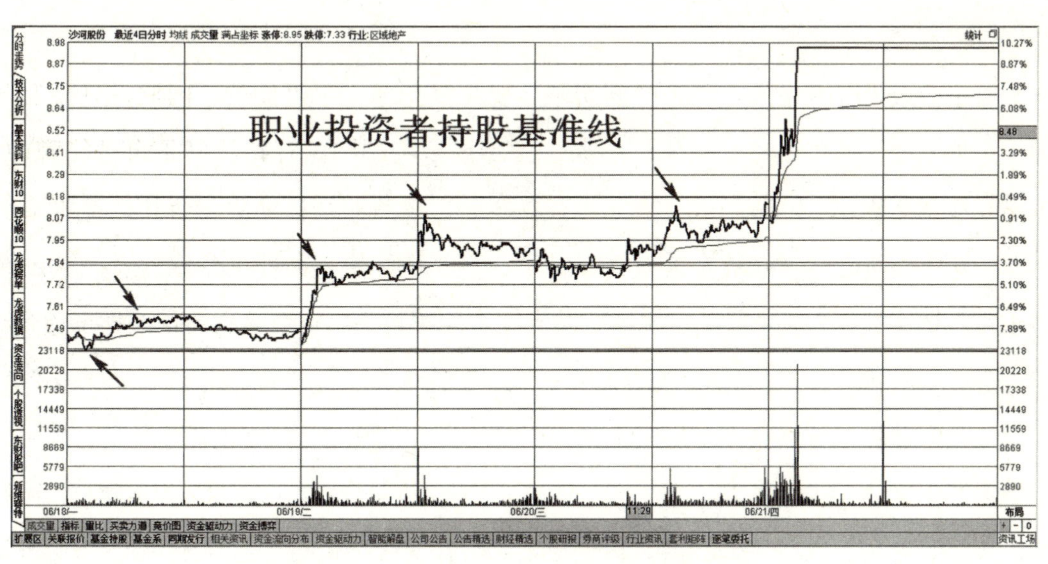

图例 065 职业投资者操作小型资金持股要领示意图

第二节 中型资金持筹要领

前边已经介绍过，我们把中型资金定义为：1000 万元以上，1 亿元以下。这样规模的资金放到股市上，实际上也是很小的，也只有追随趋势操作的份儿，不可能具备定价权。因此，在持股策略上，同样需要打得赢就打，打不赢就跑。当然，因为资金的规模要比小型资金大得多，就不可能完全采用一根 K 线定去留了。在这里，我们可以设定一组 K 线作为持股的依据。这一点可以参照业余投资者的做法。因为资金的规模比较大，在分析的时候，可以考虑选择周线作为分析周期，同时在滚动操作中采取向下兼容的方式，将小型资金的滚动模式融入到中型资金的滚动模式之中。这是第一种方法。第二种就是常见的分割法，把 1 个亿资金分割为若干个小型资金，按照小型资金的套路来操作。这样做，既可以规避政策监管方面的风险，又可以灵活机动，快速转换。

近年来，化整为零、化大为小的做法已经很普遍，甚至在盘口挂单上，也采取了化整为零的操作手法。随着交易技术的日益提高，操盘手法日益成熟，做盘资金的做盘手段已经越来越隐秘，越来越细分化、分散化、高频化，因此，我们的跟踪分析也就越来越难。以往那些主力分析技术，也越来越边缘化了。也许你还没意识到这一点，但事实就是如此。关于中型资金的持股要领，涉及到很多机构的做盘机密，同时对广大中小投资者并没有什么实际参考价值，因此，在本书中我们就不做详细的讲解了。敬请谅解。

第三节 大型资金持筹要领

所谓大型资金，在本书中是指1个亿元以上，100亿元以下规模的资金。如果规模达到100亿元以上，我们就把它定义为巨型资金。大型资金和巨型资金是市场上的大鳄，是大佬级的资金，它们对股价具有话语权，因此，可以这样说，股价的涨跌其实是它们说了算的。其他类型的资金，只有跟随的份儿。很多时候，我们可以看到大型资金如何协同作战，如何拉抬某一个或几个板块，如何在市场上呼风唤雨。当然，它们并不是万能的，也会有失手的时候。关于大型资金如何持股的话题，已经超出了本书的讨论范围，就不做介绍了。各位如果有兴趣进一步探讨，可以来信切磋。我的邮箱是：caopanxue@ qq. com。

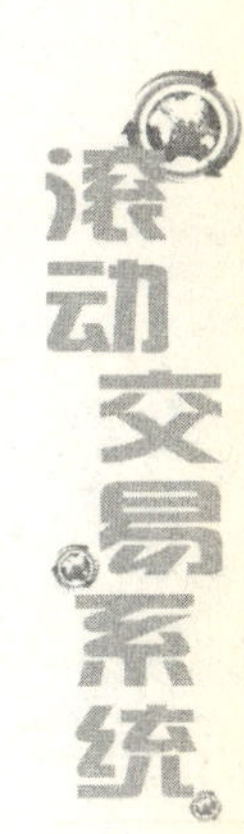

本章我们详细讲解了滚动交易系统的持股要领，如果你还有什么疑问，可以随时跟我们联系。接下来，我们随机抽取一些股票，讲解一下它们的持股要领，供各位参考。

先看图例066，这是次新股，观察它的走势，可以发现上市的第二天了低开低走的情形，但是它的高点却是高于前一天的高点，说明做盘资金（不管是游资还是机构）有向上拓展空间的欲望。这一点很重要，要仔细观察。再看它的低点，明显高于前一天的低点，说明下档的承接十分有力，因此，在图上A点，当天尾盘阶段可以积极进场，试探性建仓。接下来第三天，开盘价就成了当天的最低价，再看它的最高点也超过了第二天的最高点，说明做盘资金还具有继续向上发起攻击的愿望。实盘操作时，只要开盘价能够守得住，就可以积极进场，滚动操作。第四天出现了整理走势，业余投资者可以按照前边介绍的强势持股线原理来分析，做出正确的判断：虽然当天的高点没上去，但是低点也没下来。最关键的是第一天的最高点还是被牢牢守住，因此可以认为强势特征没有改变。再看 B 点，盘中虽然出现了下探，但最终被强大的买盘迅猛推高，站稳在第一天的最高价之上收盘，这是非常重要的盘口语言，它告诉我们，做盘资金非常积极地操纵股价，好戏还在后头呢。最后我们看 C 点，走出了一根光头光脚的大阳线，非常强悍。因此，当我们在第一天介入之后，我们要做的就是坚定持股，锁定底仓，盘中积极滚动操作，通过滚动套利降低成本，扩大盈利。

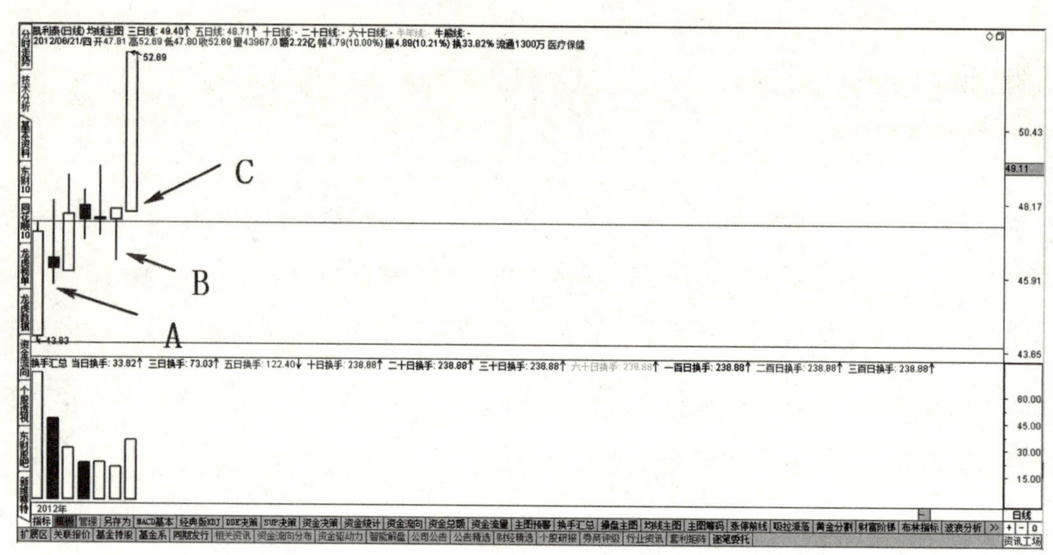

图例 066　业余投资者操作小型资金持股要领示意图

图例 067 是另外一种类型。这是从高位跌下来的品种，图上 A 点是创下阶段性低点之后出现的第一次低位启动阳线，B 点是第二次启动阳线。通过观察分析可以看到，A 点由于蓄势不够充分，拉升的力度十分有限。但是，虽然走势疲软，从 A 点到 B 点，一路过来，却没有创新低。这样的走势说明有做盘资金在暗中悄然吸货，因此，我们要积极留意。再看 B 点启动之前，出现了一连串的小型 K 线，从 K 线形态结构的角度来分析，可以得知这是非常典型的建仓图形，也就是说，有做盘资金在这里暗中建仓呢。所以到了 B 点，出现启动阳线的时候，就要积极进场。后边就是坚定持仓，直到卖出信号出现为止。

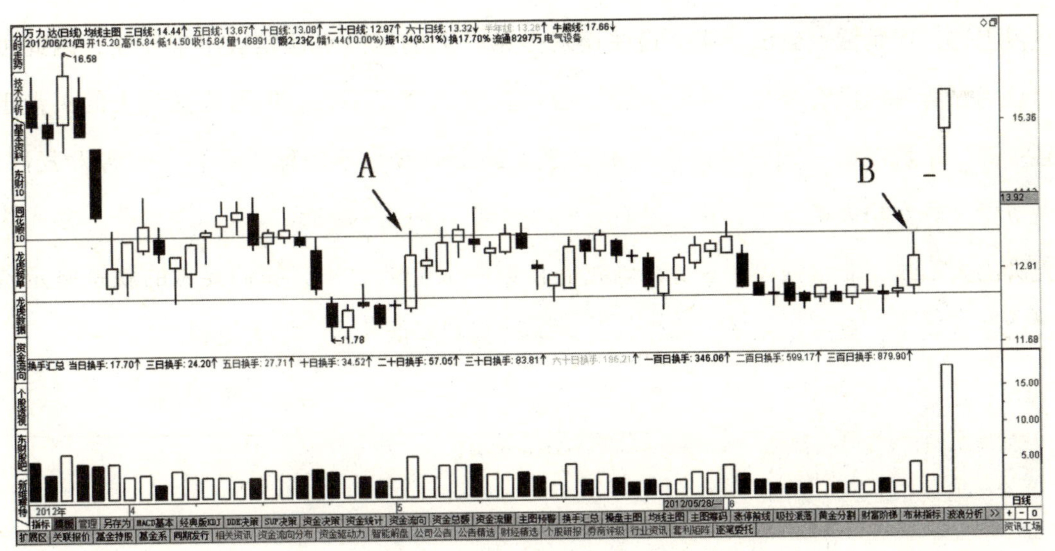

图例 067　业余投资者操作小型资金持股要领示意图

图例 068 又是另一种类型，前边经过暴拉之后，股价徐徐回落，在 A 点出现了初步企稳迹象。但是后边的走势比较令人失望。再看 B 点，二次启动阳线，这时出现了阶段性企稳迹象。从图形上来看，B 点也是不错的进场信号。只要不再跌穿 B 点，就可以谨慎持股。

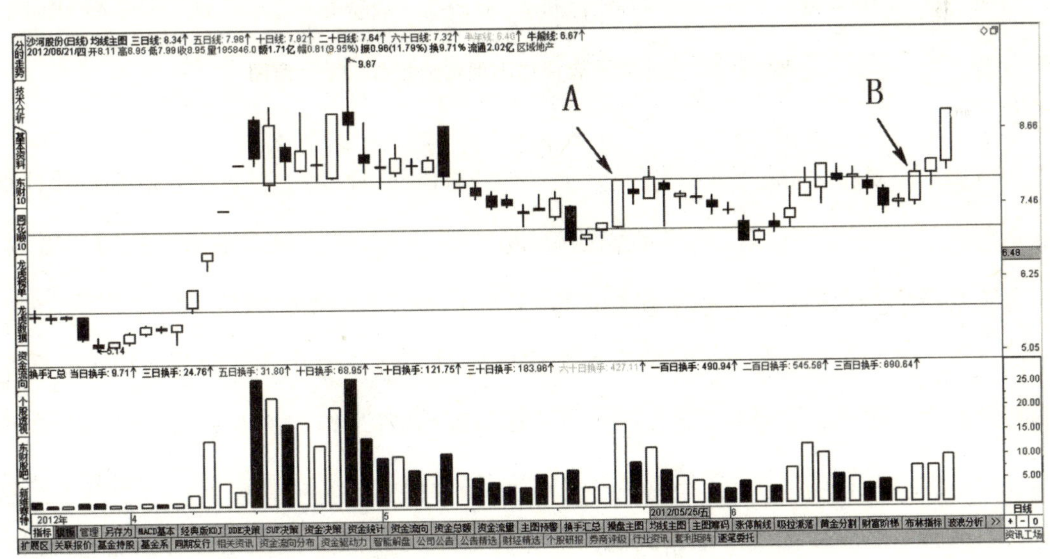

图例 068　业余投资者操作小型资金持股要领示意图

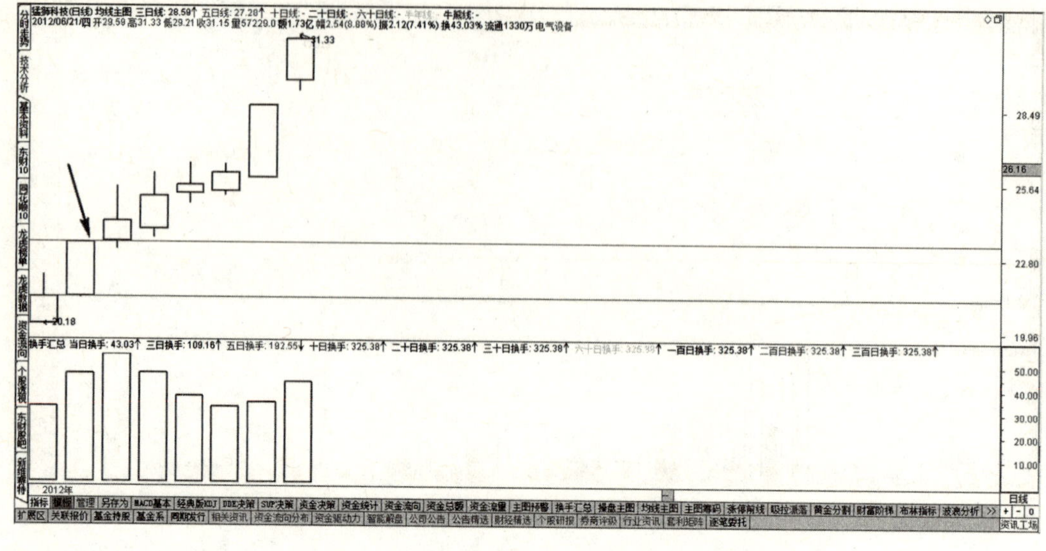

图例 069　业余投资者操作小型资金持股要领示意图

图例 069 属于游资炒作的威猛品种，以上市后第二天为基准点来观察，它的低点根本下不来，而高点一路抬高。对于这样的连阳品种，在操作上以持股为主，如果技术高超，可以适当滚动，扩大盈利。如果盘口技术有限，对分时图把握不到位，那么就不要随意操作了。因为，一路攀升的品种，最容易把底仓滚丢了，得不偿失。记住，我们虽然学习了滚动交易系统，但我们的目的是为了盈利，而不是为了滚动而滚动。滚动操作只是一种技术手段而已。

图例 070 和图例 068 有一些相似之处，前边都是大幅度拉升，之后是反复盘整。我们观察图上的 A 点，是第一阶段的启动阳线。图上 B 点是整理之后再度启动的阳线。如果从 B 点介入，那么后边的空间显然很小。很多人喜欢玩这样的品种，实际上它不是很适合介入。在这里把这种类型拿出来讲解一下，是希望各位以后尽可能不要碰这样的品种。当然，如果你能踩准节拍，也可以反复小波段套利。

图例 071 也是很常见的除权品种。如果是在牛市，除权股填权的可能性比较大。在熊市或者猴市，除权之后往往会出现一段贴权走势。参见图例 071 所示。对于除权股，原则上不要急于参与，应该耐心等待创出新低、消化除权获利筹码之后，才考虑

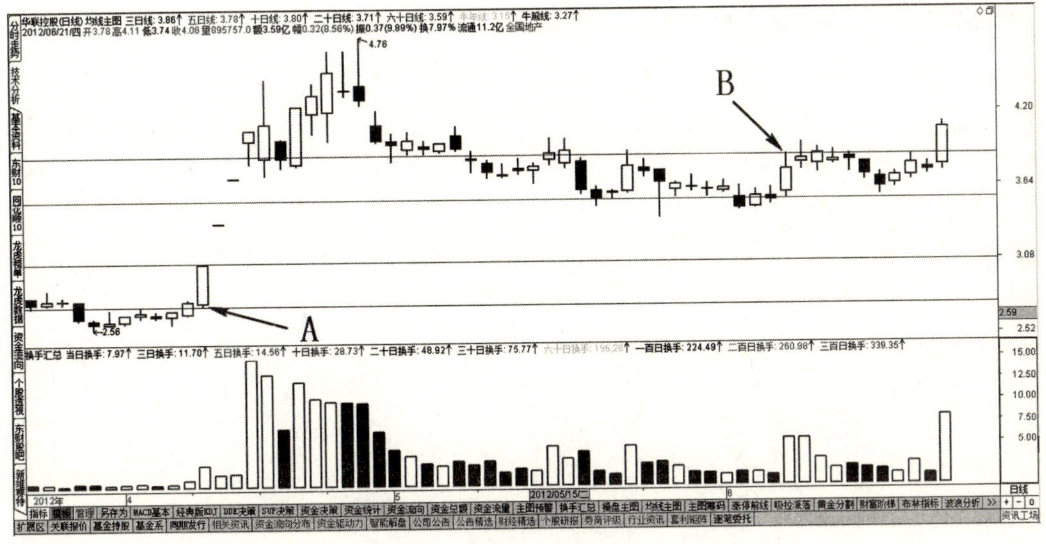

图例 070　业余投资者操作小型资金持股要领示意图

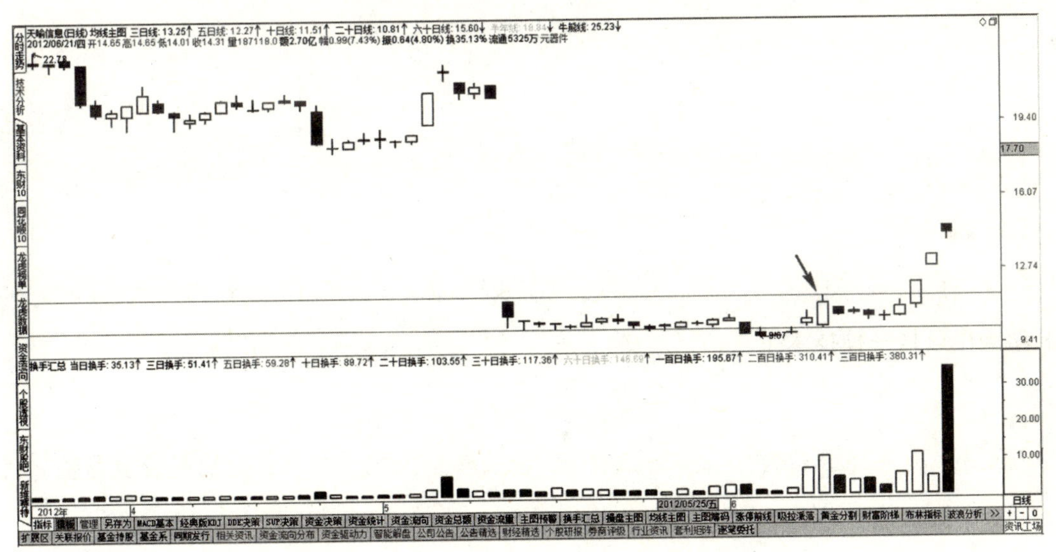

图例 071　业余投资者操作小型资金持股要领示意图

进场。图上箭头所指的位置是启动阳线，可以用来观察进场后是否继续持股。对于业余投资者来说，只要后边的走势没有跌破持股基准线，都可以考虑坚定持有。

第六章 滚动交易系统出场要领

【本章学习要点】

一、根据K线形态结构选择卖点

二、根据关键技术点位选择卖点

三、根据量能集散结构选择卖点

滚动交易系统的出场要领，是指如何卖出的要领。卖出可以分为两种类型，一是盈利性卖出，也叫获利卖出。另一种是非盈利性卖出，也叫战略性卖出，通俗地说，就是暂时撤退，或者叫做阶段性撤离。从本质上来说，前者是止盈，后者是止损。在这一章里，我们详细讲解这两个问题。不管是盈利性卖出还是非盈利性卖出，在判定方面，我们都采用最直观、最简单、最可行的技术标准。这些技术标准包括三大类，第一类是根据K线形态结构选择卖点，第二类是根据关键技术点位选择卖点，第三类是根据量能集散结构选择卖点。这些技术标准正好和进场要领相对应。各位可以比照学习。

在滚动交易系统里，卖出的技术理由有很多，归结起来，可以用一句话来概括：势滞则减仓，量竭则清仓。意思是说，如果上升的气势出现了停滞，那么就需要开始减仓。如果后续的量能出现了衰竭，那么就需要彻底清仓。从这句话我们可以看出，滚动交易系统十分看重上升趋势的气势和做盘资金的量能。这两个方面是我们判断股价运动的根本点。不管是从K线形态结构来看，还是从关键技术点位来看，或者从量能集散结构来看，分析的着眼点都是气势和量能。为了叙述方便，我们可以把它简称为势能。前边我们说过，如果一只股票做多的动能不足，是不可能产生猛飙行情的。把动能和势能结合起来分析，就可以透彻地看清楚做盘资金的操作意图。因此，在这一章里，我们在讲解滚动交易系统出场要领的时候，适当结合做盘资金是如何运用折磨和引诱两大法宝猎杀大众资金的，供各位参考。

根据K线形态结构选择卖点

在滚动交易系统出场要领中，首先要讲解的是K线形态结构卖出定式。在讲解之前，首先请各位牢牢记住：不管你做什么技术分析，也不管你用什么工具来做技术分析，首先要考虑的是空间位置的高低，其次是趋势运行的方向，接下来才是价位问题和量能问题。关于空间位置，前边我们已经做过详细的讲解。在滚动交易系统里，所有的空间位置都可以分为相对的和绝对的两大类。相对的空间位置可以选择某一个时间段的最低点作为观察基准，而绝对的空间位置则是以历史上的最低点作为观察基准。这两种观察方法各有利弊，各位可以根据自己资金规模的大小选择合适的观察基准。在本书中，我们不做统一的规定。

在这一节里，我们讲解如何运用K线形态结构来选择卖点，同样也是结合空间位置高低和趋势运行方向来考量的。同样一种K线结构，出现在不同的空间位置，它的技术含义和市场意义是不同的。大家首先要明白这一点。其次，我们采用最直白的方式来讲解，以便易于理解，易于掌握。前边我们已经介绍过K线形态结构的基本类型，大家可以比照学习。

一、必须坚决卖出的K线形态结构

（一）凡是在空间位置高位出现的高开低走大阴线，不问缘由，坚决卖出。

前边已经讲过，空间位置高位分为绝对高位和相对高位。不管是哪一种类型的空间位置高位，都是风险积聚了较多的地方，需要谨慎对待。在空间位置高位出现高开

（分为普通高开、强势高开和极限高开），本身说明多头出场的时候很威猛、很强劲。但是，开盘之后的走势却是向下走的，这样的走势和开盘的架势就很冲撞、很唐突、很叫人费解了。既然能够高开，就说明多头还是有能力做高股价的。有能力做高却被空头压着打，一路下行，一路低走，什么意思呢？很显然，这里的高开就有猫腻，是虚假的、欺骗性的。在空间位置高位出现高开，不管是什么性质的高开，只要不能保持攻击性拉升，都可以认定是背后有诈、手段歹毒、心思险恶。所以，在空间位置高位，如果发现做盘资金高开低走，我们的第一反应是：快快撤退，小心中招。如果高开低走一路下跌，在分时图上出现瀑布波，狂泻不止，那就更应该立即停止滚动操作，逢高点坚决卖出，不问缘由，绝不犹豫。

总结一下，凡是在空间位置高位出现高开低走，最终收出大阴线，要坚决卖出。在实战中，是不是收出大阴线需要等到收盘之后才知道。但是我们不可能等到临近收盘才卖出。因此，在操作上，只要是出现处于空间位置高位的高开，都要注意控制风险：如果是小幅度高开，也就是普通高开，可以谨慎观望一下，等到开盘后查明早盘走势的性质再动手。如果是大幅度高开，也就是强势高开，开盘后只要不能继续向上攻击，就立即开始减仓，如果盘中连像样的反攻都没有，那么立即逢高点坚决卖出。如果是极限高开，也就是以涨停价或者接近涨停价开盘，那就不必犹豫，直接在集合竞价时间段开始卖出，开盘之后如果不能强势封涨停，继续坚决卖出。这是铁的操盘纪律，不要犹豫。每一位交易员都要养成这样的操作习惯，凡是极限高开，先卖掉一部分再说。这叫保存盈利，规避风险。作为职业投资者，要做的事就是时时刻刻把风险放在第一位，见机而作，择机而动，而不是见猎心喜，以为还将大涨特涨，以为暴富的机会就在眼前。职业投资者不应该有这样的心态。参见图例 072 所示，图上箭头所指的 K 线，当天以涨停价开盘，我们的第一反应是集合竞价阶段立即卖出一部分筹码。开盘后不能继续涨停，继续卖出，能卖掉的全卖了，只要下档有接盘，就全力卖！

（二）凡是因为消息刺激而出现的高开低走大阴线，不问缘由，坚决卖出。

利好出尽是利空。因为消息刺激而出现的高开低走，走势本身已经说明了问题。因此，但凡遇到因为什么利好消息刺激而出现的高开低走，都预示着风险将至，前景

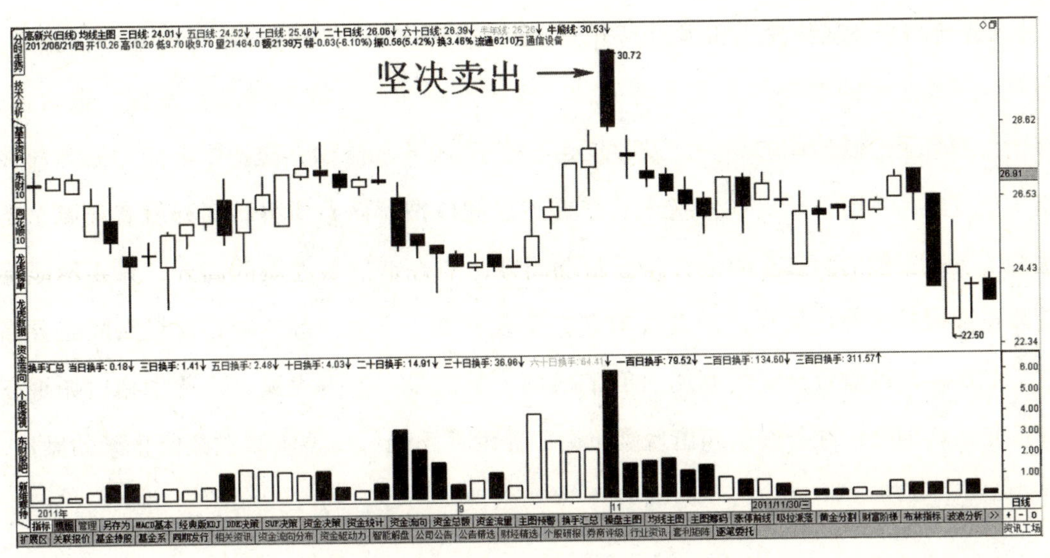

图例 072　高开低走大阴线坚决卖出示意图

不妙。假如碰巧你手上有这个股的话，如果是以涨停价开盘，不要犹豫，集合竞价就卖出。为什么呢？我们知道，股市总是向前看的，人们关心的是那些还没有发生的事，而不是已经发生的事。所谓的利好消息，既然已经公开发布了，就已经成为了过去。那些先知先觉的做盘资金，可能早已经在利好消息公布之前潜伏了，一旦消息公开，引起大众资金注意，他们就会反向操作，把利好消息发布之时当成最佳的出逃契机。

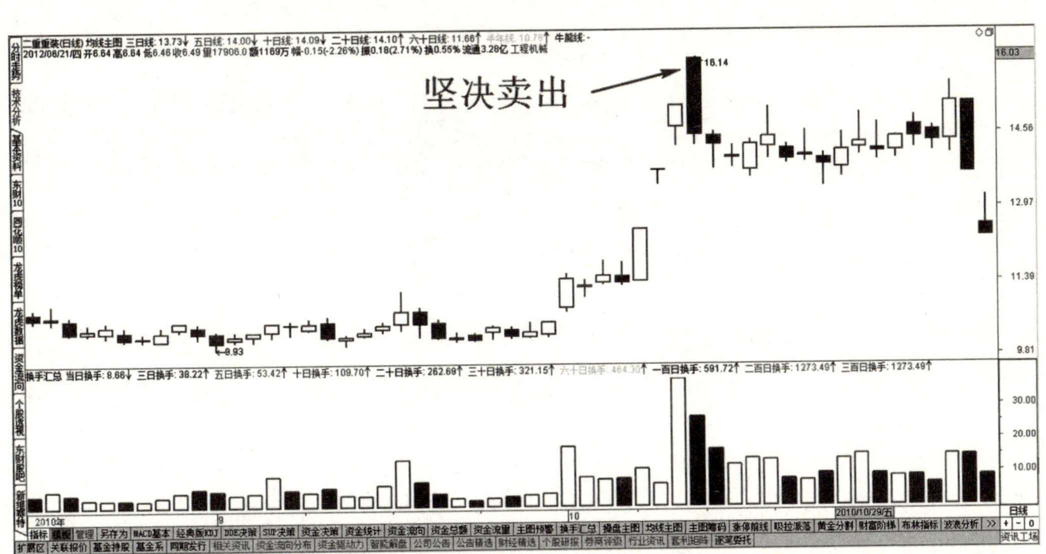

图例 073　因消息刺激而出现高开低走大阴线坚决卖出示意图

这样的例子不胜枚举，在这里就不多说了。

（三）凡是在空间位置高位出现的天量大阳线，不问缘由，坚决卖出。

在空间位置的高位出现天量大阳线并不是好事情，而是即将转势的征兆。参见图例 074 所示，股价经过长时间的大幅度拉升之后，在空间位置高位，成交量由原来的均衡量演变成为大幅度放量，之后演变成为暴量或者天量。这样的走势说明筹码开始出现了松动，做盘资金开始利用对倒手段做大成交量，吸引跟风盘，达到借机兑现盈利的目的。因此，凡是在空间位置高位出现天量大阳线，都预示着做盘资金开始赶顶，原先的上升趋势即将结束，下跌将在不远处出现。因此，此时我们的策略是寻找高点坚决卖出。

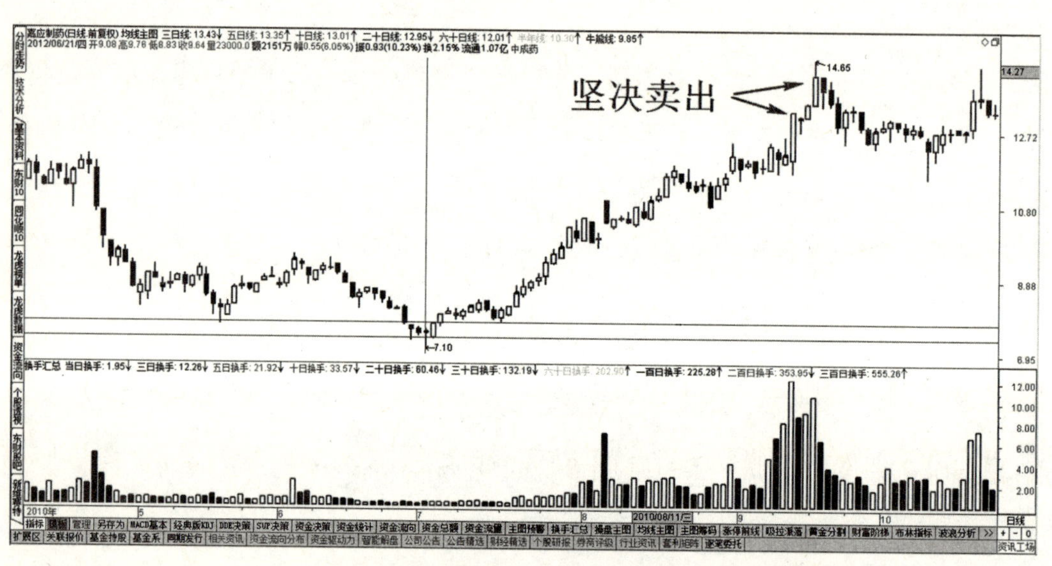

图例 074　空间位置高位出现天量大阳线示意图

（四）凡是在空间位置高位出现的纺锤线，不管阴阳，不问缘由，坚决卖出。

在空间位置高位出现纺锤线，说明做盘资金拉升的意愿开始动摇，此时股价即使还没出现下跌，但是下跌已经是不可避免的事情。参见图例 075 所示，在连续的拉升之后，短期内涨幅已经巨大，巨大的获利盘随时都会蜂拥而出。因此，这个时候属于十分危险的时刻。纺锤线的出现，给市场一种明显的信号：做盘资金开始琢磨如何兑现盈利了。这种信号显示，接下来下跌是不可避免的。那么此时你还犹豫

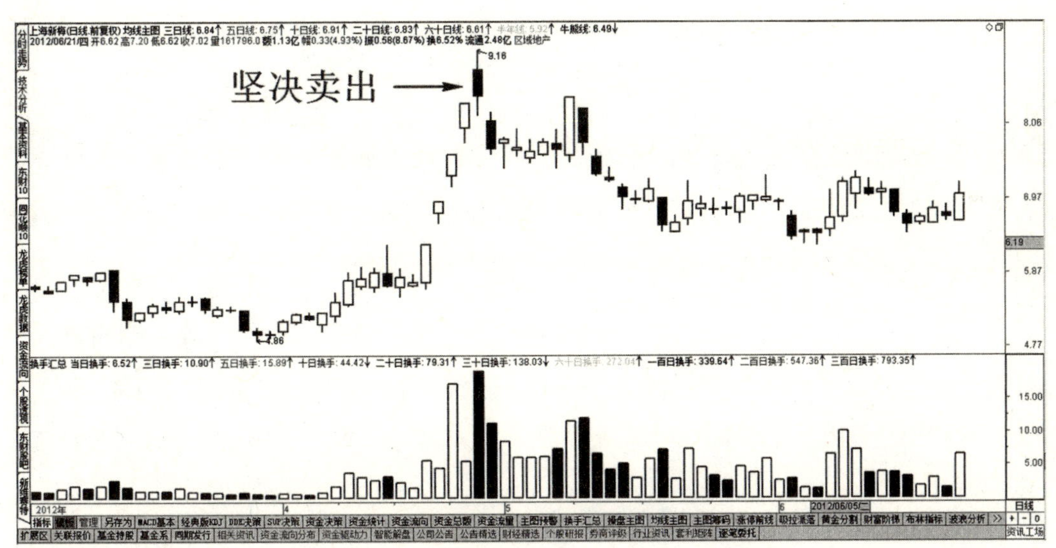

图例 075　空间位置高位出现纺锤线示意图

什么呢？因此，凡是在空间位置的高位，一旦出现巨量纺锤线，我们的策略是坚决卖出，绝不犹豫。如果纺锤线是高开低走的图形，上下影线都很长，那就说明抛压已经十分沉重，虽然多头极力向上攻击，最终还是被强大的卖盘打压下来，收出了很长的上影线。如果上影线还带有巨大的成交量，那就更危险了。这些巨大的成交量将成为后市拉升的重要阻力，使多头产生畏难情绪。至于很长的下影线，如果很长但不带量，那就说明空头只是测试下档的承接能力，当天还没有大规模出逃。如果下影线很长，而且在接近当天的最低点位置附近释放出巨大的成交量，那就很危险了。这根很长的下影线具有极大的欺骗性，蒙骗那些不明真相的投资者。假如纺锤线是向上跳空高开高走的图形，不要认为这是向上突破，因为在空间位置高位出现纺锤线，就算实体部分是阳线，也还是拉升意愿开始动摇的征兆。为什么这么说呢？因为，如果拉升的动能充足、拉升的意愿强烈，那么就不会出现很长的、带量的长上影线。这是问题的关键。我们在分析的时候，要抓住这个关键点，彻底弄清隐藏在 K 线背后的做盘真相。总而言之，凡是在空间位置高位出现纺锤线，不管阴阳，都不需要追问理由，坚决卖出就是了。

（五）凡是在空间位置高位出现的长十字线，不问缘由，坚决卖出。

凡是在空间位置高位出现长十字线，都需要及时卖出，不需要有任何犹豫。参见图例076所示，当股价经过大幅度的拉升之后，不管开盘的形式是什么，高开也好，低开也罢，或者平开，总而言之，只要在空间位置高位出现上窜下跳的走势，都不是好现象。向上猛拉、向下猛打、宽幅震荡的目的，就是为了兑现盈利。最终以开盘价或者接近开盘价的价位收盘，在图形上出现长十字线。此时我们的对策就是赶紧卖出，保住胜利果实。为什么呢？因为做盘资金此时已经没有做高股价的意愿，而是利用宽幅震荡兑现盈利。他们都不愿意继续拉升了，你还犹豫什么呢？

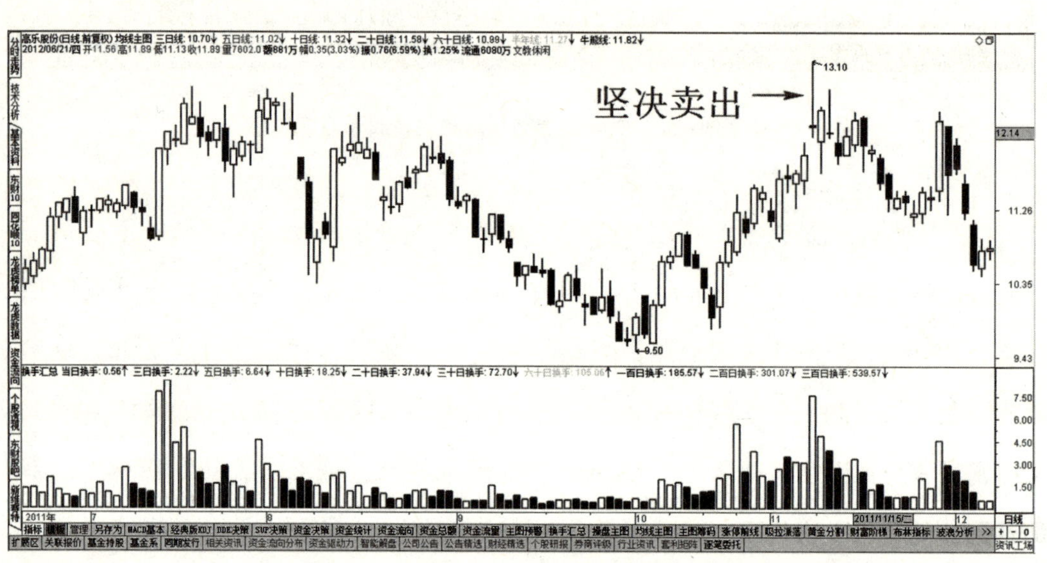

图例076　高位出现长十字线坚决卖出示意图

（六）凡是在空间高位出现的吊颈线，不问缘由，坚决卖出。

凡是在空间位置的高位出现吊颈线，都需要坚决卖出，绝不允许有任何犹豫。高位吊颈线是多头气数已尽的信号，它表明空头势力已经十分强大，虽然此时多头竭尽全力抗争，也仅仅挽回一点点颜面，没有办法取得决定性优势。直到收盘时才勉强收出红盘，更说明多头已经耗尽了所有的精气神，此时离大去之期已经不远。因此，在多头将死之际，我们要做的就是赶紧撤离危险之地，确保自己的账户不受损失。参见图例077所示，图上箭头所指的位置，多头已经处于弥留之际，大跌就在眼前了！

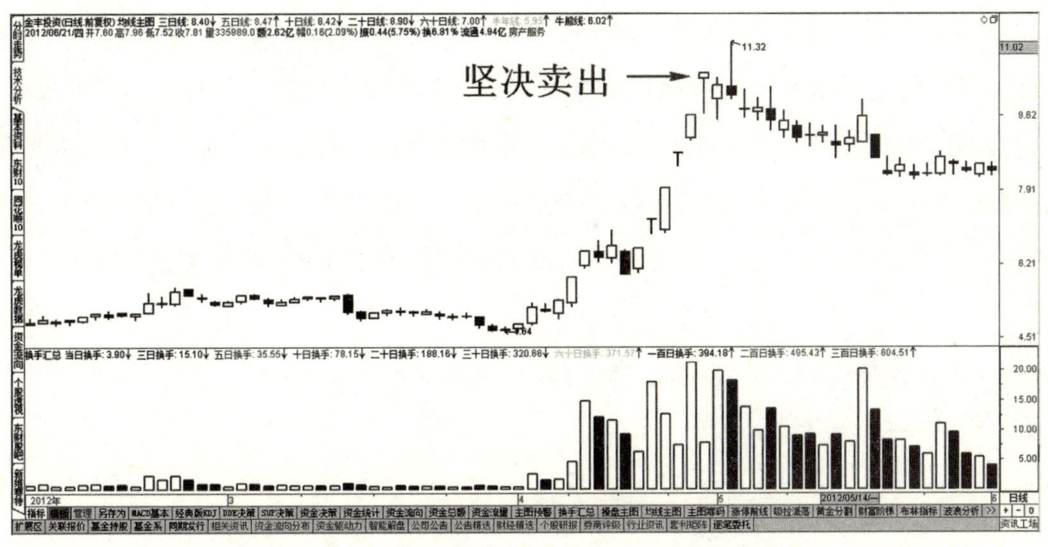

图例 077　空间位置高位出现吊颈线坚决卖出示意图

（七）凡是在空间位置高位出现的射击线，不问缘由，坚决卖出。

射击线也叫靶型线，出现在空间位置的高位，是典型的见顶信号，可信程度很高。股价经过大幅度的拉升之后，一旦出现射击线，即使是在阶段性的高点，股价下跌的概率也很大。因此，凡是在空间位置高位出现射击线，我们要做的就是尽快撤离。如果射击线的长上影线部分含有巨大的成交量，也就是当天分时图上的高位释放出巨量，那就更加危险了。这些巨大的成交量会对后市的拉升构成压力，会让多头产生严重的畏难情绪。实际上，多头当天虽然奋力抗击，无奈空头势力已经十分强大，活生生将多头绞杀了，所以才出现如同刑场上的靶具那般的靶型线，又因为空头将多头活生生射杀了，所以又称为射击线。请各位牢牢记住，射击线是多头惨死的特征，此时我们要做的就是快速撤离，保住小命。参见图例 078 所示，当股价经过一天的运行之后，最终以射击线报收，这是十分危险的信号。这时候我们要立即停止所有买进行为，要赶在收盘之前全力卖出，能卖的都卖掉，别心存幻想。或许有人会问，万一卖早了怎么办呢？当危险的信号出现时，我们要想到如何保本，如何规避风险，而不是万一少赚了怎么办。即使卖掉之后股价又涨了，也不要在乎，不要可惜，不要叹息。我们的做法就是：在危险信号到来的时候，即使卖错了也要卖，坚决卖出。对于可能到来的风险，宁可信其有，不可信其无。小心驶得万年船，一旦翻船落水，就可能连小命都丢了。所以，当空间位置高位出现射击线的时候，要坚决卖出，绝不犹豫。

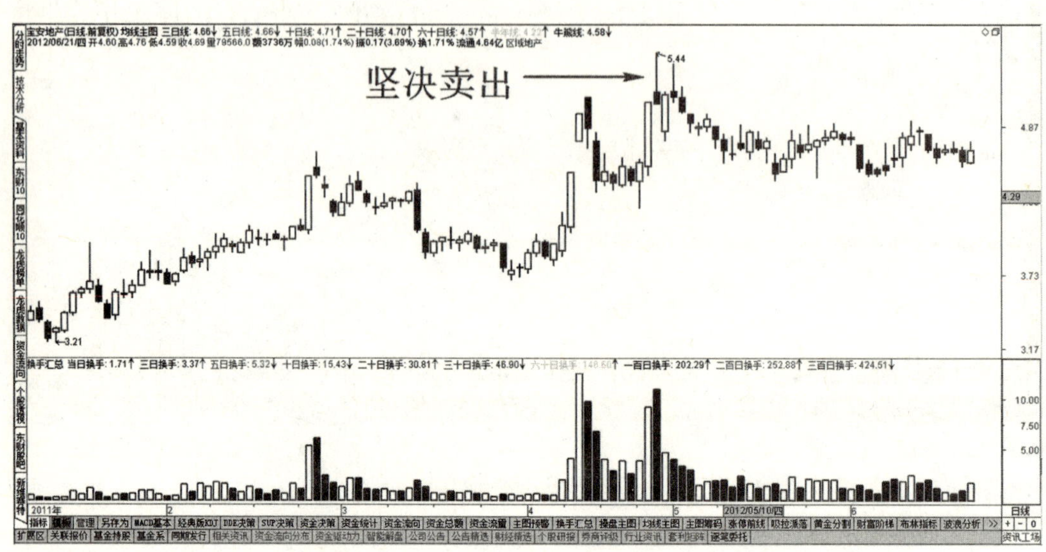

图例 078　空间位置高位出现射击线坚决卖出示意图

（八）凡是在空间位置高位出现的覆盖线，不问缘由，坚决卖出。

凡是在空间位置的高位出现覆盖线，都是危险的信号。这时候需要特别小心。参见图例 079 所示，这是弱势市场里的相对高位，但同样也是危险的位置。股价高开低走，开盘之后虽然略有上攻，无奈被强大的卖盘打了下来。最终空头将前边的大阳线吞掉了一大半，这是空头逞能的特征。此时我们要做的就是赶紧逢高卖出，降低仓位，规避风险。观察图例 079 可以发现，覆盖线虽然很凶，但是并没有获得全胜，说明多头并没有完败。因此，后市还存在反复争夺的可能。因此，在操作策略上，我们要不断降低仓位，同时停止买进新的滚动仓，以防止随后出现向下跳空，出现亏损。很多人没有注意这个细节，结果滚到臭水沟里去了。

（九）凡是在空间位置高位出现的包容线，不问缘由，坚决卖出。

空间位置高位出现包容线是经典的卖出信号，只要见到这样的图形，不需要追问为什么，只管卖出就是。参见图例 080 所示。包容线是空头占据绝对上风的象征，它说明此时多头连招架之功都没有，更别说还手了。面对如此嚣张的空头，我们要做的

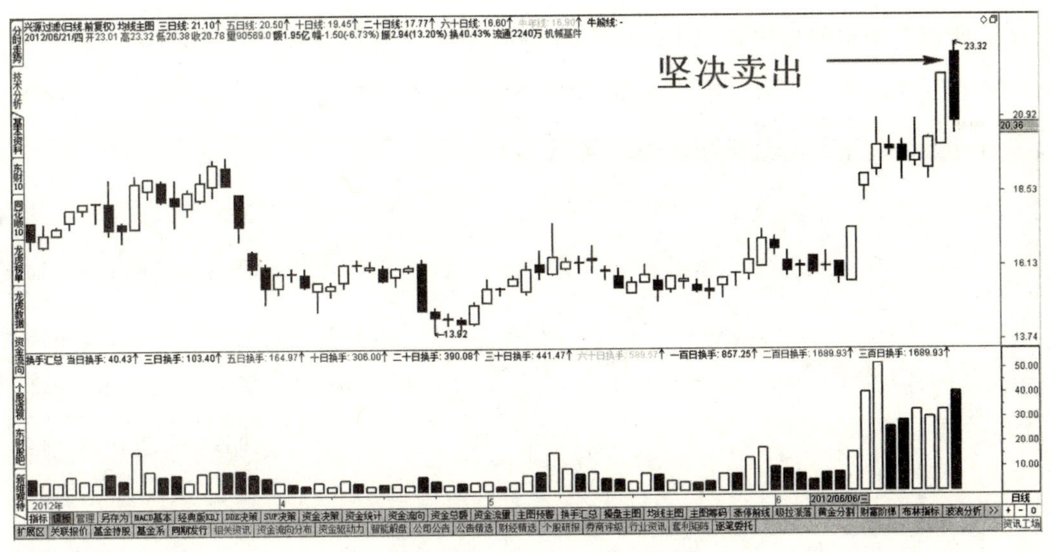

图例 079　空间位置高位出现覆盖线示意图

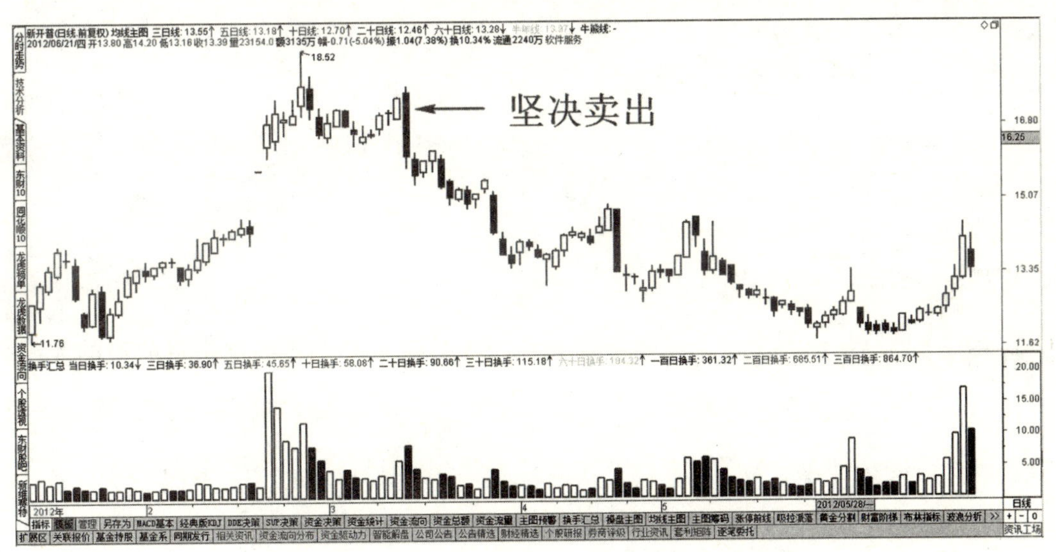

图例 080　空间位置高位出现包容线坚决卖出示意图

就是赶紧躲起来，以免成为受害者。观察图例 080 的走势可以看到，图上箭头所指位置是经典的包容线，自从出现之后，股价一泻千里，跌个没完没了。如果来不及出局，那就亏大了。

（十）凡是在空间位置高位出现的孕出线，不问缘由，坚决卖出。

空间位置高位出现孕出线，属于经典的卖出信号。参见图例 081 所示，在空间位置的相对高位出现孕出线，表明多头已经处于疲惫状态之中，已经无心做多，所以出现低开低走，以小型 K 线的形式出现在前一天大型 K 线的肚子里。这种疲软的走势很明显地告诉人们，该休息了，不要再期盼什么了。因此，此时我们要做的就是赶快卖掉，不要参与后边的调整。就算是短期的调整，也不要参与，以免浪费时间。在这里需要特别说明一下，不少投资者在学习和使用滚动交易系统的时候，往往会犯这样的错误：一看见股价低开就满心欢喜，以为又可以捡到便宜货了。前边我们已经讲过，滚动交易系统建立在趋势十分明确的走势之上，只有趋势明朗的时候才滚动。孕出线属于走势疲软、趋势不明的整理图形，因此此时并不适合继续买进。杰西·利弗摩尔说：耐心等待市场真正完美的趋势，不要做预测性介入；耐心、把握时机是获得成功的诀窍。赚大钱要靠静静地等待，而不是靠预测和想法。我们需要做的只是观察市场，看看市场正在告诉我们什么，并对此做出反应。答案就在市场本身，我们要无条件地顺从和尊重市场。滚动交易系统也是一样，我们只是在市场趋势十分明确的时候才考虑滚动操作，一旦市场趋势出现了问题，哪怕是小小的问题，都要百倍警惕，而不要有任何幻想。否则，将会被市场吞噬，甚至倾家荡产，死无葬身之地。这就是市场，市场就这么残酷。图例 081 一根小小的孕出线，很多人可能

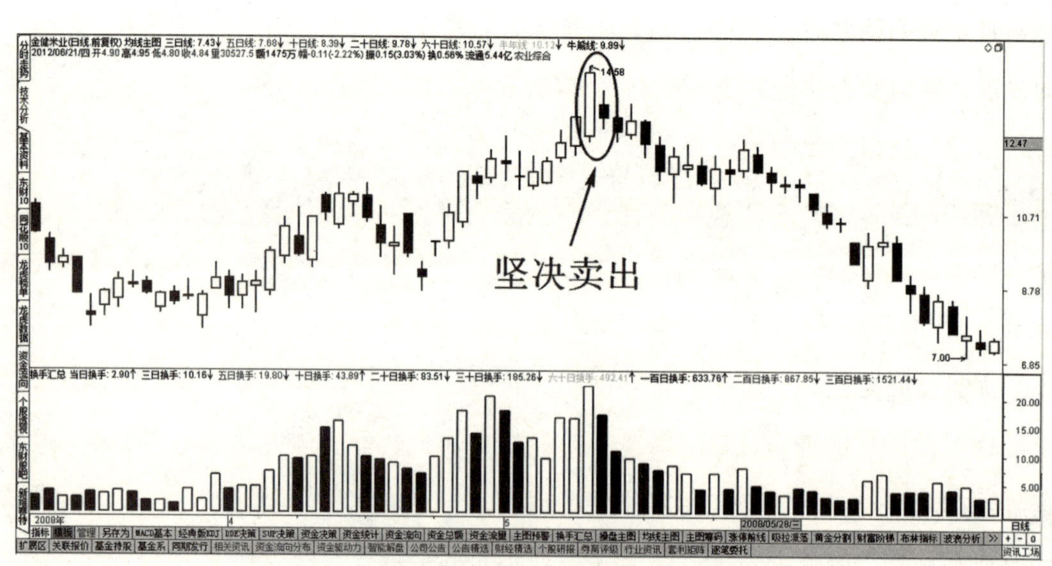

图例 081　空间位置高位出现孕出线坚决卖出示意图

很不以为然，或者心存幻想，不肯止盈，结果是什么呢？看看后边的走势，我不想再解释了。

二、必须中止滚动的K线形态结构

（一）空间位置高位低开高走的K线形态结构

在空间位置高位，不管是绝对高位还是相对高位，如果出现低开高走的K线形态结构，也就是出现低开高走的小阳线、中阳线或者大阳线，此时都应当中止滚动。意思是说，这时候要提防下一个交易日出现无法卖出的情形。为什么呢？我们知道，凡是在空间位置的高位，出现低开高走的K线形态结构，都是做盘资金刻意诱多、趁机兑现盈利的特有图形。这时候，我们不要因为股价低开而买进滚动仓，而是要立即停止买进新的筹码。因为我们目前的交易制度不具备T+0交易功能，当天买进的筹码，至少要等到下一个交易日才能卖出，也就是T+1的交易制度。如果下一个交易日出现大幅度的跳空低开，直接低走不回头，那么今天买进的筹码明天就会成为牺牲品。虽然不能确定第二天一定会低开低走没机会出逃，但是这种不确定性风险还是尽可能规避为好。因此，在操作上我们就要预见到这种可能出现的风险，提前做好防范措施。最有效的防范措施就是中止滚动，所谓中止滚动，是说等下一个交易日走势明朗之后，再决定是不是继续滚动操作。如果趋势朝着对多头有利的方向发展，那时我们再进场滚动套利。如果趋势发生变异甚至逆转，那么我们就能够有效地防范风险。要知道，在这个市场上，我们的本金很有限，如果不加以保护，很快就会亏光了。不要老是想着赚快钱、多赚钱，而是首先考虑会不会有风险、风险到底有多大、如何有效地规避风险。对于一些难以预料、无法控制的风险，不要抱有侥幸心理，宁可信其有，不可信其无。在风险防范领域，墨菲法则往往最为灵验。你越是以为这么小的概率绝不会发生在自己头上的，就越有可能发生在你的头上。这叫做风险也挑人、专门欺负你。你成功操作一万次，也可能因为一次操作失误导致前功尽弃。所以，在空间位置的高位，一旦出现低开高走的图形，我们要做的是逢高减仓，降低仓位，以防万一，而不是因为低开出现低价而大量买进。这方面的教训很多，请各位不要麻痹大意，以免造成赚了小钱、亏了老本的尴尬局面。

参见图例 082 所示，大家仔细观察就明白了。

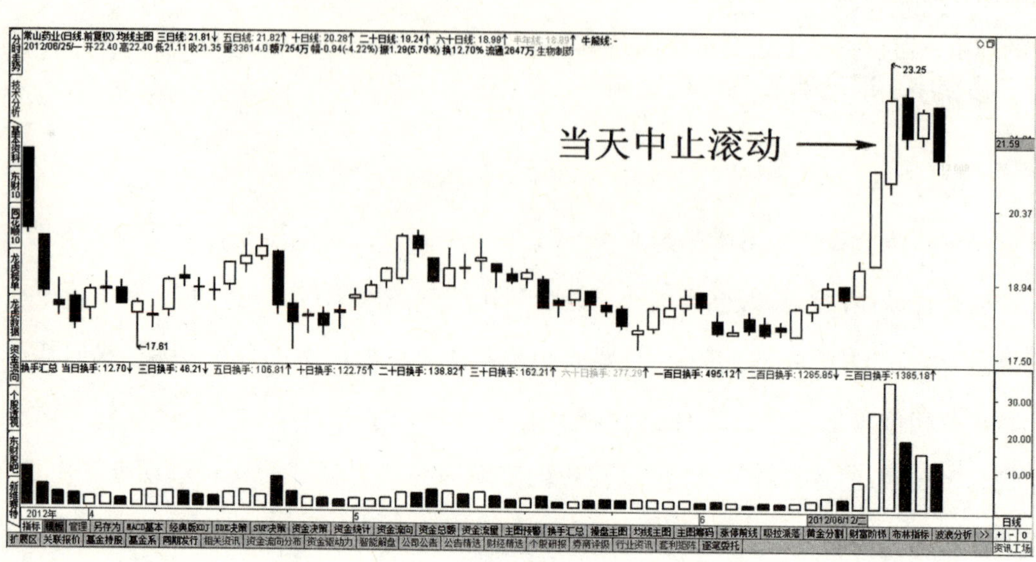

图例 082　空间位置高位低开高走中止滚动示意图

（二）空间位置高位低开低走的 K 线形态结构

空间位置高位出现低开低走的 K 线形态结构，参见图例 083 所示，也需要中止滚动。为什么呢？因为此时低开低走，表明多头的攻击意愿出现了问题。也就是说，做

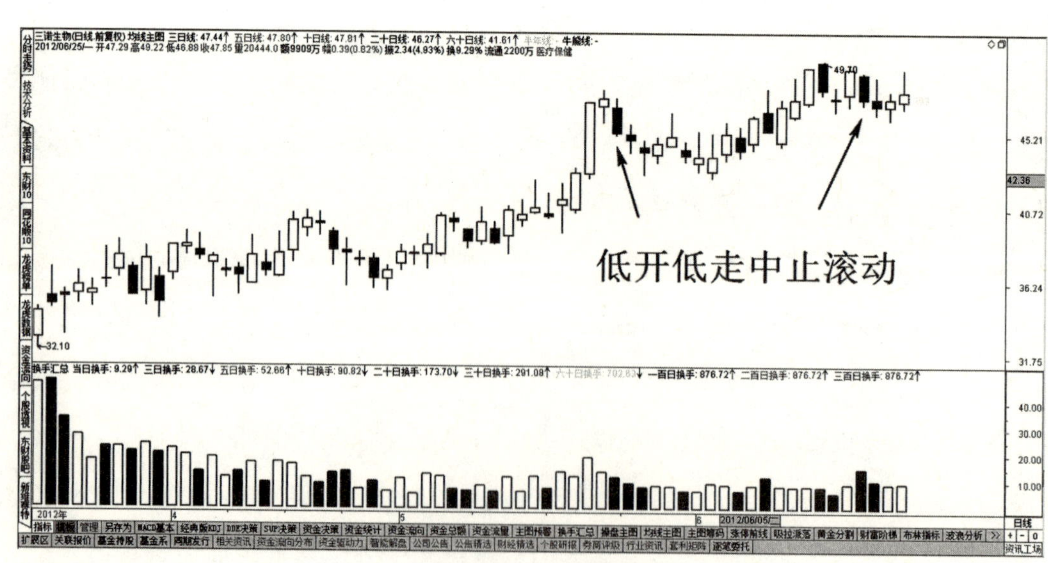

图例 083　空间位置高位低开低走中止滚动示意图

盘资金拉升的意愿出现了动摇，后续的走势难以预料，为了谨慎起见，就需要暂时停止滚动，而且在盘中寻找高点分批减仓，确保本金安全，同时保存盈利。至于中止滚动的理由，可以参见上边关于空间位置高位低开高走 K 线形态结构的相关说明，在此就不再重复了。

第二节 根据关键技术点位选择卖点

关于关键技术点位的定义，每个人可能有自己的看法，没有必要强求一致。在本书中，我们把关键技术点位划分为三大类，第一类是按照移动平均线来划分的，参数可以设定为5、10、20、60、120、240……也可以设定为5、8、13、21、34、55、89、144、233……或者其他参数。凡是触及这些参数的位置，就可以称为关键技术点位。比如股价从低位反弹到60日均线附近，就可以说即将达到关键技术点位。第二类是按照黄金分割比率来划分的，黄金分割比率19.8%、38.2%、50%、61.8%和80.9%就是关键技术点位。股价从下而上或者从上而下触及这些比率的位置，就可以称为触及关键技术点位。第三类是按照特定的量度涨幅来设计的，这些量度涨幅可以设定为5.5%、11%、22%、33%、44%、55%、66%、77%、88%、99%之类。在本书中，我们选择33%、66%、99%作为量度涨幅的考量基准。当股价上升到这些位置附近的时候，就可以称为即将触及关键技术点位。特地说明。

一、从移动平均线来划分关键技术点位

以移动平均线为基准观察分析关键技术点位是最常用的、最直观的、最易学的方法。参见图例084所示，平均线的参数，可以设定为三组，第一组是短期均线系统5、10、20、60之类，也可以只选三条均线。第二组是中期均线系统60、120、180、240之类。第三组是长期均线系统240、360、550之类。选择什么均线参数没有必要强求一致，适合自己的实战需要就可以了。我们一般采用常规的参数5、10、20、60之类。当股价从下向上运行，接近某一条平均线的时候，这条平均线就会对股价的上行构成压力。反之则构成支撑。压力和支撑是否真正成立，需要临盘实战时进一步观察。在

这里我们把股价即将触及的那一条均线称为关键技术点位。图例 084 箭头所示，每一处都是关键技术点位。股价运行到这些位置的时候，就出现了压力，出现反方向的走势。因此，在实战中，当股价运行到某一条均线附近时，我们就要特别小心，比如向上接近 60 日均线，需要注意适当减仓。如果是做空的话，就可以在接近 60 日线的时候，考虑进场做空。至于其他平均线，分析的原理是一样的。

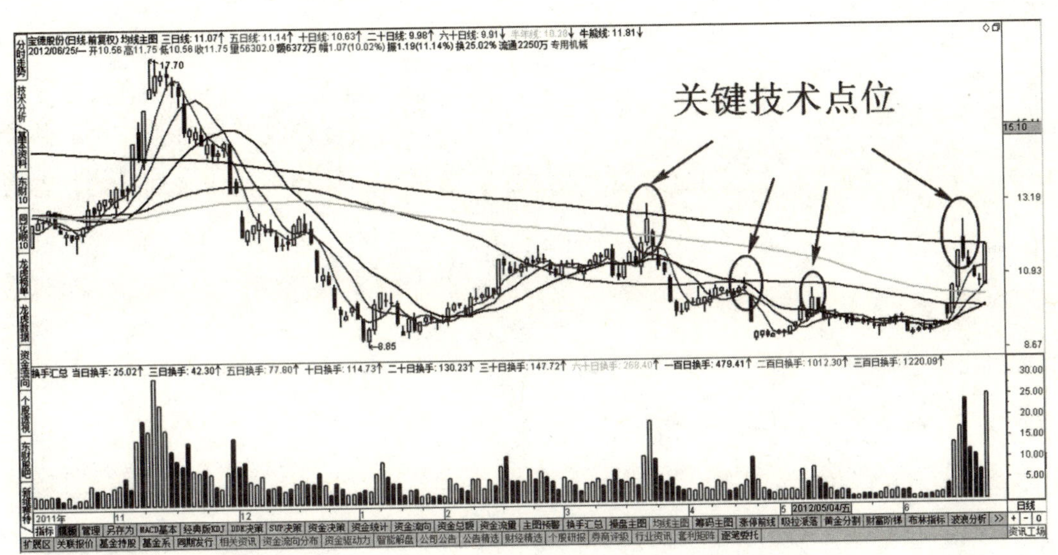

图例 084　从移动平均线来划分关键技术点位示意图

二、从黄金分割比率来划分关键技术点位

如果我们在主图上叠加黄金分割指标，就可以很直观地观察到黄金分割比率对股价运行的影响。如果股价从下向上运行，在接近或者触及每一档黄金分割比率的时候，往往会产生受压制现象。我们把每一档黄金分割比率都称为关键技术点位。参见图例 085 所示。图上画圆圈的地方都属于关键技术点位，可以看出有明显的压力。此时就需要注意风险了。

三、从特定量度涨跌幅度来划分关键技术点位

特定的量度涨跌幅度是可以自定义的，没有必要强求一致。你可以根据自己的交

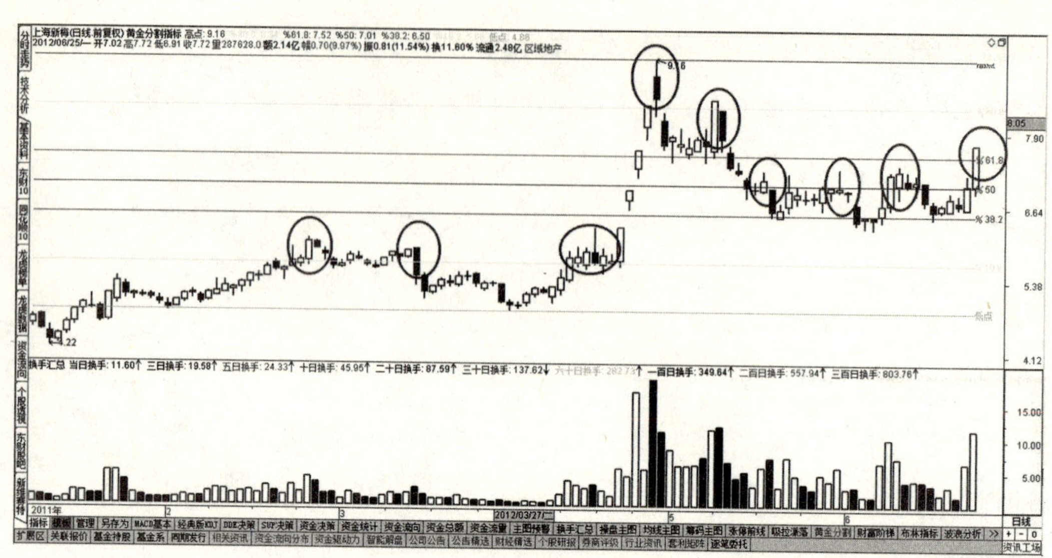

图例 085　从黄金分割比率来划分关键技术点位示意图

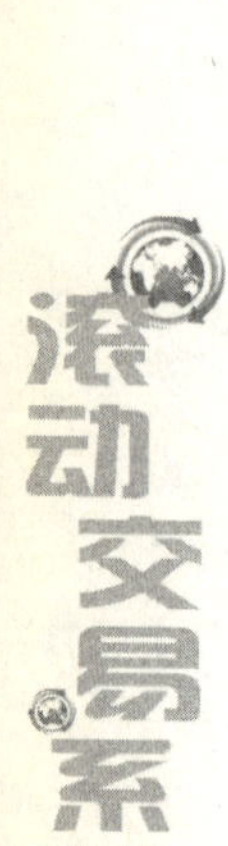

易系统设计量度涨跌幅度，也可以参照某些数据来设定。我们根据阴阳平衡的原理，选择 3、6、9 作为基准参数，设计出 33% 这个基准参数。往下看，则是 22%、11%、5.5% 之类。往上则是 66%、99% 之类。这些数字没有什么神秘之处，只是我们的爱好而已。从绝对低点或者相对低点算起，股价运行到第一个量度涨幅 5.5% 附近的时候，往往产生比较大的压力。我们就会在它附近下单卖出。余此类推。按照做盘资金的成本理论来分析，如果一个小操作周期之内盈利幅度不达到 5.5% 的话，那它们是无法生存下去的。所以这个 5.5% 就是它们的第一个命门。比如短期拆借的资金，如果以一周作为一个分析的整体，视为一个小的操作周期，假如盈利不达到 5.5% 的话，这些做盘资金就得喝西北风。要知道短期拆借资金是有很多成本的，所以这个 5.5% 还必须是纯盈利才行，否则就是白干了，弄不好还得倒贴。我们了解这个做盘的秘密之后，就可以用它作为设定量度涨跌幅度的基准。如果从观察基准点算起，上升幅度达到 5.5% 以上，盘中就可能出现回落。这时候就可以把 5.5% 称为关键技术点位。同样道理，11%、22%、33% 也是一样。所以我们观察分析一个小波段的时候，通常选择 10 日均线作为基准，然后再用 5.5%、11%、22%、33% 这些数值来度量，看看他们打到哪一个档次，以此来推断做盘资金的操作计划和操盘力度。参见图例 086 所示，这是近来最猛的品种之一，图上划分的三个档次，很有意思。观察一下就可以发现，其实做盘

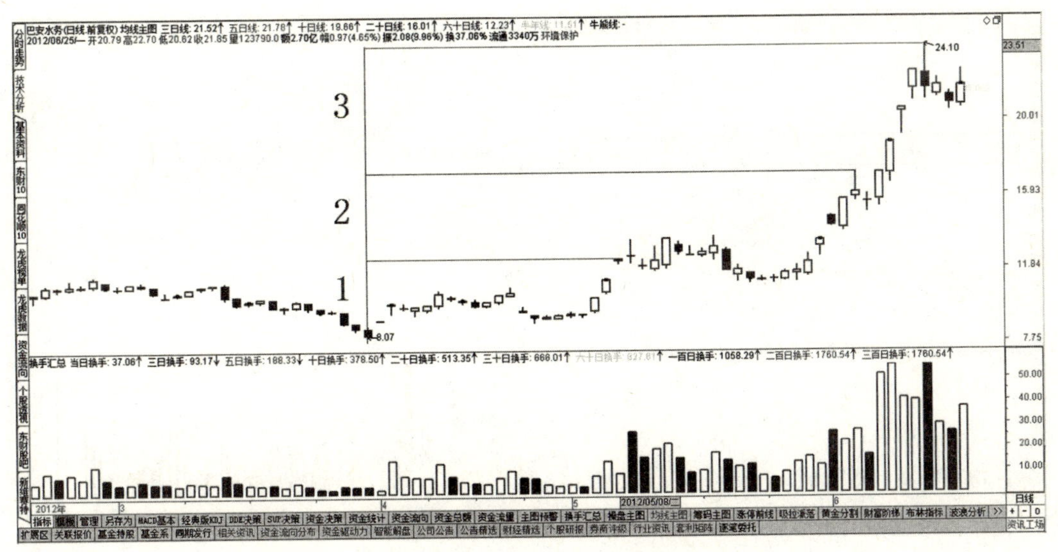

图例 086　根据量度涨跌幅度设定关键技术点位示意图

资金也很难，如果不把涨幅做到 99% 以上，根本没办法全身而退。所以，一旦发现某个品种有做盘资金深度介入，你就可以反复操作它，只要它的趋势没问题，它的量度涨幅还没完成，做盘资金是不会轻言放弃的。086 图上的最高点跟最低点相比，已经远远超过了我们设定的标准。为什么会这么猛，那是另外一回事，在这里就不做讨论了。

这一节我们详细讲解了关键技术点位的三种卖出方法，各位还可以根据自己的交易系统另外设定关键技术点位，比如可以根据某些指标、某些数据、某些图形之类设定。利用图表形态设计关键技术点位也是非常可信的方法。在一些很经典的图形里，一旦到达某一个位置就会出现回落或者出现反弹，都是很常见的走势。比如接近前期高点、阶段性高点、前期筹码密集区、某某颈线位之类，都可以视为关键技术点位。参见图例 087 所示。图上 B 点接近前期高点 A 区，就构成了明显的压力，此时就需要逢高点分批减仓，规避风险。

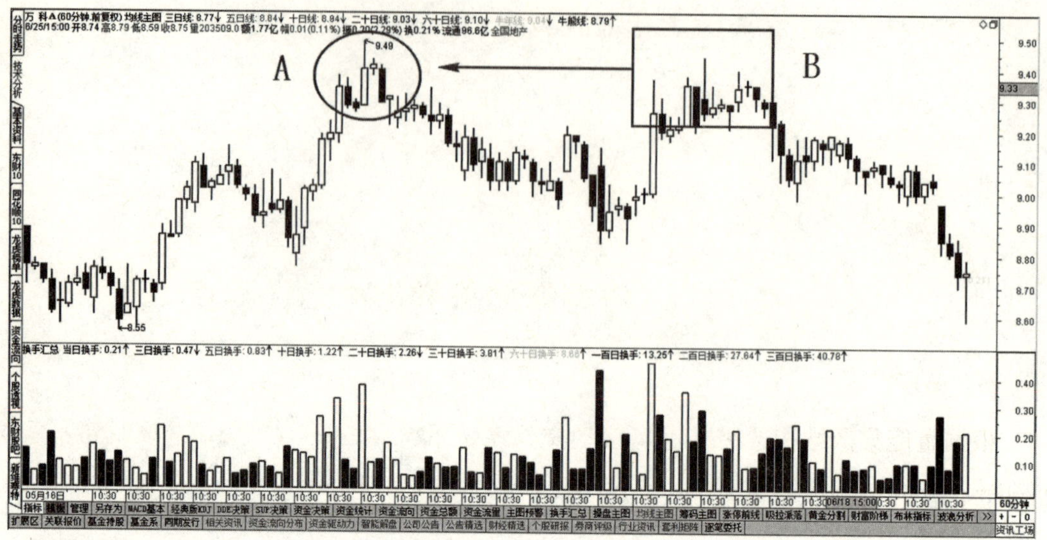

图例 087　从前期高点观察关键技术点位示意图

滚动交易系统

第三节 根据量能集散结构选择卖点

根据量能集散结构选择卖点是滚动交易系统最常用的卖出方法，它涉及到日线图量能卖出法、分钟图量能卖出法和分时图量能卖出法三大类型。不管是哪一种类型，都与量能的放大与缩小有关。高位巨量换手、高位放量滞涨属于量能放大类型，高位量价背离属于量能缩小类型。高位放量滞涨卖出法属于经典的卖出信号，可信程度很高。也就是说，股价将过大幅度拉升之后，在高位出现放量滞涨，是典型的卖出信号。缩量拉升是很常见的现象，很容易被投资者忽视。不管是在日线图还是分时图上，股价再创新高，成交量却没有同步放大，这就是一种背离。量价背离卖出法是经验型卖出法。只要你看到这样的走势：股价在拉升，成交量却在萎缩，这就是量价背离。量价背离，行而不远。凡是在高位出现量价背离迹象，都需要小心谨慎对待，不可大意。关于量能集散结构卖出法则，特别是分时图卖出法方面，还有许多操作细节，限于篇幅，在这里不做展开，我们将在后边的章节做详细的讲解。

一、空间位置高位出现巨量换手是危险信号

空间位置高位出现罕见的巨量换手是非常经典的卖出信号。不管是在阶段性的相对高位还是长期性的绝对高位，凡是释放出巨大的成交量，非常高的换手率，都可以视为卖出的时机到了。至于后边是否继续拉升，暂时不必考虑，先卖出筹码，躲一躲再说。参见图例 088 所示，图上箭头所指的位置，出现巨量长阳高换手，如此消耗做多能量，接下来疲软下来是必然的。因此，此时就需要积极卖出，落袋为安。不要舍不得，该走时就走吧。

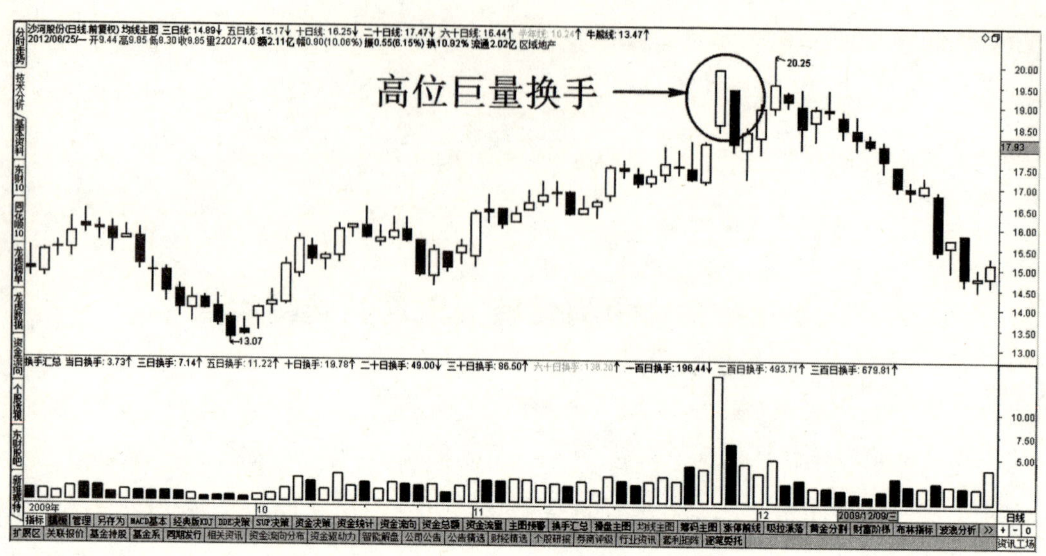

图例 088　高位巨量换手卖出示意图

二、空间位置高位出现放量滞涨是危险信号

凡是在空间位置的高位出现放量滞涨，都是危险的信号。参见图例 089 所示，成交量放大了，股价却出现滞涨，表明做盘资金已经开始悄然撤退。放量只不过是幌子，骗人而已。试想一下，如果真的有心要继续拉升股价，又怎会轻易把筹码拱手相送，

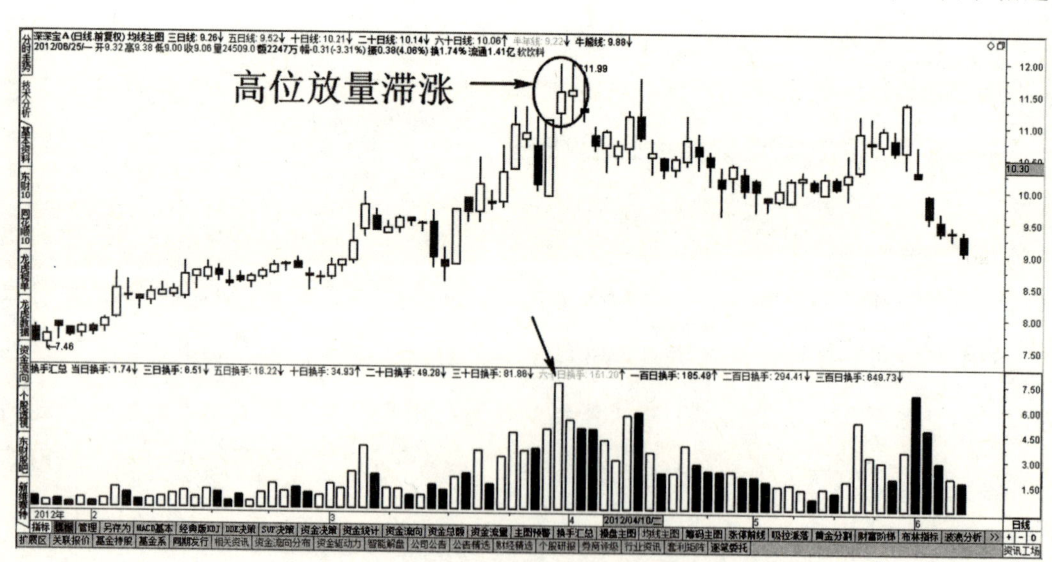

图例 089　高位放量滞涨属于危险信号示意图

又怎么会放量？既然放了量，股价就应该飙升才对。这是很浅显的常识。放量滞涨，就不对了。说明做盘资金此时的目的不在于拉升，而在于放量。为什么要放量而不拉升呢？当然是为了出货。所以我们的策略是赶紧卖出，卖得越快越好。

三、空间位置高位出现量价背离是危险信号

凡是高位出现量价背离的走势，都是非常危险的信号，要及时卖出。不管是在日线图上、分钟图上还是在分时走势图上，只要出现量价背离的走势，都需要特别警惕，及时选择合适的时机卖出。在滚动交易系统里，我们建议职业投资者选择分时图来操作。至于业余投资者，可以参考选择日线图作为卖出依据。参见图例 090 所示，股价创出新高，成交量却比前边还小，这是显然的背离，从安全的角度考虑，就需要及时出局了。

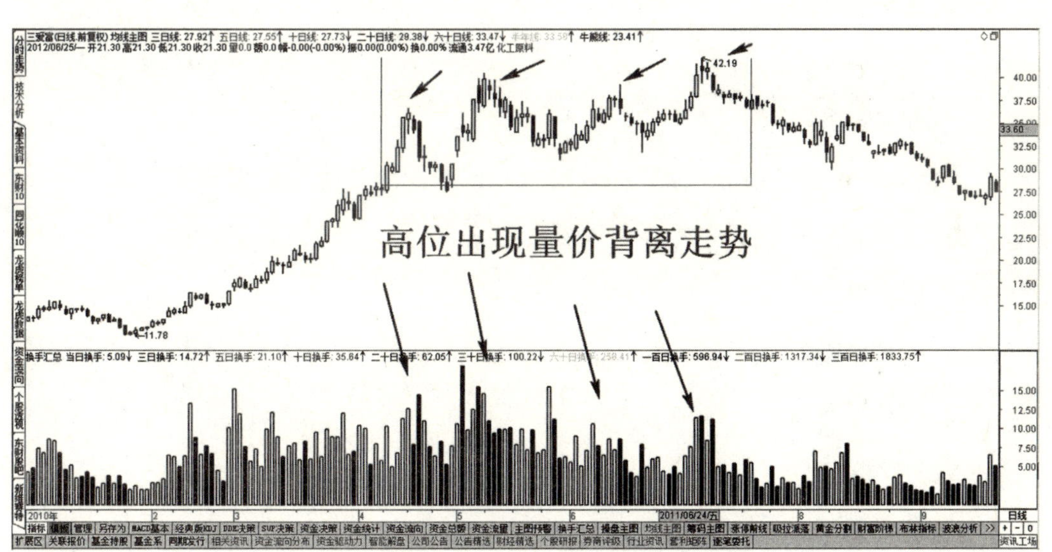

图例 090　空间位置高位出现量价背离属于危险信号示意图

前边我们介绍了量能集散结构卖出要领的三大类型，它们不仅可以使用在日线图上，也可以使用在分时图上。在滚动交易系统里，我们建议各位选择分时图或者闪电图来操作。如果分时图上出现高位放量滞涨、高位巨量换手、高位量价背离这三种类型走势，同样也需要坚决卖出。为了看得更仔细，更真切，也可以选择闪电图或者分

笔成交图来进行滚动操作。这时候我们需要观察波形和量峰的对应关系，并根据它们之间的配合情况作出判断。这部分内容很重要，涉及到很细致的盘口技术内容，将在《分时实战技术》里加以详细的讲解。

在这一章里，我们详细讲解了滚动交易系统的卖出要领，这些卖出要领归结起来可以从三个方面来理解，一是从K线形态结构来分析的，二是从关键技术点位来分析的，三是从量能集散结构来分析的。我们只要从K线、点位、量能三个方面入手，就可以准确掌握卖出要领的分析方法，总结出一套自己的卖出法则。各位请注意，我们在书上介绍的是一种思路，一种方法，不是叫你们照搬，而是叫你们在实战中摸索、总结，找到适合自己的操作思路，架构自己的操作系统。不管是前边讲解的买入要领还是这一章讲解的卖出要领，都是交易系统的组成部分。当你们学习完这一章，就可以着手架构简单的交易系统了。这个简单的交易系统包括以下几个方面，供大家参考：

（一）选什么股。

（二）怎么买进。

（三）如何卖出。

这是最简单的交易系统，你现在就可以立即使用。等我们全部学完之后，再加上下边这几条，构成一个比较完善的交易系统：

（四）用多少钱。

（五）买多少股。

（六）赚了咋办。

（七）亏了咋办。

（八）如何善后。

当你有一定的交易经验之后，再把这个简单的交易系统进一步完善，把其中的细节逐条写出来，然后不断在实战中加以验证，把失败的、成功的操作全纪录下来，细细总结。坚持下去，经过一年的磨练之后，估计你就会开悟了。你有信心坚持下去吗？成功在于坚持。

第七章 滚动交易系统资金配置

【本章学习要点】

一、上升市道资金配置的基本原则

二、平衡市道资金配置的基本原则

三、下跌市道资金配置的基本原则

资金管理技术是滚动交易系统里最重要的组成部分。我们能够在市场上立足，并长久生存下去，依靠的不是什么神秘绝技，而是严谨细致的资金管理。在这一章里，我们根据目前市场的现状，以小型资金为线索，详细讲解如何结合市场走势，合理的运用资金，把小本资金做大。在写作框架上，我们首先讲解不同市道资金配置的基本原则，然后举例讲解如何制定年度操作计划书，如何把极小的资金做起来，让它成为大资金。这部分可能对有志于成为职业投资者的读者比较有参考价值，请各位反复阅读、揣摩，领会其精髓。

目前我们的股市还不具备做空机制，虽然有融资融券，但实际上还不是真正的做空制度。而且在交易制度上还是 T+1 的，不存在真正意义上的日内回转交易。因此，在资金管理上，就要尽可能根据顺势而为的原则配置资金，只有在上升趋势明确的前提下，才考虑大规模调动资金进场操作。这是资金管理的根本性原则，千万不可违犯这一原则。对于平衡市道，走势以震荡为主，可以适当参与，但不适合大规模调度资金进场。至于明显的下行趋势，原则上就不要参与了，休息为好。

在滚动交易系统里，资金管理虽然很重要，但绝对不是刻板的、教条的，而是灵活的、圆融的。什么时候配置多少资金，什么时候撤回，什么时候出击，什么时候了结。等等，都是根据盘面的变化决定的。在一年之中，我们要有总体的大规划，这是年度的目标。在一个月之中，要有月度计划，这是细分目标。在每一周，要有详细的实施计划，这是如何执行目标。而在每一个交易日中，要根据走势的特征，对资金计划适当调整、修正。这是临盘决策。这好比打仗，军事指挥员在前线必须根据敌情的变化调整兵力部署，交易员临盘操作，也要适时而变，不可拘泥于已有的操作计划和资金管理实施方案。这叫做临盘应变能力。

第一节 上升市道资金配置的基本原则

所谓上升市道，是指非常明朗的、走势稳定而且明确的上升趋势。期间虽然也会出现进二退一形式的整理，但是每日走势的低点不断上移，高点也保持上行的态势，整体上行的格局不会因为局部的整理而改变。这样的市道属于极强势市场。在强势上升市道里，反复攀升是主要趋势，因此，在上升趋势确立的初期，底仓的资金可以配置比较大的份额，基础仓锁仓资金的极限可以达到70%左右，而用于高频滚动交易的资金可以是30%左右。随着股价的不断拉升，配置基础仓位的资金可以根据拉升的幅度做适当的调整。到了上升趋势后期，配置基础仓位的资金可以降低至50%左右，保留更多的随时可调用的现金，使资金管理保持更高的灵活性，进出自如，舒展有序，以防不测。如果进入加速拉升阶段，就需要分批减仓，回笼资金。一旦进入盘头阶段，要立即停止滚动，以撤回资金为主要操作目的。因为此时要注意控制资金的使用情况，尽可能杜绝再开新仓，以防范难以预料的系统性风险。

在滚动交易系统里，当我们需要调度资金的时候，首先需要查看大盘的走势，参见图例091所示，如果大盘处于强势区域，那么可是选择强势板块的龙头个股来操作，这时候资金配置上可以适当积极一些。前边已经说过，基础仓位占用的资金可以达到总资金70%左右。

具体到个股而言，如果个股的走势与大盘走势同步，那么在资金管理上可以参照大盘的走势配置资金。如果个股的走势是独立的，那么可以忽视大盘走势的影响，而根据个股的实际走势调节资金配置。参见图例092所示，图上显示的走势是完全独立于大盘的，属于高度控盘的品种。那么在资金配置上，可以在空间位置低位区域出现

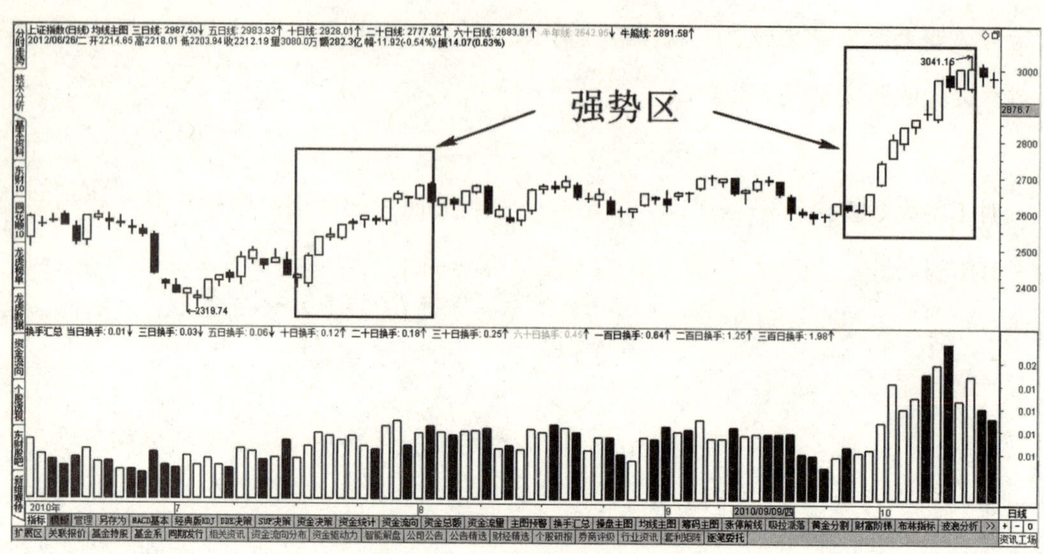

图例 091　大盘强势区域示意图

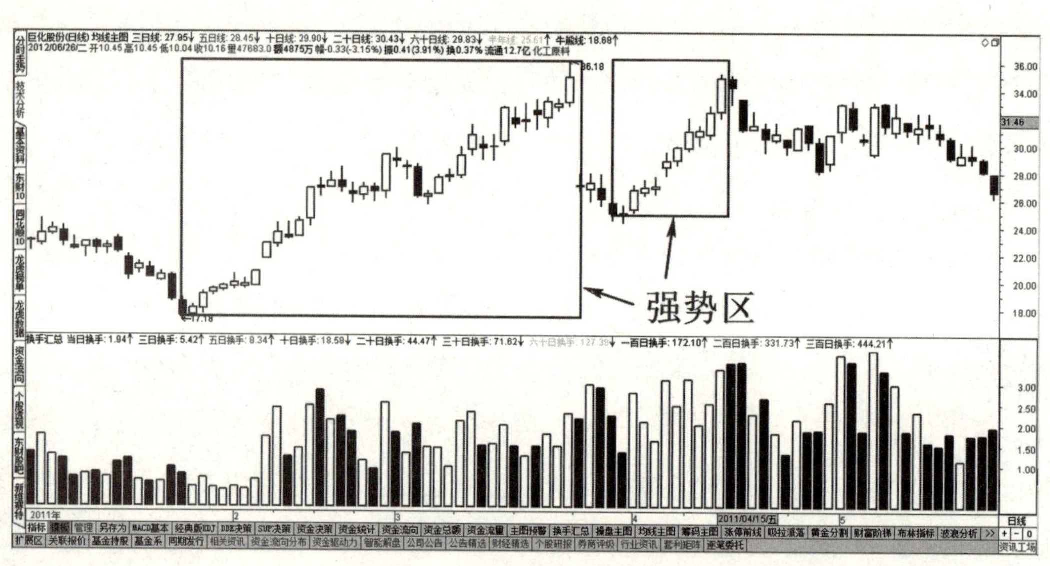

图例 092　个股强势区域示意图

连续阳线的时候，采取分批进场、滚动建仓的方式，把底仓额度扩大到 80% 左右，然后随着股价的不断拉升，逐步降低仓位。当完成第一波拉升，进入整理平台的时候，可以适当回笼资金，把用于滚动的资金扩大到 40% 左右。在除权之前，可以全面清空，规避除权之后可能出现的贴权走势。除权之后出现启动阳线的时候，再次进场，这时候底仓可以占用总资金的 50% 左右，不要再达到 80% 的标准。因为除权之后往往是出货走势，如果资金量比较大，就可能不好操作，难以全身而退。从上边分析来看，整个过程资金的调度是灵活变化的。

对于绝大数业余投资者来说，一定要坚守顺势而为的原则，坚持只参与趋势明确的上升市道行情，一旦上升趋势转换为震荡走势，就不要参与了。如果是下跌走势，就坚决不参与。请各位牢牢记住，在股市上，亏钱实在是太容易的事，而赚钱确实非常艰难的，就好像爬楼梯一样，你要从 1 楼爬到 28 楼，需要耗费很多精力，甚至气喘吁吁才能爬到；但是如果你纵身一跳，达到地面不需要几分钟。亏钱就像那个纵身一跳，一刹那就达到地面了。在股市上要亏掉 100 万元实在是太简单了，只需要几次追涨杀跌，100 万元就没了。但是，如果给你 10 万元本金，要赚到 100 万元，你知道有多难吗？总而言之，亏钱容易赚钱难，这是股市的特质。你不要老是想着赚大钱，老老实实管理好资金，一点点赚，一点点积累，不要嫌少，不要嫌慢，时间是最好的创富工具，只要你能拥有足够的时间，玩得长久财富才会慢慢增长，滚动复利的梦想才能实现。

很多业余投资者对资金管理不屑一顾，其实这是很错误的。即使你的资金现在还很小，哪怕是只有区区的几万元，属于微不足道的虾米型资金，也要好好管理，而不要漠然视之，更不要自暴自弃。如果你学会了管理自己的资金，你会发现，其实无论什么品种都可以赚到钱，其实无论什么时候也套不死你，其实无论做盘资金如何狡猾你也不需要害怕。因为你有你的秘密武器：你的资金管理技术可以帮助你。资金管理的关键点是合理分配、动态调配、分批进出等。只要你把握住这些关键点，就可以在股市上从容应对了。关于这一点，我们在后边的训练课程中，将会做详细的讲解，使大家明白如何分批进场、如何动态调配资金。

第二节 平衡市道资金配置的基本原则

在平衡市道里，股价走势的特点就是上窜下跳，猴性十足，大多数时间里呈现为箱体或者波段震荡行情。表现在行情图表上，往往是上有盖板下有托板，呈宽幅震荡特点。根据这种行情特征，基础仓位配置的资金可以控制在50%左右，保留50%左右的现金，用于滚动交易。目前交易界流行的半仓操作，就是根据震荡市道而设计的。参见图例093、094所示。

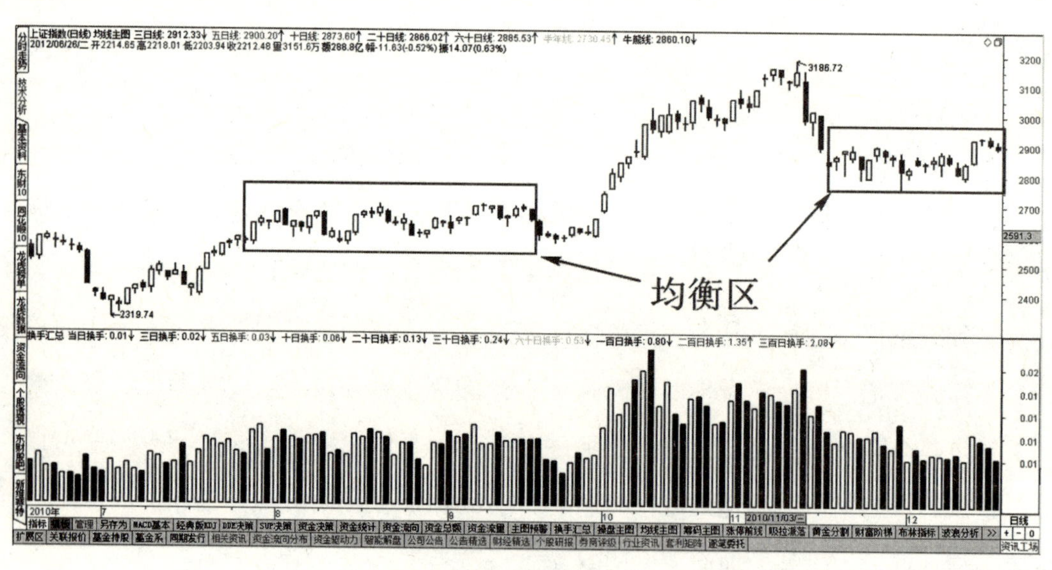

图例093　大盘均衡区域示意图

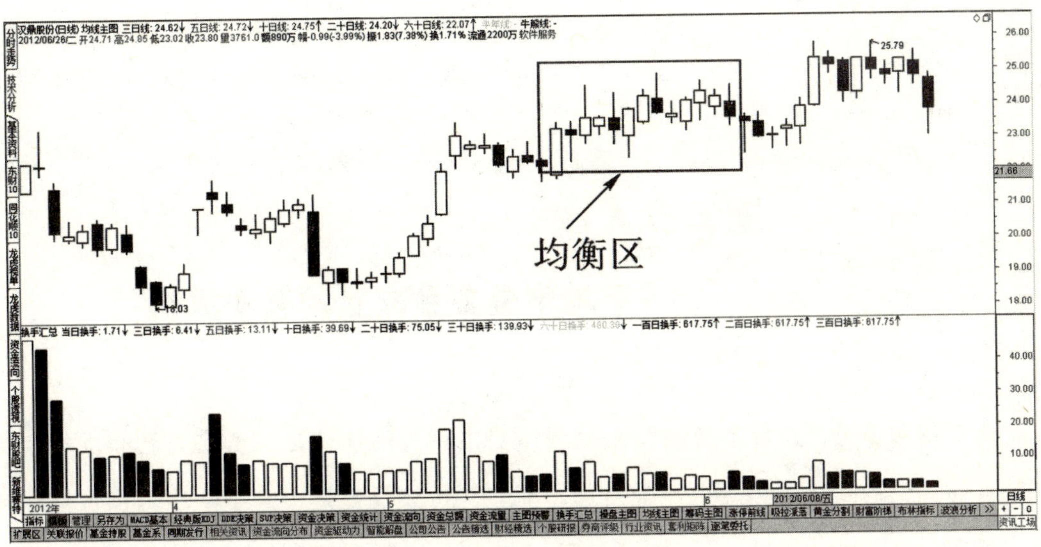

图例 094　个股均衡区域示意图

第三节 下跌市道资金配置的基本原则

在下跌市道里，股价走势的特点是易跌难涨，行情往往是新低之后还有新低，每一波反弹到高点之时都有不少资金出逃，涨势的持续性很差，甚至缺乏可操作性。因此，在明显的下跌趋势里，资金投入要少，基础仓位资金配置要控制在30%以内，保留70%的现金，用于日内回转交易。而且，用于滚动交易的操作资金，要分为更多的小组，每个小组的资金数额不能太大，每次出击的资金，都要限制在留守资金的1/10以内。如果实在没有交易机会，那就索性休息吧。毕竟本金安全才是最重要的，不要为了滚动操作而勉强进场。

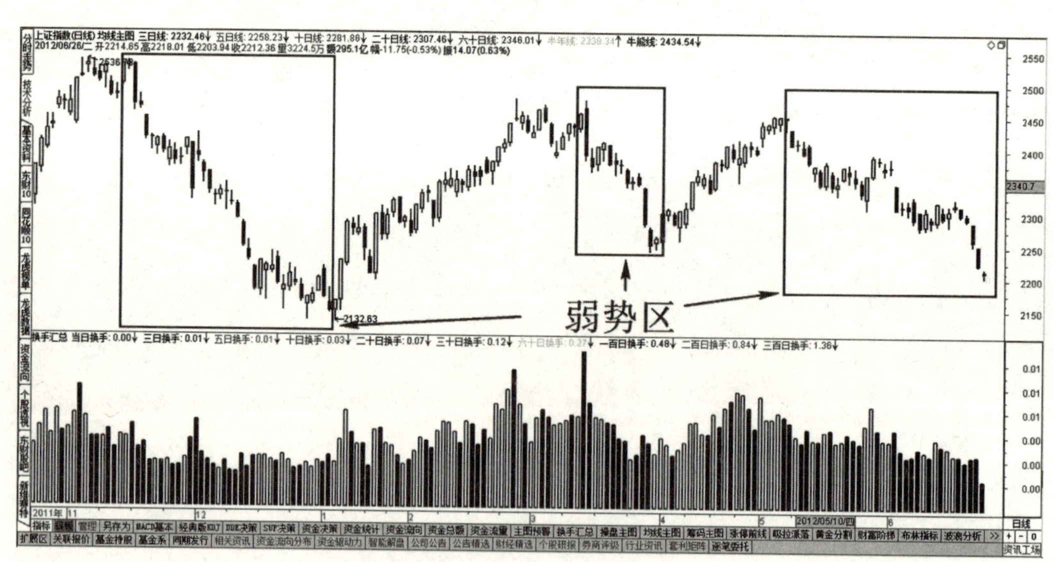

图例095　大盘弱势区域示意图

上边我们介绍了滚动交易系统资金配置的基本原则，请各位务必记住，任何时候都需要顺势而为，不可因为手上有几个钱就逆势而动。逆势操作的后果很严重，轻则

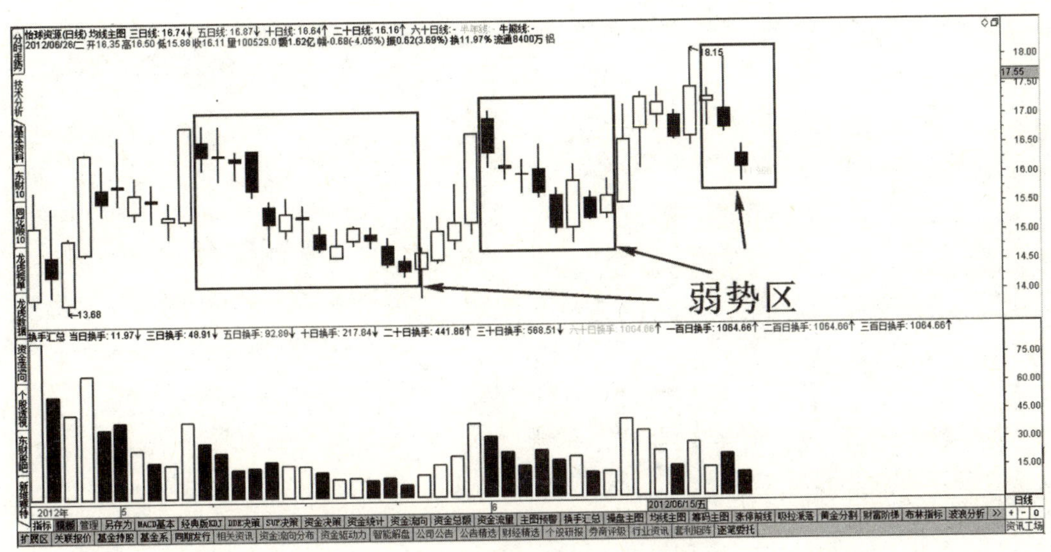

图例 096 个股弱势区域示意图

严重亏损，重则倾家荡产，甚至死无葬身之地。不是吓唬大家，逆势操作后果的的确确很严重，切记。

接下来我们以资金调配为线索，详细讲解一下如何制定年度股票操作计划。

首先设定一个账户，用来介绍资金调配和实施方法。假设这个账户属于牛三多的，叫做牛三多账户，初始资金是 10 万元，根据牛三多的创富目标，一年后要达到 20 万元，那么牛三多的年度操作计划应该如何制定呢？我们以 2012 年为例加以解释。2012 年全年共有 52 周，扣除节假日，共有 244 个交易日。从 10 万元变成 20 万元，需要增值 10 万元，如果以单利计算，那么每个交易日需要完成盈利 409. 836 元，四舍五入为 410 元。也就是说，只要牛三多坚持做到每个交易日盈利达到 410 元，一年之后，他的 10 万元本金就会变成 20 万元。那么，为了实现创富目标，牛三多是如何操作的呢？下面我们逐一介绍他这半年以来的操作过程。

2012 年 1 月份，牛三多重点操作的品种有广晟有色（600259）、罗平锌电（002114）。

从后边的牛三多股市日历可以看出，2012 年 1 月份，共有 16 个交易日。在这 16 个交易日里，如何实现本金收益最大化呢？首先要树立这样的思路：紧紧扣住当前的热点，从每天的涨幅榜中筛选出可供操作的品种，反复观察，然后择机介入。经过观

区间分析报表-涨跌幅度 市场：深沪A股 区间：2012-01-01,日-2012-01-31,二 点右键操作

	代码	名称	涨跌幅度↓	前收盘	最高	最低	收盘	振荡幅度	成交量	总金额	市场比		
1	600228	ST昌九	4.03 60.88%	6.62	10.65	6.59	10.65	4.06 61.61%	1.19亿	9.63亿	0.		
2	002114	*ST锌电	3.38 50.60%	6.68	10.83	6.01	10.06	4.82 80.20%	8293万	7.86亿	0.		
3	600259	广晟有色	14.87 39.00%	38.13	54.68	35.03	53.00	19.65 56.09%	1.38亿	65.9亿	0.		
4	000552	靖远煤电	4.61 37.73%	12.22	17.70	10.25	16.83	7.45 72.68%	1.14亿	18.7亿	0.		
5	000791	西北化工	1.66 32.68%	5.08	7.59	4.68	6.74	2.91 62.18%	1.69亿	11.6亿	0.		
6	000034	深信泰丰	1.25 31.97%	3.91	5.23	3.41	5.16	1.82 53.37%	1.25亿	5.99亿	0.		
7	000510	金路集团	1.53 30.42%	5.03	6.81	4.61	6.56	2.20 47.72%	1.70亿	9.89亿	0.		
8	600489	中金黄金	5.02 28.67%	17.51	23.56	16.42	22.53	7.14 43.48%	2.70亿	56.4亿	0.		
9	000587	ST金叶	2.49 28.33%	8.79	11.58	8.41	11.28	3.17 37.69%	1.53亿	15.4亿	0.		
10	000043	中航地产	1.76 27.94%	6.30	8.33	6.17	8.06	2.16 35.01%	6125万	4.56亿	0.		
11	000426	兴业矿业	2.59 26.87%	9.64	12.77	8.55	12.23	4.22 49.36%	1.45亿	16.1亿	0.		
12	600311	荣华实业	2.08 26.23%	7.93	10.52	7.50	10.01	3.02 40.27%	1.93亿	17.8亿	0.20	28.99	284.92
13	000691	亚太实业	0.92 25.07%	3.67	4.78	3.70	4.59	1.08 29.19%	5519万	2.37亿	0.03	19.00	-8.64
14	600462	*ST石岘	0.98 24.87%	3.94	4.93	4.14	4.92	0.79 19.08%	8077万	3.69亿	0.04	19.67	183.17
15	000752	西藏发展	3.19 24.61%	12.96	16.40	11.87	16.15	4.53 38.16%	2.68亿	39.4亿	0.50	101.70	32.97
16	600094	大名城	1.01 24.34%	4.15	5.24	4.27	5.16	0.97 22.72%	1.07亿	5.12亿	0.06	53.45	83.95
17	002118	紫鑫药业	2.00 24.33%	8.22	10.65	6.79	10.22	3.86 56.85%	3.33亿	31.2亿	0.40	127.29	498.02
18	600111	包钢稀土	8.93 23.73%	37.63	48.77	34.80	46.56	13.97 40.14%	4.52亿	196.0亿	2.16	30.56	120.97
19	000603	盛达矿业	3.65 23.53%	15.51	20.40	14.15	19.16	6.25 44.17%	1847万	3.26亿	0.04	30.49	63.29
20	600857	工大首创	2.25 23.10%	9.74	12.20	9.71	11.99	2.49 25.64%	1.41亿	15.7亿	0.17	62.90	10.89

牛三多股市日历

图例 097 牛三多 2012 年 1 月份股市日历示意图

察分析，牛三多选定了广晟有色（600259）和罗平锌电（002114）作为主打品种，交替操作。

在这里首先要学习牛三多的投资理念：将有限的资金投入到当前最热门的品种中去！这样的资金管理理念是最棒的，很值得我们学习。怎样才能发现最热门的投资品种呢？牛三多的做法很简单，就是紧紧盯住涨幅榜第一版和第二版，从涨幅榜寻找市场的热点。因为，凡是当前最热门的炒作品种，必然会出现在涨幅榜第一版和第二版之中。换句话来说，凡是能够出现在当天涨幅榜第一版和第二版上的品种，必然是有强大资金炒作的品种。就凭这个选股思路，牛三多第一时间选出了广晟有色（600259）和罗平锌电（002114），把它们作为 2012 年 1 月份主打品种。当我看到这份操作计划的时候，大吃一惊。查看它的走势，不得不佩服牛三多选股的眼力和魄力。后来的走势也证明，牛三多的的确确选得很出色。

牛三多整个操作的过程是这样的：

第一步，2011 年 12 月 30 日星期五收盘后，开始写复盘作业，从涨幅排名榜逐一往下翻，翻到涨幅榜第 13 名的时候，他惊讶了。参见上边的图例 098 所示，图上 A 处就是 2011 年 12 月 30 日的走势。我们仔细观察它的图形可以发现，从 2011 年 12 月 22

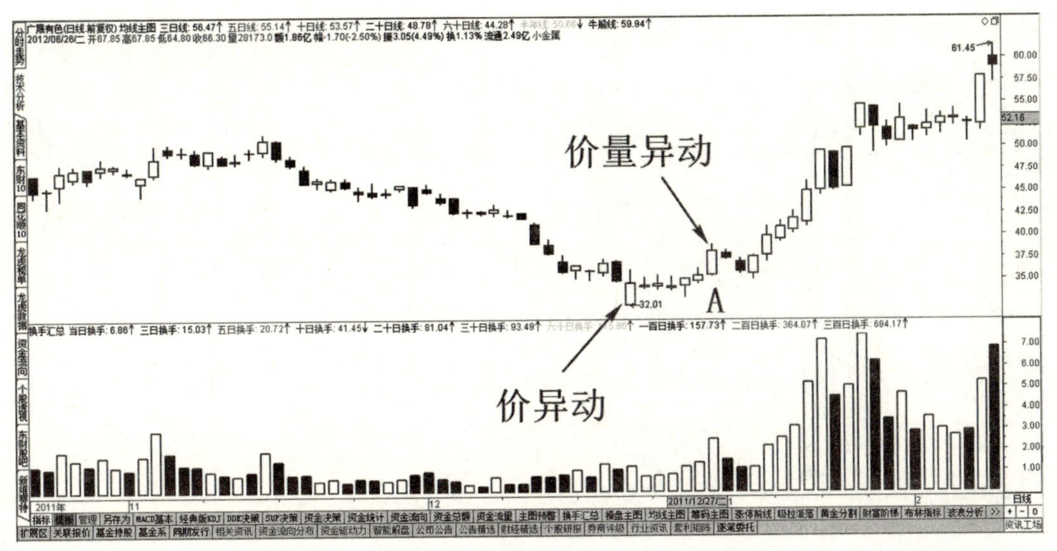

图例 098　广晟有色（600259）2012 年 1 月份走势图

日星期四那天低开高走价异动开始，一直有资金在暗中默默地建仓！那些星星点点的小型 K 线已经告诉了我们，鬼子早就进村了。12 月 30 日这根大型 K 线出现，正式宣告建仓完毕，拉升即将开始。真是天赐良机啊。于是，牛三多利用元旦放假时间，调集 10 万元资金节后全力狙击它。

第二步，调动资金，进场建仓。为了防止错过行情，2012 年 1 月 4 日，牛三多一大早醒过来，吃过早饭后，马上把已经写好的操作计划书找出来，再细细检查一遍，没发现什么疏漏。然后，打开账户，开始预埋单：把 10 万元资金对半分为两份，每份五万元。其中一份用来建立底仓，另一份用来滚动操作。预埋单是这样填写的：买入 500 股，买入价 38.18 元。牛三多填完预埋单，得意地笑了。38.18 元，这个数字很吉利啊。他特地选这个数字来下单，图个好彩，图个吉利。预示着在 2012 年要大发特发呢。哪知集合竞价结束后，开盘价只有 38 元。看到股价小幅度低开，牛三多心里一咯噔，一个念头在脑海闪现：买错了，要是开盘后低开低走，坚决不再买进了。开盘后，果然下跌。牛三多一看没戏了，把电脑一关，睡懒觉去了。为什么不看盘呢？这是牛三多的操盘纪律：如果第一仓买错了，当天坚决不再买进第二仓，下一个交易日再做处理。为了避免管不住自己，索性关掉电脑，休息去。

在这里，我们要学习牛三多资金管理的方法。一是分批买进，绝对不会一次性满仓杀进。二是试探性买进第一仓之后，如果买错了，坚决不再买进第二仓。很多业余投资者当天买了一仓之后，看见股价往下跌，再买；再跌，再买，还在跌，还在买。结果越跌越买，一天之内就把区区薄资用完了。这种买错了还不断买进企图摊低成本的做法是非常愚蠢的。在资金管理技术里，没有这样的做法。滚动交易系统的资金管理措施也没有这样做的。请各位从今以后坚决杜绝如此愚蠢的做法。否则，你永远也成不了职业投资者，更别说成为高手了。

2012年1月5日，广晟有色（600259）继续低开低走，牛三多一下子傻了眼。按照交易纪律，此时应该选择止损卖出，改正错误。但是，牛三多实在下不了手，因为一割肉就意味着亏损了，心痛啊。于是又把电脑一关，睡觉去了。其实这种办法并不对，买错了不肯改正错误，像鸵鸟那样把头埋进沙堆里能解决问题吗？不能啊。下午牛三多还是继续看盘，股价继续下跌，几次想止损，还是下不了决心。第二天，星期五，广晟有色（600259）平开，开盘后直接往下跌。这时候牛三多慌了神，一咬牙，在35.08元这个价位割了。最终跌到35.03元就不再下跌，掉头向上，下午更是反复上攻，最终以37.55元收盘。这下子牛三多的情绪坏透了。38元买进的500股，35.08元止损，每股亏掉接近3元啊。收盘后，牛三多心乱如麻，连复盘作业也不写，出去喝闷酒去了。

在这里我们看到，牛三多的做法的确很不对。回顾一下自己的操作经历，是不是也有过类似的情形呢？我们在股市上谋求生存，需要有经营意识，需要有成熟的心智，切不可意义用事。追涨杀跌不可取，放任自流更不可取。自暴自弃绝对不是职业投资者应有的做派。没有人能够一辈子不犯错误，犯错误不是什么值得大惊小怪的事。在股市上，卖错买错是常有的事，问题不在于卖错买错本身，而在于我们怎样对待这些错误、怎样处理这些错误。很显然，牛三多的做法是不可取的，不值得效仿。各位对照一下自己，反省一下自己有没有类似经历。

休息了两天之后，2012年1月8日晚上写下周的操作计划，牛三多才开始复盘，

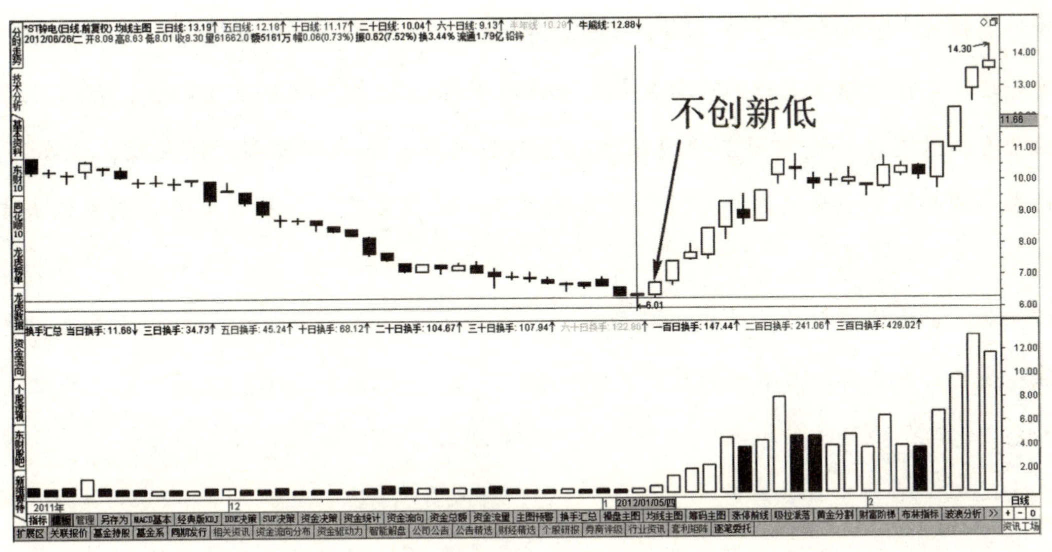

图例 099　空间位置低位区域不创新低买入法示意图

逐一检讨了上周的失败操作，决定换股操作。根据滚动交易系统设计的三低买入法则，牛三多选出了还没启动的罗平锌电（002114）作为下周一的备选品种。选择的理由是股价创出了新低，K 线形态结构出现了止跌信号，该股又属于热门板块，价位也很低。属于同时具备低风险区域、低价格、低技术状态的三低品种。写完复盘作业和操作计划之后，牛三多终于很得意地笑了。

在这里我们看到，牛三多的选股思路终于回到了正道上。为什么这么说呢？其实，牛三多第一次操作时选择广晟有色（600259）从本质上来说并没有错，但是他的资金实在太小了，而且还是半仓操作，区区 5 万元，却去操作 38 元的高价股，很明显是有点不合适的。这叫不适当性选股。不是广晟有色（600259）这个股不好，而是不适合牛三多操作而已。请各位注意，我们在调度资金的时候，一定要注意这个问题：即将配置资金的品种是否适合自己操作呢？

接下来我们再看牛三多如何配置资金、如何操作罗平锌电（002114）。

2012 年 1 月 9 日，星期一。集合竞价的时候，罗平锌电（002114）以 6.38 元开盘。这回牛三多不再贸然进场，而是先观察，开盘后股价缓慢下跌，成交量比较小，跌到6.29元就止住了，随后回调时已经不再跌下来。这距离上周五的低点6.01元已经有些距离。根据滚动交易系统三低买入法则，牛三多决定在此进场，于是选择6.31元这个价位下单，买进5000股作为底仓。买进之后，股价一路震荡上升，最终以6.76元收盘，当天实现了账面盈利。

在这里我们要学习牛三多的进场思路，首先不要冲动，要沉住气耐心观察开盘之后是否会创新低，如果不再创新低，才考虑买进。在资金使用上，也不要一下子全部用完了，而是要坚持半仓操作的原则，尤其是在第一次买进的时候，最多使用底仓资金的60%左右。牛三多第一次买进5000股，每股成交价6.31元，基本上符合资金配置原则。至于这个品种牛三多后边的操作，在这里就不做介绍了。详细的讲解请参见《滚动交易系统·实战案例篇》。

区间分析报表-涨跌幅度 市场：深沪A股 区间：2012-02-01,三 - 2012-02-29,三 点右键操作

	代码	名称	涨跌幅度↓	前收盘	最高	最低	收盘	振荡幅度	成交量	总金额	市场比		
1	002289	宇顺电子	14.20 94.04%	15.10	31.10	14.96	29.30	16.14 107.89%	7352万	20.2亿	0.1		
2	002642	荣之联	16.39 85.28%	19.22	38.01	19.09	35.61	18.92 99.11%	8975万	25.8亿	0.1		
3	600132	重庆啤酒	14.37 62.67%	22.93	40.88	22.71	37.30	18.17 80.01%	10.28亿	318.8亿	1.8		
4	002272	川润股份	5.64 62.39%	9.04	15.49	8.71	14.68	6.78 77.84%	1.37亿	18.0亿	0.1		
5	002019	*ST鑫富	3.99 56.20%	7.10	12.65	6.98	11.09	5.67 81.23%	3.92亿	42.1亿	0.2		
6	601258	庞大集团	3.42 53.94%	–	–	6.33	9.76	3.43 54.19%	5.20亿	44.4亿	0.2		
7	002456	欧菲光	7.67 52.43%	14.63	22.50	14.33	22.30	8.17 57.01%	1.05亿	20.4亿	0.1		
8	000030	*ST盛润A	4.55 50.89%	8.94	15.18	8.93	13.49	6.25 69.99%	1.78亿	22.4亿	0.1		
9	600882	*ST大成	3.37 49.78%	6.77	11.17	6.70	10.14	4.47 66.72%	2.83亿	27.7亿	0.1		
10	601231	环旭电子	5.46 49.59%	11.01	16.47	11.37	16.47	5.10 44.85%	2.00亿	27.7亿	0.1		
11	300104	乐视网	12.55 49.02%	25.60	42.05	24.90	38.15	17.15 68.88%	1.93亿	67.8亿	0.4		
12	600146	大元股份	4.56 48.20%	9.46	15.56	9.20	14.02	6.36 69.13%	5.68亿	75.5亿	0.43	283.98	98.72
13	300259	新天科技	8.12 47.46%	17.11	26.07	16.81	25.23	9.26 55.09%	3568万	7.65亿	0.05	93.88	417.86
14	002605	姚记扑克	7.35 46.52%	15.80	23.56	15.59	23.15	7.97 51.12%	3956万	7.90亿	0.05	168.35	433.50
15	000517	荣安地产	2.38 46.48%	5.12	7.96	4.97	7.50	2.99 60.16%	2.71亿	17.5亿	0.11	175.44	217.63
16	000050	深天马A	2.66 46.42%	5.73	9.23	5.63	8.39	3.60 63.94%	4.97亿	40.5亿	0.25	86.47	792.42
17	600637	百视通	5.30 45.93%	11.54	18.10	11.39	16.84	6.71 58.91%	4.91亿	76.0亿	0.43	69.27	294.39
18	600180	ST九发	2.99 45.44%	6.58	9.74	6.91	9.57	2.83 40.96%	1.07亿	8.84亿	0.05	48.74	81.84
19	600060	海信电器	6.17 44.01%	14.02	20.58	13.92	20.19	6.66 47.84%	4.44亿	74.7亿	0.42	51.08	209.61
20	300201	海伦哲	5.93 43.99%	13.48	20.30	13.37	19.41	6.93 51.83%	983万	1.74亿	0.01	8.66	758.74

分类▲ 个股拉升 板块吸筹 板块拉升 即时决策 决策信号 资金选股 A股 中小 创业 B股 基金 AH对照 板块▲ 自定▲ 板块指数 自选 港股▲ 期货与商品▲ 基金与宏观▲ 外盘外汇▲

2012 1月 2月 3月 4月 5月 6月 7月 8月 9月 10月 11月 12月

星期一	星期二	星期三	星期四	星期五	星期六	星期日
30 初八	31 初九	1 初十	2 世界湿地日	3 十二	4 立春	5 十四
6 元宵节	7 国际声援	8 十七	9 十八	10 国际气象节	11 二十	12 廿一
13 廿二	14 情人节	15 廿四	16 廿五	17 廿六	18 廿七	19 雨水
20 廿九	21 三十	22 初一	23 龙抬头节	24 初三	25 初四	26 初五
27 初六	28 初七	29 初八	1 国际海豹日	2 初十	3 全国爱耳日	4

牛三多股市日历

图例100　牛三多2012年2月份股市日历示意图

从上边的牛三多股市日历可以看出，2012年2月份，共有21个交易日。2012年2月份，牛三多重点操作的品种川润股份（002272）、环旭电子（601231）。自从成功操作了罗平锌电之后，牛三多对滚动交易系统的三低选股法则有了更深刻的理解。2012年2月份，牛三多开始尝试新的玩法，从强势品种中选择操作品种，经过一番筛选之后，最终选中了川润股份（002272）作为主打品种。其实，早在1月份，牛三多就对

川润股份（002272）开始跟踪分析，在1月份中下旬，这个股票出现了一连串地量小型K线，引起了牛三多注意。当2012年2月8日那天出现启动大阳线的时候，牛三多在收盘后复盘时，就决定调集资金，寻找机会狙击它。

在这里请大家注意，牛三多自从学习了滚动交易系统之后，已经杜绝了随意操作。任何一次出击，都是有计划的、有目的的、有预谋的。凡是需要操作的品种，都是经过事前跟踪分析的。有备才能无患，做股票也是一样。因此，我们从现在开始，就要建立自己的股票池，对符合三低原则的品种放进去，跟踪分析。这要养成一种习惯，变成自己的职业素养。

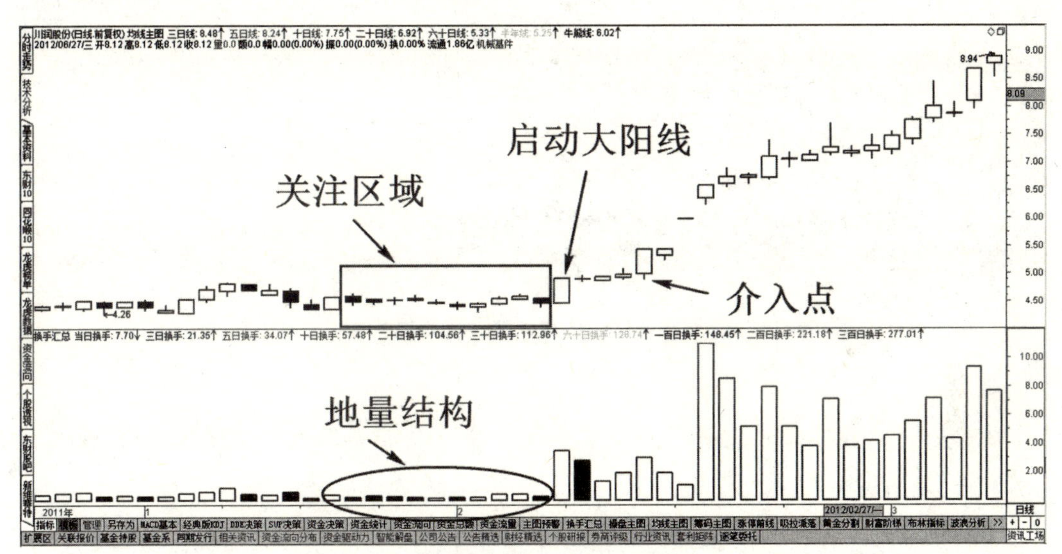

图例101 川润股份（002272）进场流程示意图

参见图例101所示，有一种K线形态结构叫做启动大阳线，如果出现在空间位置的低位区域，就是新一轮行情低位启动的标志。出现启动大阳线之后，牛三多并没有立即介入，而是观察了三天，第四天才开始进场。图上标注的介入点，就是牛三多进场的位置。

从牛三多这次操作来看，他很明显又老练了一些。很多人见到低位启动大阳线的时候，总是急不可耐地急吼吼冲进去，结果很快发现股价进入整理状态，耐不住寂寞又杀出来。一进一出，浪费时间，消磨意志，钱却没有赚到，可惜啊。所以，即使再好的品种，也要讲究合适的进场时机。时机不对，想赚钱很难啊。有时候，资金管理的技术可以说是时机管理的技术。你在什么时机进场远比你选择什么股操作重要得多，明白这个意思吗？

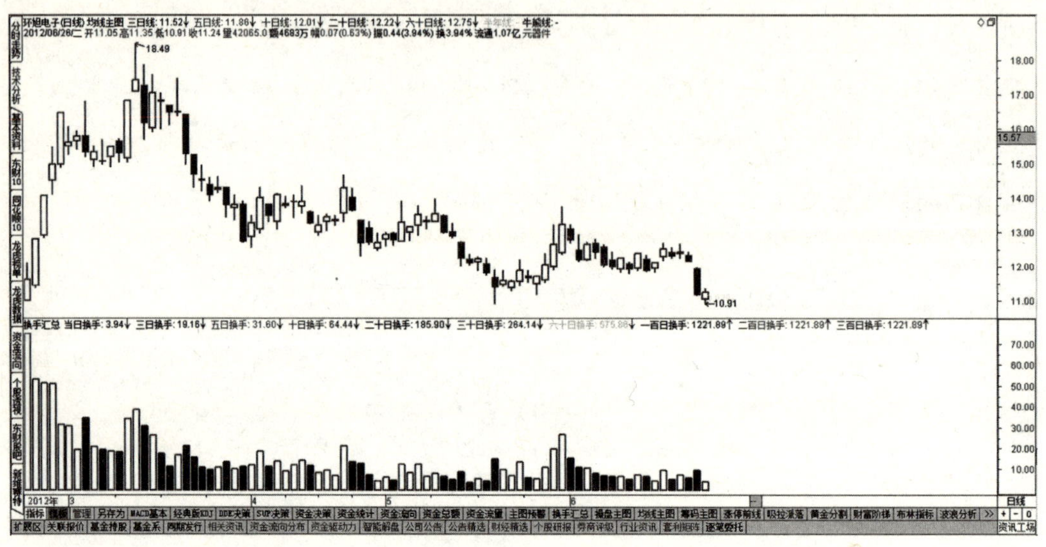

图例 102　气势凶猛的环旭电子（601231）部分走势图

经过一段时间的磨练，牛三多的心智逐步成熟了，胆子也开始变得越来越大了。环旭电子（601231）上市的第一天，牛三多竟然在集合竞价阶段就杀进去，我的天啊，也太刺激了。虽然后边的走势很猛，但是这种冒进的做法并不值得提倡。参见图例 102 所示。得于斯者，毁于斯。虽然这次冒险牛三多赚了一大笔，但是，却使他产生了骄傲自满的情绪，满以为炒股就这么简单，只要敢干就可以了。结果后边他遭遇了惨败，几乎破产自杀。那是后话，暂不提。总而言之，赚钱了不要自满，亏钱了不要气馁。涨跌不惊，气度从容，才是成熟的表现。

从上边的牛三多股市日历可以看出，2012 年 3 月份，共有 22 个交易日。2012 年 3 月份，牛三多重点操作的品种川润股份（002272）、超华科技（002288）。自从上个月成功狙击环旭电子（601231）之后，牛三多的胆子变大了，出手更重了。2012 年 3 月

区间分析报表-涨跌幅度 市场：深沪A股 区间：2012-03-01,四 - 2012-03-31,六 点右键操作

	代码	名称	涨跌幅度↓	前收盘	最高	最低	收盘	振荡幅度	成交量	总金额	市场比%		
1	600145	ST国创	31.10 593.51%	5.24	36.75	35.72	36.34	1.03 2.88%	1781万	6.44亿	0.03		
2	600738	兰州民百	18.90 338.10%	5.59	24.76	24.20	24.49	0.56 2.31%	233万	5675万	0.00		
3	600462	*ST石岘	10.97 226.65%	4.84	16.10	15.65	15.81	0.45 2.88%	444万	7019万	0.00		
4	601005	重庆钢铁	6.19 189.30%	3.27	9.51	9.41	9.46	0.10 1.06%	1141万	1.08亿	0.01		
5	600780	通宝能源	7.88 117.61%	6.70	14.82	14.47	14.58	0.35 2.42%	655万	9649万	0.00		
6	600253	天方药业	7.85 114.77%	6.84	14.70	14.30	14.69	0.40 2.80%	151万	2202万	0.00		
7	601800	中国交建	2.62 88.81%	2.95	6.74	5.51	5.57	1.23 22.32%	15.92亿	96.7亿	0.46		
8	002272	川润股份	5.25 72.02%	7.29	12.88	7.14	12.54	5.74 80.39%	5.55亿	70.8亿	0.37		
9	002658	雪迪龙	7.50 60.00%	12.50	28.60	19.29	20.00	9.31 48.26%	9036万	22.6亿	0.12		
10	600988	ST宝龙	4.65 55.09%	8.44	15.69	8.86	13.09	6.83 77.09%	436万	6476万	0.00		
11	600392	*ST天成	4.54 46.23%	9.82	14.55	14.28	14.36	0.27 1.89%	242万	3478万	0.00		
12	002162	斯 米 克	3.12 44.44%	7.02	12.73	6.95	10.14	5.78 83.17%	3.27亿	33.2亿	0.17	78.16	601.18
13	600613	永生投资	3.58 42.27%	8.47	12.12	11.94	12.05	0.18 1.51%	25.0万	300万	0.00	0.24	-
14	600300	维维股份	1.78 41.88%	4.25	11.04	4.22	6.03	6.82 161.61%	14.31亿	99.8亿	0.48	85.57	461.87
15	300146	汤臣倍健	14.77 35.50%	41.60	59.00	10.22	56.37	48.78 477.30%	7507万	37.6亿	0.20	115.34	408.24
16	002288	超华科技	3.44 34.28%	10.03	16.54	9.94	13.47	6.59 66.31%	2.90亿	51.0亿	0.27	377.47	877.16
17	600678	*ST金顶	2.18 34.12%	6.39	8.78	8.52	8.57	0.26 3.05%	886万	7670万	0.00	2.54	-
18	000019	深深宝A	2.91 33.76%	8.62	11.97	8.57	11.53	3.40 39.67%	7544万	7.70亿	0.04	53.41	357.21
19	002656	卡奴迪路	9.19 28.89%	31.81	41.00	31.81	41.00	9.19 28.89%	7658万	27.3亿	0.14	306.30	-54.94
20	000750	国海证券	3.73 28.43%	13.12	16.85	13.01	16.85	3.84 29.52%	3.65亿	55.3亿	0.29	99.68	82.18

牛三多股市日历

图例 103　牛三多 2012 年 3 月份股市日历示意图

1 日，他再度介入川润股份（002272），持股三天之后，眼看苗头不对，跑掉了。3 月 8 日，眼看跌不下来，又再次杀进去。这次进场使用了 8 万资金，有点不守规矩。可是进场后股价连拉三天，三个涨停板。牛三多乐坏了。就是这次意外抓住三个涨停板，使他极度自满，以为自己成了股神。他开始张狂了。他完全没有意识到，灭顶之灾往往就是在这时候光临的。

得意的时候不要猖狂，失意的时候不要沮丧。可是，这时候牛三多已经失去了理智，已经听不进任何人劝告了。在这里我们要注意，股市上没有神，所谓的神，其实是自封的。一旦把自己封为股神，离失败就不远了。牛三多第一次抓住了三个涨停板，就以为自己已经是股神了。不是股神能抓住三个涨停板吗？他很自得。看他那副得意洋洋的样子，就知道衰神已经缠身，就可以预料到接下来他必然会把盈利吐回去。

2012 年 3 月 21 日那一天，脑子发热的牛三多在涨停板上追进超华科技（002288），为什么要买它呢？牛三多的理由太奇怪了：因为它的代码是 002288，很吉祥的股票代码。这个理由一点也不成立，但是牛三多却这么干了。而且，这次买进还调用了 80% 资金。天啊，哪有这么追涨停的？一旦出错了，后果很严重啊。可是，此时牛三多已

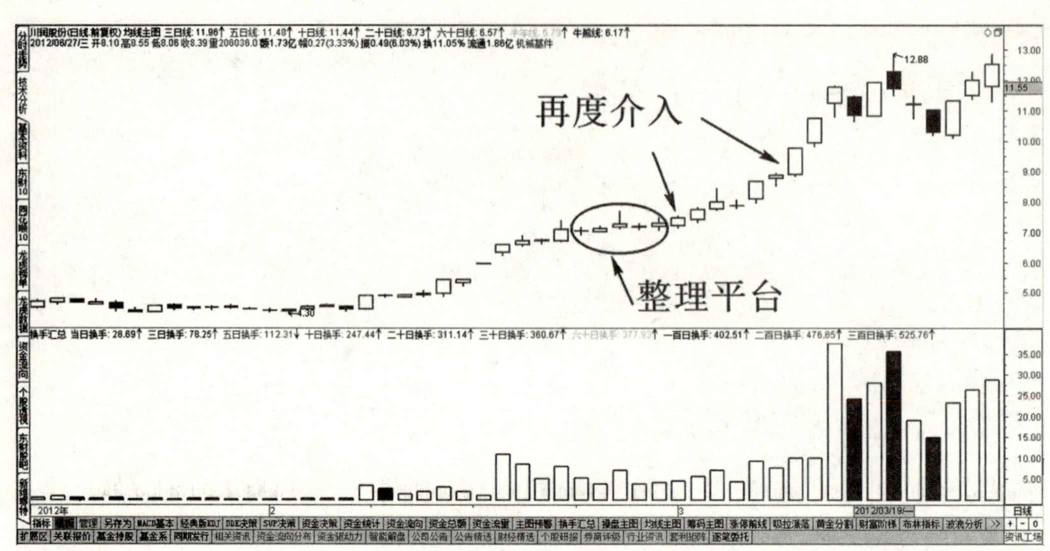

图例 104 川润股份（002272）部分走势图

经失去了理智，脑子里只想到如何多赚钱，而没有意识到风险就在眼前。没有吃过大亏的人，脑子是不会清醒的。参见图例 105 所示，买进之后第二天低开低走，第三天再次低开低走。最终备受折磨的牛三多选择在 3 月 30 日尾盘斩仓出局。辛辛苦苦忙了三个月，一下子就全赔进去了。呜呼哀哉！

从上边的牛三多股市日历可以看出，2012 年 4 月份，共有 17 个交易日。2012 年 4 月份，牛三多重点操作的品种浙江东日（600113）、东宝生物（300239）。经过上次打击之后，牛三多不但没有消沉下去，反而更加积极进取了。亏钱不要紧，关键是要亏得明白，不要再犯同样的错误。孔子说，不二过。牛三多下定决心不再犯同样的错误。但是，经历了那次亏损，牛三多的本金已经只剩下 4 万元不到了，怎么办呢？他想到了融资，可是谁肯借钱给他炒股呢？

牛三多转念又想，借钱炒股风险也太大了，罢罢罢。于是决定就用这么点本钱，继续操作，看看用多久时间才能扳回损失。这既是对自己脑子发热的惩罚，也是磨练自己意志的绝佳方式。于是牛三多给自己定了一条规矩：坚决执行三低买进原则，坚决杜绝追高。他把它写成条幅，挂在大厅门口，每天交易之前大声朗读三遍。几天之

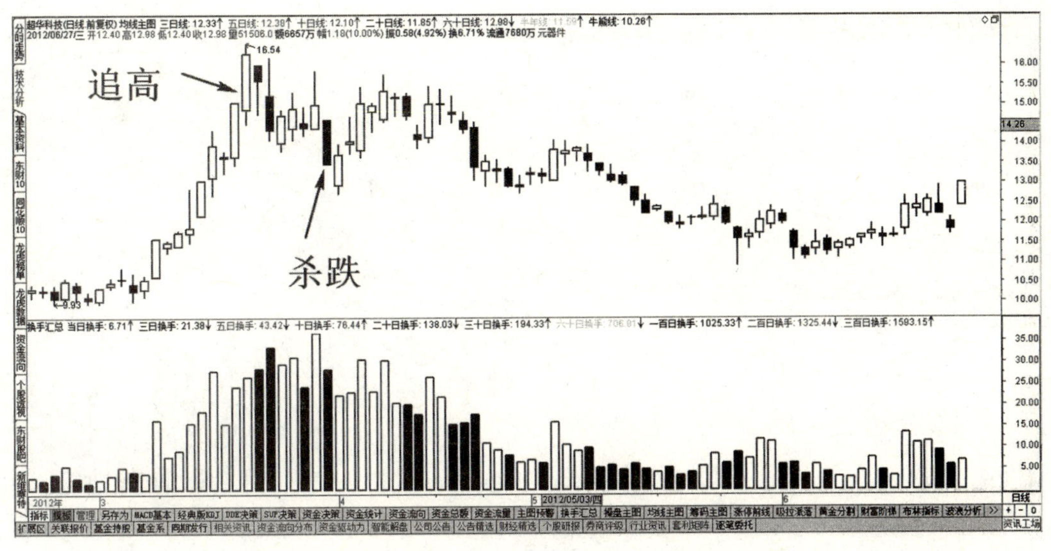

图例 105 失去理智的操作示意图

区间分析报表-涨跌幅度 市场：深沪A股 区间：2012-04-05,四 - 2012-04-30,一 点右键操作

	代码	名称	涨跌幅度↓	前收盘	最高	最低	收盘	振荡幅度	成交量	总金额	市场比%		
1	600113	浙江东日	10.81 163.79%	6.60	17.41	6.60	17.41	10.81 163.79%	7.45亿	89.1亿	0.56		
2	600606	金丰投资	5.90 125.53%	4.70	10.60	4.65	10.60	5.95 127.96%	6.51亿	48.1亿	0.30		
3	300239	东宝生物	8.49 87.53%	9.70	23.43	9.46	18.20	13.96 147.49%	8563万	24.8亿	0.19		
4	600633	浙报传媒	7.76 87.39%	8.88	19.95	16.18	16.64	3.77 23.30%	1.76亿	32.4亿	0.20		
5	600679	金山开发	4.42 71.75%	6.16	13.11	6.01	10.58	7.10 118.14%	2.87亿	31.0亿	0.19		
6	600120	浙江东方	4.92 61.12%	8.05	14.50	7.25	12.97	7.25 100.00%	6.00亿	65.2亿	0.41		
7	600198	大唐电信	4.31 61.05%	7.06	12.88	9.27	11.37	3.61 38.94%	1.42亿	17.2亿	0.11		
8	000606	青海明胶	2.95 58.19%	5.07	9.56	5.05	8.02	4.51 89.31%	2.99亿	24.7亿	0.19		
9	601002	晋亿实业	5.08 57.21%	8.88	15.60	8.75	13.96	6.85 78.29%	6.13亿	74.0亿	0.46		
10	600732	上海新梅	2.75 55.56%	4.95	9.16	4.95	7.70	4.21 85.05%	2.07亿	15.2亿	0.10		
11	000014	沙河股份	2.89 54.73%	5.28	9.87	5.23	8.17	4.64 88.72%	3.67亿	30.6亿	0.23		
12	000036	华联控股	1.36 51.91%	–	–	2.60	3.98	2.16 83.08%	11.29亿	46.3亿	0.35	100.43	2852.25
13	600846	同济科技	2.10 47.62%	4.41	6.65	4.39	6.51	2.26 51.48%	8.24亿	48.8亿	0.31	131.85	2158.74
14	000750	国海证券	7.80 46.29%	16.85	27.58	16.80	24.65	10.78 64.17%	6.05亿	129.6亿	0.98	165.02	39.23
15	600082	海泰发展	1.59 44.79%	3.55	6.05	3.55	5.14	2.50 70.42%	7.57亿	39.9亿	0.25	120.38	502.05
16	002330	得利斯	4.18 43.63%	9.58	14.00	9.50	13.76	4.50 47.37%	8198万	10.0亿	0.08	130.13	157.84
17	002625	龙生股份	5.61 42.40%	13.23	18.98	13.24	18.84	5.74 43.35%	6359万	10.6亿	0.08	219.23	352.23
18	000889	渤海物流	2.14 40.84%	5.24	8.33	5.76	7.38	2.57 44.62%	3.73亿	28.5亿	0.22	110.21	1607.38
19	600830	香溢融通	3.13 39.62%	7.90	12.25	7.92	11.03	4.33 54.67%	8.23亿	84.0亿	0.53	181.24	289.80
20	600321	国栋建设	1.73 39.59%	4.37	6.34	4.30	6.10	2.04 47.44%	1.59亿	9.01亿	0.06	27.01	1013.29

牛三多股市日历

图例 106 牛三多 2012 年 4 月份股市日历示意图

后，心情果然好了很多，于是决定继续操作。做什么呢？牛三多从财经网站了解到，浙江温州即将实施金融改革试点计划。金改概念股会不会被爆炒呢？大胆假设，小心求证。于是调出浙江板块来观察，一看吓了一跳。哇塞，那些先知先觉的资金已经进场了！参见图例 107 所示。从图上可以看到，先知先觉的资金已经进场，已经在 3 月底连续拉了两个涨停板。要不要再参与呢？牛三多反复研究了龙虎榜数据，发现其中参

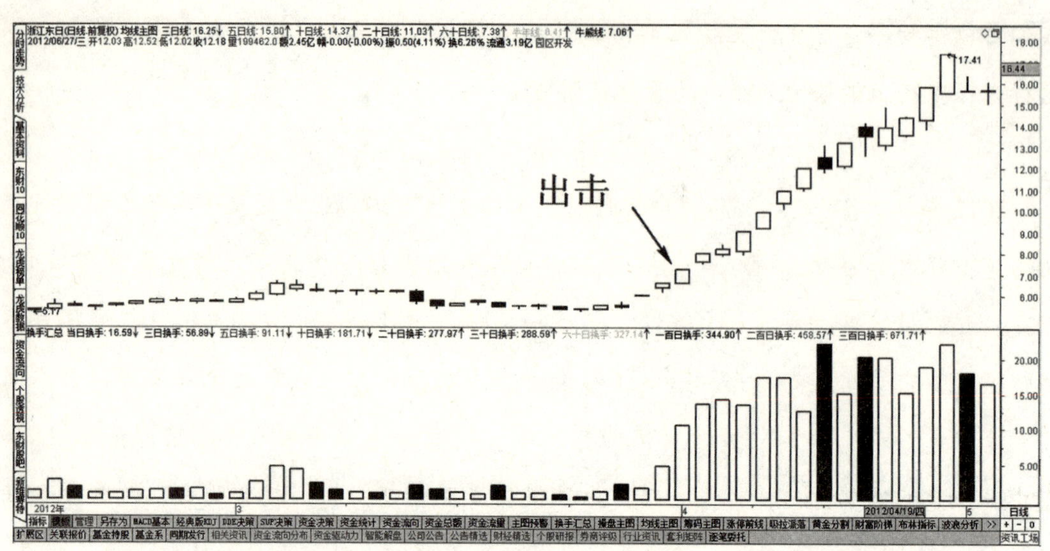

图例 107　浙江东日（600113）部分走势示意图

与炒作的游资介入程度很深，估计行情还会持续一段时间。于是决定在 2012 年 4 月 5 日开盘时，全力杀进，拚搏一回。此时不搏，更待何时？牛三多此时已经没有退路。

或许是自助者天助，浙江东日（600113）在四月份被游资接力炒作，一路飙升到 13.21 元才歇脚。从 4 月 5 日那天的开盘价 6.6 元狂飙一倍以上。这次搏杀的结果，终于让牛三多扳回了本金的大部分。当然，这是纯属巧合的个别行为，没有普遍性可言，更不具备可复制性。在这里唯一可资借鉴的就是牛三多对浙江游资的研究。熟知游资操盘手法的投资者都知道，浙派游资历来手法凶悍，敢作敢为。牛三多这次能够在很短的时间内起死回生，靠的就是游资。

有了这次经历之后，牛三多开始对游资操作产生极大的兴趣，每天收盘之后，第一件要做的事就是赶紧收集龙虎榜数据，逐条研究。他发现，浙派游资、鲁派游资、川派游资都很威猛，凡是他们炒作的个股，都很值得关注。于是，在 4 月 18 日，牛三多全力杀进东宝生物（300239），这次进场的理由，就是这个品种是游资炒作的龙头品种之一。参见图例 108 所示。查看参与该品种炒作的游资可以发现，原来竟是浙派游资和鲁派游资合力炒作的！这是牛三多的发现，他为自己的发现感到很惬意。在这里我们可以得到一点启发，凡是短期内飙升的品种，大多数都跟游资有关系。甚至可以这样说，市场上最给力的炒作力量就是游资。

2012 年 4 月 24 日，还没到收盘时间，东宝生物（300239）的换手率就已经超过了 50%这个非常刺眼的数值。太恐怖了，简直是难以置信。牛三多此时也感到了害怕，于是，赶在最后三分钟，彻底清仓了。这一次牛三多干得好。我们知道，在空间位置高位区域出现如此巨量换手，一定是做盘资金在疯狂出货，否则就无法解释为什么成交量这么大？换手率为什么这么高？实际上，从分时走势图来看，也可以看出端倪。盘中如此宽幅震荡，为什么呢？只要你稍微用点脑子想一想，就会明白，做盘资金在甩货啊。既然他们都跑路了，那么我们还留恋什么呢？也许明天还会继续涨升，但是，凡事留点余地吧，留点给别人赚吧。

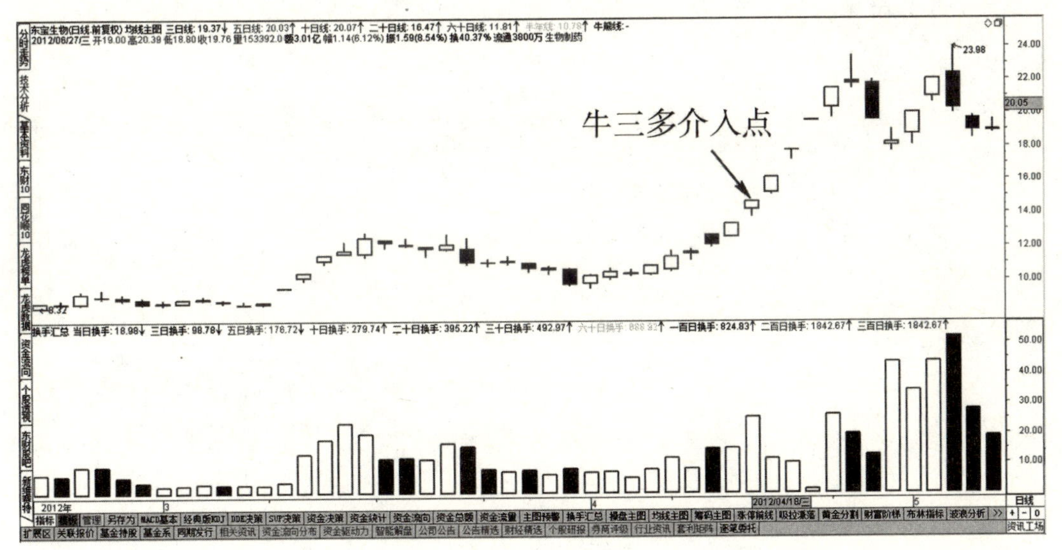

图例 108　牛三多介入东宝生物（300239）买点示意图

从上边的牛三多股市日历可以看出，2012 年 5 月份，共有 22 个交易日。2012 年 5 月份，牛三多重点操作的品种开能环保（300272）、中化岩土（002542）。经过反复钻研，牛三多对游资操盘的习惯已经基本熟悉。他发现，凡是游资参与炒作的品种，必然是当前最热门的品种。那么，进入五月份，最热门的品种会是什么呢？通过观察分析，他发现，原来是环保概念股。再细细研究，他发现 4 月底出现砸盘的几个品种，

区间分析报表-涨跌幅度 市场：深沪A股 区间：2012-05-02,三 - 2012-05-31,四 点右键操作

	代码	名称	涨跌幅度↓	前收盘	最高	最低	收盘	振荡幅度	成交量	总金额	市场比%		
1	000975	科学城	4.55 89.23%	5.11	11.11	5.61	9.66	5.49 97.86%	5.58亿	55.1亿	0.34		
2	300272	开能环保	8.19 82.20%	9.96	18.15	10.00	18.15	8.15 81.50%	2.15亿	34.6亿	0.22		
3	600332	广州药业	10.25 78.48%	13.06	25.16	13.09	23.31	12.07 92.21%	6.82亿	142.7亿	0.74		
4	600038	哈飞股份	8.43 75.88%	11.11	21.21	19.28	19.54	1.93 10.01%	5350万	10.9亿	0.06		
5	000663	永安林业	3.89 66.16%	5.88	10.50	5.40	9.77	5.10 94.44%	1.93亿	16.8亿	0.10		
6	600603	*ST兴业	2.89 61.36%	4.71	8.86	7.60	7.60	1.26 16.58%	91.5万	723万	0.00		
7	002542	中化岩土	6.24 60.12%	10.38	17.48	10.31	16.62	7.16 69.46%	1.71亿	30.0亿	0.19		
8	000522	白云山A	6.81 56.84%	11.98	20.48	12.04	18.79	8.44 70.10%	8.43亿	145.2亿	0.91		
9	300055	万邦达	8.54 52.36%	16.31	25.78	15.92	24.85	9.86 61.93%	1.83亿	39.4亿	0.25		
10	000970	中科三环	13.76 46.63%	29.51	44.95	30.02	43.27	14.93 49.73%	8.57亿	333.3亿	2.08		
11	300262	巴安水务	8.32 45.24%	18.39	27.10	18.16	26.71	8.94 49.23%	8861万	21.4亿	0.13		
12	000049	德赛电池	10.21 41.15%	24.81	36.18	25.03	35.02	11.15 44.55%	1.33亿	40.8亿	0.25	97.22	21.74
13	600520	中发科技	3.93 39.58%	9.93	14.20	9.40	13.86	4.80 51.06%	2.60亿	32.1亿	0.17	230.18	248.58
14	600528	中铁二局	2.21 36.77%	6.01	8.88	5.70	8.22	3.18 55.79%	11.33亿	82.6亿	0.43	77.62	144.37
15	000007	零七股份	4.21 36.64%	11.49	16.95	11.30	15.70	5.65 50.00%	2.20亿	32.5亿	0.20	118.81	4.34
16	600614	鼎立股份	4.33 35.90%	12.06	16.39	11.50	16.39	4.89 42.52%	3.78亿	50.8亿	0.26	84.57	158.89
17	000407	胜利股份	1.81 35.63%	5.08	7.04	5.06	6.89	1.98 39.13%	5.15亿	32.7亿	0.20	79.78	26.79
18	600077	宋都股份	3.80 34.55%	11.00	15.16	10.95	14.80	4.21 38.45%	1.54亿	20.1亿	0.10	117.08	106.78
19	300190	维尔利	6.02 34.46%	17.47	23.98	17.49	23.49	6.49 37.11%	3765万	8.00亿	0.05	116.79	214.90
20	000594	国恒铁路	0.80 33.76%	2.37	3.17	2.34	3.17	0.83 35.47%	13.22亿	35.6亿	0.22	102.66	329.71

2012 1月 2月 3月 4月 5月 6月 7月 8月 9月 10月 11月 12月

星期一	星期二	星期三	星期四	星期五	星期六	星期日
30 初十	1 国际劳动节	2 十二	3 十三	4 中国五四…	5 立夏	6 十六
7 十七	8 世界红十…	9 十九	10 二十	11 廿一	12 国际护士节	13 国际母亲节
14 廿四	15 国际家庭日	16 廿六	17 世界电信日	18 国际博物…	19 廿九	20 全国学生…
21 小满	22 初二	23 国际牛奶日	24 初四	25 初五	26 初六	27 初七
28 初八	29 初九	30 初十	31 世界无烟日	1 国际儿童节	2 十三	3 十四

牛三多股市日历

图例 109 牛三多 2012 年 5 月份股市日历示意图

原来竟是另有图谋。参见图例 110 所示。图上的一波底就是做盘资金砸盘之后出现的建仓平台。根据滚动交易系统三低建仓原则，此处不正是潜伏的好去处吗？于是，在 2012 年 5 月 3 日，牛三多在尾盘最后 5 分钟，买进了开能环保（300272），买入价为 10.22 元。这叫潜伏式建仓。

如图例 110 所示，牛三多后边又在二波底、三波底两个地方潜伏建仓，操作了

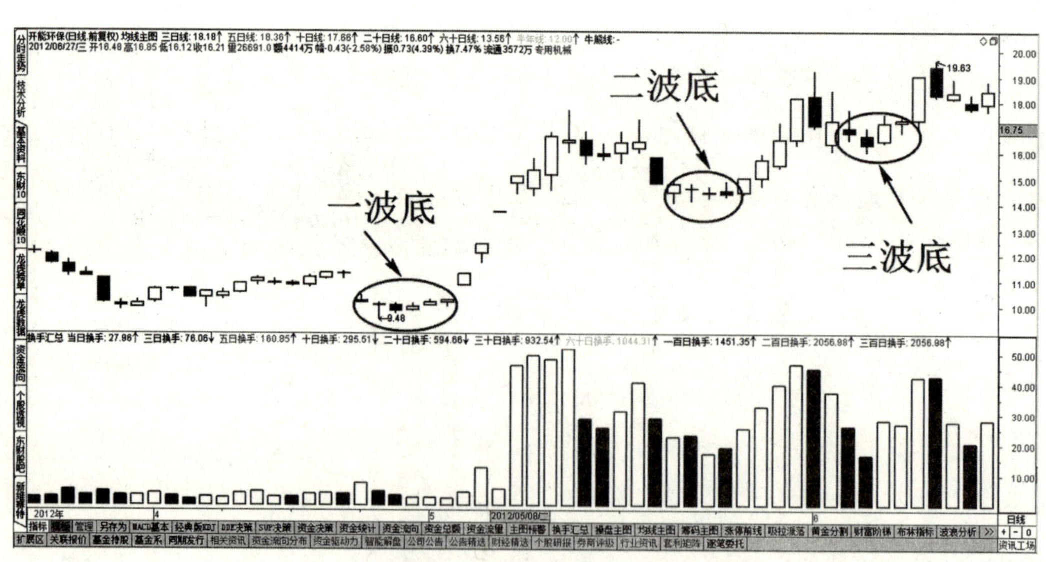

图例 110 牛三多在开能环保（300272）潜伏式建仓示意图

两次。

有了开能环保（300272）的潜伏经验之后，牛三多慢慢开悟了。做股票要稳当，不要冒险。那么潜伏式建仓才是最安全的进场方式。难怪滚动交易系统倡导大家采用潜伏式建仓，这下子牛三多终于豁然开朗。于是，牛三多采用同样的手法，伏击了中化岩土（002542）。参见图例111所示。图上标注的潜伏点，就是牛三多潜伏的地方。

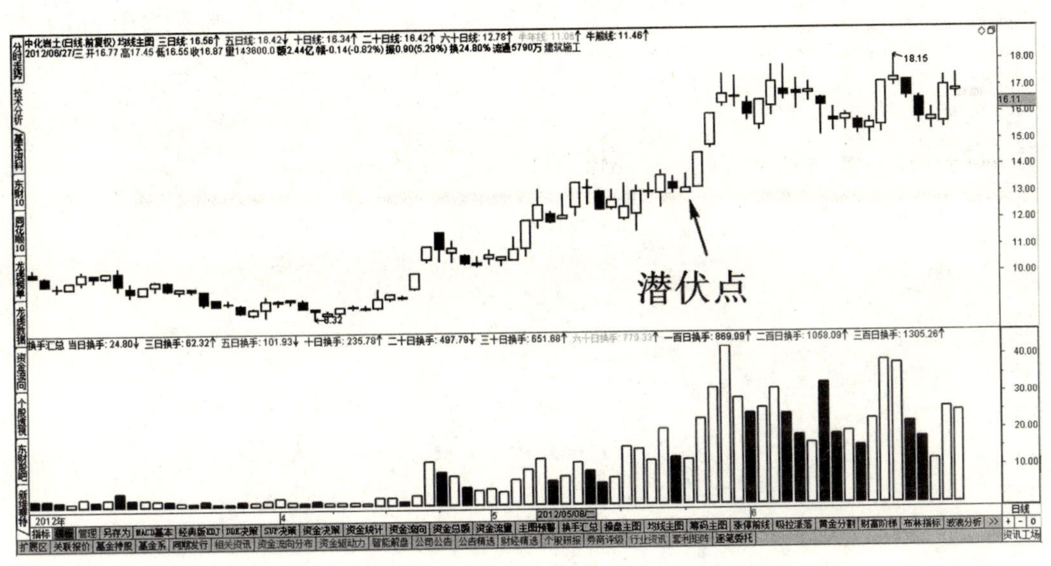

图例111　牛三多在中化岩土（002542）潜伏式建仓示意图

从上边的牛三多股市日历可以看出，2012年6月份，共有20个交易日。2012年6月份，牛三多重点操作的品种巴安水务（300262）、猛狮科技（002684）。经过反复钻研，牛三多对滚动交易系统的进场方式已经十分熟悉。他发现，当自己采用潜伏式手法建仓的时候，内心总是感到很踏实、很安详。以前那种惴惴不安再也没有出现过。很显然，这是最适合自己的进场方式。适合自己的才是最好的。于是，牛三多决定，今后就是用这种方法建仓。参见图例113所示。5月底，当时巴安水务（300262）出现了明显的潜伏建仓二区。但是，此时牛三多的资金无法调度，因为还在操作中化岩土（002542），只好以模拟的方式，试探性建仓。他发现，先模拟后实盘竟是如此美妙。于是，这个品种就继续模拟下去，看看收益会如何。

区间分析报表—涨跌幅度 市场：深沪A股 区间：2012-06-01,五 - 2012-06-26,二 点右键操作

	代码	名称	涨跌幅度	前收盘	最高	最低	收盘	振荡幅度	成交量	总金额	市场比%		
1	002684	猛狮科技	15.41 76.36%	20.18	37.60	21.22	35.59	16.38 77.19%	5098万	14.1亿	0.13		
2	600385	*ST金泰	2.44 70.11%	3.48	6.54	3.65	5.92	2.89 79.18%	1508万	6643万	0.01		
3	600617	ST联华	3.59 68.38%	5.25	11.57	8.78	8.84	2.79 31.78%	3399万	3.33亿	0.03		
4	300262	巴安水务	7.90 59.12%	13.35	24.10	13.85	21.25	10.25 74.01%	1.52亿	34.0亿	0.33		
5	300147	香雪制药	3.21 40.02%	8.02	12.56	7.56	11.23	5.00 66.14%	2.60亿	28.4亿	0.27		
6	000014	沙河股份	2.66 36.09%	7.37	10.50	6.77	10.03	3.73 55.10%	2.54亿	21.2亿	0.20		
7	300209	天泽信息	3.29 34.89%	9.43	15.43	9.63	12.72	5.80 60.23%	1.39亿	17.9亿	0.17		
8	000669	*ST领先	6.57 34.34%	19.13	27.54	18.60	25.70	8.94 48.06%	2107万	5.40亿	0.05		
9	300181	佐力药业	7.32 31.58%	23.18	33.73	22.19	30.50	11.54 52.01%	4916万	15.0亿	0.14		
10	002644	佛慈制药	4.53 31.44%	14.39	19.45	14.10	18.92	5.35 37.94%	5361万	9.24亿	0.09		
11	600478	科力远	6.23 29.89%	20.84	31.13	22.92	27.07	8.21 35.82%	1.72亿	50.6亿	0.48		
12	600096	云天化	3.12 29.89%	10.44	18.30	13.21	13.56	5.09 38.53%	2.16亿	34.7亿	0.33	31.18	-37.16
13	600027	华电国际	0.93 29.06%	3.20	4.17	3.16	4.13	1.01 31.96%	4.77亿	17.8亿	0.17	9.19	233.84
14	300088	长信科技	3.35 28.27%	11.85	15.30	11.61	15.20	3.69 31.78%	1.95亿	26.1亿	0.25	113.23	-7.92
15	002349	精华制药	2.90 27.97%	10.37	13.82	9.44	13.27	4.38 46.40%	1.05亿	13.3亿	0.13	96.13	949.93
16	600613	永生投资	3.77 27.76%	13.58	17.35	11.31	17.35	6.04 53.40%	8755万	12.1亿	0.11	85.60	56.90
17	600687	刚泰控股	3.00 26.93%	11.14	14.14	14.14	14.14	0.00	0	0.0	0.00	0.00	–
18	000056	*ST国商	3.21 23.04%	13.93	18.42	13.76	17.14	4.66 33.87%	1941万	3.18亿	0.03	16.28	150.08
19	300314	戴维医疗	5.78 22.92%	25.22	32.49	24.03	31.00	8.46 35.21%	5330万	15.2亿	0.15	333.14	173.52
20	300023	宝德股份	2.19 22.88%	9.57	12.56	9.05	11.76	3.51 38.78%	3224万	3.56亿	0.03	143.29	678.48

牛三多股市日历

图例 112　牛三多 2012 年 6 月份股市日历示意图

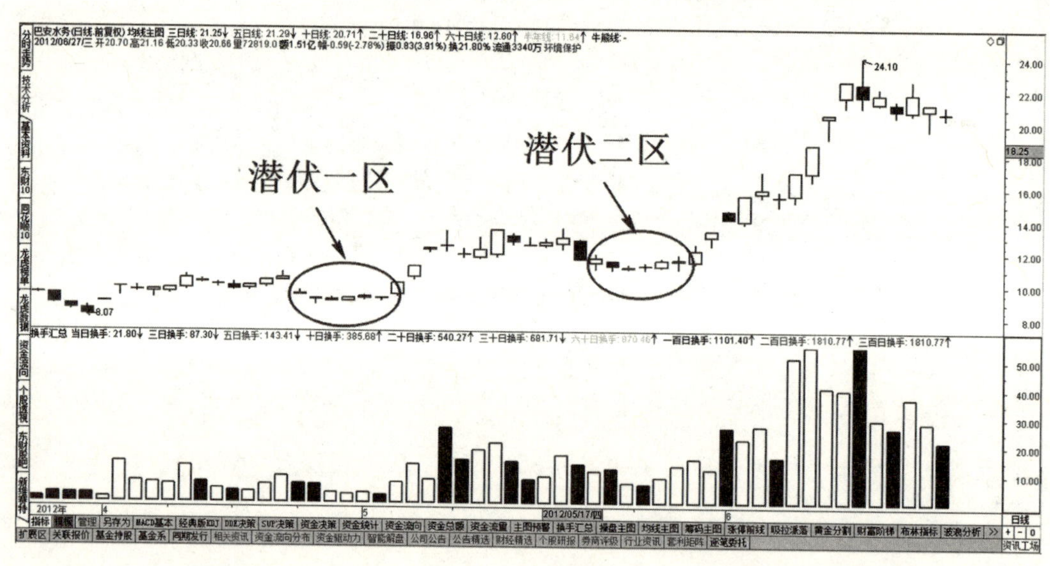

图例 113　牛三多在巴安水务（300262）模拟潜伏式建仓示意图

2012 年 6 月 12 日，新股猛狮科技（002684）上市。本来牛三多并不打算参与，但是看到开盘价竟然是 20.18 元，而且是破发价，顿时激发了他的好奇心。这不是某种暗示又是什么呢？于是，他就大胆进场了。当然，这次操作猛狮科技（002684）纯熟赌博行为，毫无技术含量可言，不值得效仿。所以，牛三多就不愿意继续总结了，十分遗憾。

各位，你们读完了牛三多2012年半年来的操作简要，有什么感想呢？记录下来，发给我。谢谢合作。

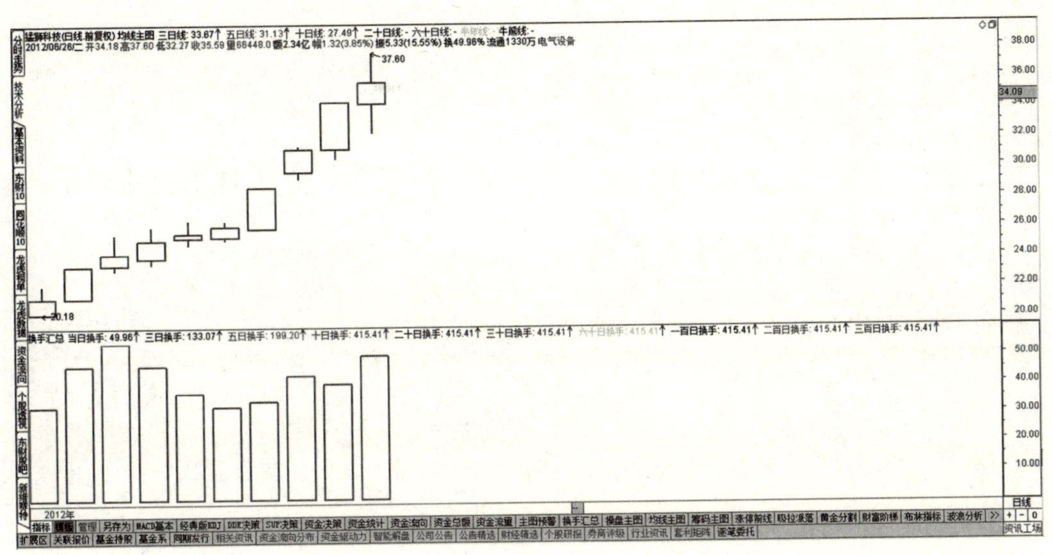

图例 114 纯属赌博的进仓方式示意图

第八章 滚动交易系统仓位管理

【本章学习要点】

一、建立基础仓位的基本方法

二、使用滚动仓位的基本方法

三、仓位动态调节的基本方法

滚动交易系统在仓位管理方面有非常严格的要求，仓位管理包括基础仓如何建设、滚动仓如何使用、防御仓如何分布、如何根据行情变化动态调节仓位，等等。基础仓也叫底仓，该如何建设基础仓的学问最大，同时也是影响滚动操作的核心环节。建立基础仓的时候，原则上需要遵守三低建仓法则，所谓三低，前边已经介绍过，就是低风险区域、低技术状态、低价位品种。建仓的时候，要充分考虑三低原则，三低优先。为了促使底仓成本尽可能低一些，可以采取滚动建仓的方式建立底仓。当然，这种方式只适合于中大型资金。至于小型资金、微型资金，因为资金规模小，建仓时间短，就不需要这么干。

关于滚动仓的使用，可以遵循分批使用的原则，把用来滚动的仓位划分为若干份，可以是等分的，也可以是梯次式的，递增或者递减都可以。对于正在处于上升通道中的品种，可以考虑采用递减的方式使用滚动仓。因为股价越往上，就越容易把底仓弄丢了。此时就要减少滚动的次数，如果没有十分的把握，或者技术还不过硬，就不要勉强滚动。对于正在处于横向震荡的品种，可以采用等分的方式滚动，在箱型走势的高低点使用滚动仓。至于正处在下跌通道之中的品种，原则上不参与操作。如果艺高人胆大，也需要采用递增的方式来操作。也就是在下跌初期不参与滚动，只融券做空。在下跌的中后期，适当使用滚动仓。越往后达到下跌的后期，就越多使用滚动仓，并留存部分筹码备用。当然，这仅仅是适合顶尖高手使用，业余投资者千万不要参与下跌通道的品种。

至于防御仓的调度，一般选择协同方来完成。如果是大板块的协同作战，或者是大型资金、巨型资金联合作战，就涉及到防御仓相互之间调度问题。对于小型资金来说，可以忽略这个部分内容，本书也把这部分内容省略了。如果需要了解，可以跟我联系。

仓位管理可以分为两大类，一类是静态的定期管理，一类是动态的定点管理。前者属于大中型资金使用的范畴，后者属于小型资金和微型资金使用的范畴。因为这部分内容比较艰深，对于非职业投资者来说，没有必要了解那么仔细。因此在这本书里也省略了。在这本书中，我们重点讲解仓位管理的一般原则和普遍原则，供大家参考。特地说明。

第一节 建立基础仓位的基本方法

滚动交易系统关于基础仓位的建设，最核心的原则是安全，如果连基础仓都不安全，后边的滚动就无法进行了，也无心进行了。所以，在建立基础仓位之前，一定要对目标品种做深入细致的研究，做到全面了解、深入分析、反复权衡、跟踪分析。只有做足准备工作之后，熟悉了解之后，才能进场建仓。要杜绝脑子发热的随意操作。随意下注是交易的大敌，是导致失败的祸根。我们在平时一定要做好充分的准备，只有做足了功课，才有可能做到稳健盈利，才有可能做到出手就赢，才有可能做到基础仓位安全可靠，万无一失。

前边已经介绍过，滚动交易系统的进场要领是建立在三低原则之上的。我们在建立基础仓位的时候，一定要考虑备选品种当前是不是处于低风险区域，是不是处于低技术状态区域，是不是处于低价位区间。只有三者都符合条件的时候，才是首选的品种。另外，就是选择强势品种的问题，一定要紧扣市场热点，精心挑选那些强于大盘的品种。关于这一点，我们在这里要详细的讲解一下。如果一只股票的阶段性走势弱于大盘，是没有参与价值的。

建立基础仓位的基本方法有很多，我们在这里简要介绍几种最常用的方法，供大家参考。

第一种方法：在不再创出新低的地方建立基础仓位。

这种建仓的方法可以简称为不创新低法。假设我们已经做好了前期的准备工作，对某一品种已经经过反复的跟踪分析，那么什么时候开始进场建立基础仓位呢？顺便说一下，后边介绍的建仓方法都是建立在充分准备的基础之上的，请各位牢记，以后就不再重复讲解了。什么时候开始进场，不是你想买就买，而是要选择合适的时机。注意“时机”这个词语是由“时”和“机”组成的。拆开来讲，就是说，我们在考虑进场的时候，先要看时间节点合不合适，是早了还是晚了，或者不早不晚恰好合适。这一点很重要。最理想的当然是恰好合适。如果错过了最理想的进场时间节点，宁可晚了一点，也不要早了一点。为什么呢？因为你进场早了，就是浪费时间。时间才是最大的成本。进场晚了一点，最多就是少赚了或者错过了。这个不要紧，机会多的是。所以我们要把时间节点作为进场的第一要素来考虑。至于这个“机”是指关口，是指此时此际的“际”。也就是当下的意思。综合起来讲，时机就是指在这个时间节点上的这个空间位置。我们进场的时候，就要考虑在当前的这个时间节点上和当前的这个空间位置上是不是合适的。结合不创新低法来考虑，合适的进场时机就是前边已经创下了新低，但是现在不创新低了。关键词是：不创新低。下边我们举例讲解，请大家认真学习这个关键词。

参见图例 115 所示，图上画竖线的位置是创下新低的位置，我们每一天复盘的时候，可以将当天创下新低的品种选出来，画上一条竖线作为标记。然后放进股票池，跟踪分析。如果随后不再创新低，就意味着建仓的机会可能来了。但是，究竟什么时

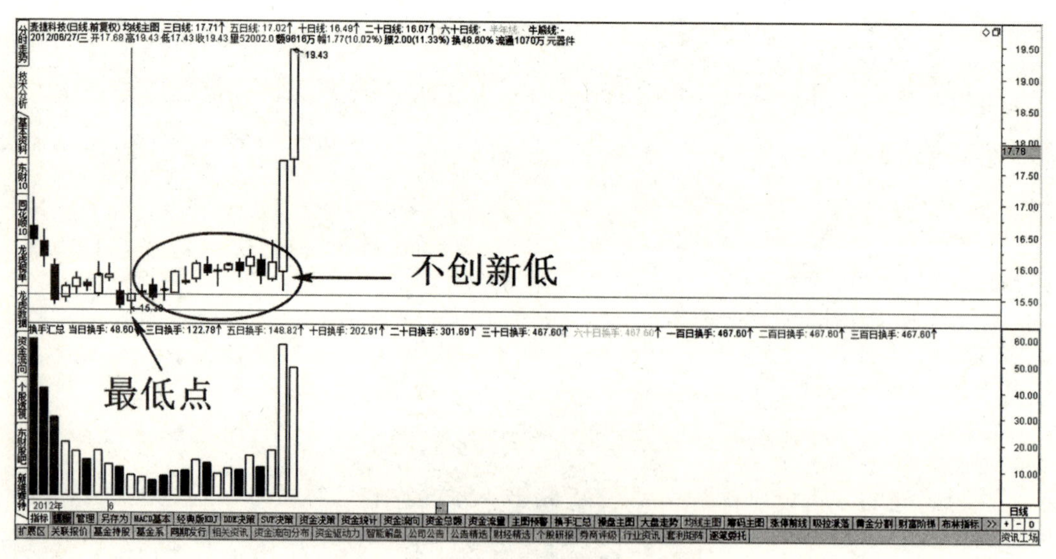

图例 115　不创新低买入法示意图

间节点进场比较好呢？要结合自己的资金大小来考虑。如果是虾米型的资金，可以选择它出现强于大盘走势的时候再进场，这样资金利用的效率会更高。如果是微型资金，也可以这样干。如果是小型资金或者中型资金，可以选择在不创新低的第一个交易日试探性进场，进场的时间节点可以选择在尾盘最后几分钟，进场的分时图位置可以选择在均价线下方。如果没有这样的位置出现，可以考虑在均价线附近进场。假如已经错过了最佳进场点，也可以耐心等下一个交易日，寻找尖刀底进场机会。总而言之，要尽可能做到在分钟图上的阴线买进，或者在分时图的低位区域买进，而不是看见猛拉就急追，急不可耐地追高进场。记住，进场的价位越低越好。

对于微型资金（含虾米型的极小资金）来说，在运用不创新低买入法的时候，可以选择先观察分析，跟踪一段时间，直到发现备选品种的走势强于大盘之后，才进场建仓。这是最稳健的建仓方式，也是效率最高的建仓方式。参见图例 116 所示。图上已经标注的很清楚，当个股出现很明显的强于大盘走势的时候，进场的风险最低，随后的收益也很值得期待。图上介绍的这只股，当大盘走势出现低开低走的时候，它也是低开的，但后边却是不随大盘下跌，而是逆势上升。很明显，在空间位置的低位区域出现逆势拉升属于做盘资金操纵股价。这时候，就是微型资金进场的时候。可以在

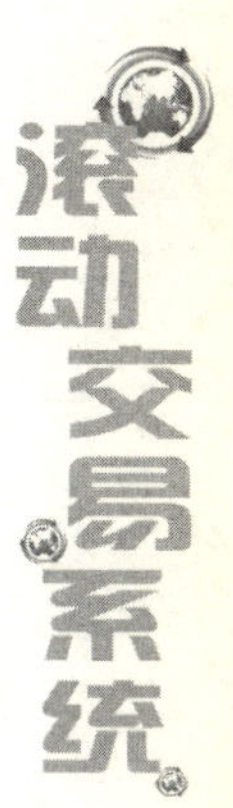

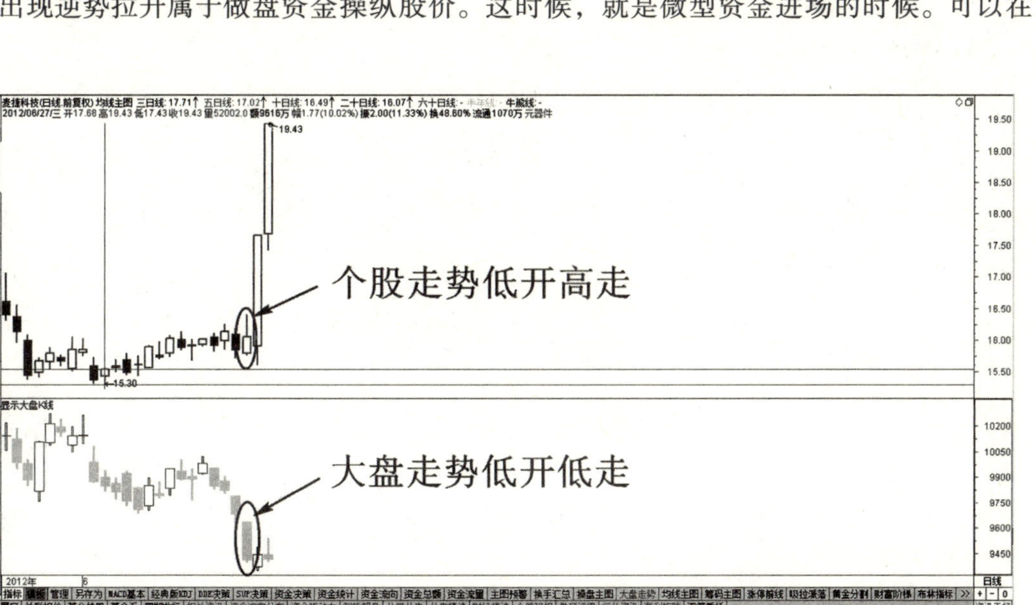

图例 116　微型资金不创新低买入法示意图

盘中分时走势图上选择低点分批买进，仓位控制在基础仓位总资金的50%以内即可。随后的交易日如果继续强于大盘，再适当加仓。

第二种方法：在低风险区域出现启动阳线之后逢低建立基础仓位。

在低风险区域出现启动阳线之后，通常是比较好的进场机会。在这里需要注意以下几点：第一点是阳线的大小，阳线可以是中型阳线，也可以是大型阳线，前者叫启动中阳线，后者叫启动大阳线。但不能是小型阳线。第二点是出现启动阳线之后，随后的K线不管是什么类型，近期内不能出现最低点低于启动阳线的最低点，否则就是启动失败。第三点是进场时机的把握，不要急于进场，遇到启动阳线之后，可以先观察一下，看看这根启动阳线是否成立。一般可以观察两三天，至少也要观察一个小时。第四点是进场点位和价位的选择，要尽可能选择分时图上的低点，而不要追高买进。可以在确认不再创新低的时候，在分时图上寻找低点买进。第五点是买进的方法，必须是分批进行，不要一下子就把资金用尽，更不要在同一个价位反复买进。如果出现启动阳线之后随后的几个交易日是小型K线整理形态，可以在每天的下影线买进，用滚动建仓的方式建立基础仓位。参见图例117所示。

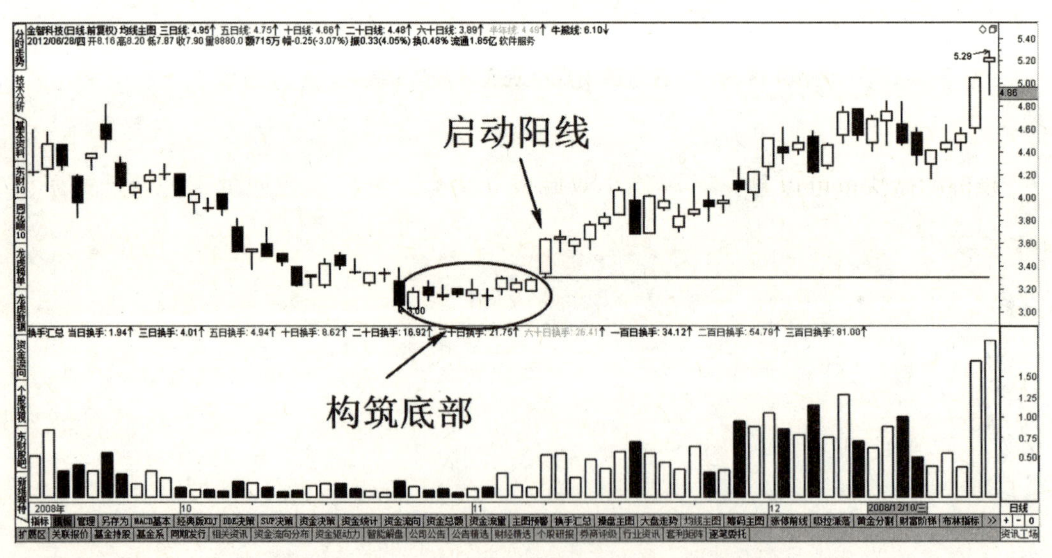

图例117 低风险区域出现启动阳线示意图

第三种方法：低风险区域小双底成立后逢低建立基础仓位。

参见图例118所示，在低风险区域出现小双底形态，通常小双底成立的概率比较高，当后边的低点不再下来时，就可以考虑试探性建仓。记住，是试探性建仓，买进的仓位一定是很小的，因为即使买错了，也还可以补救。就算止损，也不至于损失很大。通常第一次买进的仓位只占基础仓位的1%左右，这叫试错。如果错了，最大的损失也就是1%而已。

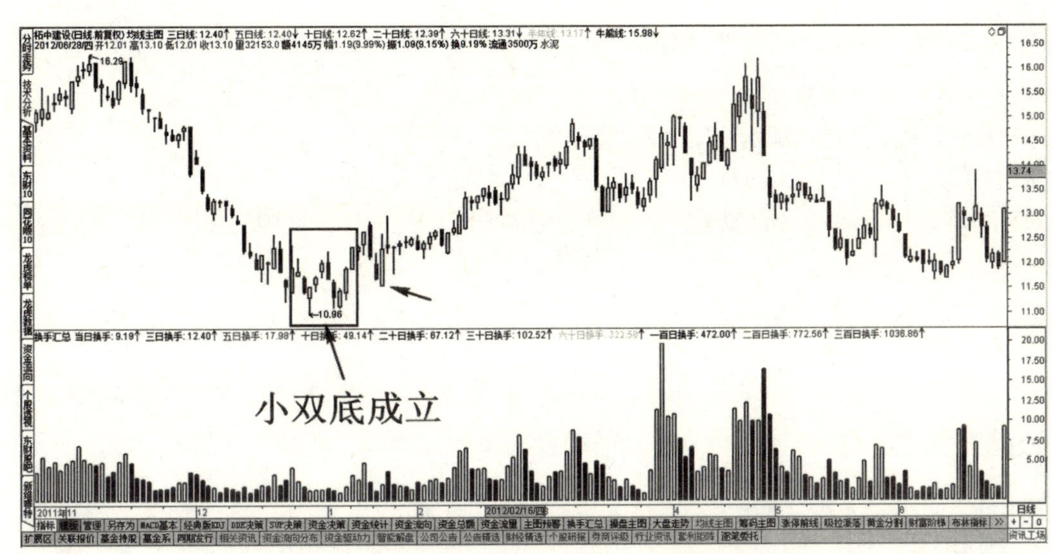

图例118 低风险区域出现小双底进场建立基础仓位示意图

稳健的做法也可以是耐心等待小双底成立之后，突破颈线回抽不创新低的时候，再考虑买进。这样的进场方式看起来有点滞后，但也比较安全。究竟采用哪一种方式比较好，没有统一的说法。如果大盘环境比较恶劣，还是谨慎一点比较好。如果大盘环境比较顺畅，可以在操作上稍微激进一些。我个人比较喜欢激进的进场方式，一般在右边的低点不破左边的低点时，就开始进场了。这时候往往可以从比较低的价位做起，赚的也比较多一些。在这里需要注意的是，一定是出现在低风险区域的小双底才能这样操作。如果出现在空间位置的高位那种貌似小双底的走势，就不能这么激进了，甚至不能进场建立基础仓位。

第四种方法：新低十字星之后逢低建立基础仓位。

新低十字星可以分为两种，一种是阶段性低点出现的新低十字星，另一种是历史性低点出现的新低十字星。我们可以从周内新低、月内新低、季内新低和年内新低这几个方面来查看低点究竟属于哪一个类型，然后判断新低十字星的性质。无论是哪一种新低十字星，都有阶段性的套利机会。参见图例 119 所示。这句话的意识是说，凡是出现新低十字星，在未来 8 小时之内出现反弹的概率比较大。因此，但目标品种出现新低十字星的时候，只要股价不再向下滑行，就可以考虑进场建立基础仓位，第一仓的仓位可以考虑控制在 30% 以内。

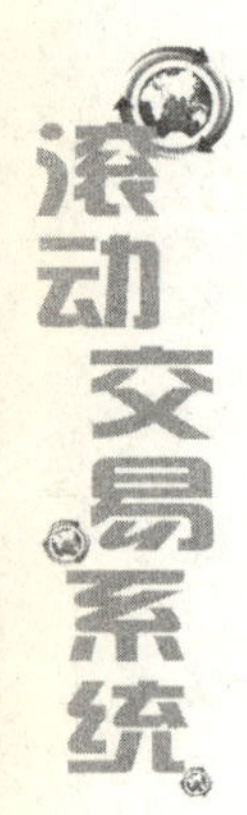

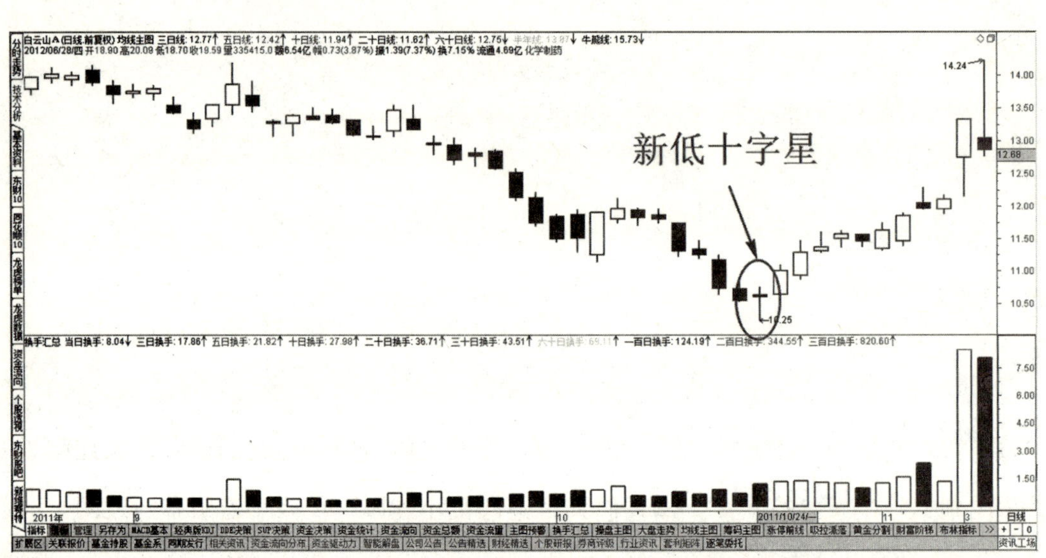

图例 119　新低十字星出现之后逢低建立基础仓位示意图

第五种方法：低风险区域新低怀抱线之后逢低进场建立基础仓位。

如图例 120 所示，这是非常经典的新低怀抱线。凡是在空间位置的低位区域经过地量整理之后，再次创出新低，然后出现反攻，拉出大阳线来，将近期的整理 K 线全部或部分吃尽，表明此时多头涨势强劲，后市继续看好。在随后的交易日可以逢低进场建立基础仓位。新低怀抱线如果是以大阳线的形式出现的，那么随后可以在分时走势图上的寻找低点买进。如果是以大阴线的形式出现的，此时不必急于进场，可以先观察股价是否站稳。如果出现高开低走大阴线怀抱前边的几根中小阴线的图形，那么此时要做高进场准备，一旦股价再次出现高开低走大阴线或者长十字线，只要不创新低，就可以试探性进场建立基础仓位。

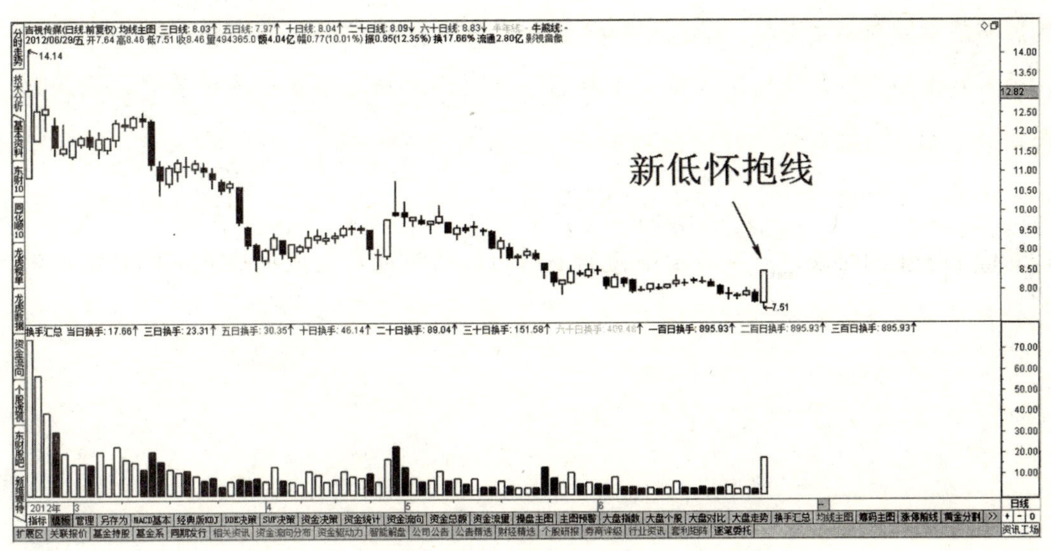

图例 120　低风险区域出现新低怀抱线进场建仓示意图

第六种方法：低风险区域碎步 N 连阳之后向上突破时进场建立基础仓位。

在空间位置的低位出现连阳走势，常见的有小连阳、大连阳、混合连阳等类型。注意分辨它们不同的技术含义。低位小连阳通常是做盘资金建仓的信号，大连阳、混合连阳则不一定是建仓。在这里我们只讨论低位小连阳。低位小连阳有两连阳、三连阳、四连阳、五连阳以至更多，我们统称为 N 连阳。表现在 K 线形态结构上，一般是小型 K 现居多，间或出现一些中型 K 线。低位 N 连阳出现的时候，需要观察连阳的斜率，如果斜率很小，那么可能会反复出现连阳结构。如果斜率越来越大，那么变轨临界点就越来越近。在滚动交易系统里，最值得关注的是斜率越来越大的低位 N 连阳。如果斜率越来越大的时候，突然出现一根或者几根小阴线，这时候不要急于介入，看清楚做盘资金的操作意图之后再进场。如果是 N 连阳之后出现起跳动作，可能是做盘资金开始快速拉升了，这时候往往是积极进场的好时机。参见图例 121、122 所示，图例 121 是三连阳之后出现上跳突破，图例 122 是六连阳之后稍事休息就向上突破。我们要做的是在突破到来的时候，抓住时机，进场建立基础仓位。在这里需要特别说明一下，如果是微型资金，一定不要过早介入，因为你的资金很小，过早介入实在是浪费时间，影响资金的使用效率。如果是大中型资金，就另当别论。对于一些喜欢采用N字结构操盘手法的做盘资金来说，往往喜欢连阳之后接着连阴，连阴之后接着连阳，如此循环往复，小波段向前推进。这类做盘资金柔性十足，不是威猛金刚型的，跟起来很腻、很乏味，没劲透了。因此，滚动交易系统不建议你参与这样的品种，而要尽量回避它们。

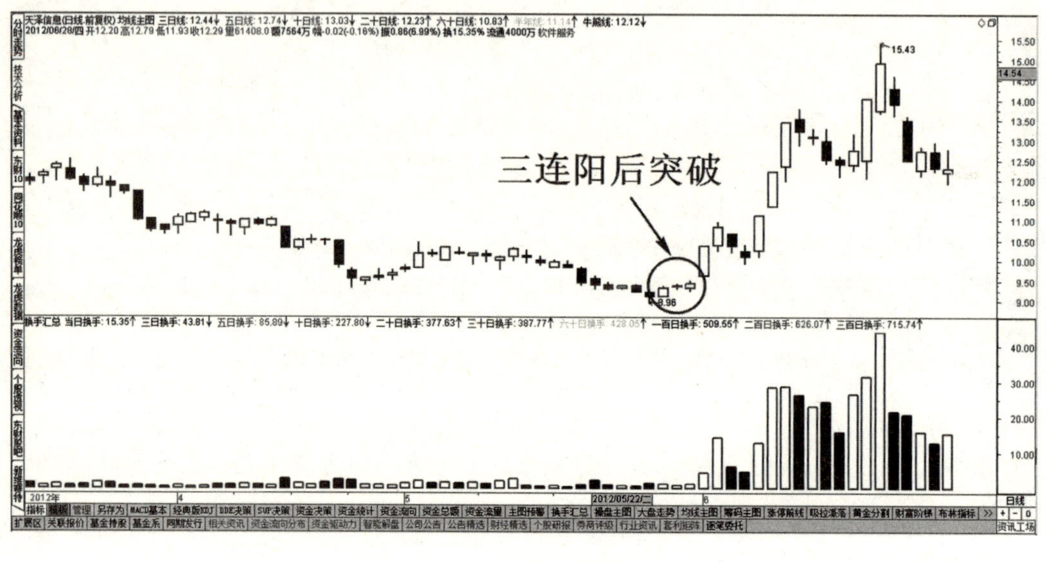

图例121　空间位置低位出现三连阳之后向上突破示意图

第七种方法：低风险区域长针探底之后寻找低点建立基础仓位。

空间位置低位出现长下影线也叫海底针、探底长针、探底金针、寻宝金针之类，是做盘资金为了试探盘面而做的假动作。通常情况下，做盘资金在大规模进场之前、或者在大规模回补之前、或者在快速脱离成本区之前，都要做一下测试。有时候，为了照顾相关方面，也需要做点下影线。不管是什么原因，总而言之，在空间位置低位区域出现很长的下影线之后，我们都要做好进场建立基础仓位的准备。因为做盘资金已经在盘面上发出了信号，此时不进场还等什么时候呢？天予不取，反受其咎。参见图例123所示，出现创新低的探底长针之后，股价开始止跌回升，一路上行。从图上可以看到，出现探底长针之后，进场建立低仓的机会就到来了。这时候你还犹豫什么呢？

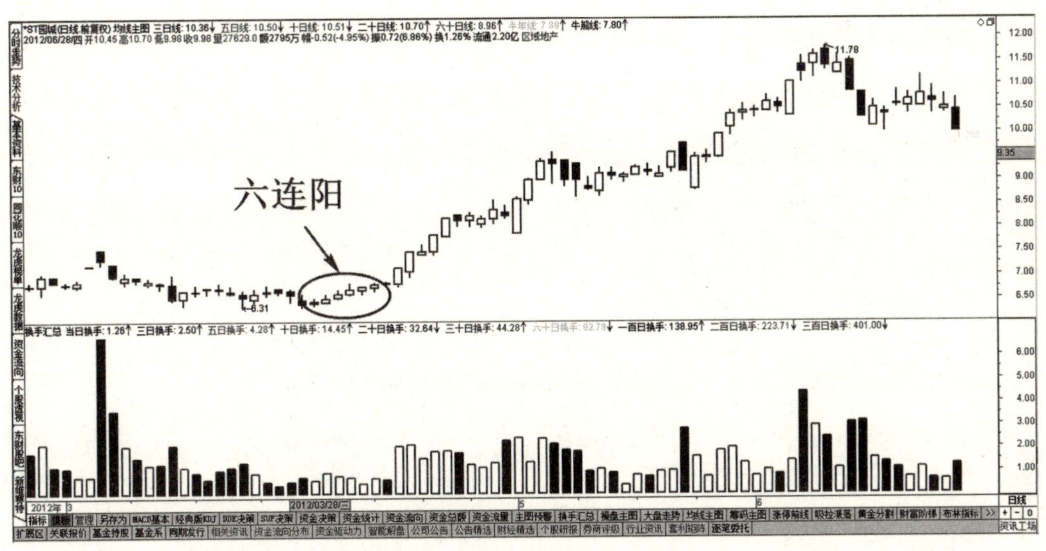

图例 122　空间位置低位出现六连阳之后向上突破示意图

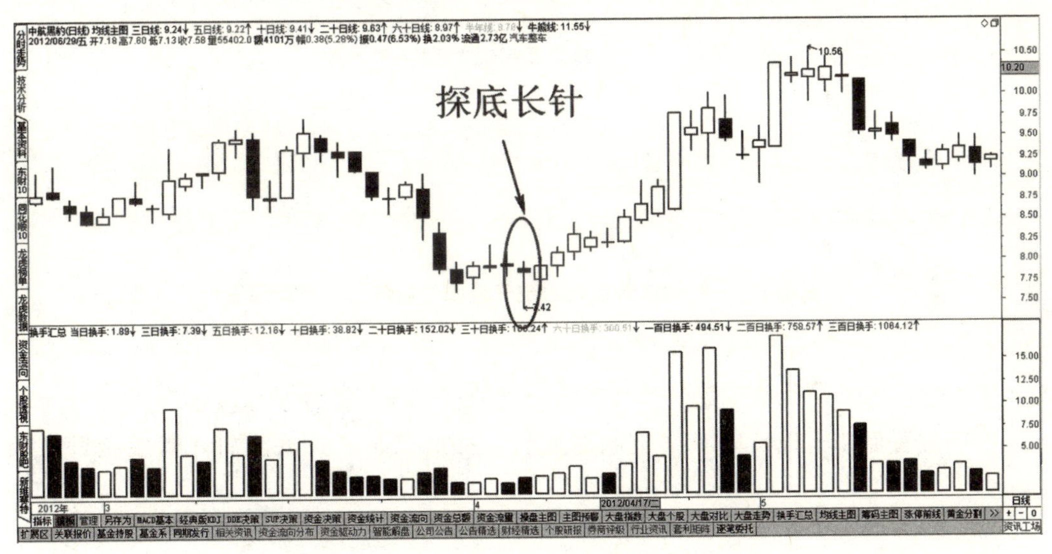

图例 123　长针探底之后进场建立基础仓位示意图

第八种方法：暴跌之后 V 型底成立时进场建立基础仓位。

暴涨暴跌是当前股市常见的现象，以前是，现在还是，但愿以后不再是。暴跌之后经常遇到 V 型底，这是典型的反转形态。怎么下去的就怎么上来。因此，遇到某些品种暴跌之后，可以考虑适当建仓。参见图例 124 所示，建仓的位置各人有不同的看法，激进型的可能会在尖刀底出现后就进场了。稳健的可能会在出现止跌迹象之后才进场。我们主张稳健一些。

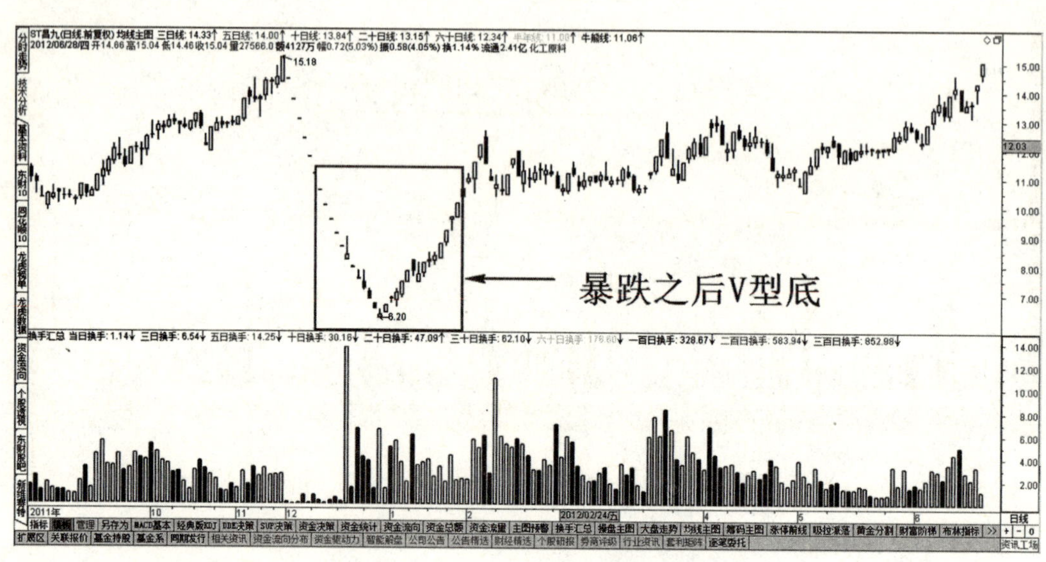

图例 124　暴跌之后出现 V 型底示意图

第九种方法：突破中位整理平台时进场建立基础仓位。

大型或者巨型资金做盘的时候，股价的上涨往往不是一涨到底，而是波浪式向前推进，或者台阶式向前推进。也就是说，大庄会采用大模样做盘手法，小庄才采用游击战手法。当然，必要的时候，大庄也会打打游击战。参见图例 125 所示，股价经过大幅度的拉升之后，出现了高位整理平台，整理的时间也很长，但并不意味着行情已经结束。此时我们可以密切关注后续的发展。当股价带量突破整理平台的时候，就可能意味着新一轮拉升开始了。我们可以在向上突破的第一时间适量跟进，建立一些基础仓位。如果我们把握不准，或者对空间位置高位或者阶段性高位感到恐惧，可以在仓位上严格把关，轻仓参与即可。

第十种方法：空间位置中位突破近期高点时进场建立基础仓位。

在阶段性拉升之后，做盘资金往往会清洗浮筹。这就是我们常说的洗盘。实际上洗盘是阶段性出货，是滚动做盘的手段之一。滚动做盘是私募资金、游资和一些超级机构常用的做盘手段。我们观察一下图例 125 就可以发现滚动做盘的痕迹。现在滚动

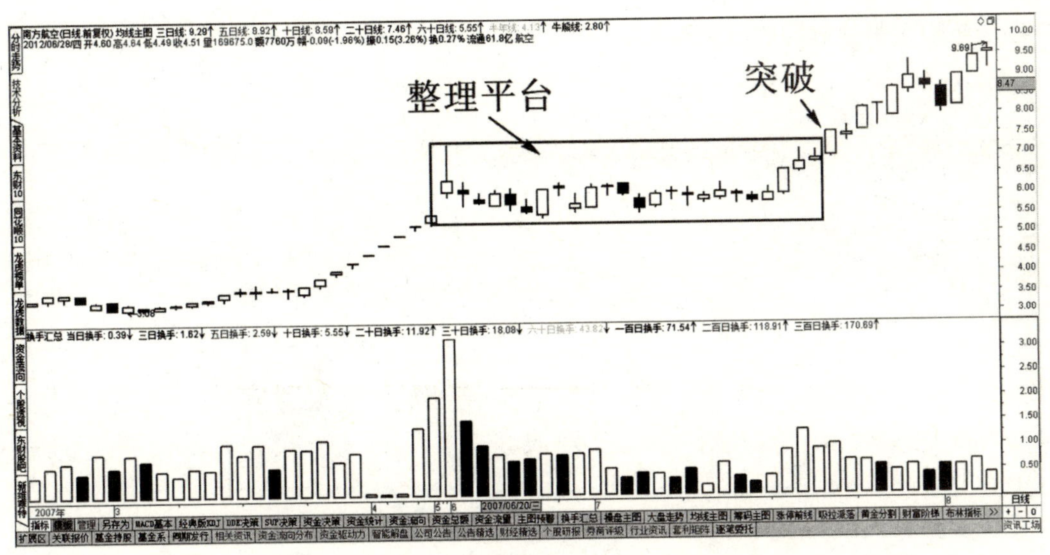

图例 125　空间位置相对高位整理平台突破示意图

做盘已经成为资金大佬们套利的主要手段，我们可以借势采用滚动操作的方式实现盈利最大化。参见图例 125 所示，当股价洗盘结束再次突破近期高点的时候，从容进场，再度搏杀。需要注意的是，再度进场的时候，仓位要控制在比较低的水平上，以有效防范风险。

观察近年来很多短期飙升的品种，经常可以发现滚动做盘的痕迹。这也是我们当前市场主流操盘手法，需要我们深入细致去研究，去掌握。关于滚动交易系统的仓位管理技术，如何进场的内容还有很多，在这里我们介绍了最主要的进场方式，供大家参考。更多的内容我们将在后边的章节详细讲解。在这一节里，我们是从 K 线形态结构的角度来介绍进场要领的，各位还可以从关键技术点位、量能集散结构等方面学习和设计进场建立基础仓位的基本要领。不管是从哪个角度来设计进场要领，都需要牢记前边我们已经介绍过三低原则，这是我们立足市场的根本，也是我们能够在市场上实现盈利最大化的先决条件。

上边我们介绍了从日线图的角度进场建仓的基本要领，接下来，我们还要学习如何从分时图、闪电图或者分笔图的角度进场建立基础仓位的方法。首先说明，任何从

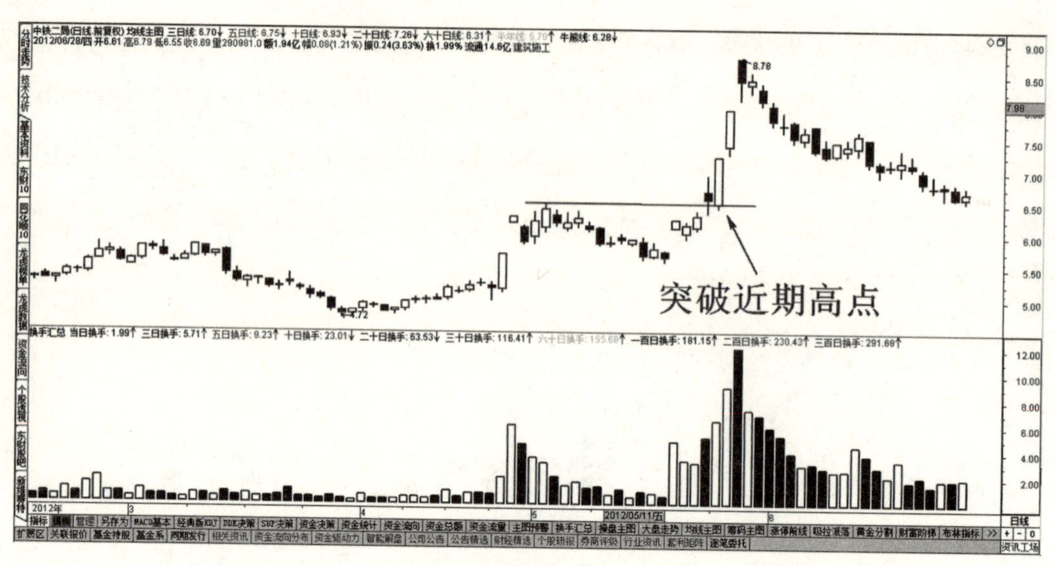

图例 126　突破近期高点再次进场建立基础仓位示意图

分时图、闪电图或者分笔图角度选择进场时机的方法，都是建立在趋势明朗的基础上的，不能撇开趋势来看分时图、闪电图或者分笔图，否则就会陷入只见树木不见森林的误区。

关于如何从分时图、闪电图或者分笔图进场的方法，我们统一定义为微观进场法。按照进场的时间节点来划分，微观进场法可以划分为早盘进场法、中盘进场法、尾盘进场法三种。早盘进场法的时间一般是指从集合竞价开盘开始至上午 10 时整这段时间。中盘进场法的时间一般是指上午 10 时（不含）至下午 14 时半（含）这段时间。尾盘进场法的时间是指下午 14 时半（不含）至 15 时收盘这段时间。在不同的时间段里，进场的方式是略有不同的。但是，从总体上来说，我们的进场原则是：不跌不买，小跌小买，大跌大买，暴跌狂买。也就是说，当我们选定的目标品种符合三低原则时，要采取低买的方法来建仓，要杜绝追高买入的建仓方法。如果我们能够坚持最基本的进场原则，那么我们的成本就会比别人低，我们的盈利就会比别人多。因为我们拥有成本的优势，我们的心态也会比别人更加平和，情绪也会更加稳定。这样能从容不迫应对盘面的变化，我们的胜算就会更高。

微观进场法其实很简单，一言以蔽之，就是只找低点买，仅此而已。因此，限于篇幅，就不在这里展开解讲了。我们在后边的滚动仓使用方法和仓位动态调节方法讲解过程中，会对这部分内容穿插讲解。各位如果有什么不明白，也可以给我来信，我会尽量抽时间给各位读者详细解释。再一次请各位记住：我们进场的时候，只找低点买进，绝对不去追高买入。

第二节 使用滚动仓位的基本方法

在滚动交易系统里，关于滚动仓位的使用，也就是如何滚动操作的方法有很多，在这一节里，我们首先介绍一些最基本的方法，供各位参考。滚动仓位也叫滚动仓，是用来实施滚动套利的仓位，它们是随时变动的，是我们每一个交易日根据盘面的变化用来低吸高抛的筹码。如何低吸？如何高抛？什么时候才进场低吸？什么时间要进行高抛，这是最核心的问题。在这里，我们把低吸定义为进场，高抛定义为出场。为了简练起见，在这一节里所有涉及的案例，都是假设符合明确趋势原则的。大家记住，只有在趋势明确的前提下，才进行滚动操作，如果有什么不明白，可以查看前边的有关讲解。在这里不再重复，特地说明。

在滚动交易系统里，用来滚动操作的资金，通常可以设定为操盘总资产的50%左右，并以这个比例作为基准，根据大盘环境的变化相应调整滚动仓资金的比例。如果大盘环境比较健康，个股走势比较强劲，用来滚动的资金可以略少，基础仓位略多。相反，如果大盘环境比较恶劣，个股走势也比较疲软，用来建立基础仓位的资金可以略少，用来滚动的仓位也比较少，留出更多的资金作为备用。关于这些内容，可以参见后边的风险控制措施讲解部分。

在滚动交易系统里，滚动操作可以分为职业选手的滚动操作和业余选手的滚动操作。职业选手包括独立操作的个人投资者、投资机构的交易员以及以交易为生的其他投资者。业余选手是指非职业投资者那一类。我们把职业投资者定义为职业选手，在滚动操作上边，一般采用分时走势图作为操作依据，有些职业选手选用分笔成交图或者闪电图作为交易依据。业余选手就没必要这么干，因为时间不允许。业余选手可以选用日线图作为操作依据，并以小波段、中波段、大波段作为滚动操作的循环标准。请各位根据自己的情况加以选择。

在这一节里，我们主要讲解职业选手的滚动仓位使用方法，这些内容原是交易员培训的课程，比较细化，对于业余选手来说，也许不见得有什么用处，你们可以跳过这一节，直接往下阅读。但是，对于立志成为职业投资者的读者来说，这部分内容是最重要的，不可或缺。

关于滚动仓位的使用方法，我们根据做盘的实际情况，从三个方面来讲解。第一个方面是如何做出急拉的图形，第二个方面是如何维持平和的图形，第三方面是如何做出急打的图形。这三个方面都是交易员必须熟练掌握的做盘技巧。为了叙述的方便，我们按时间节点来划分，分为早盘、中盘、尾盘三大块，逐一讲解它们的做盘策略。

一、滚动仓位在早盘的使用方法

关于滚动仓位在早盘的使用，对于交易员来说，要做的事有三种，第一种是使用做盘资金即用来滚动操作的资金快速地把股价做高，拉出盈利空间，然后反手做空，赚取差价，实现盈利。做盘是有成本的，协同拉升的一方快速做高股价，负责套利的交易员就心领神会，马上行动。两者之间的切换需要达到某种默契，在盘面上能够彼此读的出来。在早盘阶段、中盘阶段（也叫盘中阶段）和尾盘阶段，做盘的手法其实并没有本质上的不同，只不过时间节点不同而已。做盘的手法千变万化，在这里我们只介绍最常见的急拉、平和、急打三种。从非做盘资金的角度来说，了解一下做盘资金的做盘手法，会更加熟知如何用好滚动仓位。因此，在这里我们结合做盘、跟盘两方面的知识，讲解大众资金如何追随做盘资金使用滚动仓位，实现盘中快速切换、滚动套利，从而进一步降低持股成本，扩大盈利。

方法一：急拉

对于交易员来说，做盘的最高境界就是用极少的资金调动盘面跟风资金，吸引大众资金跟进，诱导它们，引导它们，促使它们称为跟盘做高股价的力量。反过来，如果需要做低股价，也是一样的思路，能够借势使力，才是顶尖交易员。怎样才能做到这一点呢？需要天时、地利、人和三方面的配合。参见图例 127 所示，这是什么图形呢？从图上来看，早盘阶段做盘资金并没有投入太多的资金，但是却被快速推高，两波就拉到了涨停板的位置上，之后牢牢封死，全天也不开板。从做盘的角度来说，很明显是利用了最常规的做盘手段：快速急拉！这样做盘，耗费的资金少，收到的效果大。我们从图上的量峰来观察，启动阶段，只用了区区三笔资金就完成了第一波拉升。这个引导盘做的妙绝。再看第二波，就更绝了。仅仅使用了两小笔引导资金，就诱使跟风的大众资金蜂拥而入，哗啦啦把股价推到了涨停板上。注意观察这里做盘资金的手法：一是引导，二是推高。第三步是什么呢？观察涨停板封住之后，成交量急剧放大。很显然，有人在这里兑现了。这就是暗中完成了滚动操作。明白了这个道理之后，我们作为大众资金就应当在早盘出现急拉的时候，第一时间买进滚动仓，第二步就不是死守，而是兑现盈利。转瞬之间，滚动仓就实现了 5% 以上的收益。接下来在这一节后边我们列举最常见的做盘手法，讲解它们的做盘特点和应对策略，供各位参考。

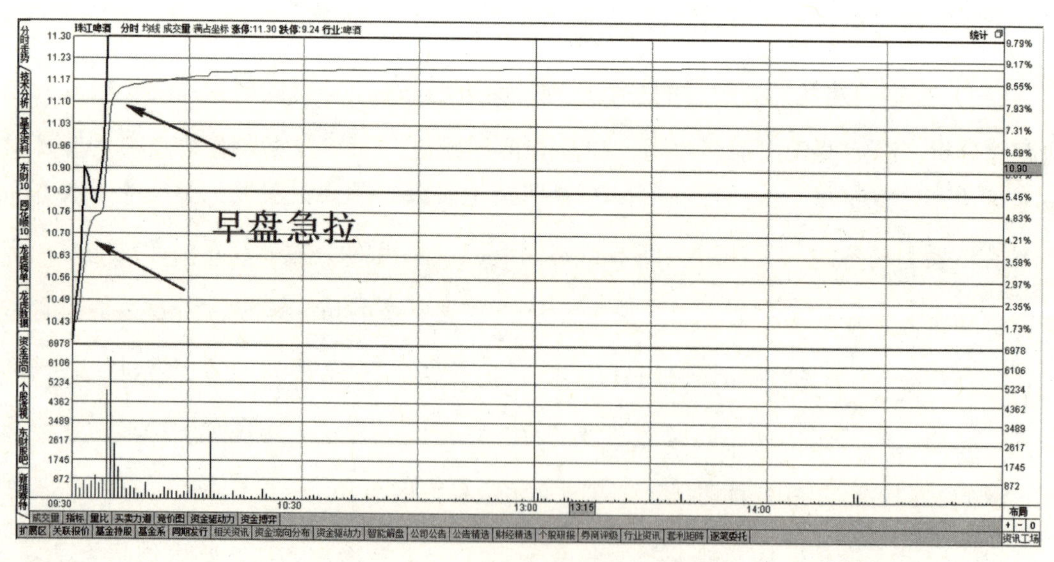

图例 127　交易员借助利好消息快速急拉吸引大众资金示意图

在这里我们总结一下图例 127 做盘资金的做盘手法：

（一）集合竞价阶段小幅度高开，开盘量只有 122 手，共 16 笔组成，很显然，做盘资金并没参与集合竞价。这是很奇怪的事，因为当天有利好消息刺激，却没参与竞价，有点叫人看不懂。这也正是做盘资金的用心巧妙之处。开盘量很小，可能更容易在开盘后发起冲击。

（二）开盘后快速三笔大单拉升，引导盘做得很漂亮。这时候场外大众资金蜂拥而入。

（三）第一波拉升之后，稍事停顿，不少获利短线客迅速出局。这正是做盘资金希望看到的。从盘面看，一些小虾米型的资金快速流出，股价仅仅略搓一下就被快速拉起。

（四）第二波拉升就很有意思了，不等大众资金回过神来，快速推至涨停板。这时候，跟风的大众资金蜂拥而至，买盘上堆积了巨大的跟盘资金。

（五）接下来就是做盘资金的兑现盈利了。瞬间释放出巨大的成交量，从闪电图上看得一清二楚，不少跟风盘成了协助封涨停板的被做盘资金。绝妙的操盘手法得以实现。

作为大众资金，我们的应对策略是：

（一）根据前边我们介绍过的三低原则，前边创下近期新低的时候，就要列入自选股跟踪分析。随后两天出现两连阴，却没有再创新低，预示着短期有站稳迹象，要积极关注。

（二）早盘小幅度高开，是发起冲击的信号。联系到当天的利好消息，马上在集合竞价阶段或者开盘第一时间进场，买进第一仓。仓位不超过基础仓位的 30% 为宜。

（三）封住涨停后，不宜再追加买入盘，小心提防开板时被动买入，提高成本。

图例 128 和前边的图例 127 略有不同。在分时走势图上，同样是早盘两波急拉，第二波快速冲击涨停板，注意观察，它仅仅是摸了一下涨停板而已，就出现快速回落，而且回落的时候成交量急剧放大很多。在这里我们总结一下交易员在图例 128 上的做盘手法：

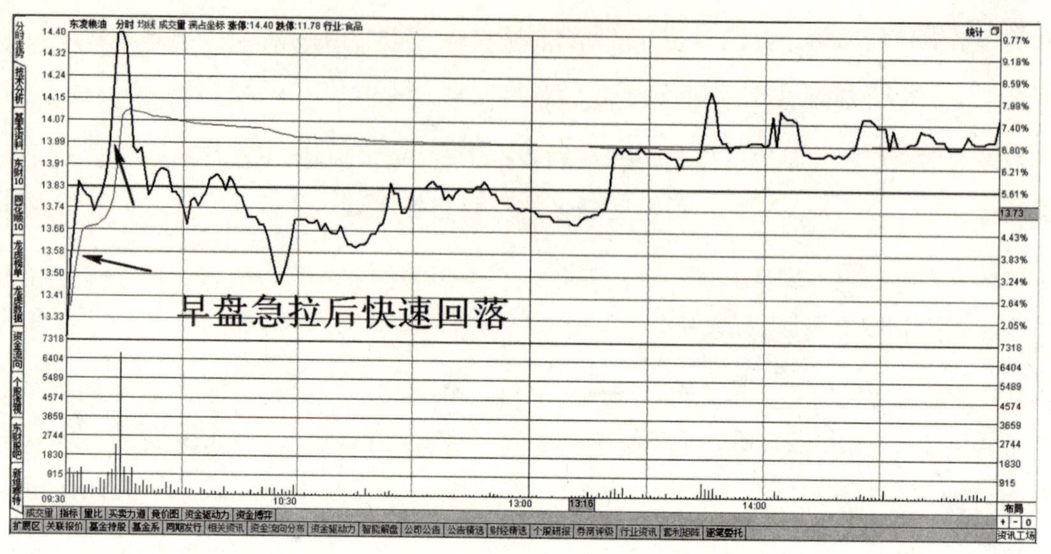

图例 128　早盘两波急拉后快速回落示意图

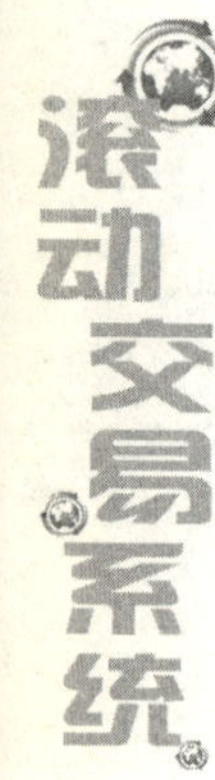

（一）集合竞价阶段小幅度高开，开盘量是 248 手，由 29 笔组成。

（二）开盘后很显然做盘资金就开始发力，一笔 626 手的大单猛然上窜，立即吸引了很多跟进的资金，这笔大单起到了很好的引导作用。操盘手法很高超，值得学习和借鉴。

（三）随后大户、中户、小户的资金轮番上阵，将股价哄抬到了前收盘价附近。

（四）观察盘口走势可以发现，在冲击前收盘价未果的时候，一系列的梯次很明显的引导盘在诱导大众资金跟进，而此时股价基本上维持在前收盘价附近。很精妙的引导啊。

（五）当大众的情绪被煽动起来之后，大约在 9 时 42 分，一笔 902 手的大单呼啸而出，直奔涨停板而去，此刻急红了眼的跟风盘也呼啦啦跟上。没料到涨停板瞬间被打开，股价飞流直下，那些狙击涨停板的跟风盘，被一网打尽，瞬间被套住了。呜呼哀哉。

冷静地观察分析整个早盘阶段做盘的过程，不难发现，做盘资金存在着明显的诱人入局行为。凡是具备看盘常识的投资者，都不会上它的当。为什么这么说呢？你想一下就会明白了。假如做盘资金真是有心做上去，哪会如此多情慢慢作秀，在前收盘价附近玩那些把戏干什么呢？既然它有意作秀，那么其背后必然有诈。这是毫无疑义的。所以，在看盘的时候，只要你明白了这一点，就断然不会上当受骗了。这里边涉及到盘口行为分析，相关的内容我们将在另一本书《分时实战技术》里详细讲解。

作为大众资金，面对像图例128这样的走势，我们的应对策略是：

（一）在开盘之后，如果我们有底仓的话，可以在快速急拉的时候使用闪电下单功能，快速卖出部分筹码。也可以将基础仓适当卖掉一部分，盘中寻找低点进行回补即可。

（二）如果还没有进场建立基础仓，不必急于进场，除非你在集合竞价就已经进场。

（三）尾盘阶段股价能够站稳在均价线之上，是一件好事，如果还没进场的话，可以考虑适当建仓，为下一个交易日滚动操作做好准备。仓位控制在30%以内为宜。

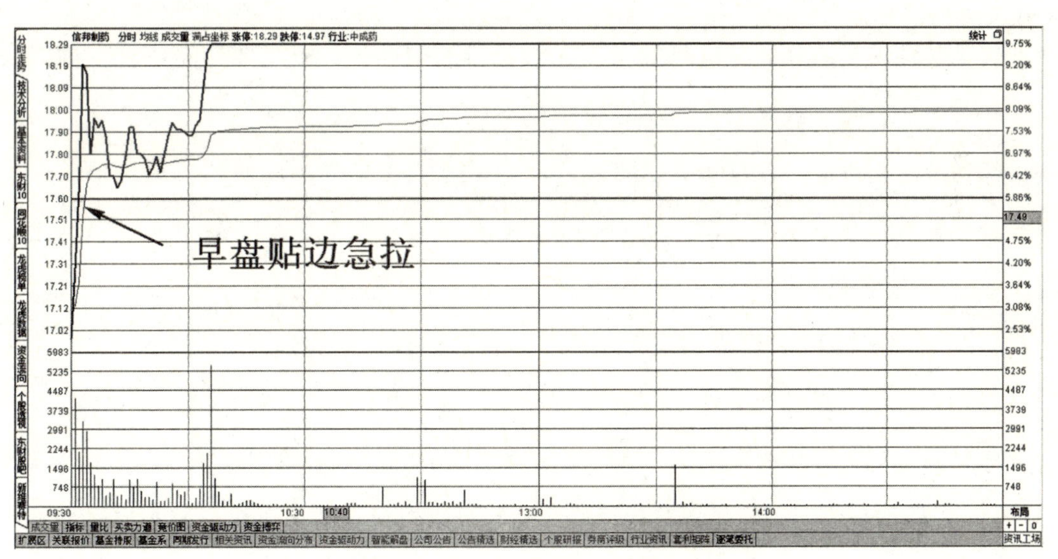

图例129　早盘贴边垂直急拉示意图

参见图例129所示，对于聪明的交易员来说，如果在做盘的时候能够做到拉洗结合的话，将会节省很多功夫，也节省很多做盘资金。拉洗结合的方式有很多，在早盘阶段，最有效的方式就是贴边垂直急拉8%以上，做出要一波封板的样子，刺激大众神经，然后向下垂直急打，瞬间下跌3%左右，稍事停顿，再做出低点下移、高点也下移、反复击穿均价线的样子。如是者三，经过多次的折磨，大部分短线客就会被折腾出局。图例129的做盘手段就是如此。

观察交易员的做盘手法，我们不得不佩服操盘手法的精妙绝伦。但是，再狡猾的狐狸也会露出尾巴，显露出其弱点所在。在这里我们先总结一下图例129做盘资金的做盘手法：

（一）集合竞价阶段小幅度高开，开盘量是535手，由46笔单组成。

（二）开盘后第一笔就出现了大单2019手，猛拉到17.19元，这笔大单既有交易员的急拉资金，也有跟风抢盘的大众资金。做盘资金的尾巴翘起来了，看盘时要注意这个细节。也就是因为这一笔大单出现，可以预见到随后可能会出现拉洗结合的走势。

（三）注意随后的走势，交易员马上停止了进攻，而一批大户、中户、小户却蜂拥而上。

（四）查看闪电图可以发现，在接近涨停板的时候，强大的卖盘蜂拥而出。很显然，这是有预谋、有计划、有目的抛盘，做盘目的很明确，就是要回笼资金，同时吓跑一批短线客。此时做盘的手段就是迅速向下击穿均价线，击穿支撑位，造成恐慌氛围，达到清洗的目的。在时间节点把握上，要尽可能在早盘的后两节压制住股价，使得5分钟K线出现两阴夹一阳、15分钟K线出现高位孕出线、30分钟K线出现长上影线的K线形态结构。

（五）在分时图上，要做出拉升乏力、后续动能不足的样子。

面对图例129这样的走势，作为大众资金，我们的应对策略是：

（一）假设我们手中已经有基础仓位，那么可以在早盘贴边急拉的时候，迅速卖出一部分。在这里需要采用预埋单的方式下单，否则临盘是来不及反应的。预埋单的下单价位，可以参照前边我们介绍的方法设计，也可以选择固定的涨幅比率下单。例如在5.5%、6.6%、7.7%、8.8%等上涨比率的位置下单，各位可以根据自己的偏好自己设计下单幅度。

（二）卖出基础仓之后，可以选择分时走势图上的低位回补。因为该品种当前处于资金深度介入、上升趋势明确的状态，所以不要害怕下跌，只要跌下来，击穿均价线，越跌越买。

（三）结合当前市场热点来看，医药股属于正在热炒的品种，因此，在操作上可以积极一些。我们的原则是紧扣市场热点，图例129这个品种是符合滚动交易系统操盘原则的，所以在滚动仓位使用上，不妨采取比较积极的态度，快速转换，力争盈利更多。

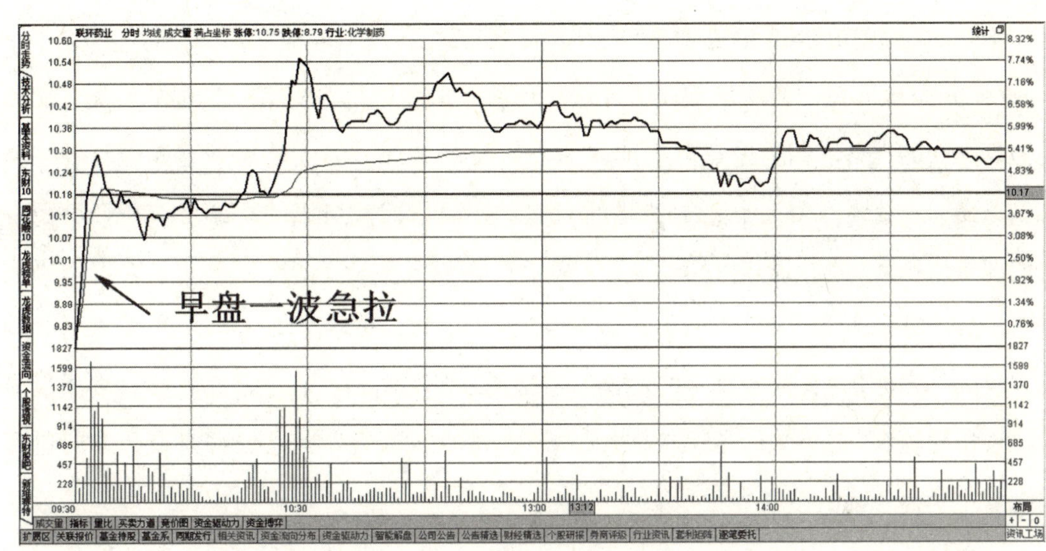

图例130　早盘一波急拉示意图

再看图例130显示的早盘走势。这个走势和上边的图例129略有不同，交易员做盘的思路不一样。早盘一波急拉，几乎是贴边直拉，但是拉升的幅度却不大，稍稍越过前收盘价就出现回落。注意观察回落的走势是先放量击穿均价线，诱发恐慌抛盘之后，才徐徐站稳。在这里我们简要总结一下图例130做盘资金的做盘手法，了解它们的做盘意图：

（一）集合竞价阶段以平盘开出，目的是使开盘价具有隐蔽性，开盘量是44手，偏小。

（二）开盘后以引导盘的方式，以梯次递进的方式推高股价，诱使场外资金跟进。

（三）在接近前收盘价的位置猛拉一把，然后反手做空，抛出部分筹码，回笼资金。

（四）然后快速击穿均价线，适当抛出一些筹码，压制住股价，将股价控制在前收盘价之下，如果恐慌盘不肯出局，再次向下创出低点，诱使他们出局。

（五）接下来继续将股价控制在均价线之下，造成走势疲软的样子。经过上边的操纵之后，从5分钟K线和15分钟K线来看，图形就会非常难看。这正是做盘需要达到的效果。

临盘面对像图例130这样的走势，作为大众资金，我们的应对策略是：

（一）早盘开盘后发现出现非常有规律的引导盘之后，不要急于买进滚动仓，而是要做好高抛的准备。因为做盘资金如此耐心、如此老练、如此沉稳地炮制引导盘，势必创造出一个或者几个高点，诱使跟风盘追进，而它们就可以趁机套利。我们就要在它们即将套利的时候，抢先一步卖出，实现滚动收益。在滚动操作手法上，可以采用先卖出后回补的手法。

（二）要沉住气，因为这个时候比的不是技术、不是资金，而是耐心。只要做盘资金还没拉出滚动套利空间，就不必急于卖出。耐心等待这一时刻的到来，然后迅猛出击。

（三）出击时机的选择非常重要，这是图例130的关键点。临盘实战的时候，可以选择做盘资金实施对敲、股价创出了当天的新高、量峰却出现背离的时候，先行卖出。随后沉住气看做盘资金表演，直到再度回落到前收盘价附近的时候，才进行回补。

图例131所示的是早盘阶段急拉的另一种类型，从图例上可以看到，早盘不是开盘后马上就往上急拉，而是先往下猛踹一脚，做出要逃命的样子，然后才转身向上，诱导别人跟进。在操纵手法上，使用了先抑后扬的早盘做盘手法，很有意思，请各位深入研究一下。在这里我们总结一下图例131做盘资金的做盘手法，供各位参考：

（一）集合竞价时间段小幅度高开，开盘量是381手，略显攻击意图。

（二）当前股价的位置已经处于低风险区域，因此，此时需要动用恐吓手段，否则难以达到诱空的目的。因此，开盘之后，可以在大家还没有进入状态的第一时间实施向下攻击，放量下砸，引发恐慌性抛盘。注意操作上使用大单快速砸盘比较合适，不

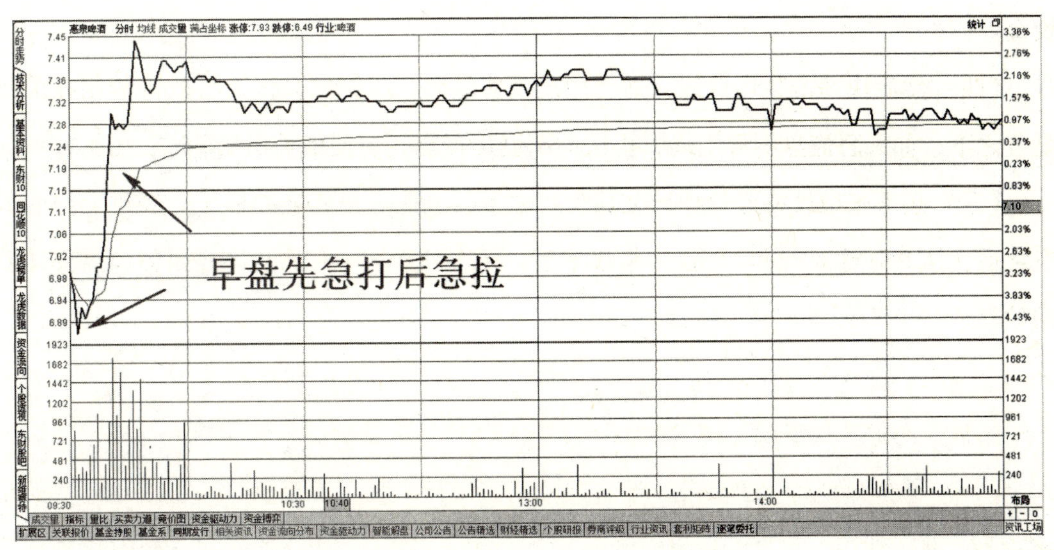

图例 131 早盘先急打后急拉示意图

宜大批量对倒。

（三）随后可以采取梯次式造量的手段，引导场外资金进场抬轿，同时使用快速急拉的手段，迅速推高股价，做出要直奔涨停板的样子，诱导短线客跟风抢进。

（四）记住此时做盘的目的是恐吓，诱使持筹者出局。因此，需要在快速拉升之后，在分时走势图上画出一个经典的头肩形态，同时控制好量峰的结构，形成背离结构最合适。

（五）随后可以撒手不管了，任由股价做自由交换，除非很有必要，否则不再出手。

临盘实战中面对像图例 131 这样的做盘手法，作为大众资金，我们的应对策略是：

（一）在早盘快速向下急打的时候，首先观察股价会不会创下新低，如果不会，没有创下新低就止住了，说明这是假打。等出现量峰萎缩、不创新低的时候，开始进场狙击。滚动仓位可以控制在 30% 以内。如果是第一次进场，可以适当降低一点，仓位控制在 20% 以内。

（二）在快速向上急拉的时候，注意观察量峰和股价之间的对应关系，在出现价量不同步的时候，也就是量价背离的时候，立即卖出滚动仓。不要担心卖错了，凡是出现量价背离的走势，都要坚决卖出。注意！是坚决卖出，不是考虑卖出。卖出之后，不要急于回补。

（三）尾盘阶段，股价不再下跌，但走势疲软，可以保持观望，静待下一个交易日出现低点的时候，再考虑进场回补也不迟。这种滚动的方式叫做隔夜滚动操作。

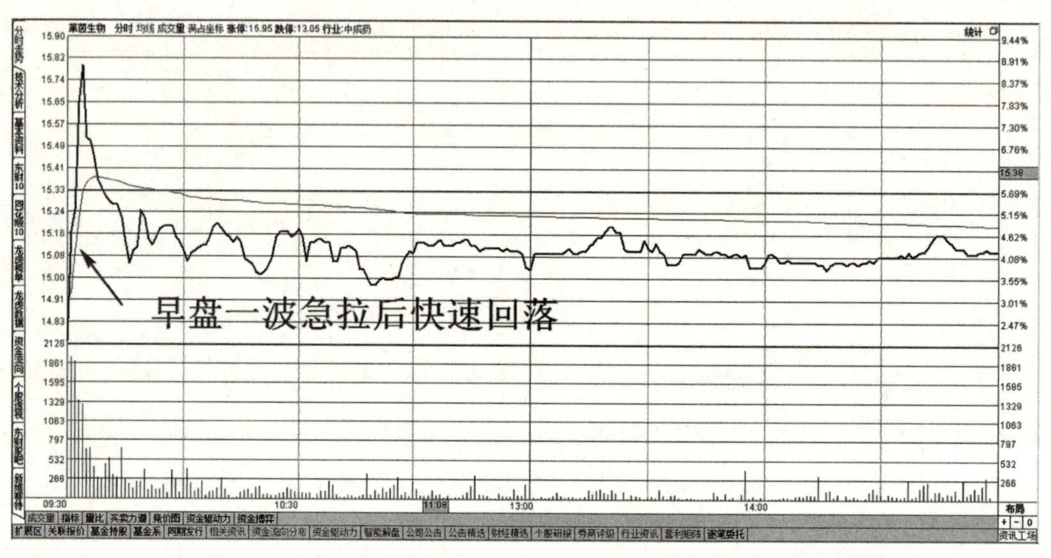

图例 132　早盘一波急拉之后快速回落示意图

再看图例 132 的做盘手法。观察任何分时走势图的做盘手法，首先要结合股价当前所在的空间位置、所属的技术状态、所处的时间节点来考虑。这是我们看盘的核心环节。即使是同样的分时走势图，出现在不同的空间位置，它的技术含义和市场意义是不同的。同样道理，同样的图形结构，出现在不同的技术状态下，它的技术含义和市场意义也是不同的。如果你明白这一层意义，那么对不同时间节点出现的同一类型图形也就很容易理解它们的技术含义和市场意义。滚动交易系统在实施滚动操作的时候，主要是依靠分时走势图、或者分笔成交图或者闪电图来完成的，因此，各位需要系统学习分时图技术，全面系统提高盘口技术水平。只有这样，才能学好滚动交易系统，才能实现本金收益最大化。在这里我们总结一下图例 132 做盘资金的做盘手法，供各位参考：

（一）集合竞价阶段小幅度高开，开盘量是 395 手，不算特别大。

（二）注意做盘的关键环节：开盘后快速以大单推高股价，以986手将股价从开盘价14.76元直接跳到14.99元，吸引短线客关注或者跟进。随后的走势果然如此，一批跟风资金哗啦啦而入，迅速将股价推高到15.80元以上，大有直奔涨停板而去的架势。

（三）早盘一上来就贴边急拉快速造势，通常是虚张声势，是常见的做盘手段之一。

（四）在接近涨停板的瞬间，快速抛出一大堆筹码，股价飞流直下，成交量急剧增加。

（五）交易员此时要眼明手快，借助气势正旺的时机迅速收回资金，也可以采取自动下单的方式，设定触发条件，用智能交易来完成这一步骤。

面对图例132这样的走势，作为大众资金，我们的应对策略是：

（一）首先是对走势的性质做出快速的判断。可以结合空间位置的高低、技术状态的高低和时间节点的先后来判断做盘资金的操作意图，然后迅速做出正确的投资决策。

（二）如果当前的股价处于低风险区域，技术状态处于低位，时间节点处于早盘阶段，那么可以肯定做盘资金的交易员如此造势是为了骗人出局，同时它们也可以实现对滚获利。

（三）相反，如果当前股价已经处于高位的时候，技术状态处于高位，那么操盘的意图就不能理解为骗筹码了。图例132出现的时候股价还处于空间位置低位，属于低风险区域。做盘资金完全有能力封住涨停板，偏偏不去封住，反而显示出一副很无能的样子。能而示之不能，其中必然有诈。因此，我们的策略是，在接近涨停板的瞬间迅速卖出，如果来不及卖出，可以采取提前设计卖出方案的方法，开盘后立即下好卖出单。一般采用不贪的交易指导思想，将卖出单设定在涨幅8.8%附近。至于鱼头部分，就留给别人吃去吧。

再看图例133所示的做盘手段，从走势图上来看，这是非常典型的震荡吸筹图形。早盘先是一波短促的拉升，快速回落，击穿均价线，造成恐慌气氛，诱使立场不坚定的短线客出局。随后将这个做盘手段重复一次，将摇摆不定的散筹吓出来。整个做盘的手法酷似游资，值得反复研究。在这里我们扼要总结一下图例133做盘资金的做盘

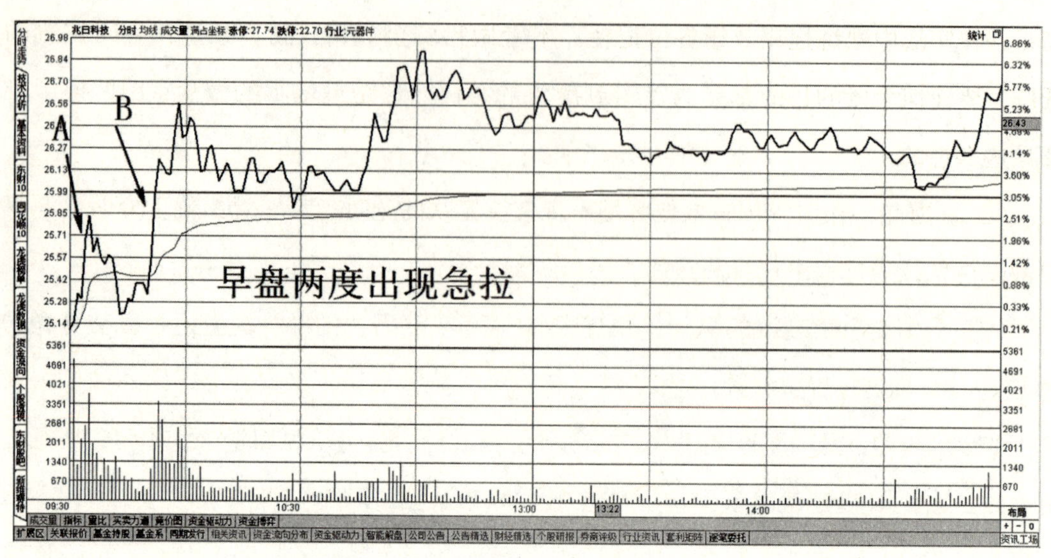

图例 133 早盘两度出现急拉示意图

手法，供大家参考：

（一）集合竞价阶段，强势低开，开盘量是 2311 手，属于巨量低开。

（二）开盘后快速带量上攻，在涨幅接近 2.5% 的位置释放出巨大成交量，反手向下做空。以回头波的形式，三波盘跌，恐吓短线客。在接近均价线的时候，直接猛砸，快速击穿均价线，并在均价线之下停留三五分钟。这时候，一些沉不住气的短线客就会捶胸顿足，后悔刚才没卖掉，他们会下定决心在下一次快速拉升中坚决卖出。

（三）这种效果正是参与做盘的交易员所希望看到的。

（四）随后以迅雷不及掩耳之势，快速飞拉 3% 左右，给出一定空间，短线客一看已经略有盈利，就会选择出局。如果他们还是不肯出来，那么交易员接下来再来一个分时图的头肩顶形态，先用量价背离的走势做出头部，之后再三波下跌，就可以把动摇分子请出去。

（五）如果还有一些死硬分子不肯出来，没关系，再跌一程，将股价定格在极小的价格区间反复震荡，并作出要创新低的样子。这时候，大多数人都会纷纷逃离。

临盘实战中面对像图例 133 这样的走势，作为大众资金，我们的应对策略是：

（一）首先我们要做足功课，把空间位置高低决定操盘意图这个核心原则理解透彻，并在实战中熟练运用。请各位记住：不管做盘资金如何狡猾，凡是在空间位置的低位，要任何手段的目的都是为了得到廉价的筹码。这是最基本的做盘意图，换了谁都是这么想的。

（二）因此，在空间位置低位区域出现急拉慢跌的分时走势，意图就十分明显。我们可以在急拉的过程中选择高点适当抛掉一部分筹码，在慢跌的低点再行回补。

（三）如何判断急拉的高点？可以从量峰入手。当后边的量峰高度超过启动量峰的1倍以上时，需要谨慎对待，如果大于2倍以上，则需要考虑抛出部分筹码。如果出现量价背离的走势，则基本上可以肯定阶段性高点已经出现了。此时要做的就是赶紧卖掉一些。如何判断慢跌的低点呢？可以从量峰来判断。如果出现了极度萎缩的量峰，可以看作是空头将死，跌势将止，此时低点就即将出现了。需要回补的话，可以考虑在这时候下单买进。

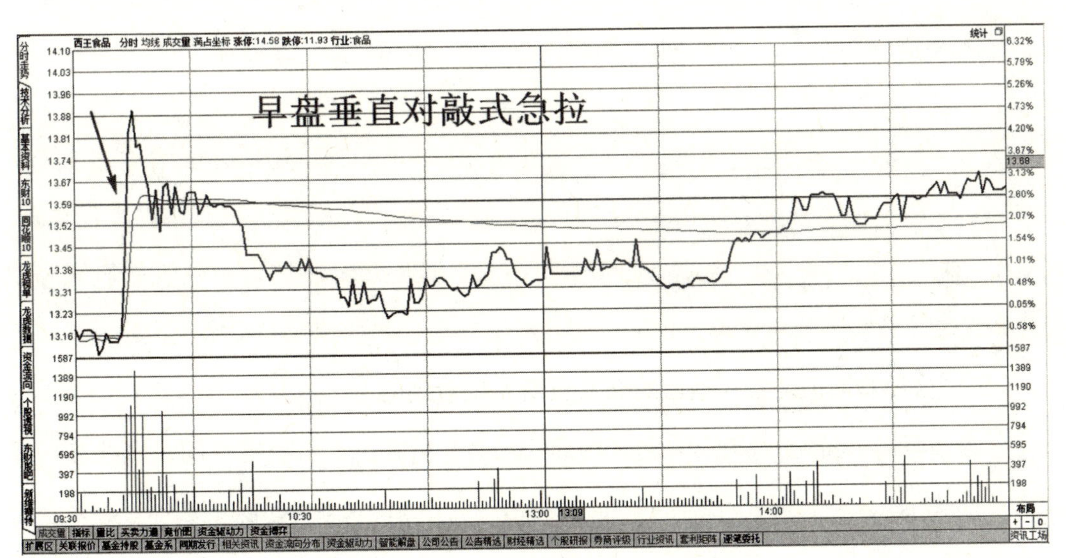

图例134　早盘垂直对敲式急拉示意图

再看图例134所示的做盘手段，这是非常典型的向上试盘动作，做盘资金利用对敲的方式，早盘阶段瞬间大幅度拉升，分时走势图上的出现了一条直线，前后停留的时间很短。观察它的走势可以发现，起跳之前，首先出现一个下蹲动作。起跳的时候，飞速拉升，既无引导盘做明显的诱导，也没有在拉升途中出现停顿，而是一气呵成，然后就是快速回落。很显然，这是攻击性拉升启动的前夜出现的试盘行为。在这里我们总结一下做盘资金的做盘手法：

（一）集合竞价时间段，股价小幅度低开，开盘量是164手。

（二）开盘后的走势很奇妙，做盘资金除了小砸一次之外，就不出手了。观看盘面的变化，并没有大单出现，小单轻轻一砸，居然没人去抢单。也没有大卖盘。因此，再往下砸盘实在没必要，除非自己大量卖出，否则，卖盘已经衰竭。此时做空实属愚蠢行为。

（三）如果要让那些持股的投资者出来，需要狠狠刺激一下才行。

（四）最有效的方式就是快速急拉，做出一点空间，然后猛然往下砸。这叫做拉起来打。

（五）这一拉一打，做出要出货的样子，随后很疲软、很无力、软绵绵的走势可以达到非常奇妙的折磨效果。从实际走势来看，这一招收到了如期效果，试盘任务完成。

临盘实战的时候，面对像图例134这样的走势，作为大众资金，我们的应对策略是：

（一）对处于空间位置低位区域的品种，原则上要守住底仓，不要轻易做滚动，只有在早盘下挫时已经买进新的仓位之后，才考虑在直线急拉的时候高抛套利。如果早盘没有在低位买进滚动仓，就不要抛出了。否则一旦试盘结束拉升时，基础仓位过少，影响获利最大化。

（二）既然做盘资金已经开始行动，那么距离拉升就不远了。因此，如果基础仓位不足的话，可以在早盘对敲试盘结束之后，在盘中寻找低点买进，适当扩大基础仓。

（三）记住此时的买进原则：低买。只有在分时图上出现下跌的时候才去买，在拉升的时候，不要急于出手。慢慢买，快快卖。这是滚动交易系统最基本的操作原则。

再看图例135的早盘走势，早盘高开之后，一波直线拉升，贴边急拉，根本上不给人买入的机会。拉得过激，触发获利盘抛出，这也是常见的早盘走势。各位牢牢记住这一点：凡是早盘出现贴边急拉而不直接封住涨停的走势，必然有诈。至于这个使诈究竟是什么目的，要结合当前股价所在的空间位置来考虑。如果是处于空间位置的低位区域，或者是处于启动拉升的初期，那么如此使诈就是为了诱人出局，达到骗筹

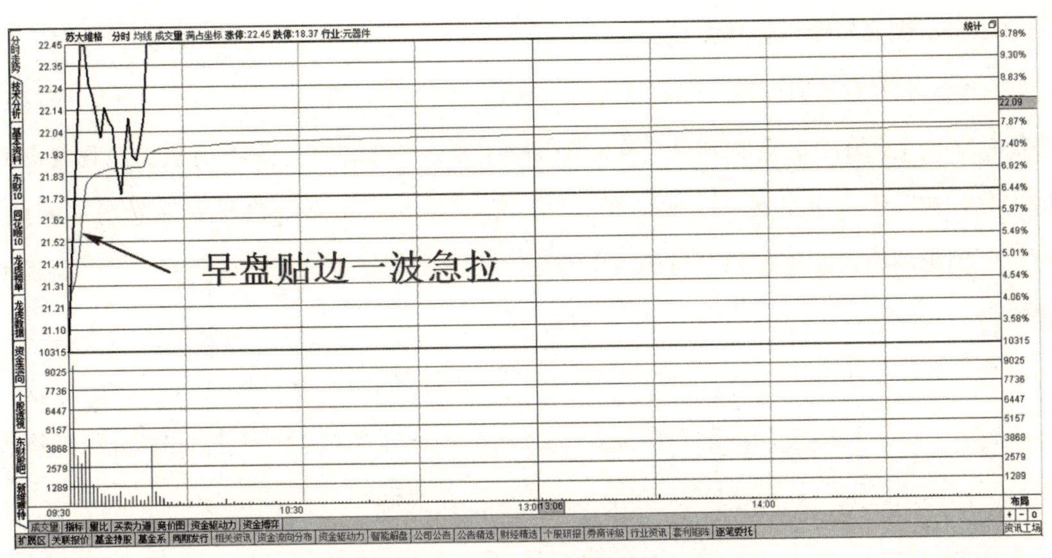

图例 135　早盘贴边一波急拉示意图

的目的。图例 135 所示的案例，属于上市以后第二天的走势，如此走势令人费解。为什么不直接封板呢？很显然，贴边急拉而不封住涨停，目的就是要将前一天低位进场的获利筹码骗出来，同时让自己吃进更多筹码。在这里我们总结一下它的做盘资金的做盘手法，供各位参考：

（一）集合竞价阶段强势高开，开盘量是 1492 手，属于巨量高开。

（二）开盘后，一笔巨量大单迅速将股价推高，诱发短线客进场积极跟进，再连续使用大单将股价推高到涨停板附近，这时候那些还没进场的大众资金会急红了眼，奋不顾身抢进。如果牢牢封住涨停板，原先那些获利盘就可能不出来，也就无法吸纳到更多的筹码。

（三）因此，交易员需要在此时动用诱空手段，瞬间把涨停板上的大封单抽去，同时抛出大单猛力往下砸盘，造成瞬间的恐慌。此时会有一些不坚定分子竞相卖出。

（四）砸完一波之后，略作停留，再次向下击穿均价线，看看有没有恐慌盘涌出。如果没有或者很少，就没必要再往下砸盘了。紧接着空翻多，迅速向上拉升。那些刚才还来不及抛出的大众资金，就可能会在拉升的过程中跑出来。与此同时，看多的资金也会在此时跟进。

（五）因此，此时不宜停留过久，需要迅速推高股价，定格在涨停板上。从盘面可以观察到，做盘资金仅仅是煽风点火，就引来了不少大众资金竞相挂出买单追涨停板。此时，交易员可以减少封板资金，逐步引导大众资金堆砌在涨停板上。这样做的目的很简单，也很明确，就是操纵者要留出更多的资金，为下一个交易日继续拉升做准备。

面对像图例 135 这样的走势，作为大众资金，我们的应对策略是：

（一）首先我们要沉住气，不要受做盘资金的诱导而胡乱操作。根据什么来沉住气呢？是空间位置的高低。该品种上市第一天几乎没有上涨，距离发行价很近，因此，对于新股来说，只要发行价不是很离谱，高估不多，那就可以认为还处于比较安全的空间位置低位区域。如果这样的理由成立，那么在空间位置的低位玩贴边急拉，就属于骗筹行为。你只要看透了做盘资金的做盘意图，就不会上当受骗。你就不会在它拉升的时候急于卖出。

（二）既然做盘资金想骗取更多的筹码，说明它的心理价位还没达到。那么，在击穿均价线下挫的时候，我们要做的是坚决进场抢货，加码买进扩大仓位，而不是止盈出局。

（三）当股价处于急拉后再度封板的时候，原则上暂时不要滚动操作，以免丢失底仓。

方法二：平和

平和也叫平整，或者叫盘整。从本质上来说，平和是一种无趋势走势，也就是没有非常明确的价格走向，走势的取向比较暧昧，欲上还下，欲跌还升，似跌非跌，似升非升。类似于推磨一样的价格运动，把人搞迷糊。这是一种做盘策略，目的就是要大众资金摸不着头脑，看不懂做盘资金的操作意图。在这里我们简单介绍一下最常见的早盘阶段平和做盘手法。注意这里平和的“和”的读音，不读和平的“和”字，而是读“和稀泥”的“和”字读音。所谓平和，通俗地解释，就是横向和稀泥，把人搞晕以达到操纵股价的目的。

先看图例 136 所示的走势。早盘阶段小幅度低开，之后围绕均价线反复震荡，眼看有点上攻的苗头，却来一个反手做空，对倒放量下跌，十分诡异。当大众将要绝望的时候，却又拉起来了，重新回到均价线上方。这样的操盘手法把折磨手段用得比较到位。

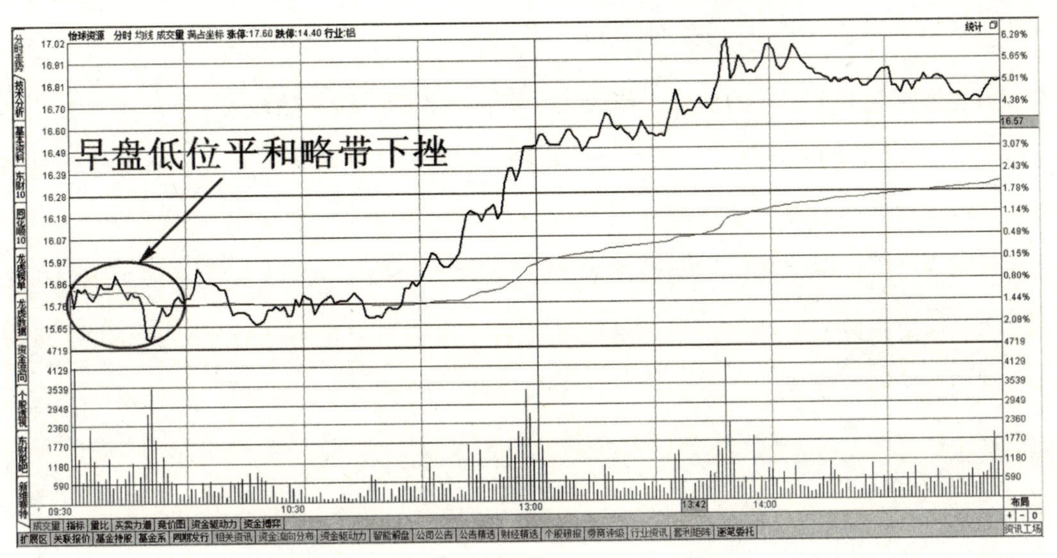

图例 136　早盘低位平和略带下挫示意图

在这里我们总结一下图例 136 做盘资金的做盘手法，供大家参考：

（一）集合竞价时间段小幅度低开，开盘量是 1250 手，有点恐吓的味道。

（二）开盘之后，首先选择下挫，向下猛打一笔，做出要暴跌的样子。这样能将前一个交易日尾盘进场的一些筹码吓出来，达到清洗的目的。

（三）随后翻身上去，不要上穿均价线，而要在将要触及均价线的时候，再次下行，做出无力上穿的样子，同时放量下跌，也就是在下挫的时候，释放出一笔巨大的成交量。

（四）接下来再次上攻均价线，成交量要变小，做出拉升无力的样子。

（五）接下来再次多翻空，迅速向下拐头，把刚才追进来的大众资金悉数套住。

面对像图例 136 这样的做盘行为，作为大众资金，我们的应对策略是：

（一）凡是在空间位置的低位区域出现平和做盘行为，都是做盘资金搓揉摔抬行为，不管是打下去再拉，还是拉起来再打，或者兼而有之。搓、揉、摔、抬，交互式使用，目的就是让大众资金看不懂股价将会走向哪里去。因此，在这个时候，我们的对策就是保持观望。

（二）结合空间位置来看，如果分时走势图出现急挫，就在出现最大的下行引导量峰之后，股价创出当天的新低之时，进场狙击，建立滚动仓，掐准做盘资金的痛处。

（三）如果此时股价已经处于空间位置的高位，则不再滚动操作，保持观望。

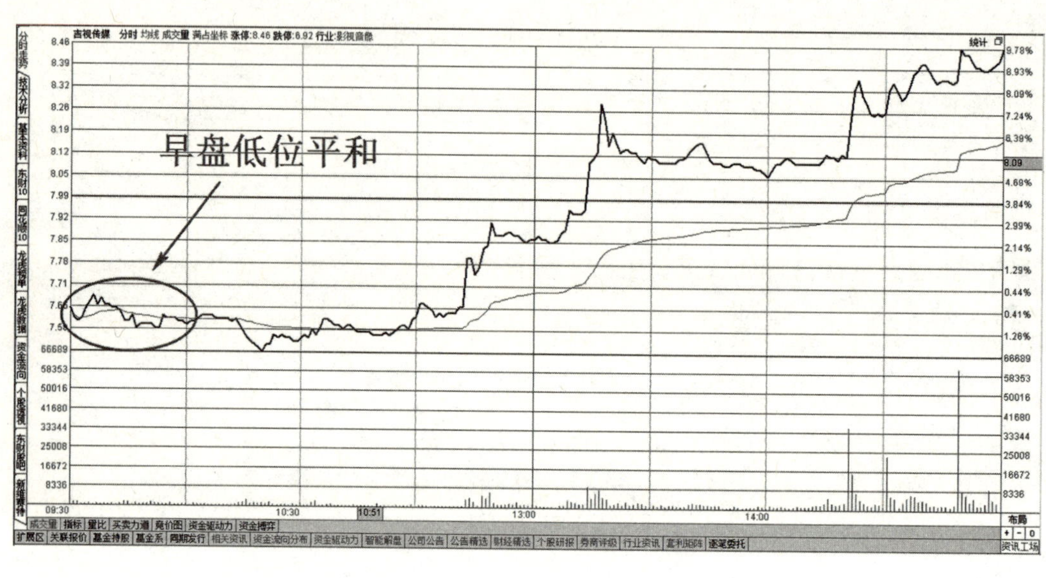

图例 137　早盘低位地量平和示意图

再看图例 137 的走势，这是另一种方式的平和走势。它给人的感觉是轻轻地搓揉、摔得不重、抬得不高。温温吞吞，软弱无力，叫人窒息。再看它的成交量，似有若无，如早春二月的青草地，草色遥看近却无。这种做盘的手法叫做太极推手。它貌似无力，却暗藏杀机。如果你在它软弱无力的走势成型之后一走了之，当是时也或者感觉痛快，因为你走时候它还是一副软绵绵的不堪一击的样子。但是，当你自鸣得意以为自己正确逃离之时，它却来了几个向上空翻动作，到尾盘再看它的话，居然大涨了八九个点，可能你都觉得不可思议。其实，这是一种做盘的诡计而已。早盘的平和，就是要促使一批动摇分子尽快出局，减轻后边拉升的抛压。在这里我们总结一下图例 137 做盘资金的做盘手法，供各位参考：

（一）集合竞价时间段小幅度低开，开盘量是229手，属于弱势开盘。

（二）开盘之后首先顺势往下打一下，看看有没有恐慌性抛盘涌出来。从盘面来看，没有人愿意出来，再砸盘也是枉然。罢了，罢了。于是往上拉，也没人跟风。真好。

（三）接下来再往下搓一把，看看还有没有不坚定的分子要出来。搓的方法采取缓慢下跌的方式进行，慢慢地跌破均价线，跌下去之后，也不急于拉升。

（四）还是没几个人愿意出来，就停在均价线下方，比拼一下耐心，看谁能熬得住。

（五）整个早盘就这样耗着，不给大众资金任何希望。

面对像图例137这样的走势，作为大众资金，我们的应对策略是：

（一）对付低位区域平和的走势，首先需要沉住气，因为做盘资金的交易员在和你比拼耐心，你就要比他们更有耐心。我们的资金是自己的，不需要支付融资成本，也就是说我们有资金成本的优势。耗着就耗着，谁怕谁呢？你不理会他，他又能把你怎样？

（二）如果做盘资金敢把股价往下做，别怕。都在地板上了，它敢跌，我们就敢买。

（三）注意这一句话，前边说过的：不跌不买，低位区域敢跌就敢买。这叫做见招拆招。

再看图例138所示的走势，从分时图上来看，这是非常典型的早盘整理走势，我们把它叫做早盘平和走势。观察该品种的日线图就可以发现，当前股价已经处于空间位置的中位了。因此，这样的走势又称为早盘中位平和。从本质上来看，早盘如此搓揉并举，就是要将一部分获利浮筹清洗出局。各位记住这一点，不管是先搓后抬还是先抬后搓，做盘资金的根本目的都是一样的，就是要赶一部分人下车。又因为此时股价已经到达了空间位置的中位，已经没必要大动干戈疯狂洗筹，但也还没到大量出货的时候，因此，在量能方面就会比较稀少。在这里我们总结一下做盘资金的做盘手法，供各位参考：

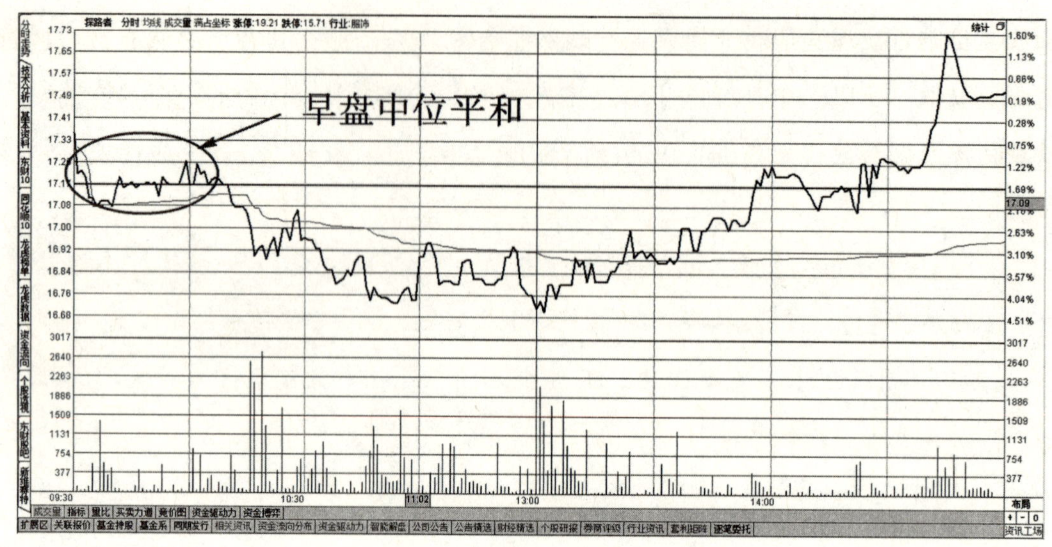

图例 138　早盘中位平和示意图

（一）集合竞价阶段，股价以小幅度低开，开盘量只有 32 手。这样开盘的目的是为了示弱，宣示做盘资金并没有积极参与做多，同时也为后边的搓揉走势埋下伏笔。

（二）开盘之后，先是不做任何拦截，任由股价自由滑落，之后再顺势砸一笔大单。

（三）当盘口出现比较多的卖盘时，迅速向上吃进，越快越好，最好是不留痕迹。

（四）随后继续放任自留，让大众资金自然交易。一旦有大卖单出现，就主动吃进。

（五）如果还是吃不到筹码，那就只能往下砸一把，再轻轻拉起来，但拉升的幅度不宜大，以免影响搓揉计划的实施。总而言之，整个早盘的做盘目的就是要折磨大众资金。

临盘实战中面对像图例 138 这样的走势，作为大众资金，我们的应对策略是：

（一）首先是判定此时做盘资金的一举一动并不是为了出货，如果这个判断是成立的，那么就可以定下一个操作基调：不跌不买。早盘的搓揉体现出平和的味道，震荡幅度很小，没有参与的价值，因此，最佳的策略是观望，除此之外还是继续保持观望。

（二）如果手中的基础仓位不足，也不要在此时加码买进。

（三）如果实在是沉不住气，就不断地往低处下单，分梯队下买单，借机练习低点的判断技巧。但无论如何，此时也不要急于买进。盘久必跌，所以我们就要等到下跌的时候才买。

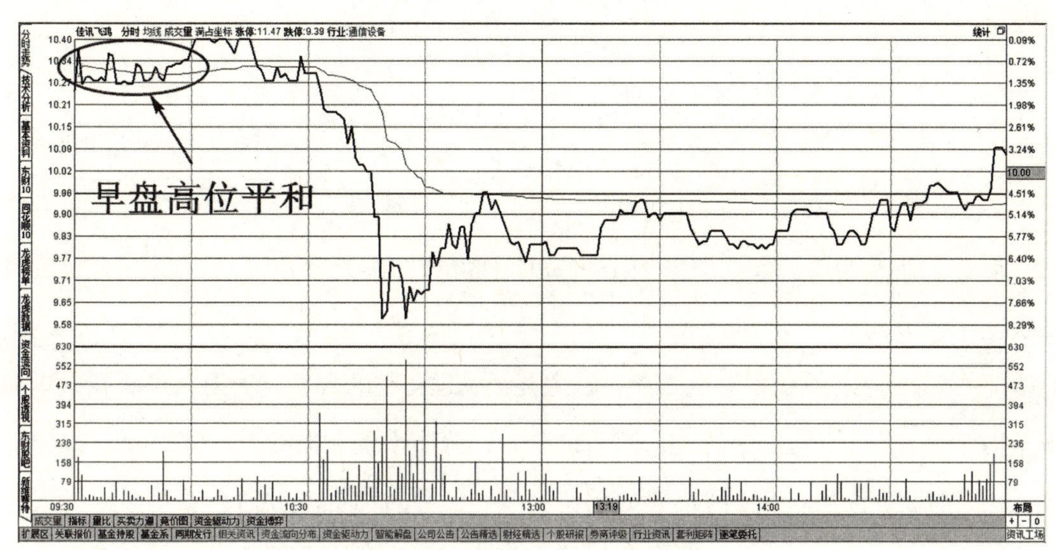

图例 139　早盘高位平和示意图

再看图例 139 所示的走势。这是非常典型的早盘高位平和走势。注意这里所谓的高位，是指当天分时图的高位，属于相对而言的。我们知道，高位久盘必跌，因此，如果股价在某一个位置反复搓揉之后，不能向上突破，那就会向下突破。这是基本规律。我们在学习滚动交易系统的时候，要熟知这些经典的分时走势图，了解和掌握这些做盘规律，为盘中快速反应打好基础。在这里我们总结一下做盘资金的做盘手法，供各位参考：

（一）集合竞价时间段，股价小幅度低开，开盘量是 73 手。

（二）开盘之后，围绕均价线以极小的幅度上下震荡，上上下下，拉拉扯扯，测试盘面的抛压究竟有多大。这种做盘手法叫轻度折磨，振幅很小，稍微一拉就用大单砸下来，给大众资金造成一种恐惧感，让它们不敢进场承接反而割肉，达到借机吸筹的目的。

（三）在接近前收盘价的时候，努力做出一副拉升乏力的样子，屡次上试前收盘价，但每一次都是无功而返。经过多次反复之后，就可以给市场传递这样的信息：肯定上不去了。

（四）在量峰结构上，也要相应配合，拉升的时候，尽可能使用小单。下挫的时候，尽可能使用比较大的抛单。这样做盘之后，盘口就会出现拉升无量、下跌带量的走势。

（五）经过反复搓揉之后，接下来要做的，就是在整点时间到来的时候，对倒下挫。

临盘实战的时候，面对像图例 139 这样的走势，作为大众资金，我们的应对策略是：

（一）对于早盘高位平和的走势，首先要正确理解它的含义。所谓高位。在这里并不是指日线图上的空间位置高位，而是指分时走势图上的相对位置。如果从日线图上来说，当前股价位置处于空间位置的低位区域，但分时图上却被做盘资金可以做成高位盘整的样子，那么这就是非常典型的使诈行为。此时我们的策略就是保持观望，持币等待下跌时机到来。

（二）因为此时是平和走势，振幅很小，无法进场滚动。但是，应当做好低吸的准备。

（三）低吸的方法前边已经介绍过，在这里再次强调一下，可以采用 -3.33%、-5.55%、-6.66%、-8.88%和-9.99%跌幅下预埋单的方式，做好埋伏。因为交易员下挫的时候，通常是飞快的，即时下单根本上来不及反应，只能采取预埋单下单的方式，做好埋伏。如果没有达到预埋单预设的价位，也无所谓，大不了就不买，当天不再进行滚动。

方法三：急打

早盘阶段快速向下做盘，我们把它定义为急打。也就是以迅雷不及掩耳之势凶猛地往下砸一把的意思。急打有很多形式，从波形来看有一波急打、两波急打等等。从成交量结构来看有带量急打、单薄量峰急打和密集量峰急打等等。不管是哪一种类型的急打，在分析的时候，我们都要首先查看当前股价的空间位置、当前股价的技术态势和当前股价与关键技术点位的关系。然后在分析它的技术含义和市场意义，从而做出正确的应对策略。

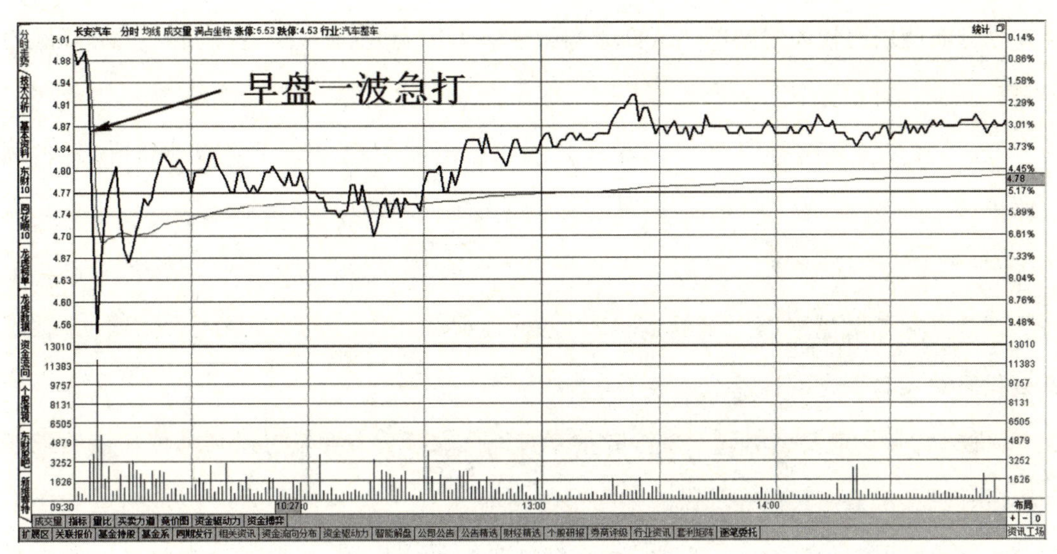

图例 140　早盘一波急打示意图

先看图例 140 所示的走势，这是很常见的早盘一波急打。开盘之后趁人不注意，非常快速地向下急打，你根本还来不及反应，股价在瞬间已经大跌了好大一截，好恨啊。但是，当你正在恨得咬牙切齿的时候，股价又飞速地拉升，瞬间拉升一大截，叫你目瞪口呆。这种类期货做盘手法目前已经很常见，我们把它叫做叫做尖刀底操作法。这种做盘手法一般用来恐吓大众资金，它的真实意图并不是要下跌，而是要通过急跌营造一种恐慌气氛，诱使大众资金在后边的震荡盘升中不断卖出筹码，达到洗盘和吸筹相结合的目的。目前不少游资经常使用尖刀底操作法来做盘。在这里我们总结一下图例 140 做盘资金的做盘手法，供大家参考：

（一）集合竞价阶段股价小幅度低开，开盘量是 111 手，没有什么异常表现。

（二）开盘后，先是试探性下挫，上抬，幅度很小。但市场并没有什么反应，如一潭死水，不起波澜。此时需要刺激一下市场的神经，否则是很难达到做盘效果的。

（三）于是，交易员大动干戈，连续抛出大单，瞬间将股价打到接近跌停的位置。

（四）这次急打惊天动地，效果极佳。从盘口来看，向下急打的那一瞬间，有些大众资金被震住了，竞相挂单卖出。如此恐慌正是做盘资金所希望看到的。

（五）于是，接下来快速出手，将那些摆在卖盘上还来不及撤单的筹码统统吃掉。

临盘实战的时候面对像图例 140 这样的走势，作为大众资金，我们的应对策略是：

（一）在空间位置低位区域、历史性低点位置、相对低点位置、阶段性低点位置和前期低点附近、最近低点附近等区位，都属于伏击式进场或者建立滚动仓的好点位。当股价处于阶段性下跌的末期，做盘资金往往会向下猛烈砸一把，测试盘口属性。对于像图例 140 这样的走势，如果是在近期低点附近第一次出现的话，那么可以理解为向下试盘。这是做盘资金探底的信号，目的是证实一下是不是有别的大鳄潜伏其中。那么我们的策略首先是观望。

（二）如果在急打的时候，并没有击穿近期低点，或者并没有击穿前期低点，那么就要做好进场准备。最保守的做法是在尾盘最后五分钟才进场。

（三）如果能够反复跟踪并且很熟悉做盘资金的操纵手段，那么可以按照前边介绍过的预埋单的方式操作。如果有底仓，就应该大胆地在前期低点附近猛烈狙击、拦截筹码。

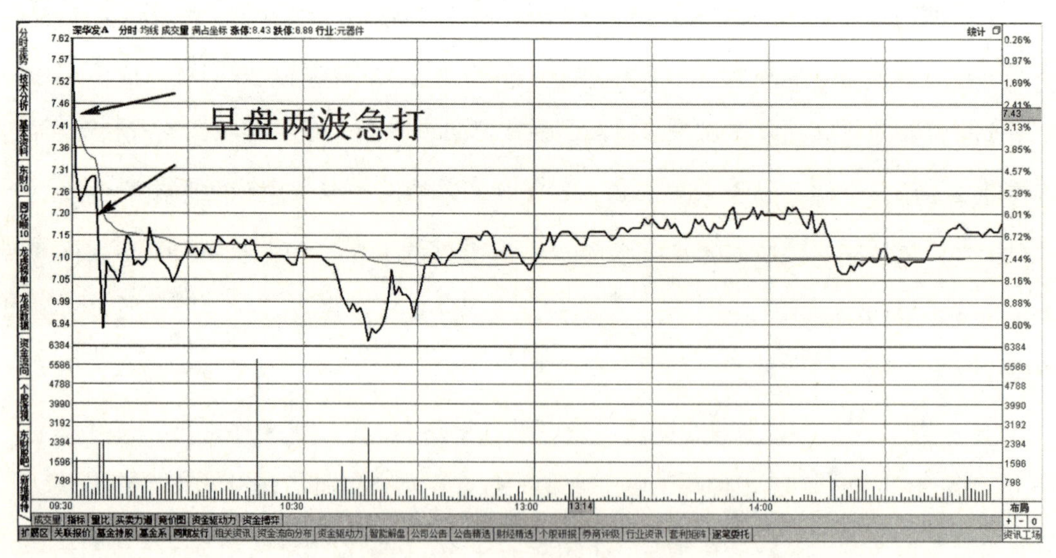

图例 141　早盘两波急打示意图

接下来再看早盘两波急打的走势。参见图例 141 所示，这是比较常见的做盘手法，开盘之后，首先是一开盘就猛烈下挫，贴边直下，不给人任何出逃机会。这种貌似凶悍的杀跌走势还没走完，略略停顿，再度猛烈地带量杀下来，比起第一波杀跌更过分，更恐怖。而且成交量急剧放大。如此凶悍的做盘，究竟是为了什么呢？是为了出货吗？很显然不是。你试想一下，看到这么恶劣的手法，大众资金早就躲得远远的啦，谁还会有胆量去接盘？既然如此，那么我们就可以从反向博弈的角度来理解，做盘资金如此大张旗鼓、明目张胆、凶神恶煞掼压下来，做出一副狰狞面目，无非是为了吓人而已。既然如此，我们就要密切盯住它的动向。而且要寻找低点的机会猎杀它，挖取做盘资金的带血筹码。如何挖取呢？在这里我们先来总结一下做盘资金的做盘手法，供大家参考：

（一）集合竞价时间段，股价以小幅度低开，开盘量是 222 手。

（二）开盘之后的第一笔走势极为关键，在这里交易员要以最快的速度，迅速甩出大单，直接往下砸。可以在集合竞价结束之后做好下单准备，在估算好买盘的承接能力之后，以大于五档买盘累计的数量猛然下砸，在最短的时间内将股价急打 -3% 以上。这样可以收到很好的做盘效果，为进一步急打做好铺垫。在这里交易员的动作要够快，稍有延误，就会出错。

（三）在接近下跌 -5% 的位置略作停顿，然后再次往下砸。这次砸盘要连续出手，在盘口做出疾风暴雨的样子，才能达到恐吓的效果。

（四）需要注意的是，在这个接近前期低点的位置狠狠砸盘，不是为了出货，而是为了回补筹码。因此，交易员要做好对接工作，不要出现顾此失彼的现象。

（五）与此同时，还要做好反手向上吃进筹码的工作，在大众资金产生恐慌的时候，把它们的卖盘挂单一扫而光。注意控制分寸，不要一路扫上去，否则会影响后边的做盘。

在临盘实战中面对像图例 141 这样的走势，作为大众资金，我们的应对策略是：

（一）前边我们已经多次讲过了，对盘面上出现的异动做盘行为，首先要保持冷静，沉住气，不要被做盘资金左右自己的情绪。不管它是向上急拉还是向下急打，都是有目的、有计划、有预谋的举措。在没有看清楚做盘资金的操作意图之前，保持观望比较明智。

（二）如果我们原先已经建立了部分基础仓位，那么可以在第二波快速急打出现放量的行为之后，在不再创出新低而且量峰呈现出萎缩态势的时候，进场建立滚动仓。

（三）在这里千万记住这一点：滚动仓是用来打游击的，不是留守部队。因此，凡是低位进场的滚动仓，一旦出现拉升无力的样子，就要立即出来，切不可恋战，陷于泥潭不能自拔。在滚动交易系统里，滚动仓属于机动部队，要随时保持高度的灵活性，请牢记这一点。

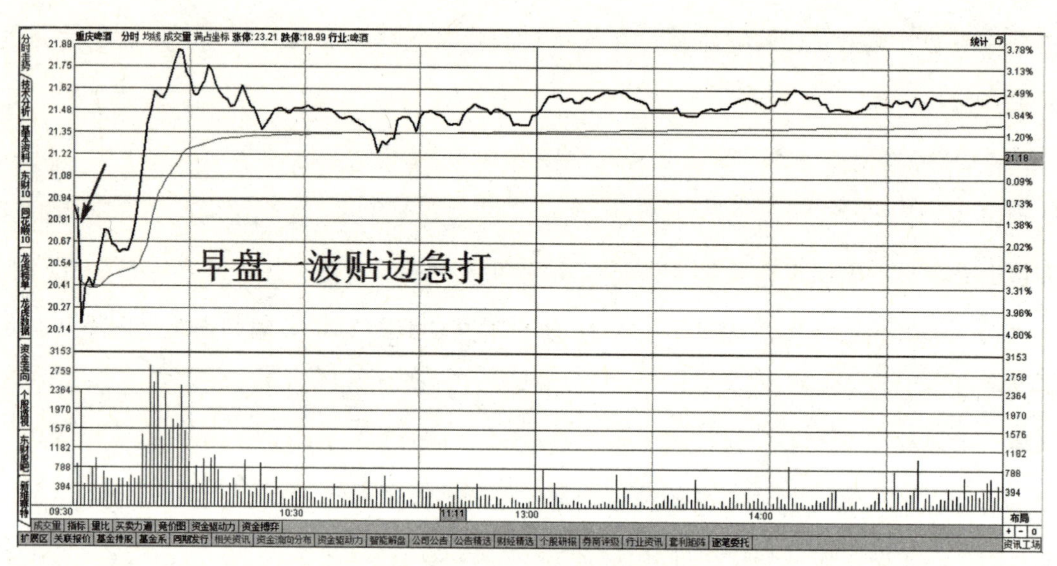

图例 142　早盘一波贴边急打示意图

接下来再看图例 142 所示的早盘一波贴边急打走势。我们知道短跑运动员在起跑之前常常有一个下蹲动作，图例 142 的这个走势，就类似起跑前的下蹲动作。通常负责短线做盘的交易员都喜欢这么干，在向上急拉之前先往下急打一下，吓唬吓唬大众资金。总而言之，先来一下，像是跟大众资金说：你们小心点，等会还会砸下来，要跑快点跑。于是接下来出现转身急拉的时候，就会有很多大众资金争前恐后卖出。在盘面上，这是一种非常奇妙的做盘手段，交易员如此做盘，其实还是为了更好地滚动套利。

在这里我们总结一下图例142做盘资金的做盘手法，供各位参考：

（一）集合竞价时间段，股价小幅度低开，开盘量是274手。

（二）开盘之后，交易员要做的第一件事就是先往下砸，力争在最短的时间内吃进更多的筹码，为当天的滚动操作做好准备。在这里需要注意一点，就是往下砸盘的时间不能过长，否则人气散尽，接下来无人关注，要实现滚动套利就比较难办了。

（三）因此，在快速急打之后，要尝试空翻多，立即给大众资金一点希望，让它们在相对低点有机会进场，借此吸引更多的跟风盘，为接下来的高抛打下基础。

（四）随后的做盘手法就很有讲究了。一定要在当天分时走势图的低位做出非常漂亮的引导盘，最好是把量峰做成次第有序的攻击型量峰。这种量峰更有助于吸引大众资金跟进。

（五）完成了引导盘的操控之后，接下来就是快速推高股价，完成滚动套利任务。

临盘实战的时候，面对像图例142这样的走势，作为大众资金，我们的应对策略是：

（一）在早盘出现第一波向下急打的时候，可以保持观望。也可以像我们之前介绍的那样采用预埋单的方式拦截。因为此时趋势不明，所示用拦截的仓位要轻一些。通常用于拦截尖刀底的仓位可以控制在30%以内，而且要采取阶梯式下单，不要在同一个价位上反复下单，造成筹码价位重叠，拉不开差价，不利于后边的滚动操作。

（二）如果在前一个交易日尾盘已经建立了足够的基础仓位，可以在贴边急打出现最长的量峰之后，积极跟进，并在出现次第式引导盘的时候，再度加码买进滚动仓。

（三）在引导盘接近完成的时候，要迅速做好卖出滚动仓的准备，可以利用闪电下单的方式下单，在分时走势图上出现量价背离的走势时，迅速卖掉滚动仓，实现滚动套利。

接下来再看图例143的走势，这是做盘资金在空间位置高位或者相对高位盘头、实施阶段性出货的时候最常用的手法之一。这种操盘手法具有很大的欺骗性，不明就里的大众资金很容易上当受骗，掉进做盘资金设下的陷阱。在这里我们总结一下做盘资金的做盘手法：

（一）集合竞价时间段大幅度低开，开盘量是211手。

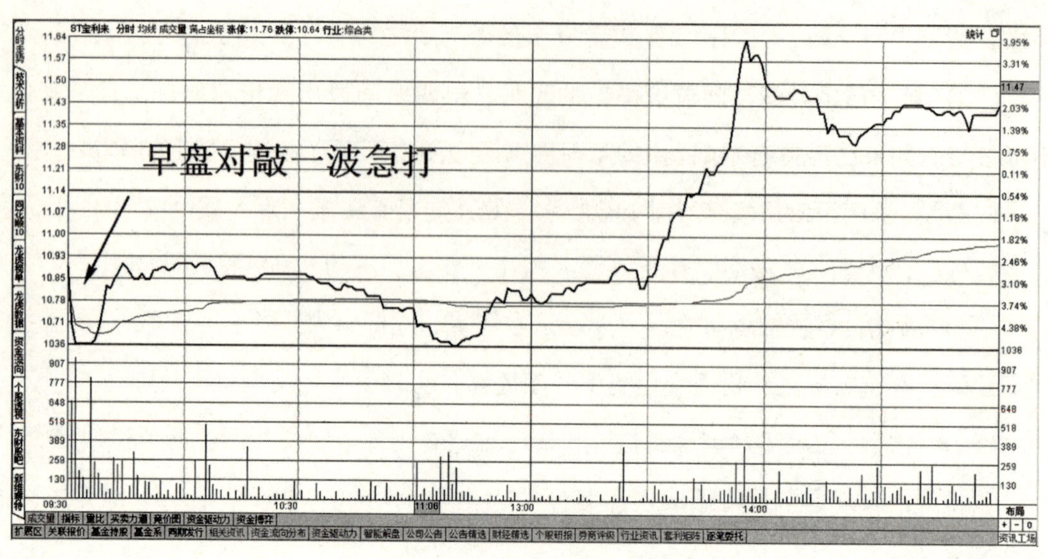

图例 143　早盘一波对敲急打示意图

（二）开盘之后，垂直向下急打，迅速将股价打到跌停板的位置上，将跌停板封住几分钟，然后再用巨大的买盘将跌停板打开，造成有人进场抢盘的假象，吸引大众资金跟进。

（三）打开跌停板之后，要慢慢搓揉，缓慢地推升股价，尽可能使用小单向上拉升，一旦发现有比较大的买盘，要及时甩货，能卖多少是多少。

（四）早盘阶段的走势虽然比较难看，但是股价已经做到了高位，已经没有可以维护盘口走势的必要。当然，如果做得太烂，导致没有大众资金跟风，也是很愚蠢的做法。

（五）在 10 时整点时间到来之前，就这么横着，不要急于出货，甚至还可以稍稍打一下，拉一下，做一些比较小的波动。注意控制好振幅，不能给大众资金滚动套利。

临盘实战的时候，面对像图例 143 这样的走势，作为大众资金，我们的应对策略是：

（一）各位首先要牢牢记住前边我们已经介绍过的关于空间位置重要性，不管做盘资金如何狡猾、如何使诈，只要我们能够坚守着自己的原则，严格遵守技术纪律，再狡猾的做盘手段也奈何不了我们。一个人最大的敌人不是别人，而是自己。做股票也一样。

（二）对于已经处于空间位置高位的品种，早盘时间段出现快速急打，只可观望，不可参与。如果已经持有基础仓位，要坚决不再买进滚动仓，而是要选择高点减仓。

（三）如果还没有进场建立基础仓，像这样的走势就不要再参与了。

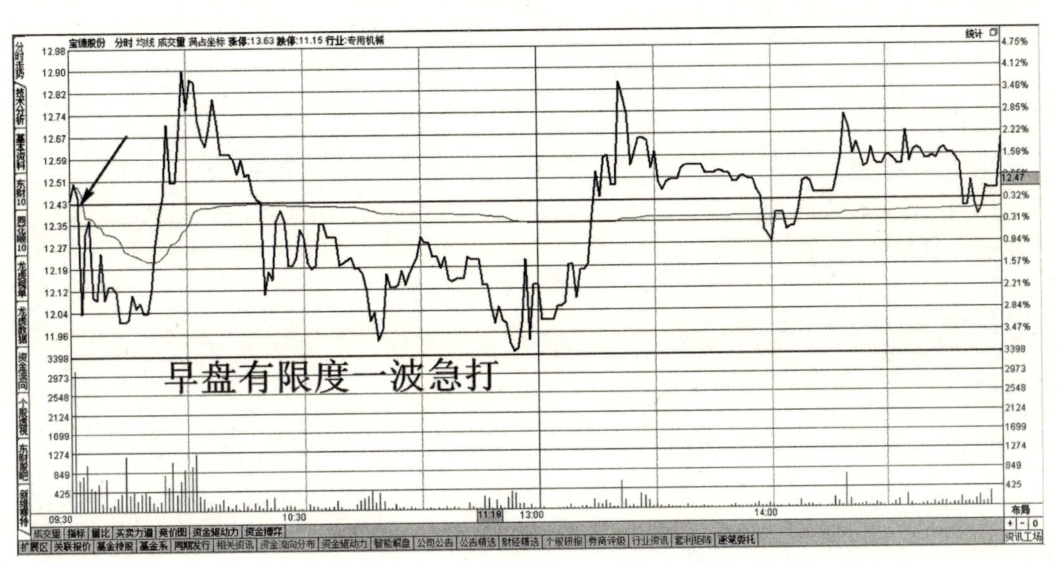

图例 144　早盘有限度的一波急打示意图

接下来再看早盘急打的另一种形式，参见图例 144 所示，这是震荡洗盘和震荡出货的时候常见的分时走势图。震荡的目的就是要把人搞晕，看不清盘面的真实走势。至于震荡出货和震荡洗盘，从本质上来说并有什么不同，都是为了兑现账面盈利。对于大众资金来说，并没有必要去钻牛角尖，我们要做的就是看趋势来操作，只要 K 线形态结构出现了变异，高点出现下移、低点也出现下移，那么就可以认为是趋势发生了变异，就需要中止滚动，看清楚盘面的变化之后再作打算。在这里我们总结一下图例 144 做盘资金的做盘手法，供参考：

（一）集合竞价时间段股价小幅度高开，开盘量是 1491 手。

（二）开盘后，并没有顺势拉升，而是快速向下，急打的幅度虽然不大，但也能够给人一种压迫感，垂直向下打下来之后，反抽的力度要控制好，不要过大，否则吃进的筹码过多。

（三）反抽的高度以不超过当日的均价线为宜。再次下行的时候，尽可能不要再创新低，否则会导致人气散尽，增加做盘的难度。聪明的交易员此时总是尽可能做得比较克制。

（四）接下来续续下跌，尽可能以小单慢慢卖出，心不能太急。

（五）在分时走势图上缓慢地勾画出小底形态之后，不能等停留太久，而要快速向上拉升，瞬间做出一个回旋空间，为接下来进一步出货做好铺垫。

面对像图例 144 这样的走势，作为大众资金，我们的应对策略是：

（一）结合股价所在的空间位置来分析，此时已经处于相对高位，做盘资金已经具备了出货空间，因此，我们的策略是在盘中寻找低点买进之后，尽可能快速滚动，获利的预期要降低，只要产生盈利，要及时兑现，不可恋战，以免夜长梦多。

（二）结合日线图来分析，经过前一个交易日的大跌之后，当天能够出现小幅度高开，说明做多的能量还是不错的，开盘之后先向下急打，说明做盘资金想把前一个交易日抄底的短线客洗出来。而有限度的急打说明下跌幅度很有限，随后出现低点的时候，可以低吸。

（三）对于早盘上窜下跳的品种，一定要沉住气找低点进场。凡是在空间位置高位激烈震荡的品种，都是做盘资金在阶段性出货。因此，我们可以踩准节拍，顺势滚动套利。在这里各位要注意，做盘资金在出货，不是一下子就可以出完的，因此在出货的初期，我们还可以把握住它们做盘的节奏，顺势低吸高抛。但是，记住不要恋战，要适可而止。

接下来我们再看两一种比较另类的早盘混合式两波急打。这种做盘手法的特点就是带量急跌，一而再出现带量急跌之后，股价经过反抽，牢牢站稳在当天的均价线之上，然后再反复大单猛砸，注意这里出现的奇妙盘口：不断出现大单砸盘，但是均价线却不再下行，而是坚挺朝上。这里边就隐藏着玄机。在这里我们总结一下做盘资金的做盘手法，供大家参考：

（一）集合竞价阶段股价以微小的幅度低开，开盘量是 86 手。

（二）开盘之后，直接向下急打，先是以小一点的成交量试探性向下急打，看看有

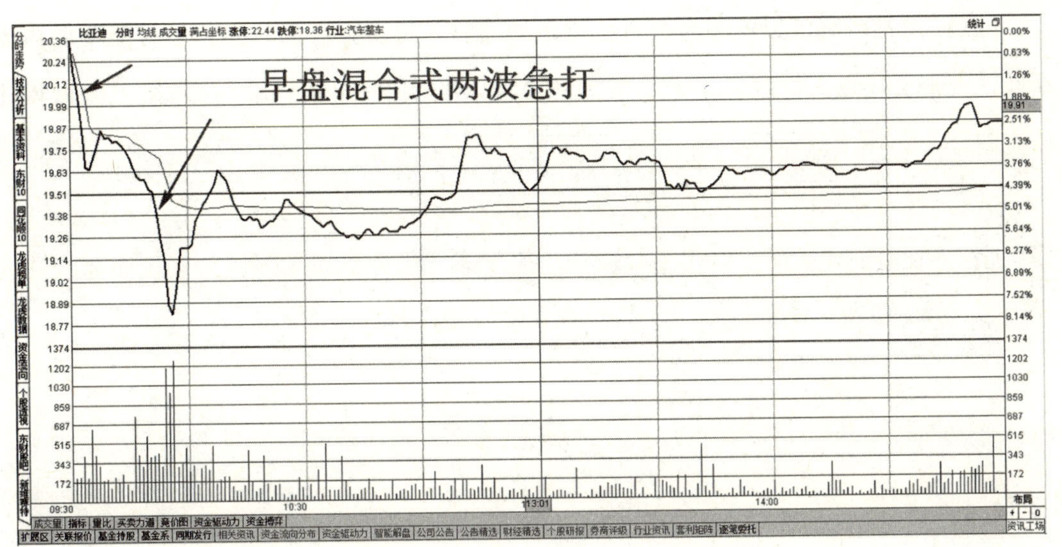

图例 145 早盘混合式两波急打示意图

多少恐慌盘出来，从盘口来看，抛盘并不大，说明比较温和的手段吓不出顽固分子。

（三）接下来略作反抽之后，再次疾风暴雨式带大量急剧下打，造成一种非常恐怖的气氛，在跌幅超过 –6% 以上的位置附近，再次释放出巨大的成交量，以达到预期的做盘效果。

（四）交易员在这里做盘的时候，要特别注意观察盘面的变化，垂直下挫急打，目的不在于急打本身，而在于获取更多的廉价筹码。因此，需要控制好急打分寸。

（五）急打之后，快速反抽，趁着大众资金还没回过神来的时候，迅速拉升，将挂出来的卖单从卖一到卖五全部吃掉，为接下来进一步滚动打下基础。

临盘实战的时候面对像图例 145 这样的走势，作为大众资金，我们的应对策略是：

（一）从开盘的数据来观察，当天开盘的时候小幅度低开，说明攻击的意愿不强，需要谨慎对待。开盘量很小，只有区区 86 手，说明做盘资金并没有大规模出场。此时结合空间位置来考虑，不要急于进场，而是耐心等待开盘后根据走势再定对策。

（二）注意把握好进场的时机，滚动仓可以考虑在急打引导盘出来之后开始做准备，并在分时走势图上出现最长的量柱之后，才考虑进场。判断最长量柱的方法可以这样定义：单笔成交量超过前边的 3 倍，甚至更多，分时走势曲线呈现为垂直状态。

（三）注意控制好滚动仓的仓位，原则上以轻仓滚动为主，要杜绝重仓参与。

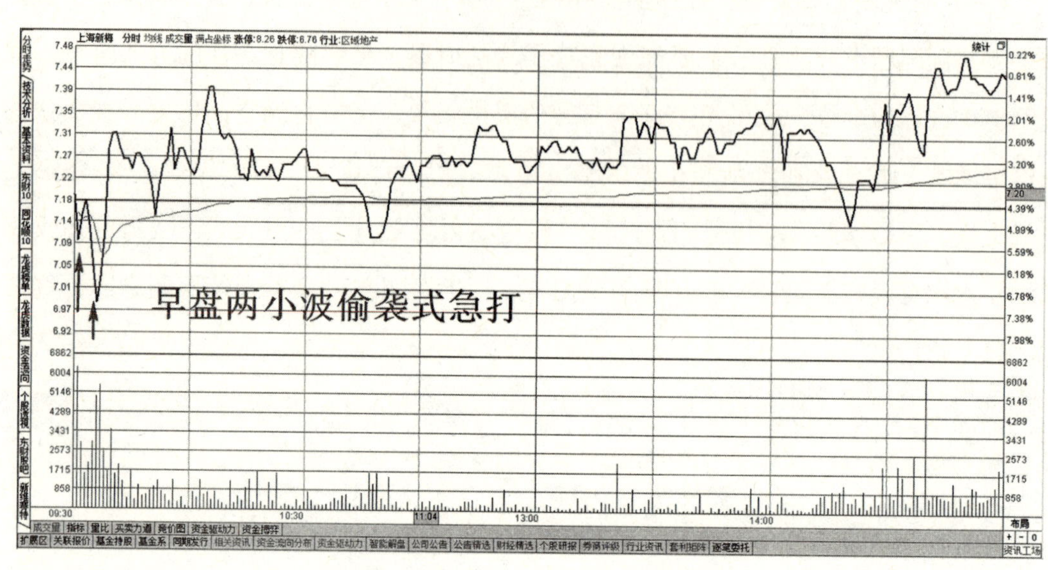

图例 146　早盘两小波偷袭式急打示意图

接下来我们再看早盘两小波偷袭式急打的做盘手法，参见图例 146 所示。这是比较常见的早盘做盘手法，在震仓阶段，交易员最喜欢玩这种小把戏，上窜下跳，忽上忽下把人弄得晕头转向。在这里我们首先总结一下做盘资金的做盘手法，供大家参考：

（一）集合竞价时间段弱势低开，低开的幅度比较大，开盘量是 1139 手。

（二）开盘之后，首先是趁人不注意，迅速向下猛打，瞬间放出大单，还没等人回过神来，迅速反拉一下，正当大众资金以为继续上攻的时候，突然猛烈向下，带量攻击，造出一堆梯次很明显的下行引导量峰。这样做盘的效果很明显，不少短线客争相挂单卖出。

（三）此时交易员迅速出手，向上扫单，一口气吃进几个价位的筹码，那些来不及撤单的卖盘瞬间变成了做盘资金的美食。而此时盘口上卖单纷纷撤掉，抛压开始变小。

（四）经过这一打一拉之后，大众资金开始谨慎起来，如果再次使用同样的手段，已经没有明显的效果了。因此，接下来需要变换手法，改为轻揉慢搓，续续震荡为主。

（五）交易员要随时根据盘口的变化，调整做盘策略，力争每一次出击都有针对性。

作为大众资金，我们的应对策略是：

（一）首先我们要对自己操作的品种相当了解，对于空间位置、技术状态、价位区域之类基础问题十分熟悉，不要等到临盘实战的时候，采取随意下注的方式进场。像图例146这样的走势，如果熟悉这个品种的历史走势，了解它的空间位置、技术状态和价格区域，那么就不难判断：做盘资金早盘阶段如此作秀，目的无他，唯有骗筹。也就是说，早盘如此轻揉慢搓、如此两小波很有限度的急打，偷袭式向下做空，仅仅是恐吓大众资金的需要，而不是真的要出货。因此，在把做盘资金的操作意图了解清楚之后，我们就可以在第二波带量急挫的时候，做好进场准备。太阴之后是太阳。空头宣泄之后，便是多头表现的机会。所以，此处进场的时机，可选择量峰最长的后边，择机买入滚动仓。

（二）注意控制好滚动仓的仓位，如果此时大势不明朗，可以控制在30%左右。

（三）记住这是滚动仓，不是底仓。因此，一旦出现向上急拉，需要按技术信号要求及时回笼资金，为下一次滚动做准备。不要心生贪念，见利不走，贪多一点就成贫。切记。

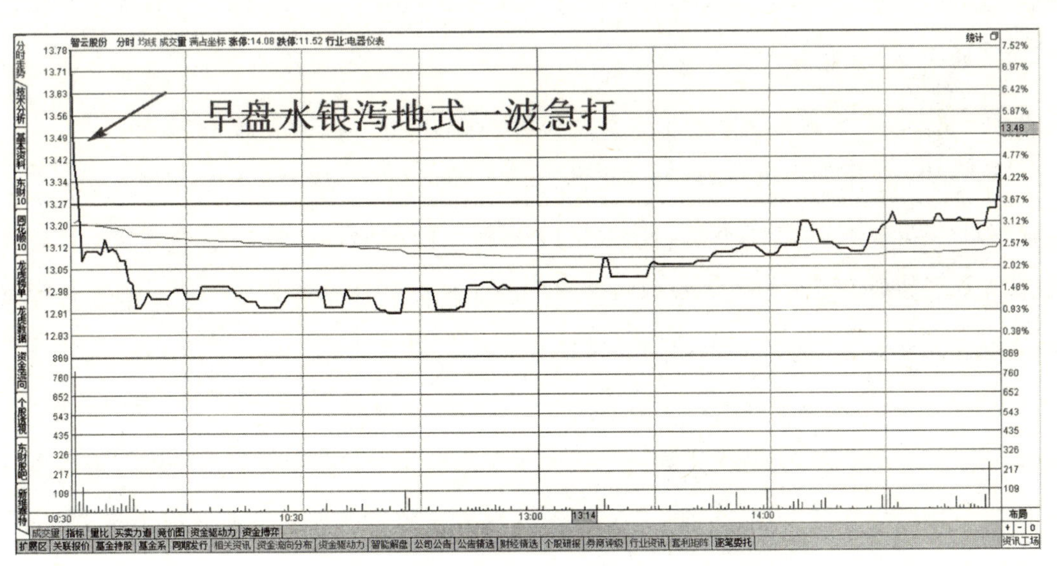

图例147 早盘水银泻地式一波急打示意图

接下来我们在介绍水银泻地式一波急打。参见图例147所示，这是非常经典的分时图，也是很常见的出货定式。很多大众资金不了解其中的缘由，经常上当受骗。因此，我们在这里解析一下，请各位反复熟悉，以免吃亏。请各位注意观察分析全天的成交量是如何分布的，思考一下：为什么要早早放出这么巨大的成交量，目的何在。把这个问题想清楚，就不难看懂做盘资金的操作意图。在这里我们总结一下做盘资金的做盘手法，供各位参考：

（一）集合竞价时间段大幅度高开，开盘量是119手。开盘的幅度比较高，开盘后如果继续上攻，则说明当天可能有些机会，可以考虑适当跟进。反之，则需要谨慎对待。

（二）开盘之后，交易员趁着大众资金还没醒悟过来的时候，迅速地大单甩卖，瞬间将股价向下急打，如同水银泻地，同时释放出巨大的成交量。分钟走势图上出现巨量大黑棒。

（三）早盘为什么要如此做盘呢？因为要趁人不备快速出逃。在貌似水银泻地式的下行走势中，做盘资金一瞬间将买盘通杀，达到了自己的操盘目的。

（四）随后的走势呈现为随风飘零的样子，交易员只作壁上观。

（五）早盘一上来就猛力向下击打，在盘面上造成了巨大的阴线量，整个盘后的气氛十分阴郁、压抑，而随后交易员放任自流。盘中虽然偶尔出手托盘，但全天的弱势已成定局。

在临盘实战中面对像图例147这样的走势，作为大众资金，我们的应对策略是：

（一）结合当前股价所在的空间位置来判断走势的性质：是阶段性出货还是快速洗盘。如果当前股价已经处于高位或者相对高位，那么如此走势属于出货。此时我们要立即停止买入滚动仓。如果一时看不清做盘资金的操作意图，可以先观望，不要急于介入。

（二）对于毫无征兆的跳空高开，我们的策略是先观望后行动，而不要在集合竞价阶段就进场。如果没有底仓，更应该以观望为主。如果有底仓，那么为了安全起见，可以在集合竞价阶段出现大幅度高开的时候，先行减仓，卖出一部分筹码，锁定盈利。

（三）如果属于利好消息刺激而出现的大幅度高开之后快速向下急打，通常是快速洗盘，可以在盘中选择低点适当买进，做滚动。也可以保持观望，静待下一个交易日走势明朗之后出现低点时再进场。总而言之，对于早盘出现大黑棒的走势，需要特别谨慎才是。

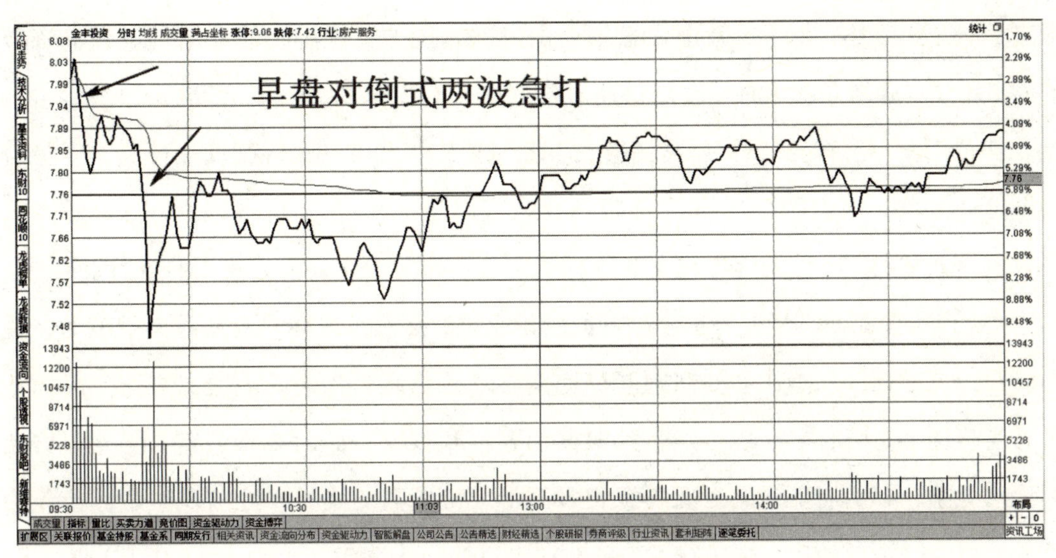

图例 148　早盘对倒式两波急打示意图

接下来再看早盘对倒式两波急打的走势图，参见图例 148 所示。早盘一开始就放量急打，目的是什么呢？结合空间位置来看，就不难明白做盘资金的操作意图。如果在空间位置的高位或者相对高位，早盘一开始就放量下行，快速急打，多半是为了出货，趁人不注意就快速完成了出货。图例 148 出现了两波急打，第一波处于相对高位上，先放量后缩量，成交量主要处于启动下跌的高位，很显然这是先出了货。注意观察这个细微的区别。再看第二波急打，也是启动点先放出量，到了低点反而量峰缩短了。这也是先出了货的盘口特征。随后出现了快速向上扫单，吃进部分筹码，很显然，属于为了实施滚动套利而进行的回补。这是当前比较常见的操作手法，在短暂的转换中实现了盈利。这种做盘手法隐蔽性很高，具有极大的欺骗性。在这里我们总结一下做盘资金的做盘手法，供各位参考：

（一）集合竞价时间段小幅度低开，开盘量是 5092 手，很显然，做盘资金参与了竞价。

（二）开盘之后，快速下跌，成交量达到 4846 手，之后一路大单下挫，在极短的时间内完成了甩货行为。当大众资金还没有醒悟过来的时候，做盘资金已经完成了当天部分派发。

（三）随后做出两小波短暂的反弹，吸引大众资金进场，为下一波下挫做好铺垫。

（四）当盘面积聚了一定的买盘之后，再度快速下挫，迅速甩卖，回笼资金。

（五）注意这里做盘的关键是快速甩卖。在分时走势图上处于启动下跌的高位时，要快速甩卖，不能有任何迟疑，否则派发不了筹码，接下来做盘就很被动了。

临盘实战的时候面对像图例 148 这样的走势，作为大众资金，我们的应对策略是：

（一）假设我们已经拥有这个品种的基础仓位，那么可以在早盘快速下挫的时候先行卖出，做逆向滚动操作。如何判断要逆向滚动操作呢？判断的关键点在于正确理解集合竞价图的走势含义。集合竞价的时候出现巨量低开，此时我们就需要警惕。开盘后上攻无力，掉头向下，此时就需要立即卖出。在临盘实战时，可以在集合竞价结束后先填好预埋单，随后出现上行无力的时候，迅速点击确定，立即用闪电下单来卖出。这需要反应神速才能做到。

（二）在放量下挫的时候，不要急于买进，不要急于回补底仓，而要耐心等待最大的量峰出现之后，分时走势图上不再创出新低的时候，才考虑进场回补已经卖出的仓位。

（三）如果股价已经处于空间位置的高位，则可以只卖出，不回补，也就是停止滚动。

接下来再看早盘先急拉后急打的做盘手法。参见图例 149 所示，这是最常见的早盘骗筹做盘定式，各位需要认真熟悉，学会应用。做盘的思路是先猛拉一下，做出拉升无力的样子，然后迅速以大单向下急打，营造一种想快速出货的走势，达到恐吓大众资金的目的。这是做盘资金折磨大众资金的常规手法。在这里我们总结一下做盘资金的做盘手法，供大家参考：

（一）集合竞价时间段股价大幅度低开，开盘量是 250 手。注意这里的开盘量，如此报出，也确实有点意思，不知道是有意还是无意，总而言之反映出做盘资金的潜在心思。

（二）开盘之后，先是偷袭式快速拉升，迅速上蹿了一大截，给人要飞速拉升的

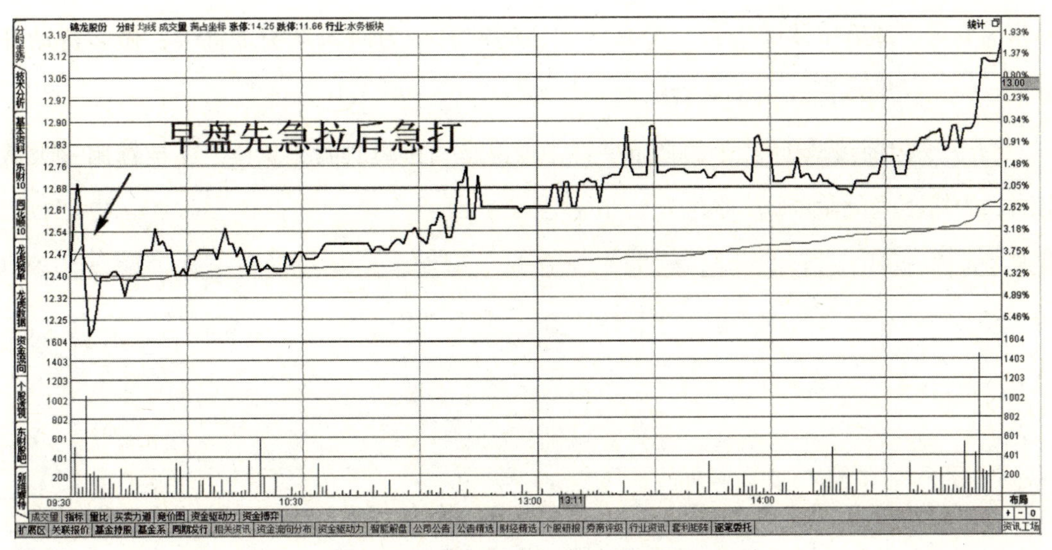

图例 149　早盘先急拉后急打示意图

感觉。

（三）之后马上反手做空，猛然反手向下急打，迅猛地击穿开盘价、再击穿均价线，做出要直奔跌停板而去的模样。这样一拉一打，给大众资金非常强悍的心理冲击。

（四）随后缓慢爬升，用极小的成交量，晃悠晃悠低慢慢爬，慢慢挪移，好不容易才触及均价线，而又马上掉头向下，营造一种反攻无力的样子，给大众资金一种挫败感。

（五）接着再把前边的操作动作重复一遍，整个早盘演绎出软绵绵的样子。

临盘实战的时候，面对像图例 149 这样的走势，作为大众资金，我们的应对策略是：

（一）首先我们要熟知做盘资金的骗筹定式，平时要多下工夫研究做盘资金的操纵行为，力争做到知彼知己，以便在实战时能够做到从容淡定，沉着应战。功夫在盘外。我们和做盘资金的博弈，不仅仅体现在盘口上，更体现在盘外。谁准备得更细致、更深入、更全面，谁就可能占有优势，最终成为胜利者。

（二）当股价处于相对低点或者阶段性低点的时候，如果没有意外的利空或者潜在的利空，那么所有的急挫急跌、轻揉慢搓、惊吓折磨之类手段，都是用来对付大众资金的，其根本目的就是一个骗字：骗你出来，乖乖地把低位的筹码交出来。

（三）当我们明白了做盘资金的操作意图之后，那么我们的对策就很明确、很有针对性。正如前边我们所讲过的那样，当做盘资金猛烈向下搓的时候，我们可以在相应的跌幅位置预埋单，埋伏好，狙击它们。而当它们翻身上拉的时候，再把筹码甩给它们。这叫做掐住痛处，它能奈何你吗？不能。因为做盘资金需要砸盘，否则就无法完成操作计划。既然它们需要砸盘，需要骗筹，我们就顺其思路，途中伏击，吃它一口。

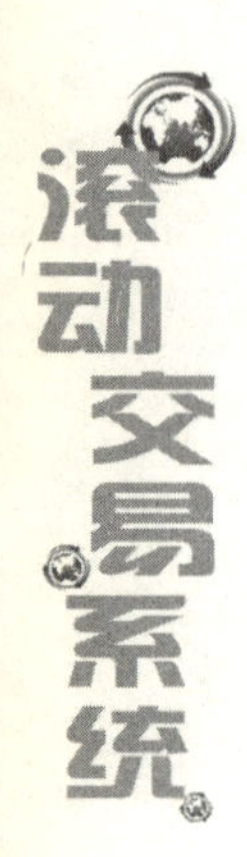

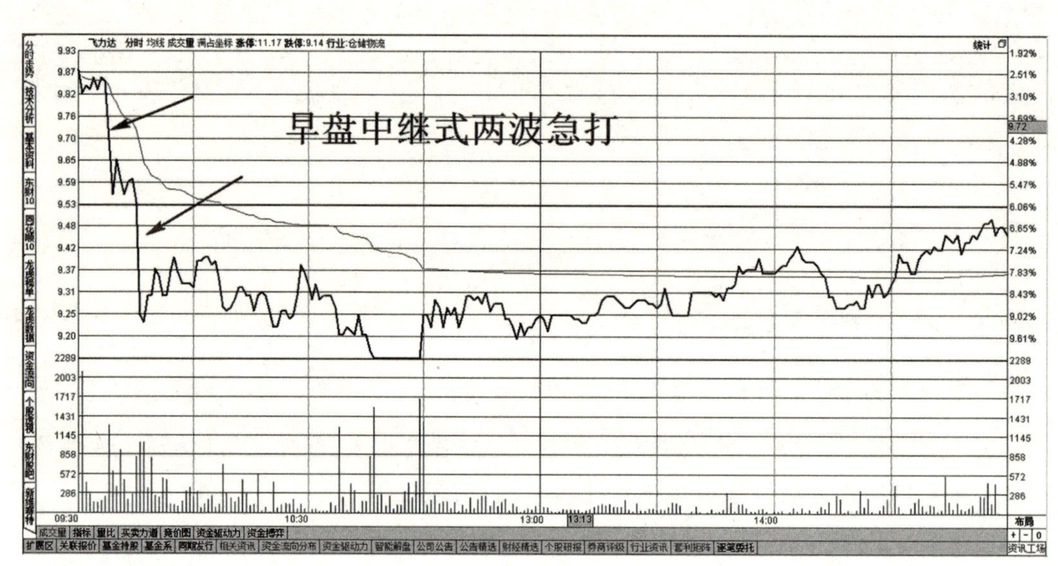

图例 150　早盘中继式两波急打示意图

接下来再介绍早盘中继式两波急打的走势，参见图例 150 所示，这也是常见的阶段性出货或者阶段性洗盘走势图，如果出现在空间位置的高位，可以理解为阶段性出货；如果出现在空间位置的低位或者相对低位，可以理解为阶段性洗盘。从本质上来说，阶段性洗盘也是一种出货行为。在这里我们总结一下做盘资金的做盘手法，供各位参考：

（一）集合竞价时间段小幅度低开，开盘量是 876 手。

（二）开盘之后，股价迅速下挫，一笔大单猛砸之后，出现微弱的上攻，但是两次攻击均价线都未能向上突破，随后掉头向下，出现第一波垂直向下急跌。这是第一次急打。

（三）稍作停顿之后，再一次垂直向下急打。这是第二次猛烈的急跌。

（四）与此同时，成交量同步放大。这时候交易员迅速甩货，盘口出现了密集量峰。

（五）经过这两次急打之后，大众资金的信心受到了严重的打击，再也无心做多。

临盘实战的时候，面对像图例 150 这样的走势，作为大众资金，我们的应对策略是：

（一）集合竞价结束之后，我们马上就要做好撤退的准备。在第一次向下急打之前，出现了缓慢的、无力的上攻，这波上攻从成交量来看非常微小，甚至可以称为无量上攻。如此孱弱的走势已经表明做盘资金无心做多，因此此时我们的对策就是停止买进，一走了之。

（二）如果第一次上攻的时候来不及撤退，可以静待时机，等待反抽出现的时候，尽快走人。因为盘口已经表明做盘资金无心做多，再留恋也没什么意思，还是尽快撤退吧。

（三）假如实在是来不及撤退，那么首先要停止买进，不要再做滚动操作，然后等待第二波急打出现之后，在反攻中寻找机会，及时撤退。

二、滚动仓位在中盘的使用方法

在滚动交易系统里，滚动仓位的使用不仅仅是局限于早盘，也可以在盘中、尾盘使用。本着实用至上的原则，只要有机会，都可以使用，不用管它是什么时间节点出现的。我们之所以把时间节点划分为早盘、中盘（也就是盘中）、尾盘三大块，没有别的意思，而是为了叙述的方便，为了讲解的方便而已。请各位记住，适时而为是我们倡导的一贯性原则，只要时机恰当，就可以滚动操作。任何时候都不需要拘泥于什么条条框框。特地说明。

方法一：急拉

盘中急拉是最常见的做盘手段。在滚动交易系统里，盘中急拉的时候就是最为奇妙的套利时机到来的时候。也就是说，做盘资金的盘中急拉是在为我们送钱来了，这么美妙的机会千万不可错过，一定要好好把握住，及时做好滚动，实现盈利最大化。

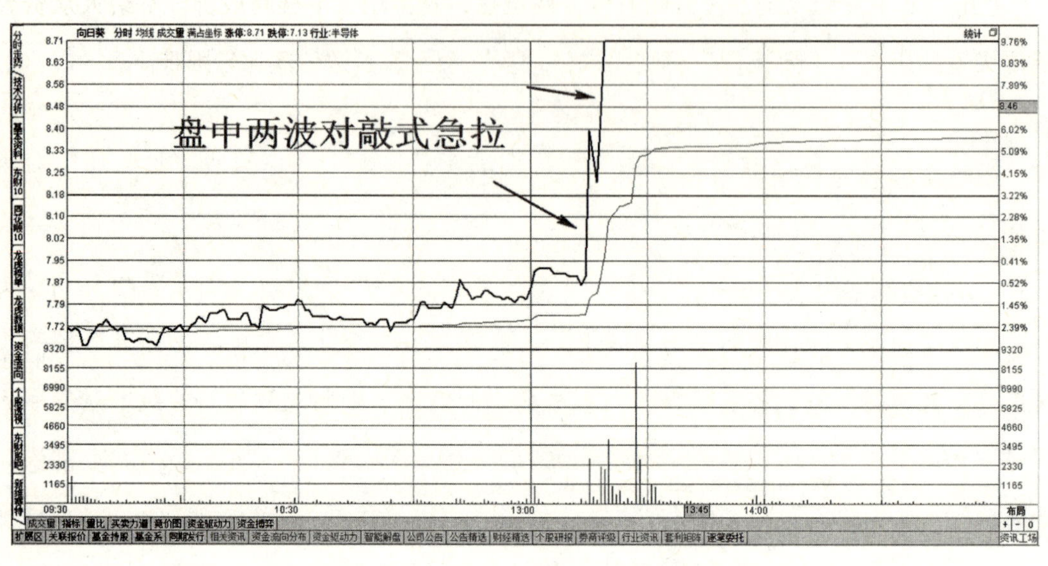

图例 151　盘中两波对敲式急拉示意图

图例 151 是最常见的盘中急拉方式之一。观察它的走势可以发现，在急拉之前，走势比较沉闷，波动的幅度很小，整个波形基本上是围绕着均价线上下波动，振幅很小，基本上不给人滚动套利的机会。再看成交量，除了偶尔出现的大单之外，几乎是寂静的、波澜不惊的，甚至是悄无声息的。这样的走势说明交投极不活跃。但是，如此貌似无庄的散户行情却能在盘中飞腾而起，迅速飙升，几笔大单就猛拉到了涨停板的位置上，并且牢牢封死涨停板，真是匪夷所思。如此走势只能表明原先做盘的资金还潜伏在其中，蛰伏良久，择时而动。在这里我们总结一下做盘资金的做盘手法，供大家参考：

（一）集合竞价时间段小幅度低开，开盘量是 700 手。

（二）早盘阶段围绕均价线上下震荡，幅度比较小，不给大众资金高抛低吸的机会。

（三）从上午 10 时开始，将股价控制在均价线之上，成交量要很小，以免引起市场关注。

（四）整个上午作为预演阶段，不要张扬，在接近半场结束的时间节点上，适当做一点引导，为下午做铺垫。但是，在量峰控制上，要压制住，不要出现长量柱。

（五）下午发动攻击性拉升的时候，要迅猛，直接用大单推高股价，不给大众资金低位买入的机会。不要犹豫，否则跟风盘过多，会导致后边做盘比较困难。

临盘实战的时候，面对像图例 151 这样的走势，作为大众资金，我们的应对策略是：

（一）判断分时走势的性质，从上午集合竞价时间段开始，观察分析分时图的高低点变化，如果出现明显的低点不创新低、高点不断上移的迹象，就要密切注意了。虽然此时做盘资金还没有发力拉升，但是，分时走势图上高低点的变化已经表明成交重心在上移，这是非常典型的暗中蓄势，我们不知道会在何时爆发，但我们必须做好充分的准备，随时准备进场。

（二）注意观察分时图上量柱的变化，尤其需要注意观察那些有规律的量柱变化。当成交量柱逐步放大，越来越高的时候，就要特别小心了。这些有规律变化的量柱已经告诉了我们：做盘资金开始暗中谋划下一步拉升。我们要做的就是选择合适的时机跟进。

（三）如果我们已经有基础仓位，那么可以在分时图上选择低点分批吸纳。不需要等到起爆拉升的时候才去追赶。请各位记住，滚动交易系统倡导的是低吸，不是追高。

接下来讲解图例 152 所示的盘中引导式两波急拉做盘手法。这是滚动操盘最常见的做盘定式之一。所谓引导式两波急拉，就是指低位慢慢引导大家去跟风，一旦发现大众资金的情绪被调动起来了，就猛烈急拉，引诱大家去追高。引导盘做得很精致、很温和，急拉做得很干脆、很利索。而一旦到了高位，却是大量甩卖，回收资金。很明显，这是做盘资金在玩滚动套利的把戏。在这里我们总结一下做盘资金的做盘手法，供大家参考：

（一）集合竞价时间段小幅度低开，开盘量是 32 手。很明显，做盘资金一开始并没有大量参与，从竞价走势图可以看出其中的端倪。此时它们采取了隐忍的态度。

（二）早盘的走势毫无生气，整个上午也是如此。股价围绕均价线弱势震荡，毫无

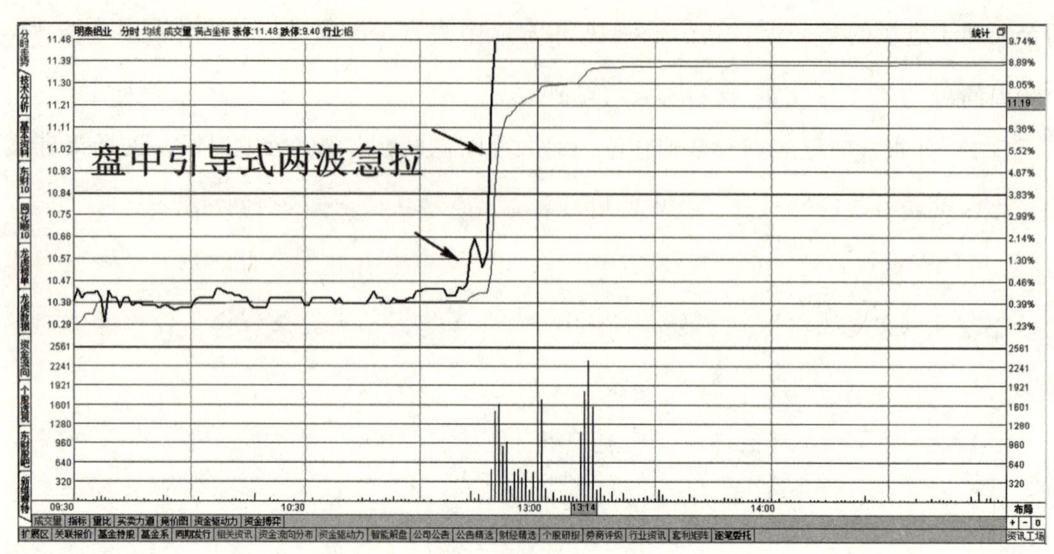

图例 152　盘中引导式两波急拉示意图

机会。

（三）从成交量来看，整个上午的做盘手法明显属于刻意压制股价，稍有上翘就被大单打下来，很明显是不让股价上去。结合此时股价所处的空间位置来看，应属于压着吸货。

（四）下午的走势比较奇妙，先是一小波悄悄地引导，试探性抬高股价，是佯动。接下来回归沉寂，属于观察盘面反映。当时抛压已经不大，再往下拖延时间，已没有实际意义。

（五）接下来是引导式两波急拉，属于做盘资金的快速操纵。后一波直奔涨停板而去，更是不给大众资金进场的机会。但是，涨停之后却出现了急剧放量，走势奇怪。说明做盘资金的实力有限，同时也说明接下来的拉升空间有限。

临盘实战的时候，面对像图例 152 这样的走势，作为大众资金，我们的应对策略是：

（一）如果我们原先没有建立基础仓位，那么可以在分时图上不再出现新低的时候，进场建立基础仓，建仓的方式可以参照前边讲解过的内容。需要注意的是，因为此时做盘资金的操作意图还没有明朗化，我们可以暂时把滚动操作的周期设定为三天，而今天属于进场的第一天，仓位控制在30%以内为宜。注意进场的方式只能是低吸，不必追高。

（二）如果此时已经拥有基础仓位，那么可以在早盘出现下挫的时候，进场买进滚动仓。在出现引导盘的时候，做好高抛的准备。当日可以完成一次回转交易。

（三）当出现两波急拉封住涨停板之后，出现了明显的放量，此时我们也要适当减仓，或者及时卖出滚动仓。千万不可在涨停板上继续买进，以免提高了持股成本，难以滚动套利。

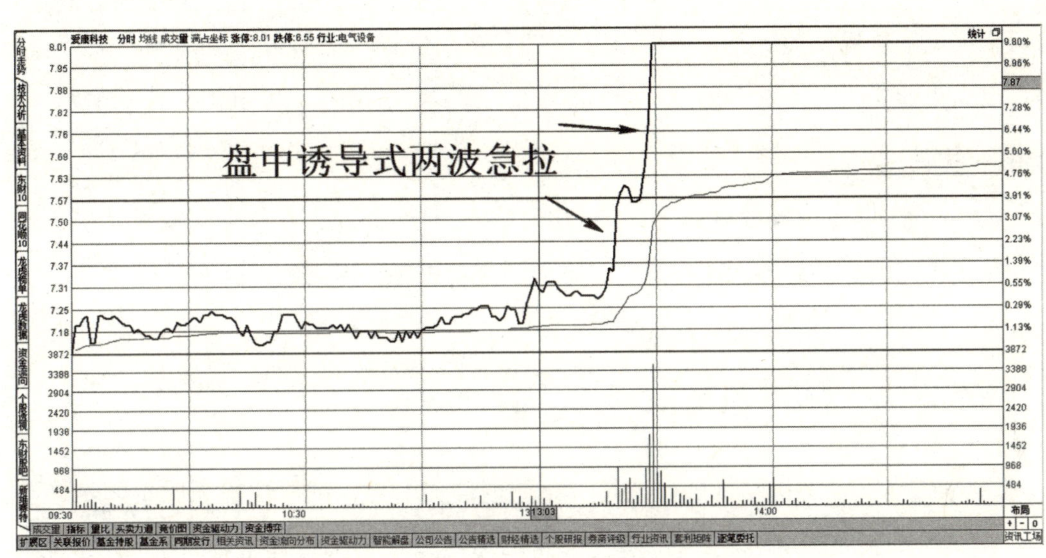

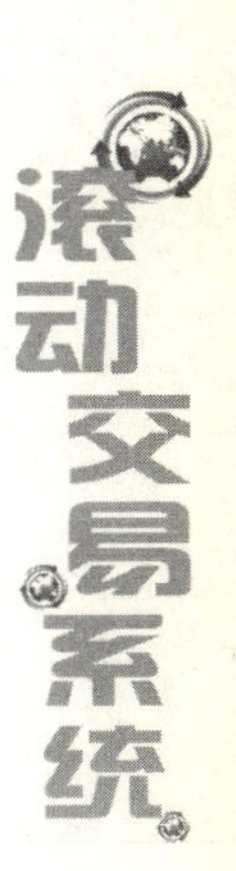

图例153 盘中诱导式两波急拉示意图

接下来讲解盘中诱导式两波急拉的做盘手法，参见图例153所示，这是最常见的诱导式做盘手段，是常用的出货手法之一。在盘面上，先是轻揉慢搓，缓慢推进，等到吸足了滚动仓位之后，开始实施诱导计划：徐徐地堆量，缓缓地推升，做出非常漂亮的量峰，图形美妙，赏心悦目，背后却是在引诱大众资金进场。表现在分时走势图上，曲线优美，量峰规整，两者配合得非常合拍。在这里我们总结一下做盘资金的做盘手法，供大家参考：

（一）和前边介绍的做盘手法一样，早盘小幅度低开，在均价线附近上下震荡。在这里需要注意，大多数在盘中实施急拉的做盘手法在启动前都喜欢玩猫腻、装孙子，示弱的目的既为了骗得更多的廉价筹码，也为了等待合适的拉升时机。这是惯用手段，需要特别注意。

（二）从分时走势图上可以看到，整个上午在弱势震荡的过程中还出现了不少锯齿状的波形，说明做盘资金当天还在悄悄吸货，为接下来的滚动套利打下基础。

（三）注意观察启动拉升之前的成交量柱，从低到高，变化的过程富有节奏感、韵律感。

（四）在第一波拉升的时候，股价还处于当天的低位，量峰比较稀少，引导的性质比较明显，而到了第二波拉升，波长很长，成交量变化很急促。从引导盘到冲刺盘连接得很到位，接近一气呵成。一长波拉升到涨停板位置，牢牢封死涨停板，表明做盘资金引导成功，同时封死了低位买进的渠道。接下来利用涨停板出货，就成了必然的举措。

（五）交易员此时要控制好下单的频率，踩准时间节点，力争少吃或者不吃筹码，顺利兑现当天的滚动筹码，顺利地完成当天的滚动操作，完成既定的做盘目标。

临盘实战的时候，面对像图例 153 这样的走势，作为大众资金，我们的应对策略是：

（一）首先是观望和跟进，早盘阶段从盘面观察到做盘资金有吸筹行为，我们此时可以采取低吸的策略，寻找低点及时跟进。记住是低吸，不是追高。不跌不买，宁可错过了也不要做错了。如果没有底仓，可以采取低吸的方法建立基础仓位，如果已经有底仓，可以在盘中带量下跌的时候买进，而不是在向上穿越的时候才去追赶。要杜绝追高买入的做法。

（二）在盘面上出现明显的引导盘时，可以断定做盘资金将要拉升，此时不要再买入，而是要做好出仓的准备。如果把握不准，可以采取分段出仓的方式下单卖出。

（三）封住涨停板之后，出现了放量行为，这不是什么好兆头。如果底仓比较重的话，此时可以适当减仓。不要把所有的筹码寄希望于下一个交易日高开的时候卖出。

接下来讲解盘中引诱式两波急拉的做盘手法，参见图例 154 所示，首先请各位明确一个问题：诱导式急拉和引诱式急拉是有些不同的。诱导式急拉是做盘资金也参与

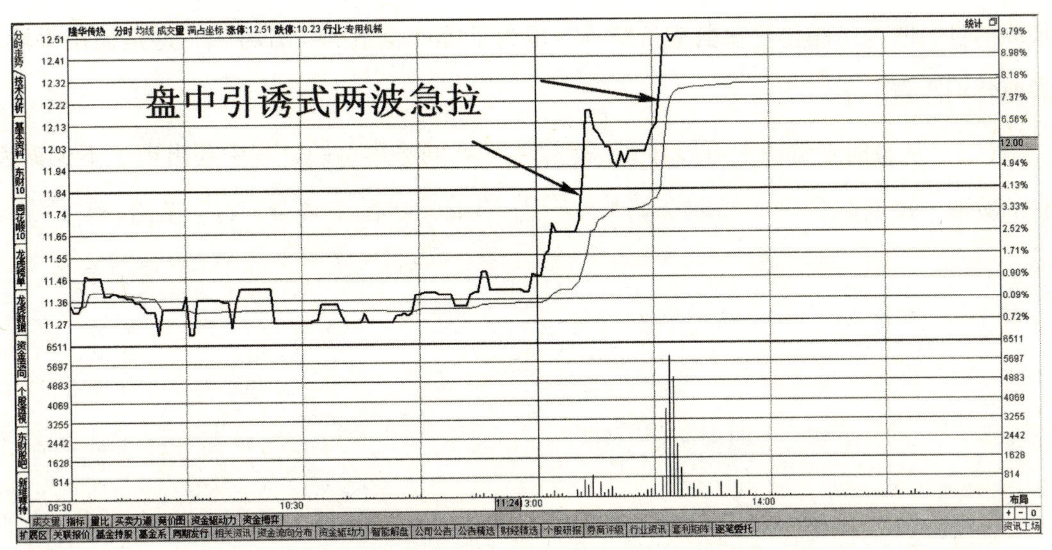

图例 154　盘中引诱式两波急拉示意图

其中，颇有点亲力亲为的味道，也就是以身作则给大家示范。引诱式急拉却是怂恿别人进场，而自己却作壁上观，是叫别人干而自己不干那种手法。在看盘的时候，需要对这两种做盘手法细细甄别，不要搞混了。否则，差之毫厘失之千里，应对不当，就会造成不必要的损失。如何区分这两者的区别呢？可以从量峰入手加以分辨。引诱式急拉的量峰和诱导式急拉的量峰明显不同，请各位注意区分。在这里我们总结一下做盘资金的做盘手法，供大家参考：

（一）早盘的走势非常沉闷，小幅度低开之后，略有上攻，之后就是呆滞型走势，成交量稀少。随后的走势更是类似雨后的蚯蚓，一拱一爬，十分难看。整个上午都是如此。

（二）这样的走势说明大众资金参与的热情不高，做盘资金也没有热情做成交量。

（三）接下来要实现做盘意图，只有采取引诱的方式，才有可能吸引大众资金参与。

（四）首先是在分时图上的低位自买自卖，把成交量做的比较有层次感，在盘口上出现连续性买盘向上推高，但是推高的幅度不能太大，否则就达不到引诱的目的。

（五）当大众资金的跟风热情被激发起来之后，马上兑现一部分盈利。接下来再次制造引导盘，在分时图的低位密集堆量，制造活跃走势。一旦大众资金踊跃跟风，立即采用大单跳跃性拉升，将股价定格在涨停板位置上，然后在涨停板上反复出货，兑现盈利。

临盘实战的时候，面对像图例 154 这样的走势，作为大众资金，我们的应对策略是：

（一）多看少动，不要随意进场。早盘阶段走势比较呆滞，已经预示着后边的走势比较难看，稀少的成交量说明活跃程度很低，因此，即使参与，也要把仓位控制得很到位，切忌出手过重。再加上震荡的幅度不大，基本上不可能滚动套利，因此以观望为主。

（二）下午出现明显的引导盘时，可以抢在第一波拉升之前进场建立滚动仓，第一次拉升出现背离走势回落时，可以持股不动。再次拉升之时，在涨停板附近减仓。

（三）在涨停板上不要进场建仓，而应该减仓。记住，凡是晃悠了大半天才封涨停的走势，其本身就有猫腻，拉涨停之后又出现开板的情形，说明做盘资金并无长远打算。因此，我们要做的是赶紧把底仓减掉一部分，下一个交易日再把当天的滚动仓除掉。

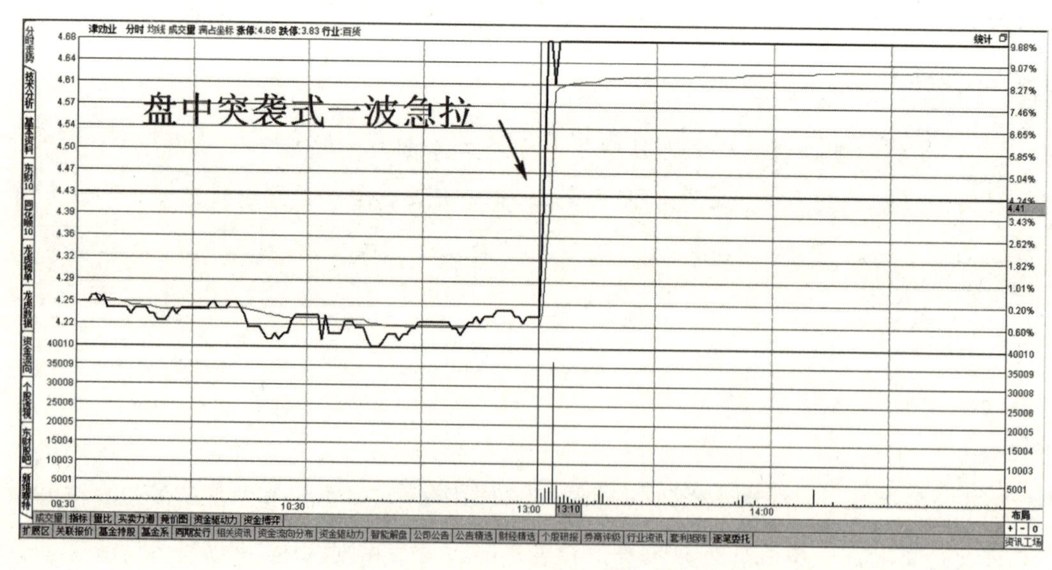

图例 155　盘中突袭式一波急拉示意图

接下来讲解盘中突袭式一波拉升做盘手法。参见图例155所示，这是很经典的做盘手法，整个上午走势都非常沉闷，几乎看不出有什么异样。分时走势曲线忽高忽低，毫无规律，说明做盘资金并没有刻意把持盘面走势，而是放任自流。再看成交量，零散、稀少、低迷，几乎看不到像样一点的大单出现。很显然，这是比较真实的以大众资金为主导的盘面。而下午突袭式的一波急拉，才是做盘资金的操纵行为。在这里我们总结一下做盘资金的做盘手法：

（一）早盘不予理会。集合竞价时间段股价小幅度高开，开盘量仅有25手，如此细小的成交量很难说明做盘资金有什么大动作，甚至可以理解为几乎没有参与做盘。

（二）整个上午的走势贴着均价线逐波盘跌，低点不断下移，分时走势十分难看，无论是从分时波形来看、还是从分时量峰来看，都很难看到做盘资金活动的影子。

（三）总结上午的走势可以发现，做盘资金并没有大量参与其中，即使偶尔有些稍微大一点的成交单，也仅仅是略微托盘，使盘面走势不至于太难看，仅此而已。

（四）下午的突袭属于有计划、有目的、有预谋的动作，一上来就疾风暴雨式一波拉到涨停板的位置，根本不给大众资金进场的机会。瞬间开板，也只是少量成交而已。

（五）由此来看。做盘资金其实早已潜伏其中，并不是当下才拔高建仓。

临盘实战的时候，面对像图例155这样的走势，作为大众资金，我们的应对策略是：

（一）如果原来已经持有基础仓位，此时就不必急于卖出了，坚定持股比较合适。

（二）如果没有在上午进行低吸，那么就没有必要在下午追击涨停板了。因为能够如此操纵股价的做盘资金，做盘手法通常比较诡异，难以捉摸，为了安全起见，不追也罢。

（三）如果原来并没有建立基础仓位，那么此时就保持观望吧。

接下来我们再讲解图例156所示的另外一种图形。这是盘中突袭式一波急拉的做盘手法之一，也是最常见的急拉形式。做盘资金为了实现盘中滚动套利的目的，经常采用这样的做盘手法，在大众资金不注意的时候，瞬间猛然急拉一波，制造套利空间，然后徐徐回落，慢慢逃离。在这里我们总结一下做盘资金的做盘手法，供大家参考：

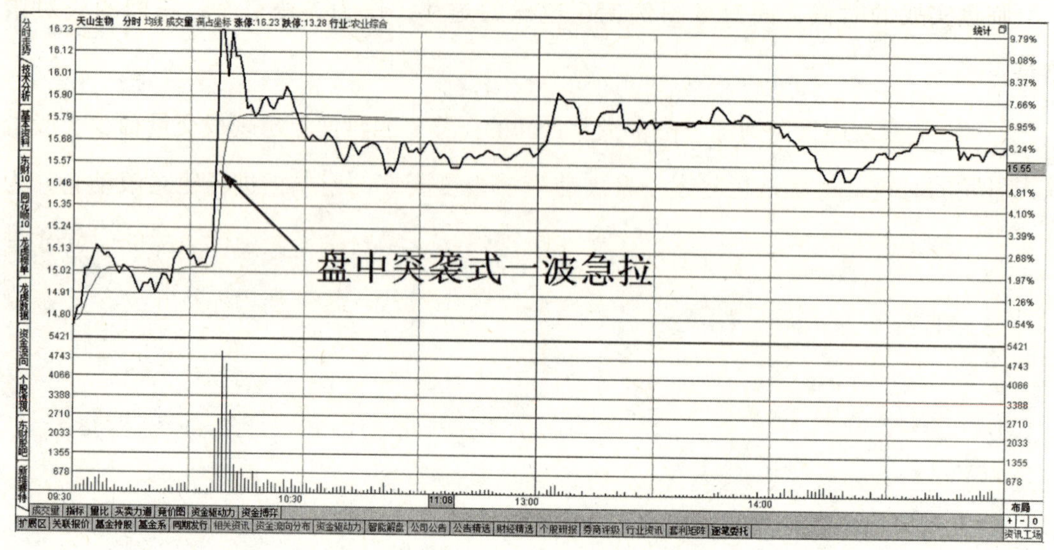

图例 156　盘中突袭式一波急拉示意图

（一）集合竞价时间段，股价以平盘开出，这是很暧昧的开盘方式，做盘资金并没有过早暴露意图，预示着当天的走势比较诡异。因此，大众资金此时需要做好积极应对的准备。

（二）早盘阶段的走势比较温和，徐徐引导，徐徐爬升，徐徐回落，之后围绕均价线上下震荡，整个过程显得从容镇定，看不出会有什么惊天动地的举措。

（三）从起爆之前的量峰来看，也没有非常明显的张扬动作，一切都处于平静的范围之内，尤其是早盘徐徐回落之后，虽然分时走势图上的小跌小涨，略显躁动，但成交量却是细小无比，几乎看不到什么大单出现。也就是说，此时做盘资金并没有大肆活动。

（四）令人拍案惊奇的是上午 10 时钟过后不久，盘口突然生变，几笔大单从天而降，瞬间将股价拉到了涨停板的位置上。随后释放出惊人的成交量，涨停板也被打开，再次上攻时，已经软绵绵的，无法再坚挺，股价也急速直下。涨停板瞬间就成了套人的天花板。

（五）随后的走势一晃三回头，虽然表现出对涨停板的依依不舍，但已经是流水落花春去也，那些追高买入的大众资金，只有苦叹，只有期盼下一个交易日能逃离苦海。但是，做盘资金既然如此设局，它们还会提供这样的解套机会吗？天知道。

临盘实战的时候，面对像图例 156 这样的走势，作为大众资金，我们的应对策略是：

（一）学会运用反向博弈理论来指导自己的操作。当盘面上出现成交量稀少、股价跌无可跌的时候，也就是在起爆拉升之前量峰极度萎缩的时候，进场建立滚动仓，为接下来的滚动套利打下基础。在这里请各位记住，一定要在量峰极度萎缩的时候才进场，因为这是空头乏力的时候，股价当天已经跌无可跌，此时进场才比较安全。安全永远是第一位的。

（二）盘中对倒，非奸即盗。在盘面上十分平静的时候突然对倒拉升，一定是做盘资金的操纵行为，其背后的目的很明确，就是要制造套利空间。既然如此，我们要做的就是阳线上大量卖出。也就是说，从分钟图上来看，出现大阳线就是卖出时机。

（三）从分时走势曲线图来看，一波突袭猛攻涨停板，而没有能够封住，这是使诈。能而示之不能，实为诈也。既然做盘资金不肯出钱出力，那么我们就可以在封不住涨停板的瞬间，大量甩卖滚动仓。如果底仓比较重，也可以在这个时候一并大量减仓，落袋为安。

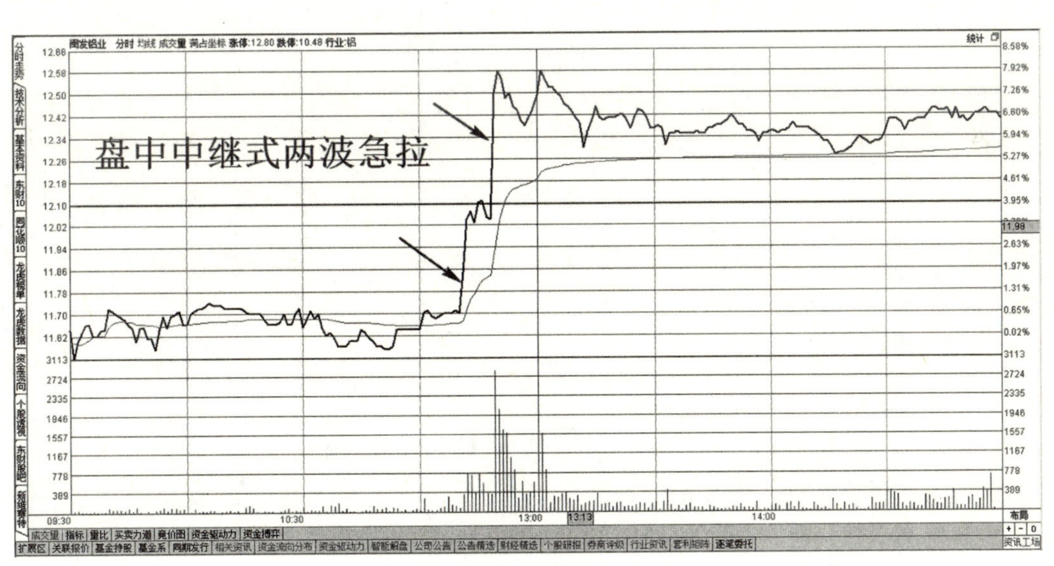

图例 157 盘中中继式两波拉升示意图

接下来讲解图例 157 所示的中继式做盘手法，这是最常见的盘中做盘手法之一。

和前边讲解的突袭式急拉不同，中继式急拉并不是害怕大众资金买入，相反的是担心大众资金不参与，因此在做盘手法上采用了拉一拉、停一停的手法。拉给大家看，让大家看到希望；停给大家看，让大家有机会买入。难道这是学雷锋吗？不是的，做盘资金的终极目标是为了盈利，而不是学雷锋、做慈善。那么这个拉一拉、停一停就是别有用心了。说白了就是指望大众资金进场接盘，仅此而已。在这里我们总结一下做盘资金的做盘手法，供大家参考：

（一）集合竞价时间段小幅度低开，开盘量是 18 手。很明显，从集合竞价走势图可以看出做盘资金并没有积极介入的意图，也没有争夺开盘价的意图，这种做法有些暧昧。

（二）早盘的走势疲软，量能极度萎缩，波形凌乱难看，没有节奏感、韵律感。

（三）但是，细细观察盘面的走势却可以发现，在貌似凌乱的背后却有一股暗流在涌动，特别是在上午 10 时以后，盘面上不时出现积极买进的大单，说明做盘资金一方面在刻意示弱，放任盘面不予理会，另一方面却在低位暗中买进，为接下来滚动套利打基础。

（四）上午 11 时以后，出现了非常奇妙的两波拉升。前一波徐徐而起，只要你想买，都可以买得到。后一波直接对敲拉高几个点，不再给大众资金低位买进的机会。这样中继式做盘的目的很明确，就是要撩起大众资金的跟风欲望，为接下来兑现盈利创造条件。

（五）两波急拉之后，缓缓回落，顺便逐步派发滚动仓，实现当天的回转交易。

临盘实战的时候，面对像图例 157 这样的走势，作为大众资金，我们的应对策略是：

（一）当我们发现盘面上暗流涌动的时候，就要提高警惕，及时正确解读做盘资金的操作意图，如果我们已经持有基础仓位，那么可以大胆地寻找低点买进，滚动操作。

（二）如果没有建立基础仓位，那么需要结合空间位置来分析，看看是否适合建立底仓。

（三）在出现明显的徐徐放量，引导式拉升的时候，不要再去追高买入，而是要在出现对敲式放量拉升的时候，尽快兑现当天的滚动仓。

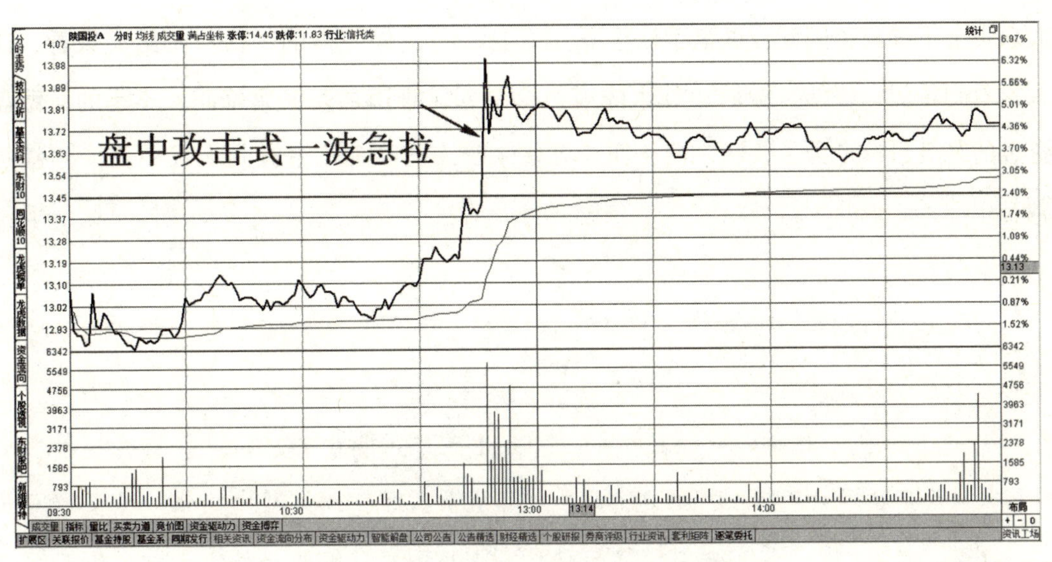

图例 158 盘中攻击式一波急拉示意图

接下来讲解图例 158 所示的盘中攻击式一波急拉做盘手法，这是诱导大众资金进场接盘的惯用手法，是做盘资金为了达到引诱目的而常用的做盘手段，从盘面上可以看出，前边经过有层次感的间歇性放量之后，已经把大众资金的追高欲望调动起来。这时候，交易员要顺势而为，完成最后那一击，使整个做盘计划得到完美的实施。就好像足球的临门一脚，大力抽射，破门得分。在这里我们总结一下做盘资金的做盘手法，供大家参考：

（一）集合竞价时间段小幅度低开，开盘量是 79 手，很小的开盘量。

（二）开盘后密集放量下挫，造成很恐怖的样子，实际上股价并没有大跌。反抽之后再次下挫，一副价跌量增的态势，实际上股价也没有下跌多少。如此做盘，其实已经表明空头此时心里发飘，气力匮乏，向下砸盘已经是力不从心，强弩之末而已。

（三）随后一笔大单向上穿越，将卖盘上的挂单一扫而光，此时做盘资金开始向上发力，随后又疲软下来，屡次小幅度上攻，屡次无功而返。折腾了几次之后，终于叫人泄气了。

（四）在向下回落接近均价线的时候，从盘面上可以看到，有计划、有目的、有预谋的做盘资金开始以引导的方式，次第式进场做多，规律性的量峰越来越长，分时走势曲线呈现出逐波上移的态势，很有层次感的推高行为向大众资金宣告：做多行动开始了。

（五）接下来就是最奇妙的临门一脚：以巨量大单瞬间向上急拉，猛地蹿出一大截空间，为接下来的滚动出货做好准备。随后就是快速出逃，乘机兑现滚动仓位，套利逃逸。

临盘实战的时候，面对像图例158这样的走势，作为大众资金，我们的应对策略是：

（一）大众资金和做盘资金之间是一种共生关系、博弈关系。没有做盘资金的操纵，大众资金就无从套利，因此做盘资金并非敌对关系，而是共生关系。没有做盘资金反复操纵股价，我们又去哪里反复滚动套利呢？但是，虽然是共生关系，却不是共存关系，而是博弈关系。所以，做盘资金猛拉，我们就猛跑；相反，做盘资金猛砸，我们就猛吸。这种滚动操作的思路叫做反向博弈。意识是说，我们大众资金要时时刻刻跟做盘资金做相反的动作。

（二）当然，反向博弈并不是每时每刻都反向操作，而是在关键的时刻反向操作。

（三）比如在图例158上边，做盘资金向下砸盘的时候，我们要反其道而行，进场抢它的筹码。而当做盘资金向上急拉做套利空间的时候，我们要及时将筹码甩给它。

接下来讲解图例159所示的盘中对敲式短波急拉做盘手法。这是盘头阶段做盘资金出货时最常用的操纵手段之一，短波急拉，造成脉冲式走势，吸引大众资金进场跟风，从而达到顺利出逃的目的。在这里我们总结一下做盘资金的做盘手法，供大家参考：

（一）首先从分时走势图上来看，整个波形呈现出坑坑洼洼、凹凸不平的样子，缺少流畅、平滑的感觉。不管是拉升还是下跌，都不是一气呵成的，而是气势呆滞，郁结，看着别扭。即使偶尔猛地上窜或者下跳，都是拖泥带水，很不干脆。这是出货阶段特有的图形。

（二）再从量峰的结构来看，上升无量、下跌带量。量价结构很别扭，毫无规律。

（三）从整体上来看，股价的高点和低点反复多变，没有渐次延伸的感觉，凌乱

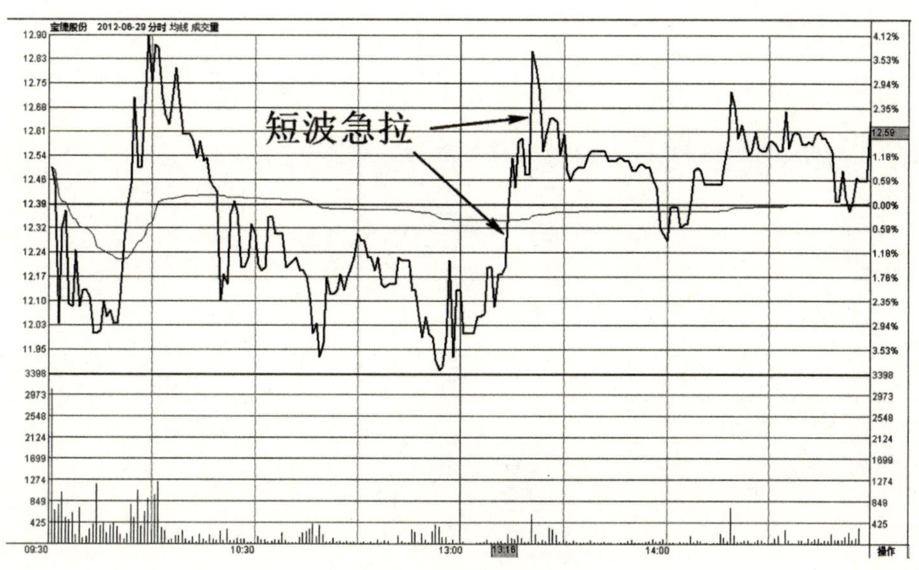

图例 159 盘中对敲式短波急拉示意图

无序。

（四）盘中出现短波急拉，波长很短，量峰单一，对敲的痕迹很明显，投机色彩浓烈。

（五）交易员无心做盘，只考虑如何引诱大众资金进来接盘，而自己却是借机甩卖。

临盘实战的时候，面对像图例 159 这样的走势，作为大众资金，我们的应对策略是：

（一）在盘头阶段的初期，做盘资金往往采取低开高走、宽幅震荡的方式做盘，达到出货的目的。这时候往往是滚动套利的大好时机，要好好珍惜其中的盈利机会。但是要注意踩准节奏，要做到只买跌、不追高。只有在盘中出现急跌的时候，才买进滚动仓。而在盘中出现急拉的时候，坚决卖出。即使一个来回盈利很小，也不要错过。

（二）注意控制好滚动仓位，在第一次出现低开高走的时候，可以适当参与滚动操作。仓位可以控制在 30% 以内。第二次出现低开高走的时候，只能少量参与，仓位控制在 10% 以内。第三次出现低开高走的时候，就只能是观望了，不要再使用滚动仓，而是要逐步降低基础仓位，提防做盘资金突然采取断崖式出货手段，甩货猛跌。事不过三，记住这一点。

（三）注意观察分时走势图上量峰的内部结构，如果出现尾盘密集放量下跌，则需要立即停止滚动，同时把基础仓位的大部分除掉，提防破位下行。

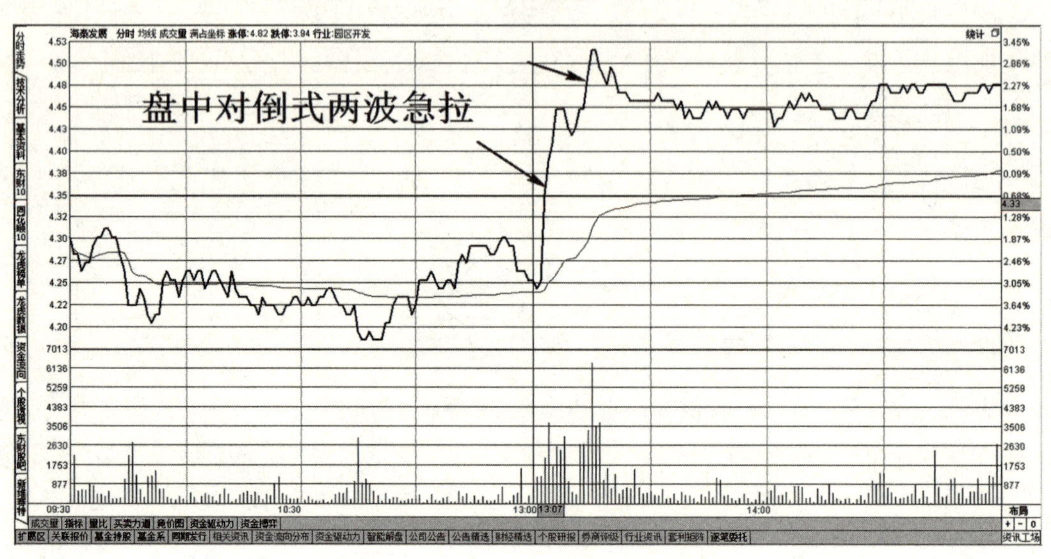

图例 160　盘中对倒式两波急拉示意图

接下来讲解图例 160 所示的盘中对倒式两波急拉的做盘手法。这种做盘手法一般出现在下午开盘后不久，做盘资金为了唤醒大众资金的注意，吸引跟风盘进来抬轿，进行疯狂的对倒放量，密集堆量拉升，造成价升量增的假象。做盘的意图很明显，就是要培育市场，引导大众资金跟进，但是一旦跟进之后，做盘资金又采取折磨手段，迫使之前进场的大众资金乖乖出局。在这里我们总结一下做盘资金的做盘手法，供大家参考：

（一）早盘阶段上窜下跳，搓揉结合，呈现出拉升无量、下跌放量的走势，颇有恐吓的味道。注意观察分时走势，带量急挫之后，出现了非常明显的锯齿状图形。很显然这是做盘资金砸盘之后，暗中悄悄吸货。随后再次砸盘，目的也是为了更进一步吸货而已。

（二）从上午的走势来看，虽然涨跌无序，却可以明显感觉到做盘资金在暗中吸筹。

（三）从量峰结构来看，大单砸盘、小单吸筹，砸盘和吸筹和谐地统一在一起，可以认为这是原来的做盘资金为了实时滚动套利而进行低位建仓。

（四）接下来出现对倒式两波急拉，就不难理解了。做盘的意图无非是前边我们反复讲解过的那种俗套：制造套利空间，仅此而已。阳光下没有什么新鲜事，信乎。

（五）两波急拉之后，快速出货，顺利兑现了部分盈利，之后再进行回补，也是一种常规做盘手段。各位只要仔细揣摩和总结，就不难发现做盘资金不过如此而已。

临盘实战的时候，面对像图例 160 这样的走势，作为大众资金，我们的应对策略是：

（一）盘中出现两波对倒式拉升的时候，首先是要做好卖出的准备。如果第二波拉升的量峰厚实、宽度和高度都超过第一波，那么可以选择高点适当减仓，等回落后再进行回补。如果第二波拉升的高点上去了，但量峰出现了问题，比如出现宽度变小、或者高度变矮了，也就是呈现出量价背离的走势，那么此时需要大幅度降低仓位，削减基础仓。

（二）启动拉升之前如果出现明显的下挫动作，可以适当建立滚动仓。

（三）急拉之后如果出现明显的急跌，不要急于买进，因为此时走势还没明朗，需要保持观望，如果出现跳水式急挫，不要轻易进场。除非你有十足的把握，否则不要去冒险。

方法二：平和

盘中出现的平和走势也比较常见，但是，从滚动交易的角度来说，平和走势缺乏实战意义，因为做盘资金在平和的时候，股价的波动幅度很小，价差很小，很难做出套利行动。因此，如果持仓品种出现平和走势，只能保持观望。或者换股操作。如果持续出现平和走势，对滚动交易来说是致命的，此时只能清空筹码，换股操作，否则就是浪费时间。各位需要注意，我们在选股的时候，就要回避那些活跃程度低的品种，避免参与换手率低、振幅偏小的品种，切记。在这里我们总结一下做盘资金的做盘手法，供大家参考：

（一）图例 161 是比较常见的盘中平和走势，从分时曲线上来看，曲曲折折，十分难看。

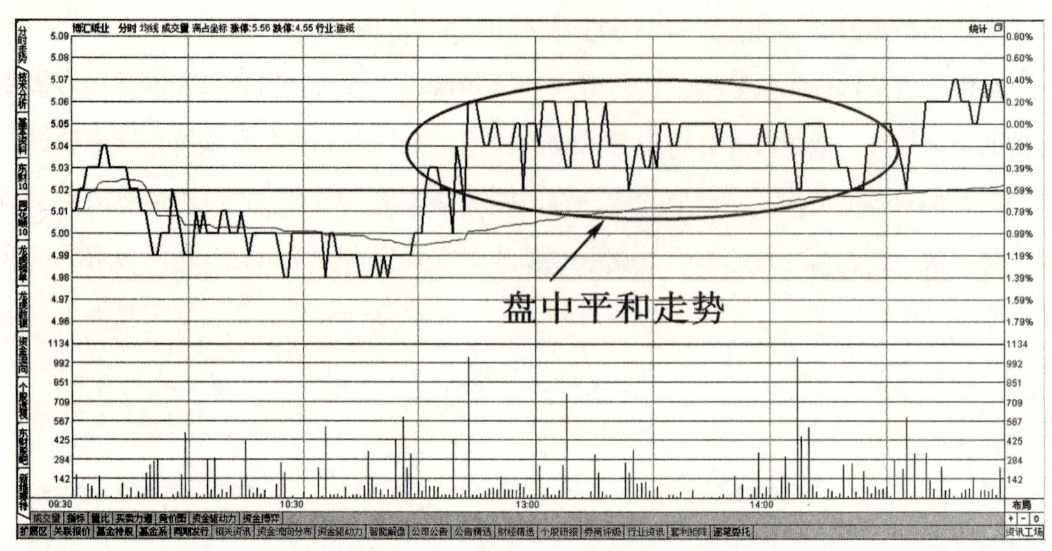

图例 161　盘中平和走势示意图

（二）从股价波动的幅度来看，高低点差距很小，导致股价的振幅很小，无法滚动。

（三）成交量稀少、单薄，表明这样的品种交投十分不活跃，没有参与价值。

（四）从量价配合程度来看，涨跌无需成交量配合，显得秩序混乱，量柱芜杂。

（五）总体而言，我们很难从当日的走势中挑选买进的点位，也没有卖出的机会。

临盘实战的时候，面对像图例 161 这样的品种，作为大众资金，我们的应对策略是：

（一）我们前边已经讲过，滚动操作不能参与振幅小、换手率低的品种，很显然，图例 161 这样的品种不适合滚动操作，要坚决回避，千万不要买入，以免浪费时间和精力。

（二）如果不幸持有这样的品种，那就要坚决处理掉，没有商量的余地，坚决换股操作。

（三）如果自选股里出现换手率偏低、波动幅度偏小的品种，要立即剔除，另选合适的品种。记住，凡是换手率偏低、波动幅度很小的品种，都不是理想的备选品种。

方法三：急打

盘中急打是做盘资金最常用的做盘手段，是洗盘、震仓、倒仓之类操盘行为常常用到的操纵手法。通过研究盘中出现的急打，可以有效地了解和掌握做盘资金的操作意图，更加有效地使用滚动仓位，赢得更多的滚动收益。因此，我们在学习滚动交易系统的时候，要花大力气、全面、深入、细致研究盘中出现的急打，正确理解它的含义，掌握它的基本特征，及时制定相应的对策，为我们在滚动交易实战中赢得更多的财富。

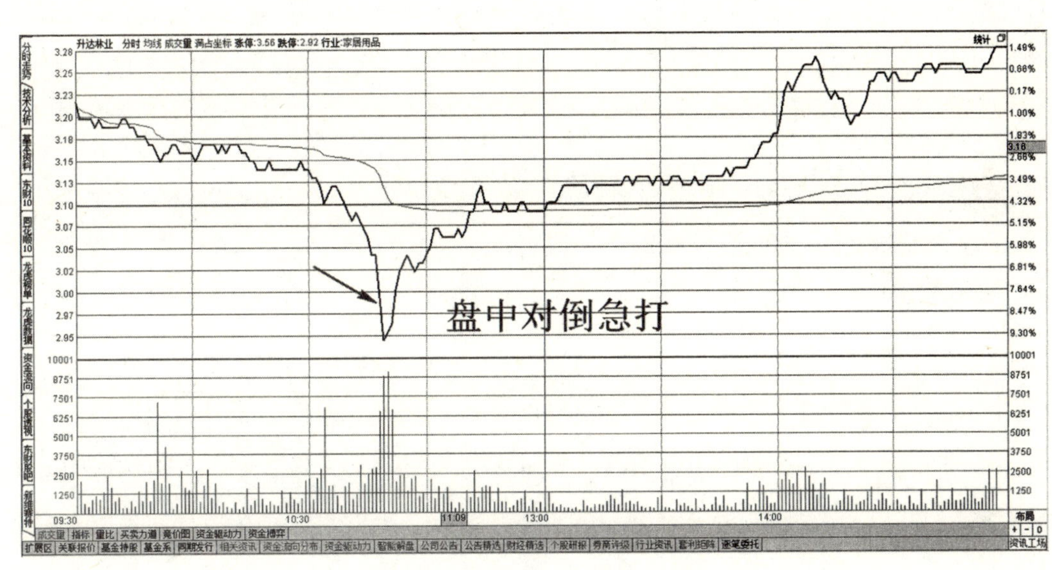

图例 162　盘中对倒急打示意图

图例 162 是最常见的赶底分时走势之一，股价在连续下跌之后，跌幅已经巨大，某一天盘中再出现这样的走势，往往是加速赶底的信号。如果前一个交易日已经出现了新低，而在今天盘中出现对倒式急打，说明做盘资金在下跌的过程中已经吃进不少筹码，这样的赶底走势恰恰表明阶段性底部就在眼前，或者就在当下。因为除非做盘资金本身拥有不少筹码，否则不可能制造出如此走势。在这里我们总结一下做盘资金的做盘手法，供大家参考：

（一）早盘阶段的走势低开低走，一路下滑。似乎说明多头已经彻底放弃了抵抗，空头此时占据了绝对上风。下跌的过程中成交量不时放大，呈现为凌乱而无规律，如此量峰也说明部分恐慌盘开始涌出，绝望气氛开始蔓延。

（二）下跌的过程中盘口间歇性出现有规律的引导式卖盘，说明此时做盘资金刻意诱空。

（三）盘中在快速急打出现之前，多次出现向下砸盘的大单，表明做盘资金有意识、有计划、有目的、有预谋的要把走势做成很恶劣的样子，以便吓出更多的廉价筹码。

（四）经过多次大单摧残之后，再次疾风暴雨式密集对倒放量，垂直向下大幅度急打，则是有意在分时图上做出弃盘而逃的假象，诱使大众资金割肉出局。

（五）在急打之后出现大单急速将卖盘一扫而光，彻底暴露了做盘资金的操作意图。

临盘实战中，面对像图例 162 这样的走势，作为大众资金，我们的应对策略是：

（一）精准确认当前股价所处的空间位置，这是我们要做的第一步。如果当前股价处于空间位置的低位，属于低风险区域，而且属于新低之后，那么这个位置出现密集对倒放量向下急打，可以理解为加速赶底的信号。此时我们要做的就是在急打出现之后择机进场。

（二）如果出现密集对倒放量的时候，股价处于近期低点的上方，但距离近期低点不远，那么此时向下对倒急打可能是空头临死之前的最后一次宣泄，此时可以试探性进场。

（三）如果向下对倒急打之后快速拉升到均价线之上，再也没有出现过跌穿均价线的情况，直至收盘。那么可以在分时走势回落到均价线附近、量峰出现萎缩的时候进场。

除了图例 162 那样的赶底走势之外，盘中还有不少出于做盘的需要而刻意做出来的快速急打，这些急打既有对倒式、也有对敲式。图例 163 就是一种对敲式的向下急打。对敲式向下急打可以出现在不同的空间位置，技术含义和市场意义各不相同，各位可以结合技术走势和空间位置来研判它的真实意图。在这里我们总结一下图例 163 做盘资金的做盘手法：

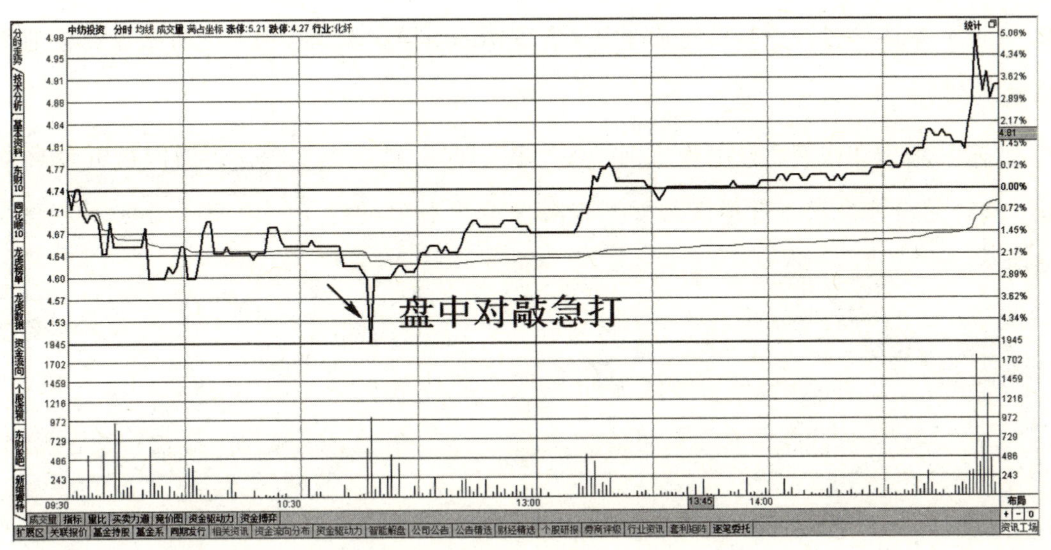

图例 163　盘中出现对敲急打示意图

（一）早盘平开，开盘之后直接向下滑行，虽有反弹，但是力度很弱，接下来就是大单向下急打。幅度不大，但是单笔的成交量却不小。

（二）随后出现了多次类似断崖式的分时走势，看起来十分恐怖。

（三）很显然，这是做盘资金在恐吓大众资金，每一次垂直下挫之后就出现小单向上吃进筹码，这种敢在急挫之后吃进筹码的行为很显然不是大众资金干的。

（四）上午最奇妙的走势是在平稳的走势之后突然出现对敲式猛烈急打，似一把尖刀，瞬间将股价打低了几个点，转瞬之间又猛拉回去。从盘口来看，似是刻意画图而已。

（五）随后再也没有出现惊心动魄的走势，而是一路震荡走高，逐步攀升。

临盘实战的时候遇到这样的走势，作为大众资金，我们的应对策略是：

（一）早盘平开低走，已经表明做盘资金攻击性拉升的愿望并不强烈。因此，如果还没持有底仓，像这样的品种就不要参与了，以免浪费时间，耗费精力，得不偿失。

（二）如果已经持有底仓，那么在如此孱弱的走势下是很难滚动套利的，因此要立即停止买进新的滚动仓，不管做盘资金当天如何折腾，继续保持观望为主。

（三）盘中出现对敲式向下急打，表明做盘资金在刻意画图，如此走势可以不予理会。

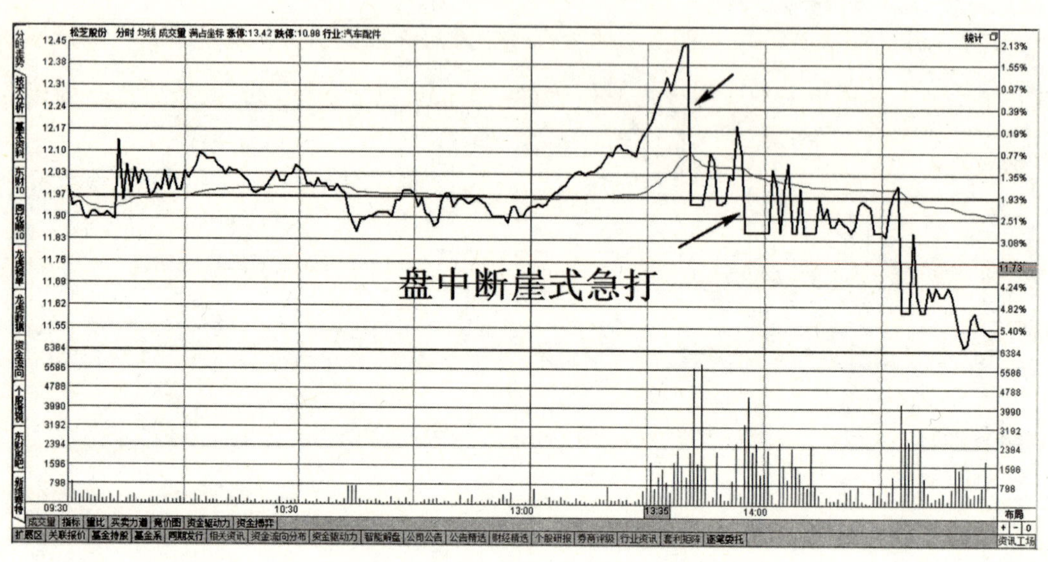

图例 164　盘中断崖式急打示意图

接下来讲解图例 164 所示的断崖式急打做盘手法，这是部分私募、游资最喜欢使用的做盘手法，是目前最经典的杀跌手法，也是最为歹毒的出货手法，是当今做盘资金操纵手法中最为令人不齿的野蛮类型。在一些被恶炒的题材股中，经常可以看到这样的走势。在这里我们总结一下做盘资金的做盘手法，供大家参考：

（一）早盘阶段出现比较典型的锯齿状走势，从分时走势曲线图来看，貌似吸筹行为。

（二）注意这里的关键词是貌似，也就是说，做盘资金为了蒙骗大众资金，先做出一些假象，稳住大众资金，让各位心存幻想，为接下来的逃逸做足铺垫。

（三）盘中的走势比较经典，在出现断崖式急打之前，做盘资金刻意营造出非常美丽的引导盘，量峰次第而上，红彤彤一片，十分刺眼。波形以 30°斜率推高，之后转换为 45°斜率推高，给大家一种变轨加速拉升的感觉。请各位注意思考：如果做盘资金真的要拉升，还有这样的耐心让大众资金慢慢买进吗？想一下就会明白了。

（四）接下来就出现了惊心动魄的一幕，令人心惊肉跳：巨量大单掼甩，垂直砸下来，不给你任何逃跑机会，直接钉死在卖五的位置上。稍作反抽之后，再次垂直砸盘。如是者三，反复急跌。分时走势曲线如同手工折纸，褶皱痕迹明显。而股价则是新低不断。

（五）什么叫去意已决？什么叫凶狠毒辣？如果你没见识过，那就研究一下断崖式急打手法吧，在历史上，像这样的走势很多，各位可以比照学习，以提高自己的风险防范意识。

临盘实战的时候，面对像图例 164 这样的走势，作为大众资金，我们的应对策略是：

（一）凡是盘中屡屡出现引导式作秀的品种，我们首先要多一份警觉。要知道这个市场上没有活雷锋，所有的一切做盘行为，都源自利益的博弈，除此之外，别无他意。

（二）对于暴跌之前出现的推土机式做高股价，徐徐而上，推进缓慢，比如原地放量股价上升不多的分时走势，要多一些警惕，如果持有这样的品种，要及时减仓，不要犹豫。

（三）对于已经出现了断崖式走势的品种，要尽快处理，避免带来更大的损失。此时不要继续滚动操作，而是果断地清空筹码。即使卖错了，也要卖掉。毕竟安全是第一位的，明天还有机会，卖错了也无所谓，如果没卖掉而出现连续杀跌，那就惨了，亏大了。

接下来讲解盘中飞流式两波急打的做盘手法，参见图例 165 所示。这是非常典型的盘中出货分时走势，是做盘资金为了加速出货而不计成本的大甩卖，整个走势形象丑陋、手法拙劣、影响极坏。非到万不得已的地步，做盘资金一般不会使用如此手段出货。因为这既有损于形象，也实实在在减少了盈利。真正的高明出货手法应该是边拉边出，在不知不觉中已经功成身退，神不知鬼不觉。在这里我们总结一下图例 165 做盘资金的做盘手法：

（一）早盘阶段低开低走，开盘之后连像样一点的上攻也没有，就急不可耐地向下甩卖，表现出一副饿死鬼的样子，很显然做盘资金已经完全没有耐心了，只顾埋头出货了。

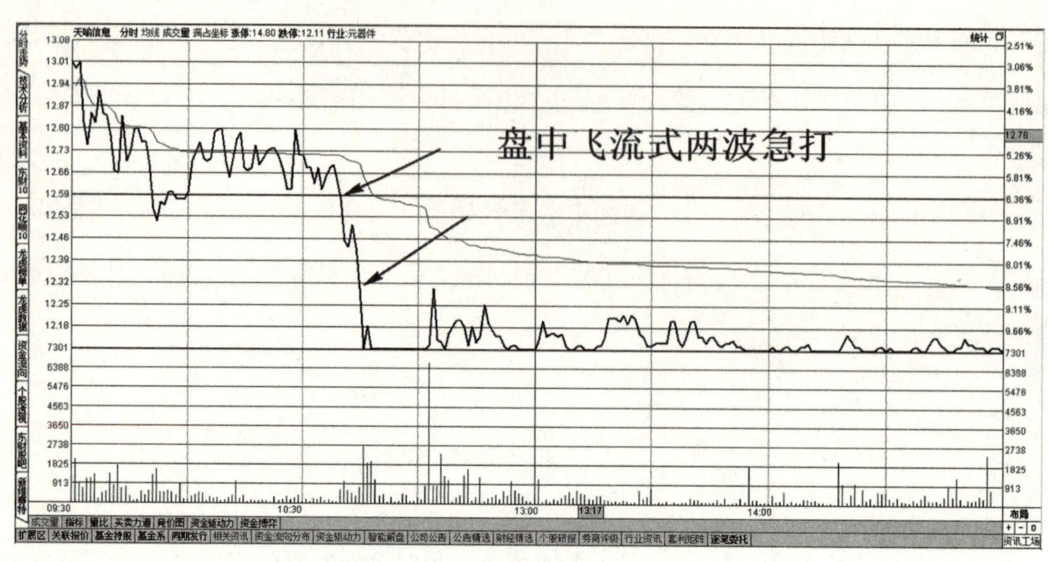

图例 165　盘中飞流式两波急打示意图

（二）早盘阶段出现三波下跌，每一波的高点都不断下移，低点也不断下移。

（三）经过三波急挫之后，略有反弹，但是走势异常疲软，成交量十分稀少。

（四）从盘口来看，做盘资金根本上就没有向上做多的打算，就算是反弹，也仅仅是围着均价线上下震荡，力度越来越小，高点上不去，低点却下来了，这是不祥之兆。

（五）接下来就彻底扛不住了，飞流式两波急打，直接将股价打到了跌停板上。

临盘实战的时候，面对像图例 165 这样的走势，作为大众资金，我们的应对策略是：

（一）首先是定性分析，早盘低开低走，已经表明做盘资金无心做多，此时应该马上做出不再买入滚动仓的决策，立即停止开新仓，避免新仓在下一个交易日出现损失。

（二）其次早盘阶段越盘越低，分时走势图上的微观趋势已经表明下行的坚决性，那么此时就不要再抱任何幻想，而要坚决逢高点减仓，连底仓一起卖掉。

（三）在出现飞流式急打的时候，如果来不及出逃，要在打开跌停板的时候，坚决除掉所有的仓位，不要以为此时已经处于低位而买入。记住，君子不立于危墙之下，跑吧。

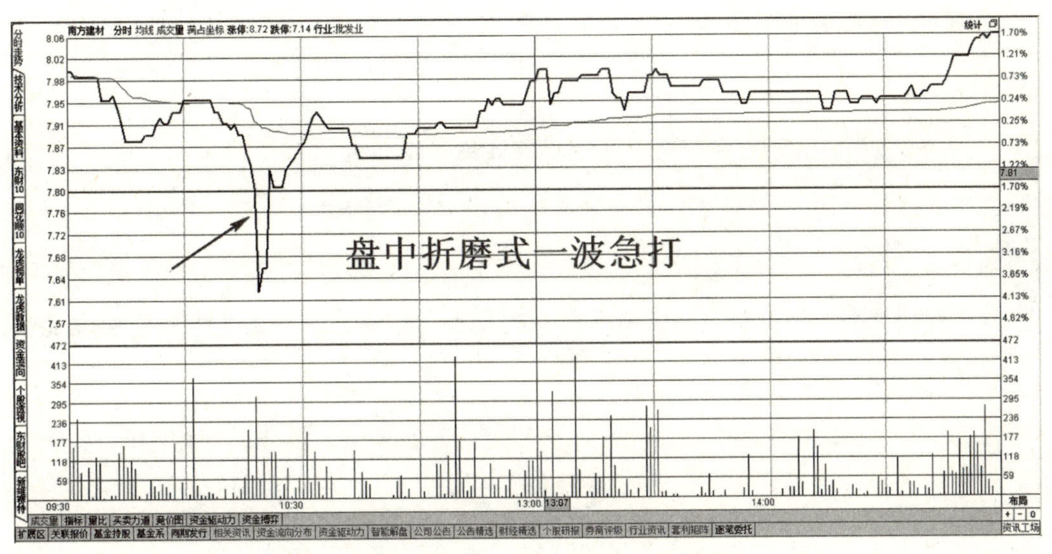

图例 166　盘中折磨式一波急打示意图

接下来讲解图例 166 所示的盘中折磨式一波急打做盘手法。折磨式向下急打可以出现在不同的时间段，也可以出现在不同的空间位置，技术含义和市场意义各不相同。如果出现在空间位置的低位，很可能是一种探底走势。如果出现在空间位置的高位，可能是为了出货而刻意做出来的测试动作。同样是一波急打的做盘手法，出现在上升趋势和出现在下跌走势的技术含义是不同的，请各位仔细甄别。在这里我们总结一下做盘资金的做盘手法：

（一）图例 166 是出现在下跌走势途中的折磨式一波急打，这种走势从原则上来说是一种诱多的铺垫，是为了稳住大众资金而做出来的虚假性支撑动作。

（二）早盘的时候，小幅度高开，如果做盘资金有心做多，就会积极向上做盘，而不是缓慢地放量下跌，在这里缓慢地放量下跌这个动作，已经表明了做盘资金的操盘意图。

（三）随后的走势非常疲软，股价一直运行在均价线之下，多头的反抗软弱无力。

（四）接着出现了最惊奇的走势：几笔大单快速地向下砸盘，砸出一个垂直的尖刀走势，正当大家惊慌失措的时候，股价却是呼啦啦一瞬间被拉回到均价线之上。

（五）接下来大多数时间走势平稳，再也没有出现过如此惊人的走势。

临盘实战的时候，面对像图例 166 这样的走势，作为大众资金，我们的应对策略是：

（一）前边我们已经反复讲过，不要参与正处于下行通道之中的品种，因此，对于像图例 166 这样的走势，从分时图上来看，就没有参与的价值。如果在盘中无法确认走势的特点，可以变换分析周期，从分钟图、日线图、周线图等方面来查看，及时辨认空间位置的高低，以及确定当前股价的运行趋势。记住，凡是处于下行趋势的品种，都不要参与其中。

（二）如果不幸持有这样的品种，那么要尽快寻找高点，出局。即使割肉也不要舍不得。止损也是不可避免的，如果出现了认知偏差，买入了不该买的品种，产生了持仓错误，那么唯一正确的选择就是尽快认错，越快越好。不怕错，就怕拖。没有人能够从不犯错，买错了，立即改正就是对的，反之，心存幻想，迟疑不决，就有可能出现更大的损失。

（三）不要被暂时的平稳走势迷惑，大趋势向下，在没有产生逆转之前，宁可相信趋势没有改变，也不要妄自猜测，更不要自以为趋势已经改变。我们不要妄加猜测，而要根据眼前所见的事实进行交易。这是最基本的交易原则，请各位务必遵守。

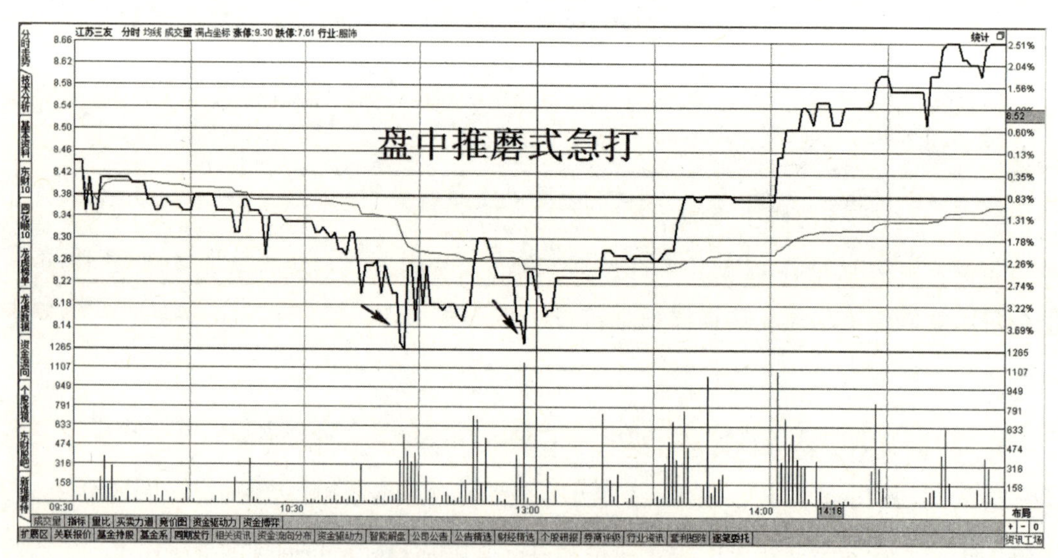

图例 167　盘中推磨式急打示意图

接下来讲解图例 167 所示的盘中推磨式急打做盘手法。所谓推磨式急打，也叫连轴打，通俗地说，就是打了一次，隔一段时间再打一次，前后两次向下急打的图形看起来像老牛推磨的样子，所以叫推磨式急打。这是做盘资金测试底部的惯用手法，在看盘的时候，需要注意前后两次向下急打的时候所出现的低点，如果后边的低点高于前边的低点，那么可以认为当天的小底得到了确认，反之，则说明探底失败。这是大家要注意的基本问题。同时，即使小底成立，也不要大规模进场。在这里我们总结一下做盘资金的做盘手法，供大家参考：

（一）观察早盘阶段的走势，低开低走，徐徐而下，呈现为呆滞型、抵抗性走势。

（二）股价一直运行在均价线之下，说明走势很弱，不时出现砸盘大单，属于诱空。

（三）仔细观察第一次出现的向下急打，密集堆量，虽然很小，却是连续性比较强。

（四）再看第二次出现的向下急打，直接以大单垂直打下来，显示出做盘资金的急躁。

（五）经过前后两次急打之后，股价出现缓慢的拉升，向上的大单频频出现，意图明显。

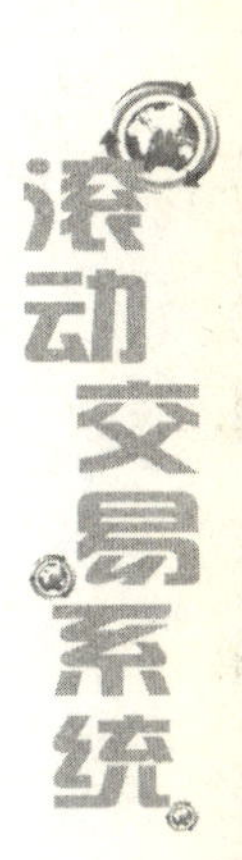

临盘实战的时候，面对像图例 167 这样的走势，作为大众资金，我们的应对策略是：

（一）从分时走势图上来看，走势呆滞，说明活跃程度很低，如果原先没有买进这样的品种，就不要在进场建仓了。毕竟这样的品种不符合滚动交易系统的建仓条件。请各位记住，凡是不活跃的品种，原则上不要参与，这是最基本的法则，在这里复习一下。

（二）如果不幸持有这样的品种，要立即停止买进，千万不要再开新仓，在一些毫无价值的品种上浪费时间是多余的、愚蠢的。对于没有套利价值的品种，要彻底抛弃，不要舍不得。要舍得下决心，坚决远离那些换手率偏低、振幅偏小的呆滞品种。

（三）在接下来的走势里，要尽快找高点除掉这个品种。前边已经讲过，此时你唯一正确的选择，就是到活跃的品种中去，到热门的、趋势明朗的品种里去。

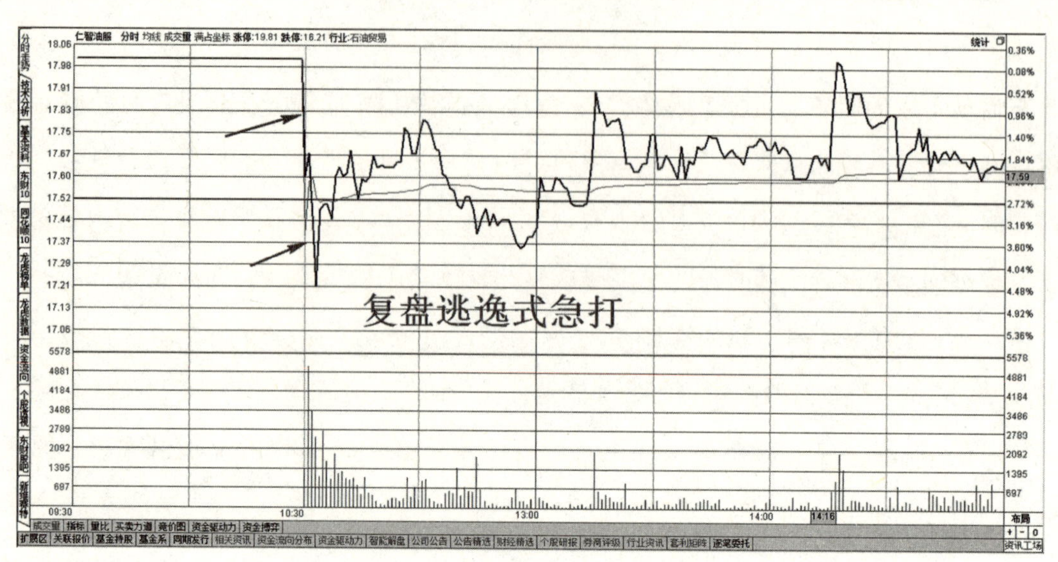

图例 168　复盘逃逸式急打示意图

接下来讲解复盘逃逸式急打做盘手法。参见图例 168 所示，所谓复盘逃逸式做盘手法，也叫复牌逃逸式做盘手法，是指因为某种原因停牌 1 小时、在复牌时出现的向下猛烈急打的走势。通常复牌之后，都会出现竞相逃跑的走势，因此称为逃逸。实际上，并不是所有的停牌都是坏事，有时候，复牌后出现急打，反而是很好的进场机会。这需要我们具体问题具体分析，不能一概而论。在这里我们总结一下做盘资金的做盘手法，供各位参考：

（一）复盘之前如果出现了连续的上涨，累计涨幅已经很高，复盘之后出现快速下挫，属于出货式逃逸，这是正常反应。争先恐后出逃导致了卖盘很大，股价直接跌停也很正常。

（二）因为重大事件导致的临时停牌，复牌之后被解读为利空，股价大跌，也是出现逃逸式急打走势的原因之一，这时候往往出现带量狂泻的走势。也属于正常反应。

（三）做盘资金刻意引导大众资金出逃，而自己却暗中吸纳。这样的走势也很常见。

（四）不管是利空消息还是利好消息，总而言之先砸盘再说。这是最管用的做盘手法。

（五）因此，不管属于哪一类型的急打，此时都不必紧张，冷静对待就可以了。

临盘实战的时候，面对像图例 168 这样的走势，作为大众资金，我们的应对策略是：

（一）早盘首先好好利用停牌时间，尽可能查清楚停牌的原因。如果能够了解得更多、更仔细、更深入，我们在操作上就会更有把握，因为心中有数，就不会临阵发慌。

（二）复牌之后出现急打，不要急于下结论，也不要匆忙进场，保持观望比较明智。

（三）如果复牌之后做盘资金大量出货，必然会导致宽幅震荡。这时候要立即停止滚动，不要再买进新的仓位，而要寻找高点减仓，或者全部清仓。

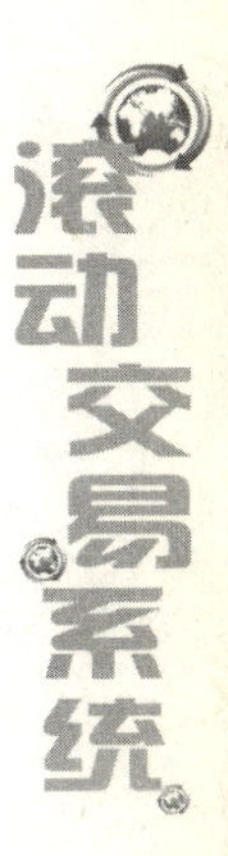

关于盘中急打的各种手法，我们已经讲解完毕。不管是哪一种类型的向下急打，都是做盘资金刻意操纵股价的结果，因此，在临盘实战的时候，我们既要高度重视，也要沉着应战。只要股价的高点不断上移，低点也不断上移，就可以认为趋势没有变异，可以继续滚动操作。反之，如果股价的高低点出现了下移，说明做盘资金有放弃的迹象，此时就需要提高警惕，降低仓位，规避风险。只要我们把握住这条根本性的原则，那么，任凭做盘资金如何耍滑头，我们都不至于迷失方向，我们都能够应付自如，从容进出，成为淡定的套利高手。

三、滚动仓位在尾盘的使用方法

在尾盘阶段，做盘资金需要对全天的走势做一个总结，需要决定收盘价，为下一个交易日定下基调。因此，在全天的交易中，尾盘部分非常重要。在滚动交易系统中，尾盘阶段通常是兑现盈利或者建立仓位的最佳时机。从做盘资金的角度来说，尾盘阶段常用的手法有急拉、平和、急打三大类。从大众资金的角度来说，尾盘的对策有高抛、观望、低吸三种。接下来我们从不同的做盘手法来讲解尾盘的应对策略。

方法一：急拉

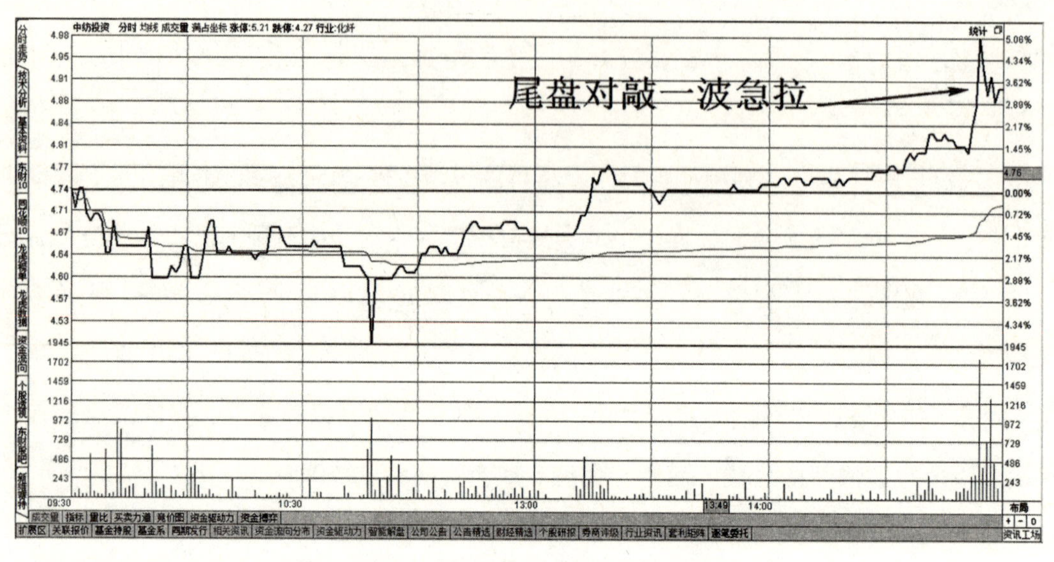

图例 169 尾盘对敲一波急拉示意图

尾盘阶段对敲急拉是最常见的做盘手法，参见图例 169 所示，这是投机色彩非常浓烈的做盘方式，通过出其不意的对敲急拉，瞬间制造出巨大的获利空间，为下一个交易日做盘打下基础。尾盘一波急拉可以出现在不同的空间位置，各自的技术含义和市场意义是不同的。如果出现在空间位置的高位，是比较典型的出货行为，或者是出货前兆。如果出现在空间位置的低位，则可能是结束原先的做盘计划，转入新一轮做盘方案的征兆。不管是哪一种类型的尾盘急拉，只要是以对敲形式进行的，都表明做盘资金拥有比较多的筹码。接下来必然有比较激烈的动作。在这里我们总结一下做盘资金的做盘手法，供大家参考：

（一）观察全天的走势，从早盘开始，就一直显示出沉闷、呆滞、乏力的特征。

（二）从分时走势曲线图来看，波形曲折、顿挫，基本上看不到流畅的线条。

（三）从成交量来看，早盘下跌带量，中盘下挫大量，推升过程中缩量，整个量价结构呈现出非常郁结的感觉，明显感觉到做盘资金缺乏热情，几乎看不到任何进取精神。

（四）唯一可喜的亮点，就是尾盘阶段出现了幅度比较大的向上急拉，拓展套利空间。

（五）但是，再看对应的成交量，马上叫人泄气。因为这是对敲性质的投机取巧，一波急拉之后，马上出现了急不可耐的兑现盈利，这种胸无大志的做盘行为，实在无趣至极。

临盘实战的时候，面对像图例 169 这样的走势，作为大众资金，我们的应对策略是：

（一）如果你还没有进场建立基础仓位，看到这样的走势，就不要进来了。凡是尾盘对敲作秀、旋即急不可耐地兑现盈利的品种，多半是做盘资金拥有很多筹码的品种。这种类型的股票活跃性比较差，换手率比较低，波动幅度很小，很难实施滚动套利，不参与也罢。

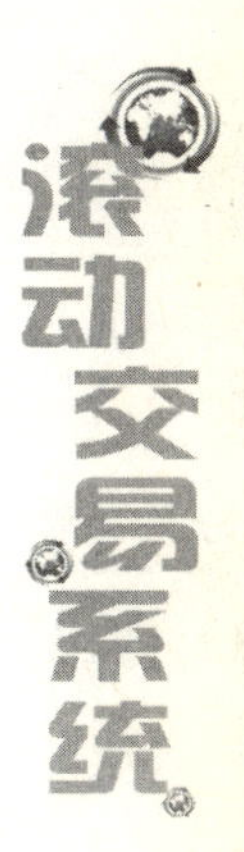

（二）前边已经说过，如果你不幸介入了这样的品种，要立即停止买进滚动仓，不要把宝贵的资金耗费在这了无生气的品种上，因为不值得，也耗不起，立即停止买入是明智的。

（三）如果你想实现本金收益最大化，建议你立即在尾盘急拉的时候果断地出局，彻底清仓，换股操作。不要把股票当情人，股票只是赚钱的工具，仅仅是筹码而已。

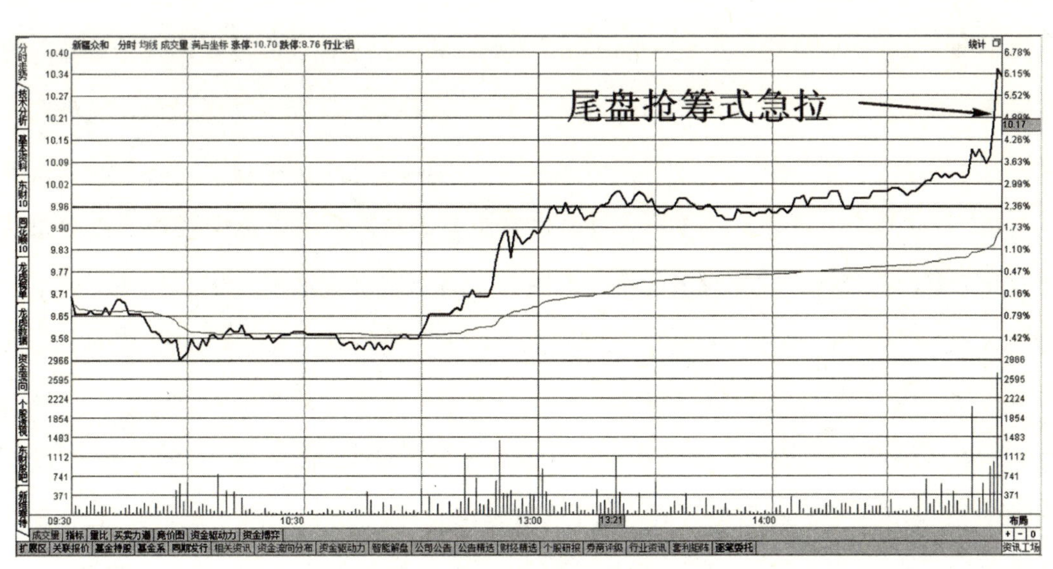

图例 170　尾盘抢筹式急拉示意图

接下来讲解图例170所示的尾盘抢筹式急拉做盘手法，这是比较常见的做盘手法，经常在建仓阶段、滚动阶段使用。这种尾盘急拉的目的在于吃进更多的筹码，为进一步做盘打下基础。通常情况下，在空间位置的低位区域，做盘资金经过了大半天的慢慢吸筹之后，也没买到多少筹码，就会在尾盘快速抢筹。在这里我们总结一下做盘资金的做盘手法：

（一）仔细观察盘面的走势，从早盘阶段开始，就出现了不少锯齿状的波形。

（二）中盘、尾盘阶段，这种锯齿状的波形不但没有减少，反而越来越多。

（三）因此，从波形结构上来看，可以认为这是非常典型的建仓图形，目的在于吃货。

（四）从量峰结构来分析，也明显可以看到不少冲击型的量峰，这明显是建仓的量峰。

（五）从量价结构来综合分析全天的分时走势，可以认为做盘资金处于回补仓位阶段。

临盘实战的时候，面对像图例170这样的走势，作为大众资金，我们的应对策略是：

（一）如果是小型资金，可以采用跨门类滚动的方式操作，在尾盘出现抢筹式急拉的时候，择机跟进，仓位控制在30%以内，在下一个交易日选择高点抛出，实现跨门类滚动。

（二）如果是中型资金，可以采用滚动建仓的方式操作，在盘中选择低点分批买进，作为基础仓位，而在尾盘出现急拉的时候，适当抛出一部分筹码，静待下一个交易日再选择低点进行回补，通过反复滚动套利降低持仓成本，如果下一个交易日直接高开，就不要急于买进，而是要寻找高点择机卖出部分筹码，降低基础仓位。然后等待回落的时候再进行回补。

（三）如果不喜欢跨门类滚动，也不喜欢采用滚动的方式建仓，那么对于正在建仓中的品种，可以采取回避的态度，静待建仓完成之后再进场操作，以免浪费时间。

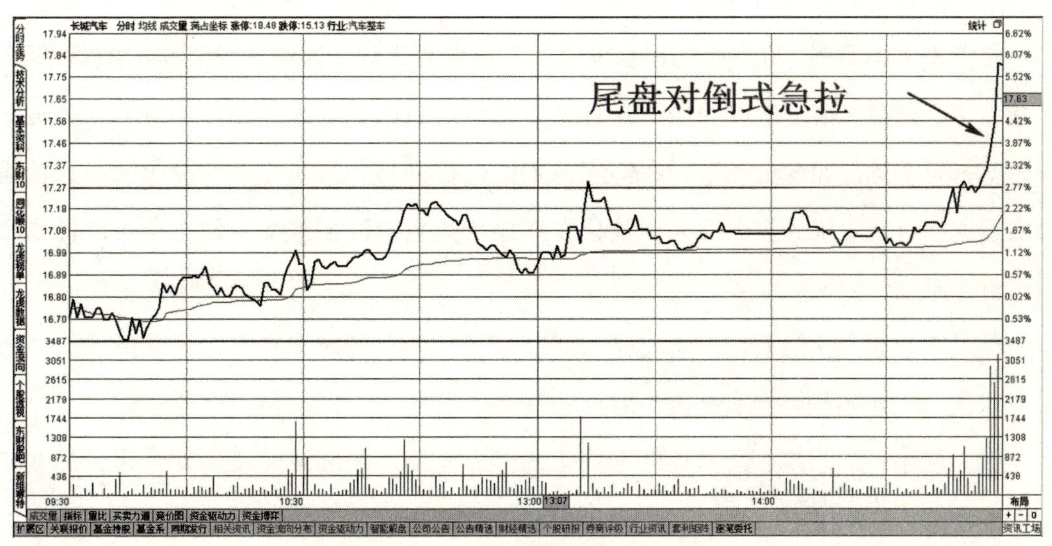

图例 171　尾盘对倒式急拉示意图

接下来讲解尾盘对倒式急拉的做盘手法，参见图例 171 所示。尾盘对倒式急拉可以出现在不同的空间位置，各自的技术含义和市场意义是不一样的。出现在空间位置的低位、或者阶段性的低点、或者相对低点，那么这样的对倒急拉属于刻意造量行为，虚张声势，为吸引跟风盘做准备，下一个交易日顺势高开，就可以吸引短线客捧场，节省很多做盘资金。这叫做借势使力，效果非凡。在这里我们总结一下做盘资金的做盘手法：

（一）早盘阶段围绕均价线反复震荡，上搓下揉，大单向下打压，小单向上吃进，营造出貌似出货的走势图，其实真正的用意在于吸筹，锯齿状的波形就证明了这一点。

（二）随后出现了向上爬升，盘中屡次出现冲击型量峰，说明做盘资金不断吃进筹码。

（三）从盘中分时图的走势来看，不断出现尖角状的波形，可以视为做盘资金建仓。

（四）早盘之后，股价大多数时间运行在均价线之上，走势相对平稳，下档支撑有力。

（五）尾盘阶段出现对倒式密集堆量，这种对倒放量恰恰暴露了做盘资金的操作意图。

临盘实战的时候，面对像图例 171 这样的走势，作为大众资金，我们的应对策略是：

（一）对于尾盘密集堆量急拉的走势，我们首先要做的第一件事就是要给它定性，要确定这种对倒式拉升的性质究竟是什么。如何给它定性呢？首先是从空间位置来考量，看当前股价所处的空间位置是高位还是低位，如果是低位，那么在正常情况下就不会是出货行为。既然不是出货，那么就要从另一个角度来理解：这么夸张地作秀干嘛呢？吸引眼球却不是为了出货，那自然就是要引诱别人来抬轿。你只要把这个分析的关键点理解透了，就不难理解做盘资金的操作意图。我们做任何技术分析，都需要先把做盘的意图搞清楚，否则，就无从谈起。这是正确理解盘口每一种走势的关键所在。请各位牢牢记住这一点。

（二）对于像图例 171 这样的走势，因为全天的走势都呈现出建仓的特征，因此，当尾盘出现引导式堆量的时候，可以在出现量峰萎缩的瞬间适当跟进，滚动操作，实现套利。

（三）如果是小型资金，可以在尾盘跟进，采用隔夜滚动的操作策略，下一个交易日选择高点抛出，赚取差价。如果已经持有底仓，那么可以在进入尾盘的时候，选择回踩均价线而不跌破均价线的那个时候买进，而不必等到密集堆量的时候，才去追高。记住：任何时候都不应该采取追高的方式进场，追高买入是一种很坏的操作习惯，要彻底摒弃。

接下来讲解图例 172 所示的尾盘跨越式急拉做盘手法。这是做盘资金为了实现阶段性出货而使用的做盘手法，从整个走势来看，全天的走势十分低迷，大部分时间都在前收盘价之下运行，很明显地表现出无心做多的态势，说明做盘资金对后市的走势比较失望，只是消极对待，并没有积极进攻的打算。盘面上出现零星大单砸盘，也只是恐吓一下，希望能捡一些便宜筹码而已。在这里我们总结一下做盘资金的做盘手法，供大家参考：

（一）从早盘到中盘，走势呆滞，早盘几乎是贴住均价线运行，很难做出套利动作。

（二）盘中的走势也很呆滞，貌似无人主持盘面走势，软弱无力，沉闷乏味。

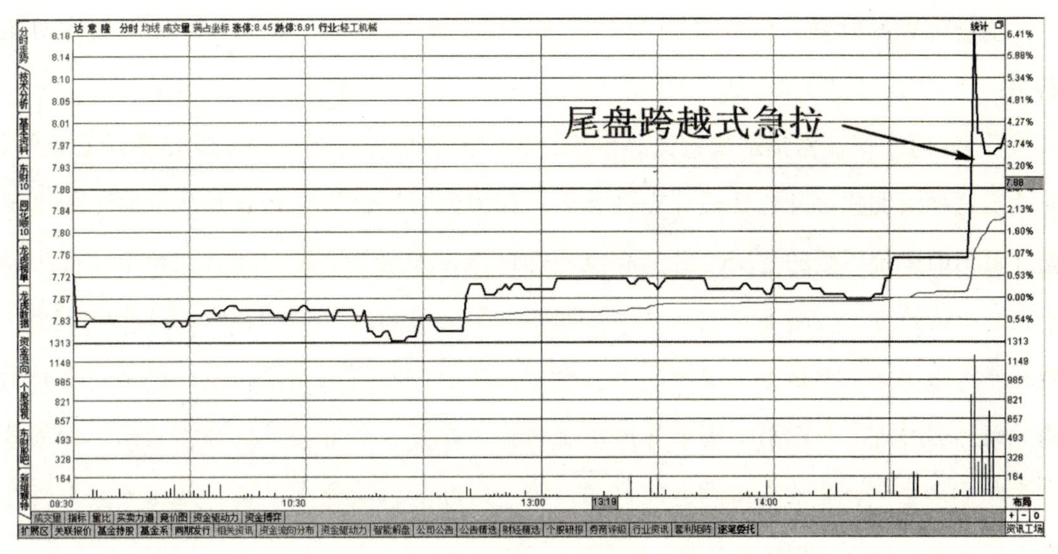

图例 172 尾盘跨越式急拉示意图

（三）进入尾盘之后，开始出现一些引导式大单，小心翼翼地小幅度推高股价。

（四）之后进入了横盘走势，则是做盘资金的观望行为，借以观察大众资金的反应。

（五）随后几笔大单腾空而起，股价飞速飙升之后，抛盘蜂拥而出，企图兑现盈利。

临盘实战的时候，面对像图例 172 这样的走势，作为大众资金，我们的应对策略是：

（一）前边已经讲过，类似这样走势的品种，不适合滚动操作。因此，如果你还没有建立基础仓位，就坚决不要参与进来了。如此沉闷的走势，不可能掀起波澜。盘中连一点大波动也没有，你去哪里高抛低吸呢？所以，凡是走势呆滞的品种，要坚决回避。

（二）如果不幸持有这样的品种，怎么办呢？前边已经多次讲过了：卖掉吧，换股操作。

（三）尾盘虽然出现从前收盘价之下猛拉腾空而起的走势，但是这是对敲式拉升，投机的色彩很浓。做盘资金根本就没有心思往上做多，而是琢磨如何快速出货。既然如此，又何必参与进来呢？所以，面对这样的走势，最好是保持观望，别一时冲动追高买入。

前边我们讲解了尾盘急拉的常见方式，这都是做盘资金实现套利的操纵手法，在实际运用中，我们要具体问题具体分析，不要生搬硬套，不加辨别胡乱套用。各位需要明白，即使是同样的分时走势图，出现的空间位置不同、或者所处的市场环境不同，它的技术含义和市场意义是不同的。因此，不管在什么时候，我们学习技术的时候都需要辩证了解、灵活运用。技术分析得出的操作建议不是金科玉律，更不是万用万灵的葵花宝典，它只是帮助我们理清思路、认清市场面目的辅助工具。请各位结合自己的实际情况，科学地理解、艺术地运用。

方法二：平和

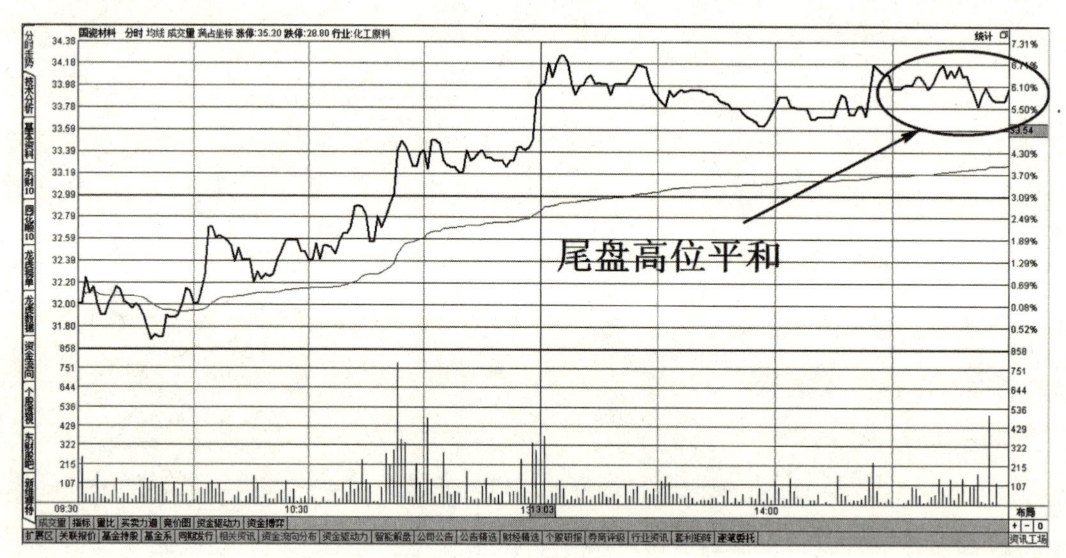

图例 173　尾盘高位平和示意图

接下来讲解图例 173 所示的尾盘高位平和做盘手法，供大家参考。尾盘阶段出现高位平和，做盘资金的操作意图是什么呢？各位可以结合当前股价所在的空间未来分析，判断它所蕴含的真实意图，进而作出正确的决策。如果当前股价处于空间位置的低位区域，或者处于阶段性的低位，那么在尾盘出现平和走势就属于示弱行为，假装成软弱无力的样子，实际上是扮猪吃老虎，诱使大众资金卖出筹码。在这里我们总结一下做盘资金的做盘手法：

（一）要判断尾盘走势的性质，首先要清楚从早盘到中盘做盘资金干了些什么。

（二）从图例 173 来看，早盘阶段先是盘跌走势，而且在低点出现了诱导式放量。

（三）随后却很轻松就拉了起来，从上午 10 时整点之后，股价一直运行在均价线之上。

（四）中盘走势反复出现了建仓的波形和建仓的量峰，说明早盘的下挫属于诱空。

（五）由此判断尾盘的平和走势，从本质上来说，也是压制股价，以便吸筹更多而已。

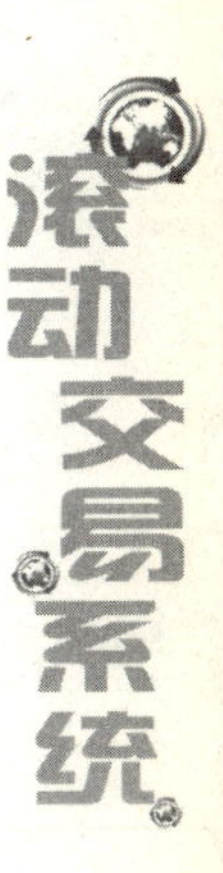

临盘实战的时候，面对像图例 173 这样的走势，作为大众资金，我们的应对策略是：

（一）在尾盘出现平和走势之前，首先要做好充分的准备，深入细致分析当天的走势，确定做盘资金的操作意图属于什么性质。这个道理前边已经讲过了，在这里请各位反复熟悉，形成一种本能的反应。如此经过反复训练，使自己具备比较高的技术素养，才能在瞬间做出正确的应对，实现盈利最大化。

（二）尾盘走软而出现平和走势，属于一种示弱策略，对于股价处于空间位置低位的品种来说，做盘资金如此示弱，自然就是要骗筹码，否则，就没必要如此装孙子了。

（三）假如像这样的图形出现在空间位置的高位，就不是这个意思了，股价运行到了空间位置高位，已经具备了足够的出货空间，那么如此示弱是不能理解的怪异行为，难道还要吸筹码？不太可能，只能理解为无心做多，一门心思琢磨如何逃跑了。因此，如果股价处于空间位置的低位，则选择减仓，下一个交易日进行回补。如果股价已经处于空间位置的高位，同样选择减仓，但下一个交易日就不要进行回补了，而是停止滚动，继续逢高减仓。

接下来讲解图例 174 所示的尾盘中位平和做盘手法，顺便说一下，和前边介绍的高位平和一样，都是指当天分走势图的均价线与当前股价的位置关系。如果当前股价的位置处于当天均价线的上方，我们就把它定义为高位平和，相反则定义为低位平和，

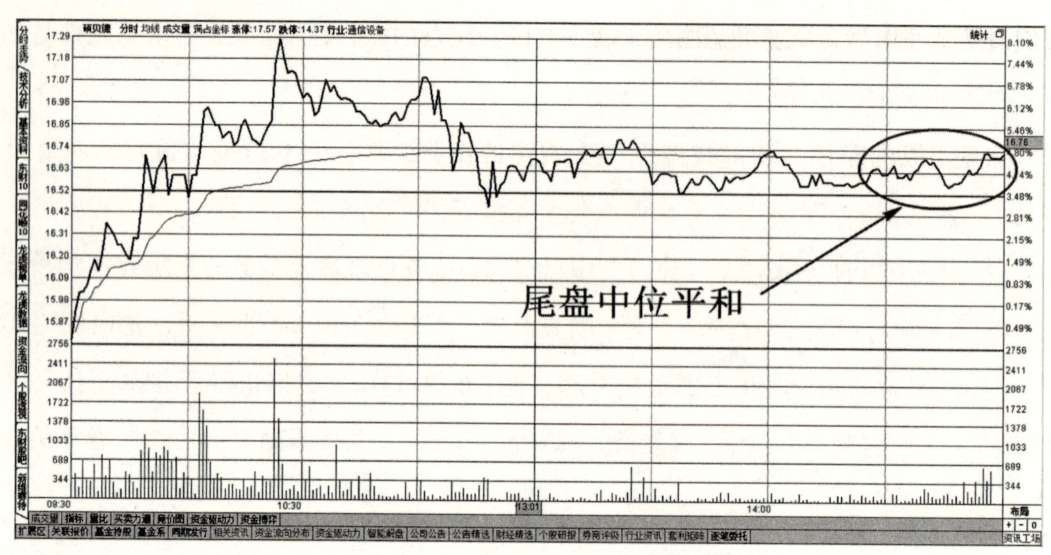

图例 174　尾盘中位平和示意图

如果贴近均价线则定义为中位平和。这样的定义并没有什么特别的深奥意义，而是为了叙述方便，特地说明。

参见图例 174 所示，这里的尾盘走势一直贴近均价线，因此，我们就把它定义为中位平和。在这里我们总结一下做盘资金的做盘手法，供大家参考：

（一）早盘阶段低开高走，并呈现出带量上攻的态势，做多的态势非常明显。

（二）从分时走势图的波形来看，表现为攻击性波形，股价的高点不断上移，同时低点也不断上移，显示出明显的攻击性，细小的分时趋势呈现出积极向上的态势。

（三）再从分时图上的量峰结构来看，显示出价升量增的量价结构，量价关系貌似健康。但是，如果深入分析量峰内部结构就会发现，股价在低位时量峰比较厚实，到了高位时则显得单薄了。为什么呢？想一想就明白了。因为做盘资金接下来不想再吃进筹码，而是要甩货。因此，在做盘手法上，就开始使用对敲手段，投机色彩开始显露出来。

（四）尾盘的时候，出现中位平和的走势，实际上是对上午走势的修正，也是洗盘和吸货相结合的必然走势。均价线的压制叫人窒息，正好可以诱使短线客出局。

（五）因此，在分析尾盘平和走势的时候，要知道做盘资金为什么如此和稀泥。当我们清楚地了解做盘资金的意图后，就不会因为尾盘的疲软感到恐慌。

临盘实战的时候，面对像图例 174 这样的走势，作为大众资金，我们的应对策略是：

（一）图例 174 是目前最为流行的做盘定式，上午佯攻出货，下午洗盘回补。

（二）因此，我们的做法是，上午顺势而为，跟着做盘资金高抛筹码，兑现盈利。

（三）尾盘平和的时候，做盘资金和稀泥，回补仓位，我们也跟着寻找低点买进即可。

顺便讲一下，现在很多游资、私募甚至公募激进都喜欢采用这样的做盘手段，上午佯攻出货，下午回补筹码，如是反复，高频滚动，反复套利。请各位反复研究这样的做盘手段，因变而变，顺势而为。如果我们不能及时改变以往的操作思路，紧跟时代的变化，那么被时代淘汰出局就是必然的。你愿意被淘汰出局吗？如果不愿意，那就努力学习新的做盘手法吧。

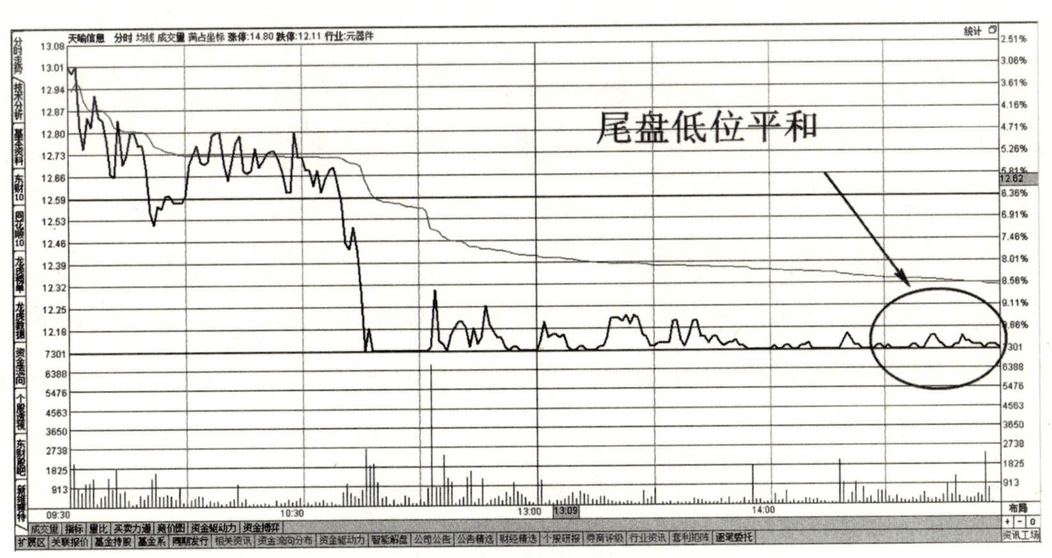

图例 175 尾盘低位平和示意图

接下来讲解尾盘低位平和做盘手法，参见图例 175 所示。这是最经典的出货手法

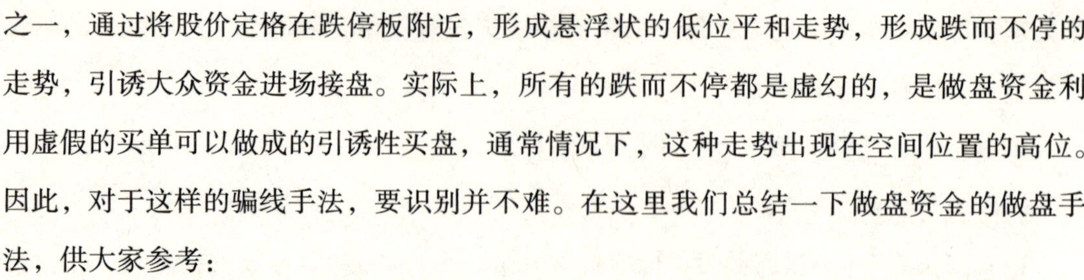

之一，通过将股价定格在跌停板附近，形成悬浮状的低位平和走势，形成跌而不停的走势，引诱大众资金进场接盘。实际上，所有的跌而不停都是虚幻的，是做盘资金利用虚假的买单可以做成的引诱性买盘，通常情况下，这种走势出现在空间位置的高位。因此，对于这样的骗线手法，要识别并不难。在这里我们总结一下做盘资金的做盘手法，供大家参考：

（一）早盘阶段开始逐波盘跌，高点不断下移，低点也不断下移，显示出做盘资金根本就没有上攻的打算，而且每一波下跌都是越跌越放量，走势十分丑陋。

（二）随后出现了反抽，但是力度很弱，成交量十分细小，根本上不具备反攻条件。

（三）围绕均价线反复震荡了几个回合之后，终于直线下挫，直奔跌停板而去。

（四）这里请各位注意做盘的奇妙之处：跌停之后，总是被大单反复打开跌停板。

（五）进入尾盘阶段，总是保持悬浮状态，呈现出非常经典的尾盘低位平和走势。

临盘实战的时候，面对像图例 175 这样的走势，作为大众资金，我们的应对策略是：

（一）在早盘阶段出现逐波盘跌、均价线严重压制股价的时候，应当立即意识到当天的走势已没有任何希望了。这时候要坚决停止买进新的滚动仓，避免遭受新的损失。与此同时，逐步降低仓位，卖出原先的基础仓。尤其在三波下跌之后出现无力反弹的走势时，更要坚决减仓。要根据眼前所见到的实际走势进行交易，不要心存侥幸。

（二）股价在直线下挫跌停的时候，如果还没有来得及减仓，要趁着跌停板反复打开的时候，坚决卖出底仓。能卖的尽量卖出。记住这时候坚决不要再进场，千万记住。

（三）尾盘阶段出现低位平和走势，更是预示着后势不妙。这时候就不要再进场了。

关于尾盘阶段的平和走势，我们要注意几点：一是平和的位置，这是针对当天的分时走势图来说的，目的是为了叙述方便。二是要注意结合当前股价的空间位置高低来考量。三是要结合全天的走势来定性分析。把这些结合起来，综合评判，才能得出比较符合实际的结论。如果你一时拿不准尾盘走势的市场意义，可以采取减仓的办法来处理。即使卖错了，也无所谓。如果看错了而没有卖出，惨遭套牢，那就亏的不仅仅是金钱，还有更多其他损失了。

方法三：急打

尾盘阶段的急打有很多类型，各种类型的市场意义和技术含义是不同的，在这里我们选择比较常见的几个类型加以讲解，供大家参考。

参见图例 176 所示，这是最歹毒的做盘手法之一，是题材股炒作过程中常用的出货手法之一。做盘资金为了迅速完成出货，经常在盘中或者尾盘使用断崖式急打的手段，拼命甩卖，加速出货。如果做盘资金介入的力度比较深，这样的走势可能会反复出现很多次，有时候即使到了比较低位的空间位置，做盘资金也会大肆甩卖。因此，尾盘断崖式急打与出货心切有关系，但是不是空间位置低位，却不一定。在这里我们总结一下做盘资金的做盘手法：

（一）关于图例 176 的走势，前边已经讲解了它的盘中走势，各位可以查看前边的说明。在这里不再重复。断崖式出货的走势也可以单独出现尾盘阶段，这样的例子也不少见。

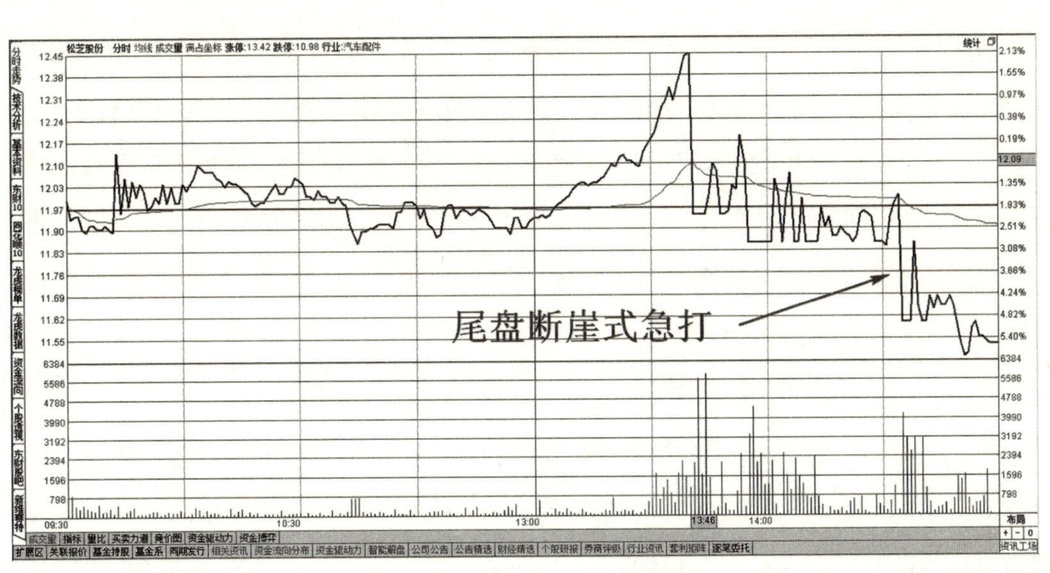

图例 176　尾盘断崖式急打示意图

（二）尾盘阶段，做盘资金为了加速出货，更是反复摔打，见单就甩。

（三）从分时走势图上来看，断崖式急打几乎就是直线下挫，急促而突兀。

（四）从成交量来看，直线下挫的时候，成交量同步放大，甩货特征很明显。

（五）不管是单一式直线甩卖还是复合式直线甩卖，都同属于做盘资金出货行为。

临盘实战的时候，面对像图例 176 这样的走势，作为大众资金，我们的应对策略是：

（一）盘中发现斜线式徐徐推高股价的时候，就要立即警觉起来。

（二）在盘中发现引导盘、诱导盘或者对倒盘的时候，要坚决减仓。

（三）如果被断崖式急打伤害了，不要再心存幻想，要坚决止损。

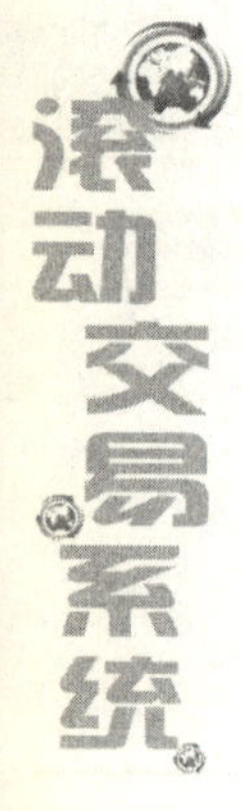

断崖式出货使用的急打手法危害性很大，一旦做盘资金完成了出货，后市堪忧。历史上类似的例子很多，很值得我们借鉴。建议各位在每天的复盘作业中加上这一条：自定义一个板块，把凡是出现过断崖式出货走势的品种放在一起，加以观察分析，总结它们的做盘规律，并打印出来，作为防范风险的重要文件，反复学习，力争常备警戒之心，免遭财产损失。

接下来讲解图例 177 所示的尾盘先急拉后急打做盘手法。这是做盘资金利用尾盘对敲出货的惯用手法之一，在一些反复炒作过的题材股中，经常可以见到这样的走势。在历史上，一些高度控盘的老股也经常使用这样的手法来出货。近年来，一些小型私募、游资甚至一些公募基金，也开始玩这样的出货把戏。在这里我们总结一下做盘资金的做盘手法：

（一）从早盘到盘中，直至尾盘前半段，走势一直是呆滞的。

（二）分时走势图的曲线是呆滞的，类似雨后的蚯蚓，一拱一爬。

（三）成交量也是十分稀少的，甚至出现间隔数分钟没有成交的情形。

（四）尾盘的走势比较奇妙，先是快速拉升，急拉几个价位，然后向下急打。

（五）尾盘的急拉是为了更好的急打，而急打的目的很明确，就是为了出货。

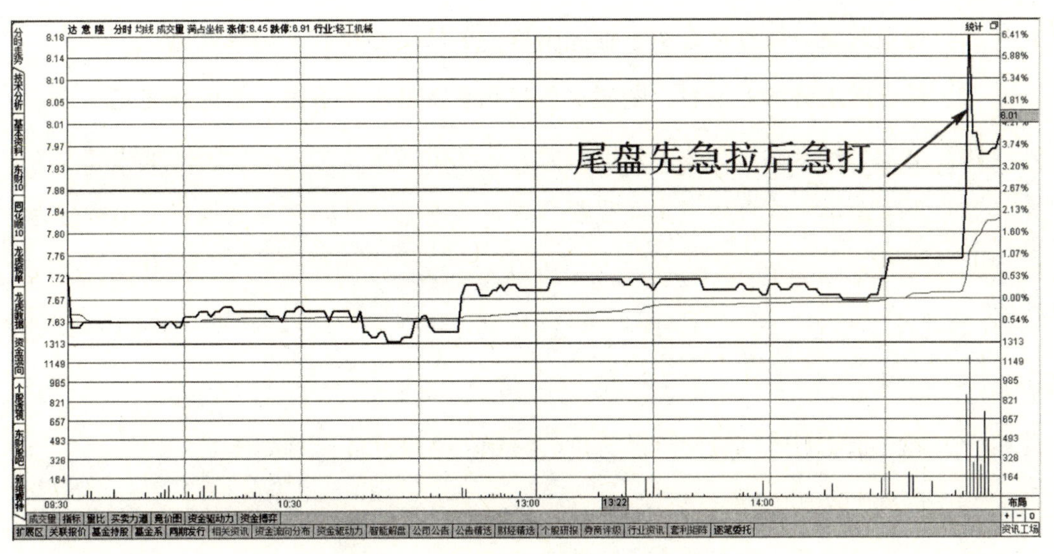

图例 177　尾盘先急拉后急打示意图

临盘实战的时候，面对像图例 177 这样的走势，作为大众资金，我们的应对策略是：

（一）前边已经讲过类似的图形，凡是这样的走势图，原则上不要参与操作。再一次重复讲解：滚动操盘需要选择活跃程度高的品种来操作，走势呆滞的品种不具备活跃性，不是最佳选择，因此，我们要坚决回避，绝不参与这样的图形、这样的品种。

（二）如果你不小心掉进了这样的陷阱里，那么只有你自己才能挽救自己。苦海无边，回头是岸。把这样的品质卖掉，换股操作才是明智的。

（三）很多人滚动交易的绩效不佳，除了滚动操盘的技术水平欠缺之外，很大一部分原因是因为对滚动交易认识不足，在认知方面出现了偏差。具体来说，就是没有严格按照滚动交易的选股要求来筛选操作品种，没有选择活跃程度高的品种，没有选择波动幅度大的品种。大多数人喜欢选择振幅小的、换手率低的、波动幅度小的品种来买进，美其名曰安全程度高。实际上这是很可笑的做法。是与滚动交易系统的选股原则背道而驰的。关于这个问题，建议大家多读读前边的章节，认真领会滚动交易系统的选股要领。如果你连选股的基本要领都没有理解透、掌握好，那么，我可以告诉你，你白混了这么久，真是虚耗了大好时光啊。

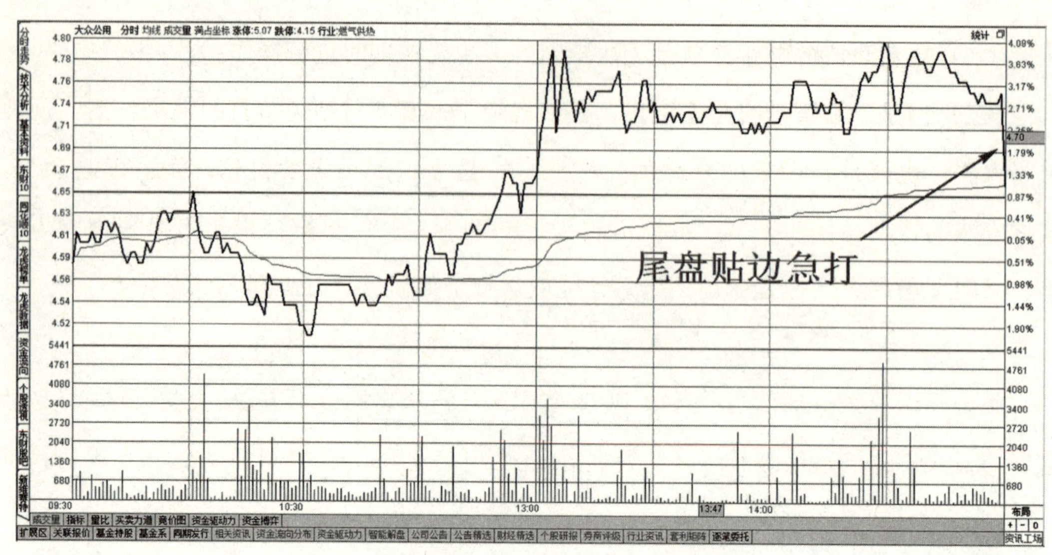

图例 178　尾盘贴边急打示意图

接下来讲解图例 178 所示的尾盘贴边急打做盘手法。这是最常见的做盘手法之一，在尾盘阶段，通常是沪市的最后几分钟、或者是深市的最后三分钟，股价出现出人意料的贴边垂直下跌，我们把这样的下跌定义为尾盘贴边急打。顾名思义，就是贴着边上垂直往下打，叫人措不及防，既无时间也毫无办法应对。在这里我们总结一下做盘资金的做盘手法：

（一）从早盘到盘中再到尾盘，整个走势跌宕多姿，精彩纷呈。

（二）从分时走势曲线图来看，尖角状的图形很多，做盘资金建仓的迹象很明显。

（三）从量峰结构来看，冲击型的量峰比较多，也说明做盘资金正在悄悄建仓。

（四）再从量价关系来看，拉升带量，下跌也带量，说明做盘资金已经进场很久。

（五）综合分析当天的走势，可以认为做盘资金吃进了不少筹码，距离拉升已经不远。

临盘实战的时候，面对像图例 178 这样的走势，作为大众资金，我们的应对策略是：

（一）结合当前股价所在的空间位置来分析，断定做盘资金是否具有出货的动机。如果可以肯定不是出货，那么就可以在盘中大胆吸纳。如果之前已经进场建立了基础仓位，那么此时可以采取不跌不买的方式建立滚动仓，越跌越买，降低持仓成本。

（二）尾盘阶段的贴边急跌是无法预料的，也无法即时进行操作。

（三）但是，在滚动交易系统里，我们规定了一套应对贴边急打的解决方案：预埋单买入法。也就是在设定的价位预先埋伏，一旦下跌到预设的价位，就会买进成交。这种方法的特点是提前下单，根据前边讲过的知识，我们可以预设卖出单和预设买入单，双向下单的方式一旦启动，那么任凭做盘资金如何折腾，也都无奈我何了。

关于预埋单的下单技巧，涉及到分时图黄金分割线的使用方法，这部分内容是最重要的，我们在前边已经介绍了，请各位返回到前边介绍过的知识，复习一下。限于篇幅，在这里就不做重复了。总而言之，对付尾盘贴边急打的方法，可以使用预埋单，预先埋伏。除此之外，目前暂时还没有更好的方法来应对。

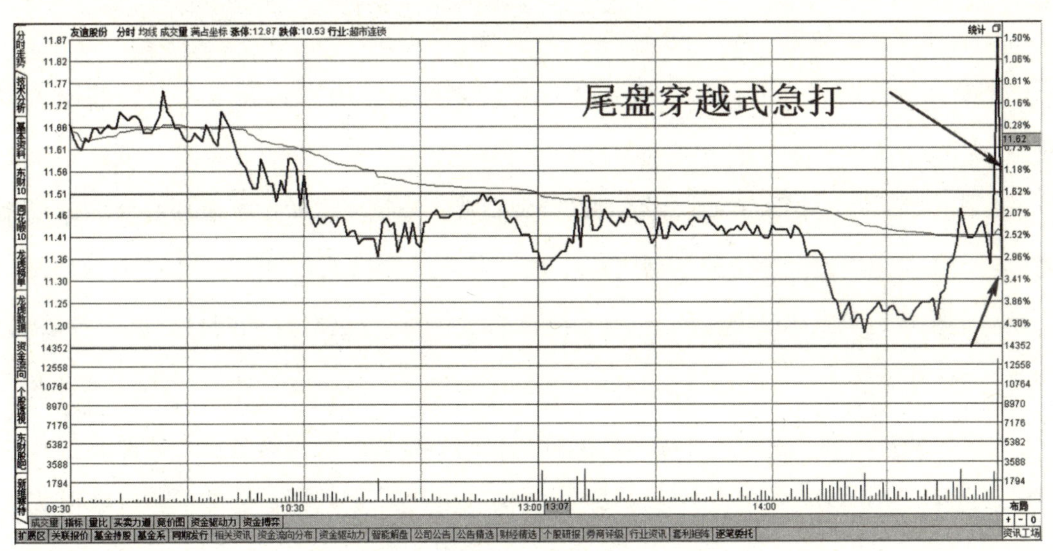

图例 179　尾盘穿越式急打示意图

接下来讲解图例 179 所示的尾盘穿越式急打做盘手法。尾盘阶段快速拉升，之后又快速急打，从哪里启动拉升就打回到哪里甚至更低，我们把这样的走势定义为尾盘穿越式急打。它很像过山车，瞬间完成了一个来回，如同发生在梦里。这种忽上忽下的做盘手法常见于建仓的末期，在这里我们总结一下做盘资金的做盘手法，供大家参考：

（一）从早盘一路看过来，股价呈现为盘跌走势，除了尾盘的穿越式急拉急打之外，全天的走势一路盘跌，一江春水向东流，很吓人，好像做盘资金在疯狂出货的样子。

（二）但是，冷静下来看看分时走势曲线，就发现其实不是那么回事。不断带量上冲的尖角状、锯齿状波形反复出现，说明做盘资金在暗中不断吃进筹码，而根本不是出货。

（三）再看量峰结构，虽然稀少，却依稀可以看到向上冲击的建仓量峰。

（四）尾盘阶段的瞬间向上急拉，既是扫货，也是画图的需要，瞬间猛蹿之后又瞬间猛跌，在日线图上会出现很长的上影线，这种图形会给人一种错觉，以为抛压沉重，以为难以拉升。实际上，这完全是做盘资金的诡计，是蒙骗大众资金的惯用伎俩而已。

（五）尾盘穿越式急打造成了巨大的成交量，正好形成了绝妙的带量骗线。

临盘实战的时候，面对像图例 179 这样的走势，作为大众资金，我们的应对策略是：

（一）如果你是小型资金，就暂时保持观望吧。毕竟此时做盘资金还在建仓的过程之中，还不是进场博取差价的最佳时机。过早的介入会浪费时间，资金量小的话，完全没有必要这时候就陪着做盘资金玩。你可以把这个尾盘已经异动的品种放入股票池，跟踪分析。

（二）如果你是中型资金，那么此时你可以积极进场，用滚动建仓的方式，逢低买进。尾盘的异动已经告诉你，做盘资金已经介入了，而且吃进了不少筹码。此时你要做的，就是慢慢陪它玩，它要是拉升，尤其是急拉，你就抛给它一点。如果它急打，你就进去抢它一些。总而言之，用反向博弈的思路，和它对着干。做盘资金奈何不了你的。

（三）注意控制好滚动仓的资金，而且每一次买进滚动仓之后，要力争尽快盈利出来。也就是说，一旦滚动仓产生盈利，要尽快出来，撤回来。记住：不要把底仓搞的越来越大，滚动仓就是用来滚动的，不要因为获利了就舍不得出来，把滚动仓变成了底仓。这是绝对不允许的，这是滚动交易系统的大忌。请各位牢记于心，永志不忘。

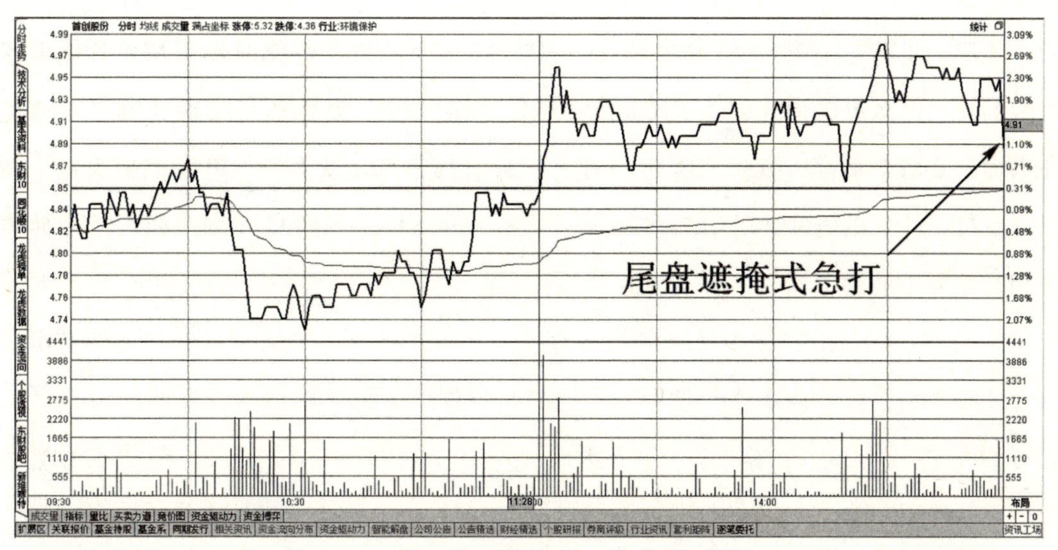

图例 180　尾盘遮掩式急打示意图

接下来讲解图例 180 所示的尾盘遮掩式急打做盘手法。这是比较常见的取巧方法之一，所谓遮掩式急打，就是在尾盘平和走势的基础上，在最后一笔或者几笔成交单中，趁人不备猛地把股价打低几个价位甚至更多。这种手法具有极大的欺骗性。实际上和前边的贴边急打有着异曲同工之妙。在这里我们总结一下做盘资金的做盘手法，供大家参考：

（一）我们先从早盘的走势来分析，可以看到不少锯齿状波形，建仓的迹象明显。

（二）再看盘中下挫的时候，价跌量增，很明显属于人为的操纵，不是自然的交易。

（三）砸盘之后出现了震荡上行的走势，不时出现冲击性波形，可以看作是建仓。

（四）尾盘出现遮掩式急打，可以理解为刻意掩饰做盘资金的操作意图。

（五）但是，欲盖弥彰，因为盘口的走势已经表明这是做盘资金正在震荡建仓。

临盘实战的时候，面对像图例 180 这样的走势，作为大众资金，我们的应对策略是：

（一）首先要结合自己的实际情况来制定操作策略。如果自己的性格比较激进，适合操作大开大合的品种，那么像图例 180 这样正在震荡建仓的品种，就暂时不要介入。因为此时还处于建仓之中，距离宽幅震荡还比较远，不要勉强买进。

（二）如果投入的操作资金比较大，而且性格比较沉稳，喜欢采取滚动建仓的方式稳步推进，那么可以积极参与这样品种。操作手法可以参见上边关于图例179的讲解，在盘中耐心选择低点，分批次慢慢买进。一旦出现急拉，就卖掉一部分，相反，一旦出现急打，就买进一部分。如此反复，坚持在这个品种上和做盘资金共同进退，那么你的持仓成本就会很低。

（三）尾盘遮掩式急打的目的在于欺骗大众资金，为下一个交易日顺势低开创造条件。此时我们可以顺势减仓，当下一个交易日出现低开低走的时候，在盘中需找低点进行回补。

如果下一个交易日出现直接高开，不要去追，要耐心等待盘中出现向下急打时，再进场买进滚动仓。如果不再出现向下急打，而是直接高开高走，那就算了，不要追高买进，以免提高了持仓成本，不利于继续滚动套利。关于这个问题，我们在前边已经反复讲过很多次了，在这里就不再重复了。总而言之，对尾盘出现的急打，要区别对待，不要一见急打就去买。

第三节 仓位动态调节的基本方法

仓位动态调节是滚动交易系统中最为核心的、最重要的组成部分，是关系到滚动操作成败的关键环节。能否做到根据操作品种的实时态势调节仓位，是衡量交易员操作水平、交易素养和交易绩效水平高低的根本标准。在这里再次强调一下，我们调节仓位的依据是什么呢？是操作品种的实时态势。什么是实时态势？就是指即时的趋势变化方向。通俗地讲，就是指即将发生变化的股价运行方向，虽然当下还没有发生，但是即将发生。这是实时态势的基本含义。这种实时态势的演变可以根据多日分时图作出判断，是判断而不是预测。明白了这个意思之后，你就会明白高级交易员为什么总是先人一步作出反应，交易绩效总是超越很多人。如何识别实时态势，需要靠个人感悟，这种感悟是个人修炼习得的，不是经传授而来的。至于如何修炼，不是本书涉及的内容，在这里不做讲解。

关于仓位动态调节，退而求其次，是根据已经出现的、眼前所见的事实对仓位进行调整。能做到这一点，也是很不错的。根据什么调整呢？可以根据分时图，也可以根据分钟图或者日线图。这三者的顺序是分时图、分钟图、日线图。当我们刚开始学习滚动交易系统的时候，不要急于求成，而要循序渐进。因此，本着由浅入深、次第进阶的原则，本书只介绍如何从日线图入手动态调节仓位，供各位参考。至于如何根据分钟图、分时图来调节仓位，那是更高层次的训练内容，需要修炼到一定层次之后才能理解，在这里就暂时不涉及了。

从日线图的角度来说，我们把 K 线位置的变化作为唯一观察的依据，也就是说，当我们衡量是不是要调整仓位的时候，考虑的因素只有一个，那就是价格因素。至于其他因素，可以忽略不计。价格因素体现在K线图上，从日线图的角度来说，包括当天的开盘价、收盘价、最低价、最高价。我们调节仓位，就是根据这四个价格因素进行的。至于其他因素，不要过多考虑，以免自己搞乱自己，下不了决心。在这一节里，我们将比照前一个交易日的K线图来分析，根据价格高低点的变化分门别类讲解仓位调节的方法，供大家参考。

一、仓位动态调整的原则

在滚动交易系统里，所有仓位都是动态变化的，包括基础仓位、滚动仓位、防御仓位在内，都需要根据操作品种的走势变化随时加以调整。调整的原则归纳起来，分为两个方面：一是从大到小，二是不多不少。什么是从大到小？什么是不多不少？具体来说，从大到小是指基础仓位的建立、加码应该遵循这样的原则：当股价处于空间位置低位区域的时候，基础仓位要占比较大的比例。随着股价的拉升，涨幅越来越大，基础仓位要逐步降低，越来越小。这就是从大到小的意思。也就是说，基础仓位的结构是呈现为金字塔式的，而不是一成不变的。这是仓位动态调整的第一个原则，也是最基本的原则。第二个原则是不多不少，意思是说，完美的滚动操作应该是五五开的，基础仓和滚动仓各占一半，一一对应，不多不少。如果基础仓多了，就要调整。如果滚动仓多了，也要调整。只有保持五五开的比例关系，才是最理想的持仓结构。如果我们按照这样的仓位比例进行操作，就不会陷入被动的境地。根据这个原则，我们建议各位把持仓结构修正为五五比例，也就是基础仓、滚动仓各占一半。

但是，在临盘实战中，我们经常会碰到这样的问题：资金配置上出现了偏差，要么是基础仓位占用的资金过多了，导致滚动仓位资金不足。要么是滚动仓位占用的资金过多了，导致基础仓位资金不足。滚动仓位占用的资金过多，会导致当天买进的筹码无法卖出。反过来，基础仓位占用的资金过多，会导致买进滚动仓位的资金欠缺，导致出现买入信号时无资金可用，即机会来了，钱却没有了。这两种情况经常存在。我们在这里讲解仓位动态调整，就是要告诉大家，万一出现了不合理的仓位结构，要及时调整，才能实现资金收益最大化。

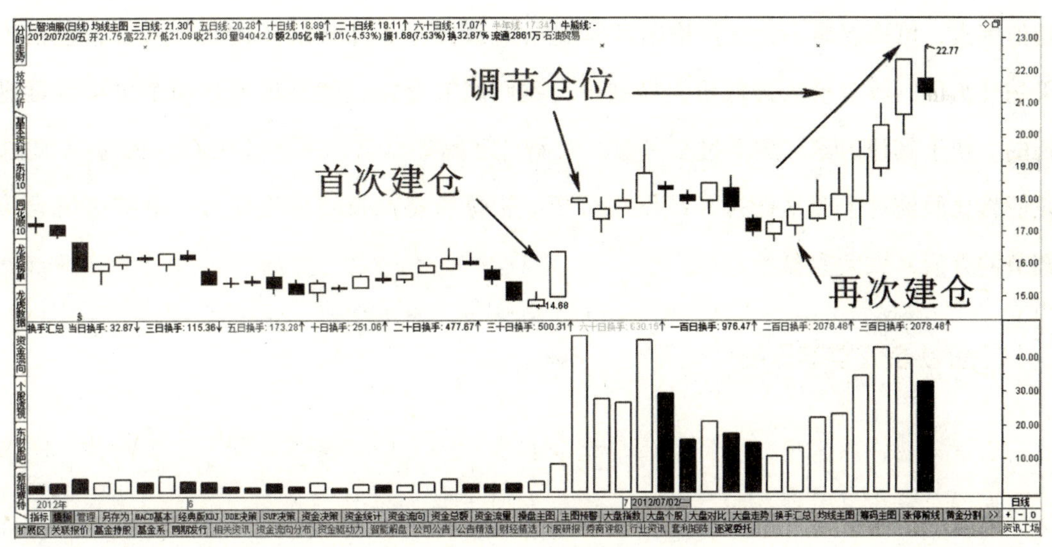

图例 181 仓位动态调整示意图

关于仓位动态调整原则的应用，参见图例 181 所示，我们在确认阶段性底部来临的时候，进场建立基础仓位的时候，可能会因为一时兴奋把仓位弄得过大了，如图例 181 所示的首次建仓那个位置，很可能使用了过多的资金，怎么办呢？可以在随后的交易日里根据走势的特点，削减基础仓，适当回笼资金，使得基础仓位所占用的资金控制在操盘资金总量的 50% 以内。又比如再次建仓的时候，也可能因为资金调度不当导致基础仓位偏低，那么可以在随后买进滚动仓的时候，留下一部分作为基础仓，补足基础仓位的缺口部分。总而言之，在目前的市道里，将基础仓位和滚动仓位的比例控制在五五开是比较合适的，如果你的持仓结构不科学、不合理，那就可以通过动态的调节，使持仓比例趋于科学、合理。

二、基础仓位的调节方法

在滚动交易系统里，对于微型资金、小型资金和中型资金来说，我们把仓位分为两个大的部分，即基础仓位和滚动仓位。对于大型资金和巨型资金来说，则需要增加一个防御仓位。在本书中，不涉及大型资金和巨型资金的操作范畴，因此，关于防御仓位的内容就省略了。在这里我们首先讲解基础仓位动态调节的方法。具体来说，如果我们采取滚动建仓的方式来建立基础仓位，就需要使用动态调节仓位的方法。凡是在空间位置低位区域采用不创新低买入法建仓的时候，都需要使用滚动建仓的方式建立基础仓位，请各位牢记这一点。另外，凡是属于反弹型的操作品种，也都应该采用滚动建仓的方式建立基础仓位。这是最为稳健的建仓方式，请各位反复熟悉，熟练运用。在建立基础仓位的时候，建议采用分批买进、动态调节、科学安排的方式，配置资金，使仓位布局趋于平衡，趋于合理。

那么，在滚动建仓的过程中，应该如何调节仓位呢？可以从下边四个方面着手：一是从当天的开盘价来考量，如果当天的开盘价是高开的，可以根据高开的幅度来决定是否需要立即调节仓位，同样道理，如果当天的开盘价是低开的，也是根据低开的幅度来决定是否需要立即调节仓位。至于开盘价是平开的，那么就首先保持观望，不必在开盘的时候就进行调整了。这是仓位调节的第一个方法。二是从收盘价来考量，如果当天的收盘价是红盘的，那么可以根据阳线的实体大小来决定是否需要调节仓位。如果当天的收盘价是绿盘的，那么可以根据阴线的实体大小来决定仓位调节的幅度。也就是说，如果当天股价是上涨的，不一定需要调节仓位；但是如果当天股价是下跌的，就一定要调节仓位。三是从最高价来考量，如果当天的最高价超越了前一个交易日的最高价，那么仓位是否需要调节还得看最低价的情形。如果当天的最高价没有超过前一个交易日的最高价或者低得多，那么必须坚决调节仓位。四是从最低价来考量，如果当天的最低价高于前一个交易日的最低价，那么是否需要调节仓位还需要查看当天的收盘价、最高价和开盘价才能决定。如果当天的最低价低于前一个交易日的最低价，那么必须立即对仓位进行调节。以上四个方面，就是基础仓位调节的基本依据。

为了便于各位理解，接下来我们举例说明，详细讲解一下基础仓位调节的方法。

第一种情况：从开盘价来考量基础仓位调节方法。

在滚动交易系统里，基础仓位需要做到绝对安全，不容任何闪失，各位需要严格遵守这项纪律。从开盘价的角度来说，如果出现了低开，不管低开的幅度是多少，都说明做盘资金的攻击愿望出现了问题，不管问题是大是小，总而言之是萌生了退意，不愿意强悍地推升股价了。这时候就需要做好调节基础仓位的准备。如果低开的幅度很小，开盘后没有出现下行动作，开盘价就是当天的最低价，那么基础仓位可以适当削减，在盘中寻找高点减掉部分基础仓位即可。减仓的幅度可以控制在基础仓位的30%以内。如果低开的幅度比较大，通常大于－3%甚至更多，开盘之后有出现了股价下行的动作，虽然最终拉了回去，但是，此时要坚决削减基础仓位，减仓的幅度可以控制在50%以内。如果低开的幅度超过了－5%甚至更多，开盘后还出现了带量下行的走势，即使最终收出了大阳线，也要坚决削减基础仓位，减仓的幅度可以控制在70%以上。如图例182所示的属于小幅度低开，小幅度下行，可以忽略不计，那么基础仓位可以适当削减，减仓幅度控制在基础仓位的30%以内即可。

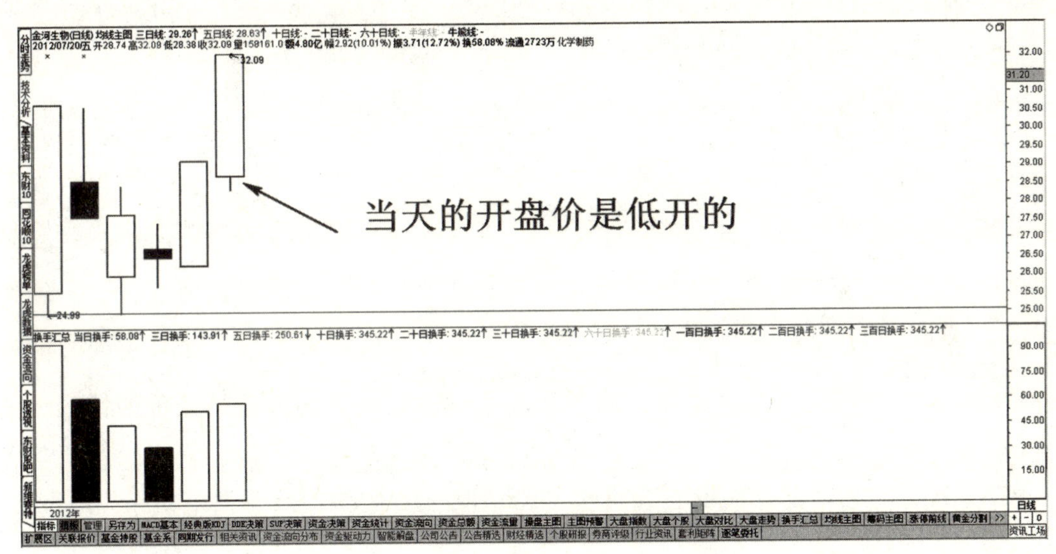

图例182　从开盘价来考量基础仓位调节方法

第二种情况：从收盘价来考量基础仓位调节方法。

图例183所示的是从收盘价来考量基础仓位调节方法，图上A、B、C、D四个交易日的K线都是红K线，但内部结构不同。A的收盘价是最高价，因此当天不需要削减基础仓位。B的收盘价不是最高价，当天的K线是小型K线，不但出现了上影线，还出现了下影线，因此，从基础仓位安全的角度来考虑，当天尾盘时需要调节基础仓位，至少也要削减30%的基础仓位，以确保资金安全。C的收盘价是最高价，不需要削减基础仓位。D 的收盘价不是最高价，而且当天还出现了量价关系不够健康的迹象，因此，从确保基础仓位安全的角度来说，须削减 50% 的基础仓位，以防范随时可能出现的风险。

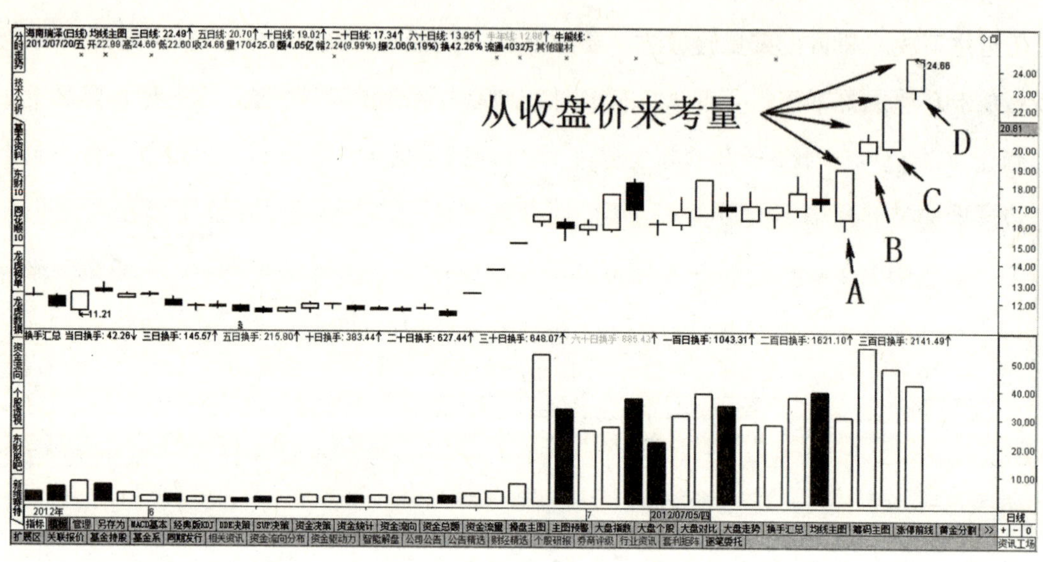

图例 183　从收盘价来考量基础仓位调节方法

第三种情况：从最高价来考量基础仓位调节方法。

图例 184 所示的是从最高价来考量基础仓位调节方法。图上箭头所指的五根 K 线，每一天的最高价都是不断上移的，也就是股价不断地创出新高，这说明做盘资金的拉升愿望非常强烈，因此，在没有异常信号的情况下，基础仓位原则上是可以保持不动的。

但是，如果股价不断地拉升导致短期内拉升的幅度过大、而此时又出现了异常的信号或者异常的信息，那么就要重新考量基础仓位的调节问题。如图例 184 所示那样，图上最后一根 K 线虽然最高价也创出了新高，但是却是带有异常信号的 K 线。异常信号表现在哪里呢？通过仔细观察可以发现，它的成交量释放得过大，换手率一下子变得太高，属于非常明显的巨量大换手。这是不祥之兆。因此，此时就要根据异常信号对基础仓位进行调节。

问题是此时基础仓位到底调节多少才比较合适呢？结合股价的空间位置来考量，

我们认为从短线的角度来说，此时拉升的幅度已经十分巨大，存在着回调的风险，因此，当天需要把基础仓位削减 50% 以上，以达到防范风险、确保资金安全同时又锁定盈利的目的。

在这里请大家注意，基础仓位不是一成不变的，不是因为股价还没出现回调，就死死捂住不放。那是很天真的想法。要知道，一旦股价出现跳水式调整，到那时你想调整基础仓位也来不及了。不要企图搏到尽，做人做事要留有余地，做股票也是如此。

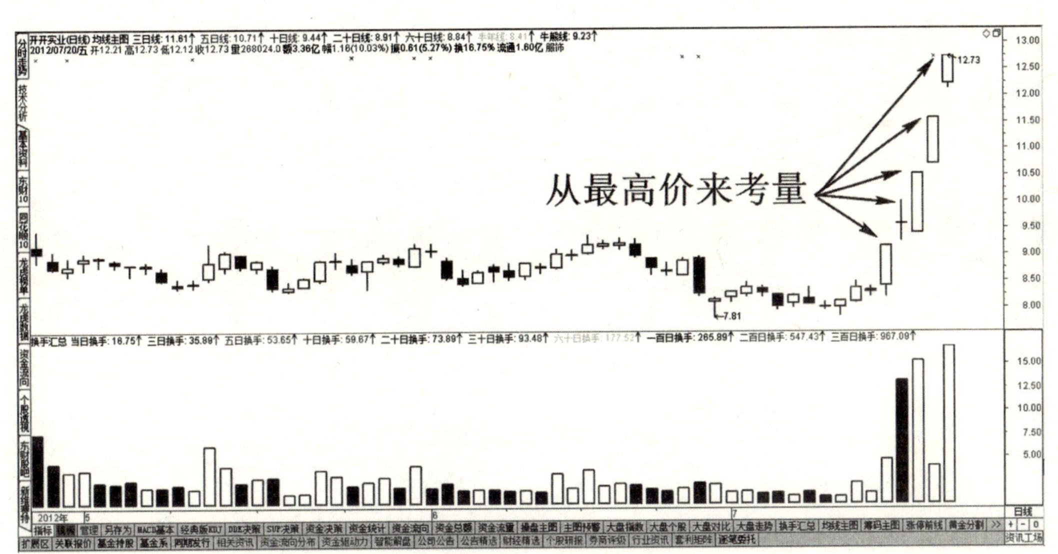

图例 184　从最高价来考量基础仓位调节方法

第四种情况：从最低价来考量基础仓位调节方法。

从最低价的角度来说，如果每一天的最低价能够保持不断向上延伸，那么此时基础仓位就可以保持不变。参见图例 185 所示，只要当天的最低价高于前一个交易日的最低价，而且最高价也是高于前一交易日的最高价，那么我们可以保持基础仓位不变。需要注意的是，如果出现了异常信号，即使最低价与最高价能够保持同步上移，也要另行处理基础仓位。

比如图例 185 所示的走势，虽然股价的高低点同步上移，上升态势明显，但是，最后那根 K 线属于异常 K 线。异常在哪里呢？仔细观察一下就会明白了。当一根 K 线出现异常放量的时候，通常表示做盘资金消耗了过多的进攻能量，耗损过大，必然需要休整的。也就是说，接下来股价可能会出现必要的调整。那么此时就需要对基础仓位做出调整，适当减仓。

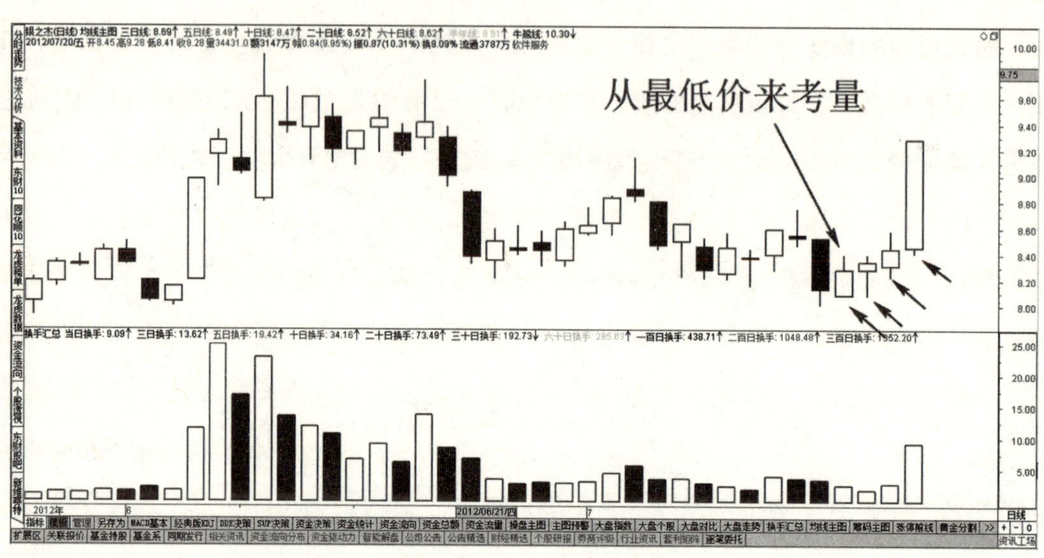

图例 185　从最低价来考量基础仓位调节方法

三、滚动仓位的调节方法

关于滚动仓位的动态调节，我们在前边已经介绍了很多方法，在这里就不重复了。请各位在阅读下边的文字之前，先行回顾一下自己的操作经历，是不是经常出现滚到臭水沟里去的情形呢？如果是，那就说明你对滚动仓的使用存在着原则性的问题。请各位牢牢记住，滚动仓的使用不是为了滚动而滚动，而是在走势健康的大前提下实现资金盈利最大化的套利工具，注意这里的关键词：走势健康。如果你正在操作的品种走势是健康的，那么你可以考虑进场建立滚动仓位，低了吸一点，高了抛一点，赚取差价，降低成本，扩大盈利。如果走势是非健康的，也就是出现了问题，那么你就不要玩了，不要为了滚动而滚动。至于什么是非健康的走势呢？类型有很多，在这里我们列举两种最常见的非健康走势，供各位参考。

第一种，从开盘价来看，如果出现低开，则停止买进滚动仓。

参见图例 186 所示，注意观察图上箭头所指的那根 K 线，细细察看，有什么特征呢？最明显的特点是低开，长上影线。注意它不但是低开的，而且低开的幅度还不小。想一想，低开而且幅度不小意味着什么呢？我们知道，在相对高位出现低开高走的时候，做盘资金的操作意图就是出货。很显然，图例 186 这根 K 线就是阶段性出货的 K 线，当天股价低开，说明做盘资金做多的意愿已经不是那么强烈了，反而是以退为进，通过大幅度的低开吸引大众资金进场，然后不断震荡上行，吸引短线客跟风，进而实现派发的目的。从图上很长的上影线可以看出，当天的出货意图非常明显。结合分时图来看，可以发现上影线部分包含的成交量很大，说明当天的出货量不小。如此走势不一定是做盘资金放弃做盘了，但是随后出现调整确实很有可能的，至于究竟会调整到什么程度，只有天知道。从资金安全的角度来说，此时就不要再开新仓，不要买进滚动仓，而是要立即寻找高点，削减基础仓位。也就是说，当早盘阶段出现大幅度低开的时候，我们马上就要想到接下来可能会出现风险，要立即停止买进滚动仓。这时候不是低吸的时候，而是要高抛的时候。注意低吸不是指逢低就吸，而是要有条件地去吸，符合条件的才吸。如果当天的开盘价是高开的，因为大盘狂泻导致盘中股价出现急跌，那么此时倒是很好的低吸机会。请各位好好分辨，细细考量，注意把握。

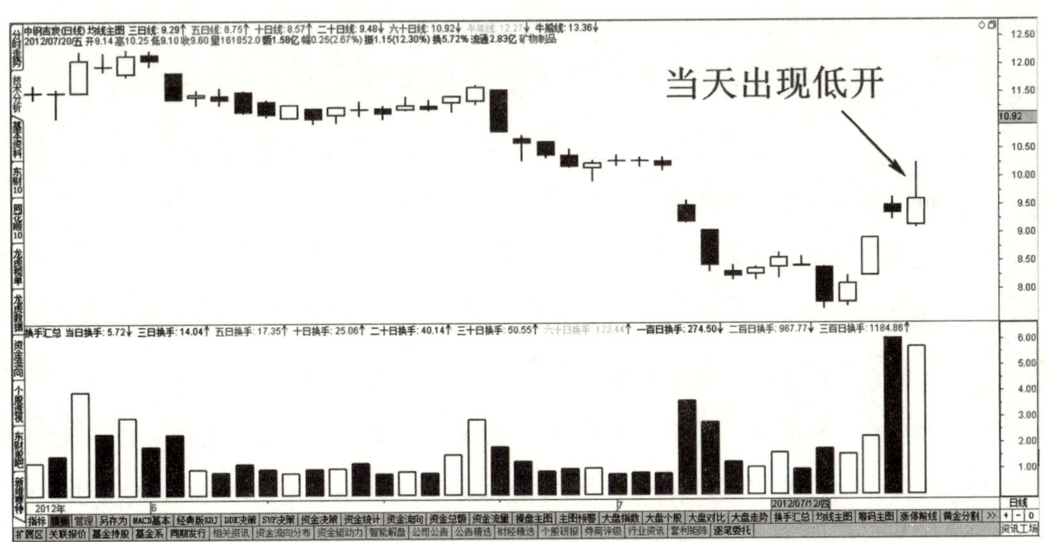

图例 186　从开盘价来考量滚动仓位调节方法

第二种，从最低价来看，如果低于前低，则停止买进滚动仓。

参见图例 187 所示，这是我们在学习和运用滚动交易系统的时候经常遇到的情形，也是我们最容易忽视、轻视、漠视的情形，但又偏偏是让我们吃尽苦头、掉进陷阱、劳神伤心的情形。请各位注意观察图上箭头所指的位置，观察分析那根 K 线的走势特征。很多时候很多人都会忽视这一点，漠视这个细微的细节，细小的差别往往会让我们酿成大错。注意它是低开的、曾经低走的，而且它的低点比前一根 K 线的低点要低许多。在这里我们把这样的走势定义为低于前低。在滚动交易系统里，凡是出现低于前低的走势，要立即停止买进滚动仓，当天不要再去滚动，而是要在盘中寻找高点，结合盘口走势适当削减基础仓位。

请各位回顾一下自己的操作经历，是不是吃过这样的亏呢？尤其是在阶段性盘头阶段，到了盘头的末期，股价的走势变得很诡异，就像图例 187 所示的那样，低于前低，高于前高，貌似很安全，走势貌似很强劲。但是，就是这样的走势欺骗了我们，蒙骗了我们，让我们吃了亏。当初我们缺乏实战经验的时候，往往会在低开下行的时候不断地低吸，以为买到了便宜货，满心欢喜。又在盘中上行的时候不断高抛，套利不菲，以为捡到了大便宜。实际上这是做盘资金布下的陷阱，用一点点小利作为诱饵，引诱大众资金上钩。一旦大众资金踊跃跟风，大量买进，做盘资金就原形毕露，开始狠狠抛售了。图上那根老长的上影线是不是很刺眼呢？那就是做盘资金抛售的见证。在这场博弈中，做盘资金胜出了，而且胜得神不知鬼不觉，悄悄地数钱，而大众资金被愚弄了还在帮做盘资金数钱呢。

在滚动交易系统里，凡是出现了低于前低的情形，我们规定一定要立即停止买进滚动仓，要坚决执行这样的操作纪律，不许违犯。即使是分时走势图如何诱人，也不允许改变主意，随意买入。这是纪律，没有商量的余地。当分时走势图上出现带量上攻却不能挺住、以长上影线结束做盘行为的时候，我们不但要立即停止买进滚动仓，还一定要及时削减基础仓位。我们的口号是：卖错了也要卖。即使此时卖错了，也要坚决按照操盘纪律去执行、坚决卖出基础仓位，以确保资金绝对安全。

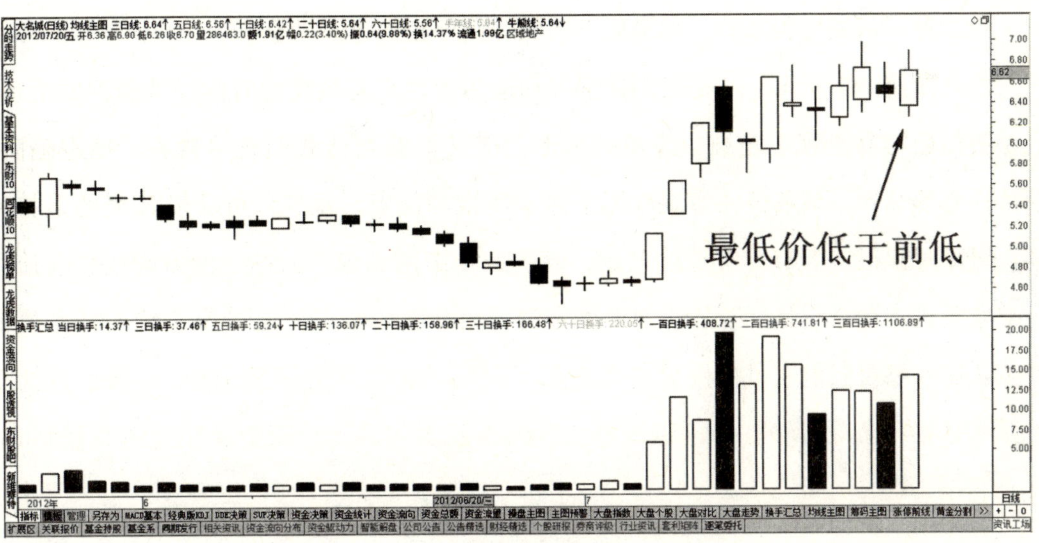

图例 187　从最低价来考量滚动仓位调节方法

第九章 滚动交易系统风险控制

【本章学习要点】

一、事前制定缜密严谨的交易计划

二、严格按照滚动交易技术要领操作

三、要力戒贪婪和恐惧，坚决止盈和止损

在滚动交易系统里，风险控制永远是第一位的，不管在任何时候，都要首先考虑风险的大小、风险如何化解、风险如何控制。我们知道，资本市场风险奇高，风险无处不在、无所不在，风险防不胜防。因此，无论怎样强调风控的重要性都不为过。在这一章里，我们就要详细讲解如何有效地防范风险，如何有效地控制风险，从而使得滚动交易真正成为长期稳定盈利的最佳利器，成为长久生存的有效工具。

凡事预则立，不预则废。对于风险控制，我们的观点是防患于未然。在风险还没发生的时候，就要有全套的防范计划，就要有全盘的解决方案。将风险处置于发生之前，而不是发生之后，这是我们的原则。如果风险已经发生，我们会像救火队员那样四处折腾，奔忙不息很有可能蒙受相应的损失。真正高明的投资者是不会这么干的。我们没有必要等到股价已经破位下跌的时候才去止损，而是在股价还处于上升的过程中不断地止赢，顺利下车，安全回家。这才是我们的策略。

具体而言，风险控制有两种处理方式，即止损和止盈。它们分别属于两种不同的交易境界。止盈是主动的风控行为，是顺应天道、合乎时势的至善境界；止损是被动的风控行为，是决策失误、忍痛割肉的黯然神伤。当然，壮士断腕也还是明智的选择，毕竟性命能保，他日东山再起，卷土重来，也不是没有可能。总而言之，在滚动交易系统里，我们倡导的是主动止赢，追求的是顺应天道，希冀的是至善境界。除非是万不得已，或者非人力因素所能控制的、所能避免的损失导致止损，否则，应该尽可能避免出现人为的操作失误，尽可能避免因为失误而不得不止损的现象出现。一句话，就是尽量避免操作失误。

怎样才能做到这一点呢？我们认为，凡是没有经过深入细致研究的品种，不要参与；凡是没有经过跟踪分析的品种，不要买入；凡是没有经过周密筹划、仔细计划的品种，不要建仓；凡是没有出现买卖信号的时候，不要操作。诸如此类的交易纪律，要坚决遵守，不得违反。技术性买卖，策略性投机，灵活性处理，艺术性把握，这是我们在市场上长久生存的根本法宝。不强行买卖，不随意下注。宁作壁上观，不做瓮中鳖。如果你能够自觉、自律、自省，那么，在资本市场上你就能够自信、自足、自强。而这一切，都是基于严格执行风控措施那个交易平台上的。

第一节 事前制定缜密严谨的交易计划

未雨绸缪，这是最基本的交易原则。我们要控制风险，不是等风险出现了才想起来要控制风险，更不是等到风险危及我们的盈利计划之时才去考虑如何控制风险，而是从一开始就把风险放在第一位来考虑。在每一个操作项目立项之前，要首先评估它的风险。在立项之后，要把风控措施写进交易计划里。在交易计划的实施细节里，要有详细的、切实可行的风控措施。在交易计划实施的过程中，要时时刻刻紧扣风控措施，确保整个交易过程安全、高效。这是我们关于风险控制的基本思想。这也是滚动交易系统关于风控的指导思想。

一、操作项目确立之前如何评估风险

当我们经过深入细致的调研，筛选出一批备选品种之后，在正式确立为操作项目之前，要对每一个备选品种进行风险评估，对它们已知的、未知的、显性的、隐性的、已有的、潜在的风险，作出全面的测评，并给出具体的评估意见，作为投资决策参考。以苏大维格（300331）为例，这是我们近期操作过的品种，在立项之前，我们做了很细致的评估工作，比如关于该公司的市场地位，我们就深入研究了该公司的相关资料。根据多方面的调研资料和研究报告，我们得知苏大维格公司凭借先进的微纳光学制造技术和良好的业内知名度进入公共安全防伪领域，取得了领先的市场地位，并在部分产品上处于垄断地位。该领域进入门槛高，难以模仿，有很强的技术专用性，而且产品具有长期稳定性，跨过准入门槛后能在相当长的时期保持垄断地位。该公司发行人开发的技术被应用于第二代身份证，而自主研发并生产的新版机动车驾驶证、行驶证防伪膜现处于垄断地位，此外发行人还和公安部等多个部门密切合作研发其他产品。

同时，公司依靠技术先进性和独创性进入定制化镭射包装材料市场，并在该细分市场中处于领先地位。随着市场对定制化产品需求不断扩大，公司在包装领域的市场竞争地位将不断加强。也就是说，这家公司虽然还没上市，但是它的市场地位却是具有领先性、垄断性、独特性的，是一家具有独特意义的准上市公司。

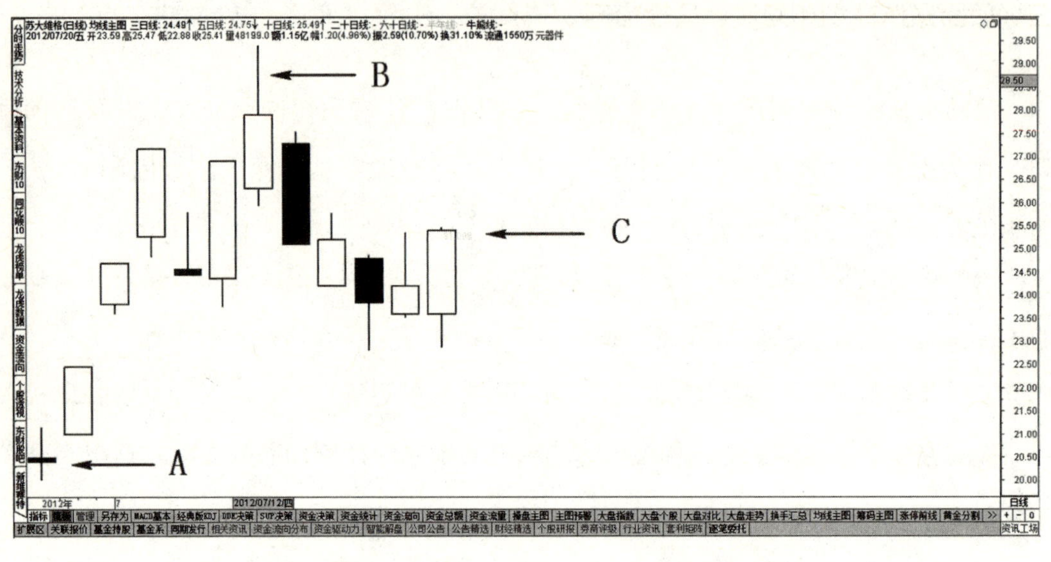

图例 188　经过项目风险评估之后才立项操作示意图

当然，关于市场地位仅仅是风险评估的一个方面，并不是全部内容。在立项之前，需要全面深入、系统细致地研究上市公司的各个方面，力争对它的各类可能存在的风险有足够的了解和认识，做到心中有数。限于篇幅，详细的评估过程就不做介绍了。总而言之，立项之前要尽可能把风险评估工作做到家，越细越好，尽可能没有遗漏，不留隐患。

图例 188 所示的是我们立项之后操作的过程图解。该公司的发行价是 20 元，上市第一天集合竞价时间段的开盘价是 20.50 元，很明显有些偏低了，也就是说，以公司的市场地位而言，这样的开盘价是偏低的，有点低估。因此，我们就采取开盘价之下逢低买进的策略，大胆进场建仓。后来的走势证明我们的判断是正确的，我们在立项之前的调研和评估做得很细致，对我们的操作决策起到了很好的帮助作用。如果对它的市场地位缺乏认识，缺少了解，那么就没有胆量、也没有勇气在上市的第一天就进场建立基础仓位。图上 A 所指的地方，就是上市第一天的 K 线，从这个走势图可以看到，到目前为止，基础仓位还是安全的。顺便介绍一下：图上 B 点是调节基础仓位的位置，C 点是再一次进场建仓的基准点。

二、项目操作计划如何设计风控措施

滚动交易系统强调按照计划来操作，并且把“计划我们的交易、交易我们的计划”作为交易员的座右铭。我们每一次操作，都必须建立在深入细致的调研之上、明确细致的操作计划之下进行。严格杜绝无计划操作，严格杜绝随意下注。因此，我们要求交易员在项目立项之后，必须撰写详细的项目操作计划，并把风险防范措施设计进去。风险防范措施不是空谈，必须是实实在在的、切实可行的措施。当然，对于业余投资者来说，因为时间比较少，项目操作计划书不需要像职业投资者那样写得非常详细，只要简单地写一下就可以了。下边列举项目操作计划书的基本样式，供各位参考：

①项目操作计划书名称：即本次操作计划的名称。比如苏大维格（300331）操作计划。

②项目实际操作者名字：即主持本项目操作的人。比如交易员牛三多之类。

③项目操作的目标股票：即本次计划操作的股票代码和股票名称，代码必须使用六位。

④基础仓位计划买入价：即基础仓位计划买入的价格。含风控措施在内。

⑤基础仓位计划卖出价：即基础仓位计划卖出的价格。含风控措施在内。

⑥项目操作预计收益率：即预计能达到的收益率，最低不能低于百分之五。

⑦本项目计划持股时间：即计划持有几个交易日，最长十个交易日，最短两个交易日。

⑧本项目立项操作依据：即本操作计划制作所依据的理由是什么，需要详细说明。

⑨本项目每日操作总结：即本计划实施过程中操作的总结，成败得失都要记录下来。

关于项目操作计划书，在这里说明一下：

一是买入价位的确定，可以事先预设，也可以根据实盘走势决定。如果采用预设的方式决定，可以使用黄金分割比率、折返率或者量度涨跌幅度关键数值等来加以衡量。通常情况下，这个买入价只是一个预估值，因为实际走势往往与计划有偏差，我们需要根据实际走势对操作计划进行修正。当然，计划尽可能做得精细一些，尽量不要出现太离谱的偏差。

二是卖出价位的设定，这只是一个预设的数值，实际走势不一定能够达到预设的目标，也可能会超过预设目标。因此，卖出的时候，需要根据实际走势灵活把握，不可死板教条。

三是风控措施，对于业余投资者来说，直接写在买卖价位项目后边就可以了。

四是操作总结，建议每天坚持写一写，赢也好输也罢，如实记录，不必虚假。真实记录自己走过的路，既是对自己负责，也是自我修炼的有效方法。不断总结才能不断进步。

五是项目操作的理由，即你为什么要做这个项目，是基于技术分析的还是基于资金分析的，或者基于其他理由的。总而言之，不管你是基于什么理由，这个理由必须是充分的、成立的，经得起推敲的。操作理由不能是子虚乌有的，不能是随意杜撰的，不能是不堪一击的。不能成立的操作理由会把自己引入死胡同，甚至万劫不复。因此，我们在制定操作计划的时候，一定要对操作理由再三推敲，反复权衡，力争不出纰漏，确保操作计划顺利实施。

关于操作理由，在这里我们以技术理由为例，加以讲解。参见图例 189 所示，这是我们最近操作的品种，从纯技术的角度来看，立项的理由如下：图上标注的 A、B、C、D 四个点分别是近期的低点，基本上在一条水平线上，也就是说，这四个低点已经反复证明阶段性底部就在这个位置上了。那么 D 点这个位置出现很长的下影线，就可以视为探底针，视为阶段性底部出现了。只要随后的低点不跌破这根长下影线，即不创新低，那么我们就可以在这个位置大胆买进。这是前边介绍过的不创新低买入法。很显然，在图上 a 点这个位置进场的理由是成立的，从技术上来说是经得起推敲的，站得住脚的。至于后边的 b 点和 c 点，不断创新高，继续滚动操作就是了。但是，如果盘面出现了异常信号，那就另当别论了。

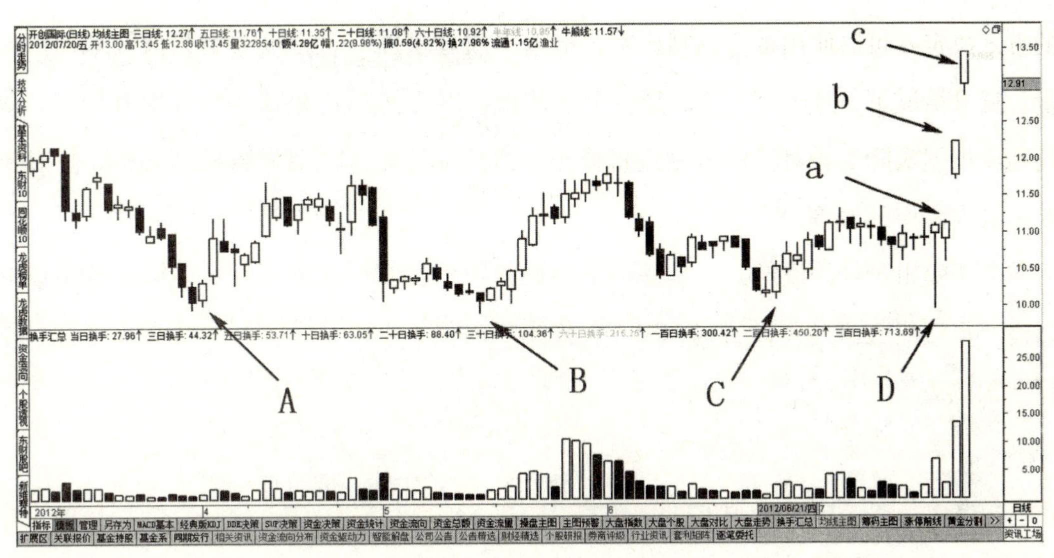

图例 189　项目计划书所涉及的技术分析示意图

通过上边的学习，我们知道了制定操作计划的重要性，实际上，比制定计划更重要的是坚持，坚持需要恒心、需要意志、需要毅力，这可不是一件容易的事。成功需要坚持，成功只是坚持的结果。所以说，贵在坚持。当我们开始学习滚动交易系统的时候，热血沸腾，信誓旦旦，可是你想过如何坚持下去吗？你能坚持下去吗？如果你不能，最好是现在就放弃，别浪费时间了。因为要学习和掌握滚动交易系统，需要坚定、恒定、笃定，需要经年累月坚持到底。只要你具备坚定、恒定、笃定这样的品质，天下之事又如何难得倒你呢？下边再列举一份滚动投资决策表，这是我们多年来一如既往使用的决策表，请各位经常填一填，写一写，训练一下自己的毅力。

滚动投资机构股票投资决策表

制表日期：__________ 稽核人：__________ 事后监督：__________

滚动交易时需要考虑的问题	根据自己实际情况的回答结果
你打算买什么品种？	说明：请根据自己的选股标准来确定
你计划什么时候买入？	说明：根据自己对大盘、板块、个股的分析来确定
你计划买多少数量？	说明：根据自己的仓位管理标准来确定
你计划怎样买入基础仓位？	说明：根据自己的建仓风格依次买入
进场后发现买错了怎么办？	说明：根据自己预先设立的止损点迅速离场
进场后出现形势大好怎么办？	说明：根据自己设定的加仓标准依次加仓
基础仓位什么时候减仓？	说明：根据自己设定的止赢条件分批调节
基础仓位每次减仓多少？	说明：根据自己设定的止赢标准分批调节
基础仓位什么时候清空？	说明：根据自己设定的清空条件果断执行
万一出现系统风险怎么办？	说明：根据自己设计的风控措施冷静处理
每天撰写详细的操作记录	说明：根据自己设计的交易记录表格如实填写
每天及时撰写复盘作业	说明：根据自己设计的程式复盘总结成败得失

三、操作项目实施过程如何动态控制风险

操作项目在实施过程中如何动态控制风险呢？在这里我们以图例 190 为案例，简要讲解一下，供大家参考。图上我们标注了 a、b、c、d、e、f、g、h、i、j 等 10 根 K 线，这是日线图，也就是十个交易日的走势。在这十个交易日里，我们应该如何动态控制风险呢？下边我们按顺序逐一讲解，请各位打开软件，找到百润股份（002568）这只股票，对照学习：

第一根 K 线 a 的特点是开盘价出现低开，因此当天不要买进新的滚动仓，保持观望。

第二根 K 线 b 的特点是低开低走，高点下移、低点上移，须要削减部分基础仓位。

第三根 K 线 c 的特点是低开高走，高点下移、低点也下移，继续削减基础仓位。

第四根 K 线 d 的特点是低开横走，高点上移、低点也上移，保持观望比较明智。

第五根 K 线 e 的特点是低开高走，高点下移、低点也下移，需要削减基础仓位。

第六根 K 线 f 的特点是低开低走，高点上移、低点也上移，保持观望比较明智。

第七根 K 线 g 的特点是低开高走，高点下移、低点也下移，逢高削减基础仓位。

第八根 K 线 h 的特点是低开高走，高点上移、低点也上移，保持观望比较明智。

第九根 K 线 i 的特点是低开横走，高点下移、低点上移，盘中逢高削减基础仓位。

第十根 K 线 j 的特点是平开低走，高点上移、低点大幅度下移，坚决清仓、出局。

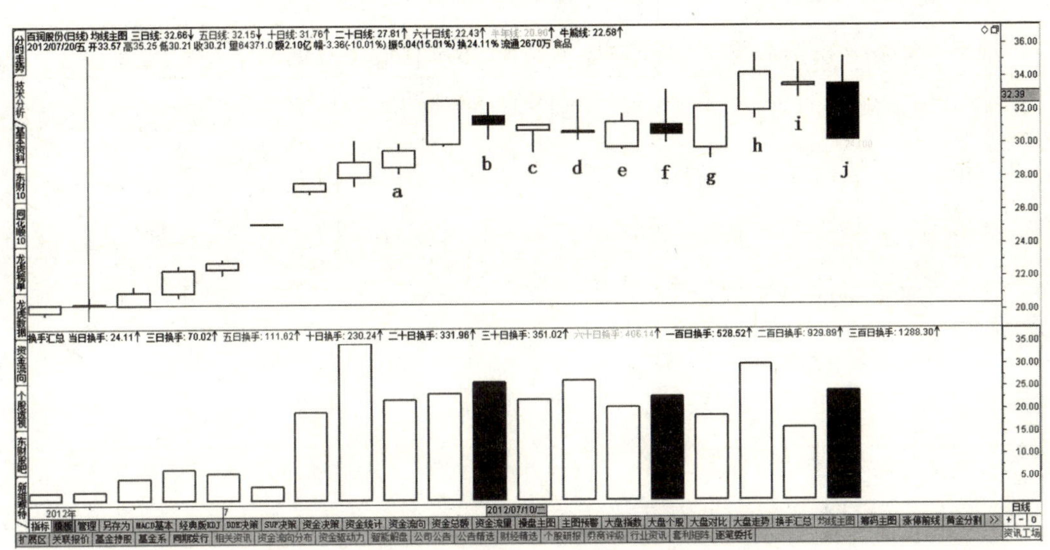

图例 190　项目实施过程中动态控制风险示意图

关于交易计划的制定，总的来说，按交易的时间周期来划分，可以分为长期计划如年度计划，中期计划如月度计划，短期计划如每周计划和每日计划等 4 种。不同的交易计划各自的侧重点不同。对于职业投资者来说，这四种计划都要及时制定，作为项目操作的交易依据。至于业余投资者，可是适当从简，但是也要做到每一次交易心中有数，千万不可随意操作，更不可事前无计划，临盘慌手脚。临阵抱佛脚的做法是不可取的，仓促上阵，随意操作，结果只能是一败涂地，即使你侥幸获胜几次，最终也会是惨败，甚至血本无归。因此，除非你退出这个市场，从此了断。否则，就请你坚决执行滚动交易的风险控制措施，坚决做到没有准备不进场、没有计划不操作、没有纪律不参与。倘能如是，而且持之以恒，那么总有一天你会成为稳定盈利的顶尖高手，成为这个市场上的赢家。

第二节 严格按照滚动交易技术要领操作

据我们所知，虽然很多人喜欢滚动交易技术，但是真正做得比较好的却很少。为什么呢？就这个课题，我们做过深入细致的调研，寻访过很多滚动交易技术的实践者，经过两年多的研究和总结，总算找到了一些头绪。究其原因，还是交易者自身出了问题。这个问题的核心就是守纪。你回顾一下自己的操作经历，是不是这样？当我们能够严格遵守操作纪律的时候，我们常常是盈利的，是赢家。相反，当我们抛开纪律的约束、率性而为、随意下注的时候，我们几乎都是亏损的，是输家。实际上，赢家和输家的分水岭，就在这一道坎上。无数血淋淋的事实已经证明了这一点，我们已经没有必要再去从头求证，而是要坚信：只有坚守交易纪律，才能在资本市场生存下来。因此，我们在学习和运用滚动交易系统的时候，无论是进场还是出场，都必须严格按照技术要领操作，遵循技术性买卖的原则，坚决依照滚动交易系统给出的买卖信号操作。严守纪律永远是第一位的。当然，如果出现重大的、突发性的系统风险，那么我们就应当因时而变，迅速改变原来的操作计划，迅速逃命，保住本金。在正常情况下，我们的每一个项目、每一次操作，不管是正向操作还是反向操作，都应该基于纪律约束的前提之上，在符合操作纪律的框架内进行操作。这一点请各位牢牢记住。

滚动交易系统涉及的技术要领，归结起来，主要包括以下几个方面的内容：

一是买入技术要领，即买入基础仓、滚动仓的时候应该掌握的操作要领。

二是卖出技术要领，即卖出基础仓、滚动仓的时候应该掌握的操作要领。

三是滚动技术要领，即滚动仓位的建立、调节、买卖所涉及的操作要领。

四是持股技术要领，即基础仓、滚动仓持有不动、静待战机的操作要领。

上边四个方面的技术要领，我们在前边已经反复讲解过了，请各位回顾一下，并把它们的核心内容整理出来，写在交易日记本上，每天诵读几遍。

除了上边介绍的技术要领之外，还要掌握涉及到资金管理和仓位布局两个方面的技术要领，这些技术要领涉及的内容很多，归结起来，最基础的、也是最核心的技术要领包括两个方面，一个是止盈技术要领，另一个是止损技术要领。关于这部分内容，将在后边讲解。

如何确保自己的每一次操作都能够符合技术要领，这本身是一个世界性难题。为了让我们做得更好、更符合技术要领，很有必要建立自己的交易系统，并且在实战中不断检验、不断完善、不断修正，使自己的交易系统越来越贴近实战需要，使自己的操作越来越符合技术要领。对于初学者来说，在构建自己的交易系统时，可以根据滚动交易的需要，设定为1主2副，1主是指一个主图指标，这个主图指标可以选用平均线指标，也可以选择其他指标。本书选择平均线指标作为参照，我们把它定义为平均线交易系统，它含4条指标线，分别是微波线（即5日平均线）、小波线（即10日平均线）、中波线（即20日平均线）和大波线（即60日平均线）。当然，除此之外，你也可以根据自己的爱好添加其他均线，比如添加半年线和年线之类。平均线的参数也可以按自己的偏好加以调整。2副是指含有2个附图窗口，分别是MACD指标和成交量指标。当然，你也可以选择其他指标。当你的修炼达到一定水平之后，就不需要再依赖这些技术指标了。客观地说，在临盘操作的时候，只需要仔细观察价量关系就足够了。我们所讲的所有技术要领，都蕴含在价量关系之中，你只需要读懂、读透价量关系，就已经足以应付盘面发生的一切变化。

第三节 要力戒贪婪和恐惧，坚决止盈和止损

滚动交易系统倡导的理念是稳定盈利、长久生存，立足点是稳健，强调的是长久。古人说，知足常足，终身不辱，知止常止，终身不耻，此之谓也。揣而锐之，不可长保者。意思是说，知足的人就常能感到满足，一辈子都不会因为欲望太强烈而辱没自己；做事有分寸的人就常能有所节制，于是一辈子都不会做可耻的事情，就是这样讲的。总保持着欲望甚至助长它，人的幸福就不可长保了。这和滚动交易系统倡导的理念是一致的。《大学》里说："知止而后有定，定而后能静，静而后能安，安而后能虑，虑而后能得。"我们要稳定盈利，长久生存，就要知止，就要常止。

滚动交易系统的基本策略是锁定底仓，滚动操作，趋势健康时，高了抛一点，低了买一点，仓位虽不变，盈利却增长。注意这里的关键词是趋势健康时。也就是说，只有在趋势健康的时候，我们才考虑持有底仓、滚动套利。否则，就需要止损了。不少人滚动交易失败，原因是多方面的，其中最致命的一条是贪字作怪。因为贪婪，总想赚得更多，涨了舍不得卖，生怕卖了还在涨，总是不肯止盈。该卖掉的时候不肯卖掉，老是觉得还会涨到天上。其实，这是不知止。反过来说，该买进的时候不敢买进，老是担心会跌到十八层地狱。这是恐惧之心在作怪。前怕狼，后怕虎，行事犹豫，悠游寡断，完全没有果敢精神，没有决断作风。如此又怎么能做好滚动交易呢？

知足常足，知止常止。我们在学习和运用滚动交易系统的时候，要明白股价的运动是一种循环，有涨必有跌，涨跌之间，交替出现，循环往复，如是而已。日月经天，江河行地，日出日落，月升月没，自然之道。阴中有阳，阳中有阴，阴阳交替，此消彼长。明白这个道理之后，我们就会懂得，飘风不终日，暴雨不终朝。股价的上涨，不会无穷无尽。股价的下跌，不会无休无止。涨多了，自然会下跌。跌多了，终究会上涨。因此，我们在学习和运用滚动交易系统的时候，要做到顺应天意、合乎时势、择机而作，严格按照技术要领操作，该止盈的时候坚决止盈，绝不贪心，当天用来滚动交易的资金，一定要在当天撤回，即使股价还在上涨，也不要有任何贪婪心理，期盼明天多赚一些而舍不得出来，这是贪婪心里在作怪。这样做就是违反了天道，违反了知止精神，和滚动交易系统倡导的理念背道而驰。同样道理，当我们建立基础仓位之后，假如股价出现下跌，证明我们的买入点是错误的，不要为自己的操作失误找理由，而要面对现实，向市场认错，坚决止损。不要有任何侥幸心理，一拖再拖，期望某一天能够反弹减少损失。不怕错，就怕拖。有错必纠，知错能改善莫大焉。买错了立即改正。这是滚动交易的纪律！要坚决遵守，不要给自己找任何借口。

接下来我们简单讲解一下止盈和止损的技术要领，供大家参考。关于止盈，我们可以从两个方面入手，一是根据设定的盈利目标止盈，一旦达到我们设定的盈利目标，就坚决止盈，绝不贪心。比如我们设定每次操作盈利目标是5%的话，那么达到这么盈利目标我们就止盈。二是根据技术信号止盈，一旦出现卖出信号，不管盈利多少，都需要止盈，落袋为安。这叫技术性止盈。关于止损，也可以从两个方面入手，一是根据设定的止损目标止损，一旦达到我们设定的止损目标，就坚决止损，绝不犹豫。比如我们规定每个项目总体亏损额度是10%的话，那么一旦达到这个亏损额度就要坚决止损。二是根据技术信号止损，一旦出现我们设定的止损条件，交易系统发出止损信号，要坚决执行，不得犹豫。

第十章 滚动交易系统修炼方法

【本章学习要点】

一、初级交易员滚动操盘修炼方法

二、中级交易员滚动操盘修炼方法

三、高级交易员滚动操盘修炼方法

领会滚动交易系统不需要有什么特别的天赋，只要你是正常人，有正常的情商和智商，就能够把它学好用好。当然，不是走马观花式学习，而是需要经过全面系统的、深入细致的严格训练，熟练掌握滚动交易系统的基础知识和基本技能，经过反复的实践、总结、再实践、再总结，循环往复，经历过无数个交易日、操作过无数个品种之后，把应知应会的基础知识和基本技能升华为技术素养，进而升华为交易素养，成为一种基于本能反应的交易特质。一切真知都来源于实践，一切真功夫都来源于实战。因此实战训练是提高我们交易技能的最佳途径。

在这一章里，我们将讲解滚动交易系统的修炼方法，供大家参考。这些修炼方法包括三个方面的内容，一是初级交易员的修炼方法，二是中级交易员的修炼方法，三是高级交易员的修炼方法。从初级到高级，修炼的内容不同，修炼的方法也不同。但是，从内容上来说，它们有一个共通点，都是递进式的，从易到难，由浅入深，循序渐进。这是我们学习的基本模式，请各位按照这个模式训练自己。

对于初级交易员来说，需要学习的内容和修炼的项目很多，最理想的境界是全面系统地学习、逐条逐项地修炼，把自己打造成知识全面、技能高超、面面俱佳的顶尖高手。但是，时光易逝，岁月如流，成为顶尖高手对大多数人来说可能只是一种奢望、一种幻想。对于广大投资者来说，更需要的是通过学习和训练，使自己能够以交易为生，能够在市场上稳定盈利，长久地生存下去。因此，我们的学习和修炼就必须很务实、很直接，能帮助自己迅速地找到一种赖以为生的解决方案，最好是立竿见影的。如果所学的知识和技能连谋求最基本的生存手段都做不到，那么什么远大理想、什么绝招秘籍之类都只是毫无意义的妄谈而已。所以，对于初级交易员来说，学习和训练的第一步，就是如何在股市上快速赚到钱，生存下来，然后才谈得上如何发展壮大，如何迈向更高的级别，成为更优秀的选手。基于这个认识，我们在设计初级交易员训练课程的时候，涉及的内容只有一个，那就是如何快速地赚到钱。

对于中级交易员来说，由于已经具备了在股市上生存的基础条件，因此，需要学习的内容和训练的项目就多了很多，比如，需要学习在不同市道如何配置资金、如何根据市场环境布局仓位，如何使自己的交易系统更加完善，如何获得更高的胜率，等等。因为操作的资金更多，需要考虑的问题也更多。这时候，就不能再停留在初级阶段的思路上，不能再像流寇那样打一枪换一个地方，而要建立根据地、巩固根据地，尽可能拥有自己的地盘，并进一步学习更多的内容，修炼更多的项目，向更高的目标迈进。这个时候往往是最忙、最辛苦的。

对于高级交易员来说，赚钱已经不是唯一的追求，盈利只是正确交易的时候自然而然产生的结果。这时候，学习的内容和修炼的项目已经截然不同，更多的是从哲学的高度去考虑问题，从心智训练的角度提升自己的交易质量。这时候，需要变得更加从容、更加笃定、更加融通。整个市场已经成为为我所用的场所，虽然貌似着力不多，却能享受市场丰厚的回报。交易不再是赚钱的手段，而是修心养性的一种途径。交易的终极目标，不再是赢得财富，而是促使自己心智更加成熟、智慧更加圆融、信念更加坚强的智力体操而已。

总而言之，此时追求的不再是初级阶段的金钱、中级阶段的梦想，而是交易的最高境界。

第一节 初级交易员滚动操盘修炼方法

在这一节里，我们首先介绍一些关于初级交易员滚动操盘的训练内容，这些内容包括三个方面：一是如何了解和辨识市场行为语言，二是如何明确自己的目标，三是如何设计适合自己的训练模式。这是初级交易员应该掌握的最基础的入门知识，和应该熟练运用的最基本的交易技能。掌握这些入门知识和交易技能，通常需要经过 50 个交易周以上的训练。目前，中国股市每年大约有 244 个交易日，也就是说，初级交易员至少需要经过接近一年的训练，才有可能跨入合格的门槛。这也许还是最短的学习时间、最理想的考核结局。实际上，有很多从事交易的人，经过了好几年的打拼，亏掉了很多本金，最终也没有能够顺利入门。

一、了解和辨识市场行为语言

对于有志于学习滚动交易系统的人来说，第一步需要学习的，是认识和了解市场，了解和辨识市场行为语言。在学习的时候，你可以不看任何技术指标，比如不看移动平均线、不看成交量、不看 MACD 之类指标，但你一定要看最基础的、同时也是最根本的市场行为语言，学习它、了解它、掌握它，并利用它辨识市场已经发生的一切、正在发生的一切、将要发生的一切。这个最基础的、最根本的市场行为语言，就是阴阳线，也叫蜡烛线，通常叫做 K 线。叫什么名字并不重要，重要的是它记录了市场行为，它帮助我们了解市场、认识市场、利用市场，帮助我们获得我们想要的东西。有这一点就已经足够了。

在这里我们提出一种说法，其实也不是我的发明，我只不过是沿用成功交易人士的说法而已。我建议初级交易员在学习的时候，彻底抛开一切技术指标，包括平均线、成交量都不要看，而专注于价格的变化。价格永远是市场最核心的元素，离开了价格，一切都无从谈起。如果你一开始还不习惯，那么你可以在价格这个基础上，加上换手率这个元素，将价格和换手率作为训练自己的核心内容。如果你认同我的说法，就继续往下看，否则，就请自便吧。在这里需要注意的是，我们只是建议初级交易员更加专注于价格变化，学习把价格变化放在首位，而不是把成交量变化等其他因素放在首位。也许有很多成交量研究大师不赞同这样的做法，但是，但凡成功的交易者，几乎没人会反对。我们要成功交易，而不仅仅是分析正确。

接下来我们介绍初级交易员自我训练的方法。训练方法的思路很简单，就是到价格活动最热闹的地方去。闹里有钱，只有价格活动最热闹的地方，才有可能快速地获得收益。什么是价格活动最热闹的地方？从股票的走势来说，就是涨得最快、跌得最凶、波动最大、换手最高的地方。这个最热闹的地方可以是一个点，也可以是一个面。如果是一个点，那么就是指一只股票。如果是一个面，那么就是指一批股票，可以是三五只，也可以是十几只或者是几十只。也就是说，涨得最快的股票，可以是涨幅榜靠前的股票。跌得最凶的股票，可以是跌幅榜靠前的股票。波动最大的股票，可以是振幅榜靠前的股票。换手最高的股票，可以是换手率排名靠前的股票。注意这里的关键词：涨幅榜、跌幅榜、振幅榜、换手率。这四个关键词，就是初级交易员自我训练的时候，每一次都需要紧紧盯住的地方。你能否在股市上快速盈利，能否在短期内迅速完成原始积累，就看你对这四个关键词的理解和运用达到什么程度了。你首先要笃信、坚信、深信，对这个说法绝不怀疑，不折不扣地坚决执行，努力实践，并相信自己一定能做得到。否则，一切都是空谈，而且对你没有任何意义。上士闻道，勤而行之；中士闻道，若存若亡；下士闻道，大笑之，不笑不足以为道。如果你不能像上士闻道那样勤而行之，那么，就请你退出，不需要在这上边浪费时间了。决定之前请你三思！

前边我们曾经介绍过，对交易员而言，滚动交易系统的总体策略是经由新手入门级、初级、中级和高级四个阶段的训练最终达到稳定盈利、长久生存的境界。按照培训程序设计，新手入门级的考核标准是连续 12 周每周盈利达到操盘总资产的 1% 以上。这个标准是参加职业操盘晋级训练课程考核的最低入门标准，也是当下最流行的衡量一个人是否适合以操盘为职业的量化评估标准。只有顺利通过入门级考核，才可以正式开始职业操盘培训课程学习。也就是说，只有经过严格的训练之后，才有可能以交易为生，并做到稳定盈利，长久生存。在这里我们假设你已经完成了新手入门级别的训练，如果你还没完成这样的训练，建议你从头开始，先训练自己做到这个入门标准的要求。入门之后，你进入了初级交易员的训练行列，你需要通过训练，完成由非专业人士向专业人士的转变，由非职业选手向职业选手的转变。这个过程可能是漫长的、自我训练可能是艰苦的，但是你不能半途而废，一定要咬紧牙关坚持到底，否则，你会前功尽弃，虚耗人生，一事无成。胜利来源于坚持，成功来源于坚持。坚持到最后，才能笑到最后。持之以恒坚持下去，才有希望达到成功的彼岸。

自我训练方案一：从涨得最快的地方开始

对于初级交易员来说，最要紧的是尽快赚到钱，越快越好，否则就无法在市场上生存下来。因此，首先训练的是如何发现涨得最快的股票。涨得最快的股票可以分为三类，第一类是已经起出来了的，这一类可以从涨幅排名榜看到。第二类是正在涨得最快的股票，这一类可以从涨速排名榜上即时查看。第三类是将要涨得最快的，这需要我们挖掘和判断。注意是挖掘和判断，而不是去猜测、预测。我们知道股价运动也是一种运动，凡是运动都有惯性，也就是说，股价的运行具有惯性特征。正在上涨的股票，还会继续上涨，除非有强大的外力作用于它从而改变它的趋势。反过来说，正在下跌的，还会继续下跌，除非有强大的外力使原来的趋势产生逆转。我们在训练自己的时候，就是要从前边的第一类、第二类股票中找出能够继续上涨的品种，然后选择恰当的时机和合适的价位买进。这是初级交易员每天必须坚持做好的工作，通过不断地、反复地做这一件事，训练我们的反应能力、分析能力、判断能力，并从实战中获得经验，通过不断积累经验，达成我们的盈利目标。

参见图例 191 所示。在自我训练中，我们可以在盘后分析第一类股票，在盘中寻找第二类股票，在实战中从空间位置高低、拉升势能大小、做盘资金强弱等方面切入，

	代码	名称	涨幅%	现价	涨跌	买入价	卖出价	总量	现量	涨速%	换手%	今开	昨收	最高	最低	振幅%	总金额	量比	细分行业	地区
1	600354	敦煌种业	10.08	6.55	0.60	6.55	–	25.8万	23	0.00	5.90	5.93	5.95	6.55	5.89	11.09	1.65亿	2.34	种植业	甘肃
2	600278	东方创业	10.03	7.24	0.66	7.24	–	36.3万	1	0.00	8.73	7.24	6.58	7.24	6.75	7.45	2.60亿	24.80	商贸代理	上海
3	600768	宁波富邦	10.03	7.90	0.72	7.90	–	67331	30	0.00	5.03	7.90	7.18	7.90	7.90	0.00	5319万	2.95	铝	浙江
4	300319	麦捷科技	10.02	19.10	1.74	19.10	–	66399	261	0.15	62.06	17.87	17.36	19.10	17.80	7.49	1.22亿	3.18	元器件	深圳
5	002018	华星化工	10.02	5.71	0.52	5.71						5.71	5.19	5.71	5.71	0.00	402万	0.54	农药化肥	安徽
6	000536	华映科技	10.02	19.00	1.73	19.00						17.28	17.27	19.00	17.20	10.42	1.35亿	12.05	元器件	福建
7	600613	永生投资	10.02	19.99	1.82	19.99						17.95	18.17	19.99	17.60	13.15	2.72亿	1.14	中成药	上海
8	600209	罗顿发展	10.02	7.03	0.64	7.03						6.55	6.39	7.03	6.23	12.52	4.68亿	3.08	综合类	海南
9	600896	中海海盛	10.00	4.40	0.40	4.40						3.95	4.00	4.40	3.90	12.50	1.43亿	2.16	水运	海南
10	002433	太安堂	10.00	26.18	2.38	26.18						24.00	23.80	26.18	23.85	9.79	1.18亿	3.02	中成药	广东
11	300301	长方照明	9.99	22.57	2.05	22.57	–	11.9万	51	0.00	43.96	22.20	20.52	22.57	21.66	4.43	2.65亿	17.66	半导体	深圳
12	002320	海峡股份	9.98	14.10	1.28	14.10	–	27.7万	136	0.00	14.96	12.62	12.82	14.10	12.52	12.32	3.85亿	1.42	水运	海南
13	002619	巨龙管业	9.97	11.58	1.05	11.58	–	45996	1508	1.13	15.06	11.00	10.53	11.58	10.96	5.89	5175万	2.99	水泥	浙江
14	300143	菇木真	9.95	9.50	0.86	9.50	–	34999	1163	0.00	4.18	8.58	8.64	9.50	8.38	12.96	3270万	2.92	种植业	广东
15	002131	利欧股份	9.94	10.73	0.97	10.73	10.74	10.6万	1409	0.46	5.79	10.74	9.76	10.74	10.21	5.43	1.13亿	5.45	农用机械	浙江
16	000632	三木集团	9.94	3.43	0.31	3.43	–	21.0万	964	0.00	4.52	3.10	3.12	3.43	3.04	12.50	7125万	6.85	综合类	福建
17	000835	四川圣达	9.93	5.87	0.53	5.87	–	83865	1293	0.00	2.75	5.27	5.34	5.87	5.21	12.36	4863万	4.16	焦炭加工	四川
18	002442	龙星化工	8.88	5.64	0.46	5.64	5.65	19.1万	2695	0.00	12.59	5.20	5.18	5.69	5.12	11.00	1.04亿	4.52	化工原料	河北
19	300087	荃银高科	8.73	17.19	1.38	17.18	17.19	92986	1727	0.76	19.42	15.76	15.81	17.39	15.76	10.31	1.57亿	1.33	种植业	安徽
20	002451	摩恩电气	8.23	7.23	0.55	7.22	7.23	20872	1411	2.11	3.80	6.66	6.68	7.30	6.41	13.32	1445万	5.80	电气设备	上海
21	000809	铁岭新城	8.00	9.85	0.73	9.84	9.85	91538	2007	-0.10	5.33	9.05	9.12	9.95	9.00	10.42	8679万	1.94	区域地产	辽宁
22	601789	宁波建工	7.88	7.94	0.58	7.94	7.95	35.4万	156	1.27	35.36	7.85	7.36	8.01	7.60	5.57	2.77亿	6.76	建筑施工	浙江
23	002660	茂硕电源	6.52	18.30	1.12	18.30	18.33	5882	1059	6.21	2.42	16.91	17.18	18.30	16.82	8.61	1018万	0.46	电气设备	深圳
24	000691	亚太实业	6.49	7.06	0.43	7.06	7.07	35.3万	1626	-0.56	12.16	6.50	6.63	7.29	6.45	12.67	2.51亿	2.04	区域地产	海南
25	000998	隆平高科	6.48	21.02	1.28	21.02	21.04	24.0万	3719	-0.23	5.78	19.79	19.74	21.20	19.78	7.19	4.98亿	1.31	种植业	湖南
26	300331	苏大维格	6.30	27.01	1.60	27.01	27.03	64355	762	0.40	41.52	24.89	25.41	27.93	24.71	12.67	1.72亿	1.39	元器件	江苏
27	002586	围海股份	5.97	15.62	0.88	15.62	15.63	11.4万	1934	0.32	17.58	14.85	14.74	16.18	14.69	10.11	1.76亿	1.99	建筑施工	浙江
28	300196	长海股份	5.91	16.13	0.90	16.13	16.15	11731	239	0.06	2.31	15.23	15.23	16.26	15.02	8.14	1859万	2.88	玻璃	江苏

从涨得最快的地方开始

图例 191　从涨得最快的地方开始训练自己的判断能力

在第一类和第二类股票中寻找适合出击的品种，跟踪分析，通过分时图寻找最恰当的买入点。关于交易员实战训练的详细内容，我们将在另一本书《滚动交易系统·训练图谱》篇详细讲解。

自我训练方案二：从跌得最凶的地方开始

股票的走势和万事万物一样，从宏观的、整体的、全局的角度来说，最终都趋于一种平衡，呈现为一种均衡走势。但是，从短暂的、局部的、个体的走势而言，往往又是动荡的、多变的、杂乱的，呈现为一种无序走势。这种无序走势是由于不确定性引起的，而且在大多数情况下，不确定性走势占据了主导地位。虽然如此，股价运动又常常呈现出一种短暂的动态平衡。这种短暂的动态平衡是终极均衡走势的一刹那，如果从历史的角度来看，简直是可以忽略不计。在历史上，曾经被称为日间杂波的东西，可以归到这一类。在过去，这些东西或许不值得一提。但是在今天，这种一刹那的东西，却是能够为我们所利用的套利工具。比如分时走势曲线上出现刹那之间急跌，出现很长的下影线、很尖的尖刀底，瞬间的跌幅高达几个点甚至达到跌停位置。这是日间跌得最凶的地方，是做盘资金凶狠操纵的强力表现。作为交易员，就是要训练自己养成快速反应的能力，从跌得最凶的地方挖掘出金子来。

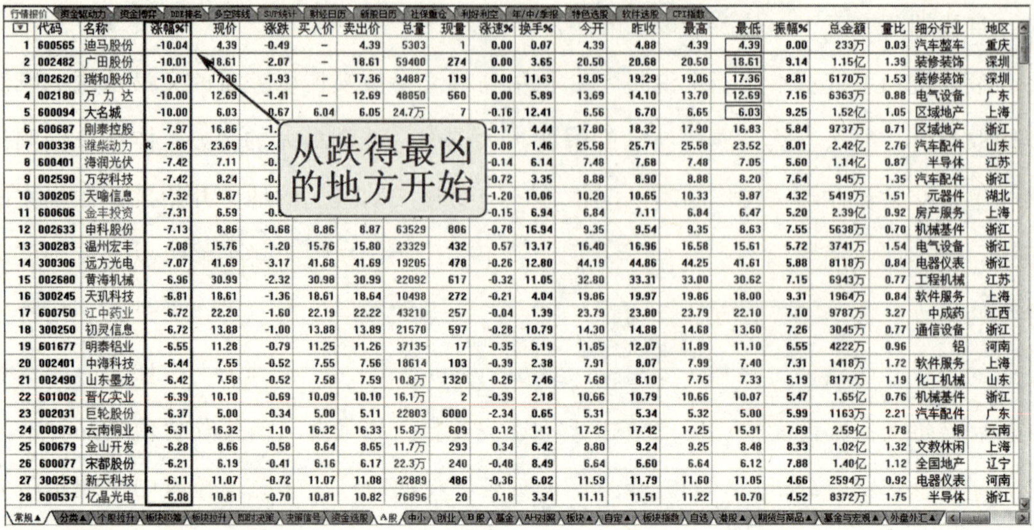

从跌得最凶的地方开始

	代码	名称	涨幅%↑	现价	涨跌	买入价	卖出价	总量	现量	涨速%	换手%	今开	昨收	最高	最低	振幅%	总金额	量比	细分行业	地区
1	600565	迪马股份	-10.04	4.39	-0.49	–	4.39	5303	1	0.00	0.07	4.39	4.88	4.39	4.39	0.00	233万	0.03	汽车整车	重庆
2	002482	广田股份	-10.01	18.61	-2.07	–	18.61	59400	274	0.00	3.65	20.50	20.68	20.50	18.61	9.14	1.15亿	1.39	装修装饰	深圳
3	002620	瑞和股份	-10.01	17.36	-1.93	–	17.36	34887	119	0.00	11.63	19.05	19.29	19.06	17.36	8.81	6170万	1.53	装修装饰	深圳
4	002180	万 力 达	-10.00	12.69	-1.41	–	12.69	48850	560	0.00	5.89	13.69	14.10	13.70	12.69	7.16	6363万	0.88	电气设备	广东
5	600094	大名城	-10.00	6.03	-0.67	6.04	6.05	24.7万	7	-0.16	12.41	6.56	6.70	6.65	6.03	9.25	1.52亿	1.05	区域地产	上海
6	600687	刚泰控股	-7.97	16.86	-1.[illegible]	[illegible]	[illegible]	[illegible]	[illegible]	-0.17	4.44	17.80	18.32	17.90	16.83	5.84	9737万	0.71	区域地产	浙江
7	000338	潍柴动力	R -7.86	23.69	-2.[illegible]	[illegible]	[illegible]	[illegible]	[illegible]	0.08	1.46	25.58	25.71	25.58	23.52	8.01	2.42亿	2.76	汽车配件	山东
8	600401	海润光伏	-7.42	7.11	-0.[illegible]	[illegible]	[illegible]	[illegible]	[illegible]	-0.14	6.14	7.48	7.68	7.48	7.05	5.60	1.14亿	0.87	半导体	江苏
9	002590	万安科技	-7.42	8.24	-0.[illegible]	[illegible]	[illegible]	[illegible]	[illegible]	-0.72	3.35	8.88	8.90	8.88	8.20	7.64	945万	1.35	汽车配件	浙江
10	300205	天喻信息	-7.32	9.87	-0.[illegible]	[illegible]	[illegible]	[illegible]	[illegible]	-1.20	10.06	10.20	10.65	10.33	9.87	4.32	5419万	1.51	元器件	湖北
11	600606	金丰投资	-7.31	6.59	-0.[illegible]	[illegible]	[illegible]	[illegible]	[illegible]	-0.15	6.94	6.84	7.11	6.84	6.47	5.20	2.39亿	0.92	房产服务	上海
12	002633	申科股份	-7.13	8.86	-0.68	8.86	8.87	63529	806	-0.78	16.94	9.35	9.54	9.35	8.63	7.55	5638万	0.70	机械基件	浙江
13	300283	温州宏丰	-7.08	15.76	-1.20	15.76	15.80	23329	432	0.57	13.17	16.40	16.96	16.58	15.61	5.72	3741万	1.54	电气设备	浙江
14	300306	远方光电	-7.07	41.69	-3.17	41.68	41.69	19205	478	-0.26	12.80	44.19	44.86	44.25	41.61	5.88	8118万	0.84	电器仪表	浙江
15	002680	黄海机械	-6.96	30.99	-2.32	30.98	30.99	22092	617	-0.32	11.05	32.80	33.31	33.00	30.62	7.15	6943万	0.77	工程机械	江苏
16	300245	天玑科技	-6.81	18.61	-1.36	18.61	18.64	10498	272	-0.21	4.04	19.86	19.97	19.86	18.00	9.31	1964万	0.84	软件服务	上海
17	600750	江中药业	-6.72	22.20	-1.60	22.19	22.22	43210	257	-0.04	1.39	23.79	23.80	23.79	22.10	7.10	9787万	3.27	中成药	江西
18	300250	初灵信息	-6.72	13.88	-1.00	13.88	13.89	21570	597	-0.28	10.79	14.30	14.88	14.68	13.60	7.26	3045万	0.77	通信设备	浙江
19	601677	明泰铝业	-6.55	11.28	-0.79	11.25	11.26	37135	17	-0.35	6.19	11.85	12.07	11.89	11.10	6.55	4222万	0.96	铝	河南
20	002401	中海科技	-6.44	7.55	-0.52	7.55	7.56	18614	103	-0.39	2.38	7.91	8.07	7.99	7.40	7.31	1418万	1.72	软件服务	上海
21	002490	山东墨龙	-6.42	7.58	-0.52	7.58	7.59	10.8万	1320	-0.26	7.46	7.68	8.10	7.75	7.33	5.19	8177万	1.19	化工机械	山东
22	601002	晋亿实业	-6.39	10.10	-0.69	10.09	10.10	16.1万	2	-0.39	2.18	10.66	10.79	10.66	10.07	5.47	1.65亿	0.76	机械基件	浙江
23	002031	巨轮股份	-6.37	5.00	-0.34	5.00	5.11	22803	6000	-2.34	0.65	5.31	5.34	5.32	5.00	5.99	1163万	2.21	汽车配件	广东
24	000878	云南铜业	R -6.31	16.32	-1.10	16.32	16.33	15.8万	609	0.12	1.11	17.25	17.42	17.25	15.91	7.69	2.59亿	1.78	铜	云南
25	600679	金山开发	-6.28	8.66	-0.58	8.64	8.65	11.7万	293	0.34	6.42	8.80	9.24	9.25	8.48	8.33	1.02亿	1.32	文教休闲	上海
26	600077	宋都股份	-6.21	6.19	-0.41	6.16	6.17	22.3万	240	-0.48	8.49	6.64	6.60	6.64	6.12	7.88	1.40亿	1.12	全国地产	辽宁
27	300259	新天科技	-6.11	11.07	-0.72	11.07	11.08	22889	486	-0.36	6.02	11.59	11.79	11.60	11.05	4.66	2594万	0.92	电器仪表	河南
28	600537	亿晶光电	-6.08	10.81	-0.70	10.81	10.82	76896	20	0.18	3.34	11.11	11.51	11.22	10.70	4.52	8372万	1.75	半导体	浙江

图例 192　从跌得最凶的地方开始训练自己的判断能力

参见图例 192 所示，跌得最凶的地方可以从跌幅排名榜来查看，跌得最凶的股票也可以分为已经跌得最凶的、正在跌得最凶的、将要跌得最凶的三大类。出现在跌幅排名榜上位置靠前的股票是已经跌得最凶的品种，这类股票大多数都存在出货或者阶段性出货的嫌疑，需要谨慎对待。正在跌得最凶的股票，可以从跌速排名榜上来查看，早盘、中盘、尾盘都经常会有这样的品种出现。正在瞬间急跌的品种，即使跌的幅度很大、很凶，却未必是出货的品种。我们寻找跌得最凶的品种，主要是从这种类型入手。至于将要跌得最凶的品种，需要我们深入细致去研究、去挖掘、去判断。但是，一定是不存在出货可能的品种，才是我们选择的对象。也就是说，凡是处于空间位置高位的、技术状态高位的品种，都不在考虑之列。

如果当前的股价处于空间位置的低位区域，同时技术状态也处于低位，在正常情况下不存在太大的下跌空间，但是，为了做盘的需要、或者因为市场环境的突变，在某一个时间节点上出现突发性的瞬间急跌，下跌的幅度很大，那么此时就很有可能是绝佳的短线机会、甚至是超短线暴利机会。作为交易员，就要善于发现这样的机会、善于把握这样的机会。

自我训练方案三：从波动最大的地方开始

滚动交易系统从本质上来说是一套利用高频交易反复博取差价的交易系统。既然要博取差价，那么当然是股价波动的幅度越大越好。波动最大的地方，体现在振幅排名榜里。交易员在筛选操作品种的时候，一定要从波动最大的地方开始挑选振幅大的股票，舍弃那些振幅偏小的股票。参见图例 193 所示，从振幅排名榜可以查看到波动最大的品种。常用的查看方法有两种，一种是静态的查看，可以在盘后进行。一种是动态的查看，可以在交易时间段进行。对于交易员来说，自我训练的时候，一方面要在盘后将每天振幅巨大的品种筛选出来，逐一分析，把那些具有操作价值的品种放入股票池，继续跟踪分析。另一方面，要在实战看盘的时候，实时监控盘中出现价位异动的品种，不管是向上异动还是向下异动，都可能存在极妙的短线机会。不管是盘后分析还是盘中监控，我们在研究波动最大的品种时，首先需要考虑的是该品种目前是否属于出货走势，如果是，那就不要随意参与了。如果不是，或者暂时不是，那么就可以考虑寻找机会建立基础仓位，进一步实施滚动操作计划。

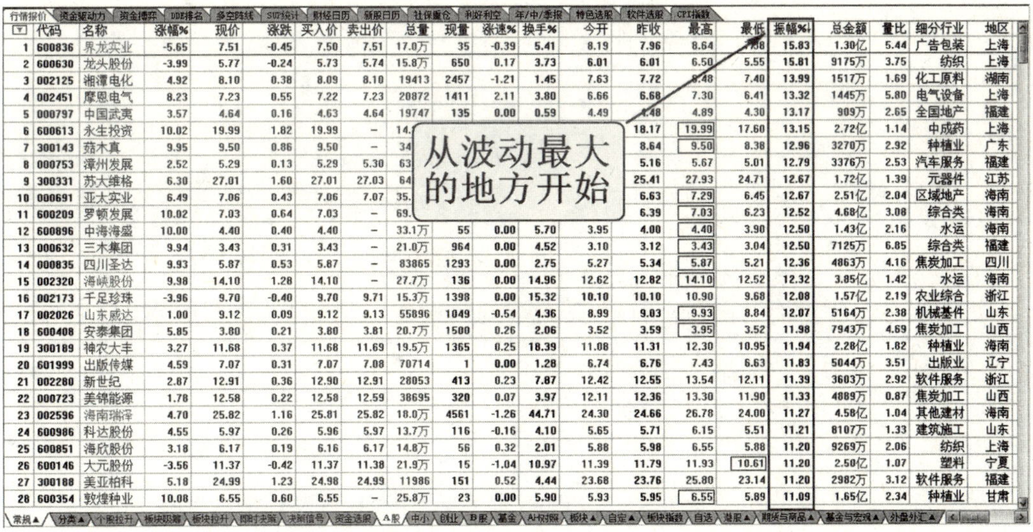

行情报价　资金驱动力　资金博弈　DDE排名　多空阵线　SUP统计　财经日历　新股日历　社保重仓　利好利空　年/中/季报　特色选股　软件选股　CPI指数

	代码	名称	涨幅%	现价	涨跌	买入价	卖出价	总量	现量	涨速%	换手%	今开	昨收	最高	最低	振幅%↓	总金额	量比	细分行业	地区
1	600836	界龙实业	-5.65	7.51	-0.45	7.50	7.51	17.0万	35	-0.39	5.41	8.19	7.96	8.64	[illegible]38	15.83	1.30亿	5.44	广告包装	上海
2	600630	龙头股份	-3.99	5.77	-0.24	5.73	5.74	15.8万	650	0.17	3.73	6.01	6.01	6.50	5.55	15.81	9175万	3.75	纺织	上海
3	002125	湘潭电化	4.92	8.10	0.38	8.09	8.10	19413	2457	-1.21	1.45	7.63	7.72	8.48	7.40	13.99	1517万	1.69	化工原料	湖南
4	002451	摩恩电气	8.23	7.23	0.55	7.22	7.23	20872	1411	2.11	3.80	6.66	6.68	7.30	6.41	13.32	1445万	5.80	电气设备	上海
5	000797	中国武夷	3.57	4.64	0.16	4.63	4.64	19747	135	0.00	0.59	4.49	4.48	4.89	4.30	13.17	909万	2.65	全国地产	福建
6	600613	永生投资	10.02	19.99	1.82	19.99	–	14.					18.17	19.99	17.60	13.15	2.72亿	1.14	中成药	上海
7	300143	菇木真	9.95	9.50	0.86	9.50	–	34					8.64	9.50	8.38	12.96	3270万	2.92	种植业	广东
8	000753	漳州发展	2.52	5.29	0.13	5.29	5.30	63					5.16	5.67	5.01	12.79	3376万	2.53	汽车服务	福建
9	300331	苏大维格	6.30	27.01	1.60	27.01	27.03	64					25.41	27.93	24.71	12.67	1.72亿	1.39	元器件	江苏
10	000691	亚太实业	6.49	7.06	0.43	7.06	7.07	35.					6.63	7.29	6.45	12.67	2.51亿	2.04	区域地产	海南
11	600209	罗顿发展	10.02	7.03	0.64	7.03	–	69.					6.39	7.03	6.23	12.52	4.68亿	3.08	综合类	海南
12	600896	中海海盛	10.00	4.40	0.40	4.40	–	33.1万	55	0.00	5.70	3.95	4.00	4.40	3.90	12.50	1.43亿	2.16	水运	海南
13	000632	三木集团	9.94	3.43	0.31	3.43	–	21.0万	964	0.00	4.52	3.10	3.12	3.43	3.04	12.50	7125万	6.85	综合类	福建
14	000835	四川圣达	9.93	5.87	0.53	5.87	–	83865	1293	0.00	2.75	5.27	5.34	5.87	5.21	12.36	4863万	4.16	焦炭加工	四川
15	002320	海峡股份	9.98	14.10	1.28	14.10	–	27.7万	136	0.00	14.96	12.62	12.82	14.10	12.52	12.32	3.85亿	1.42	水运	海南
16	002173	千足珍珠	-3.96	9.70	-0.40	9.70	9.71	15.3万	1398	0.00	15.32	10.10	10.10	10.90	9.68	12.08	1.57亿	2.19	农业综合	浙江
17	002026	山东威达	1.00	9.12	0.09	9.12	9.13	55896	1049	-0.54	4.36	8.99	9.03	9.93	8.84	12.07	5164万	2.38	机械基件	山东
18	600408	安泰集团	5.85	3.80	0.21	3.80	3.81	20.7万	1500	0.26	2.06	3.52	3.59	3.95	3.52	11.98	7943万	4.69	焦炭加工	山西
19	300189	神农大丰	3.27	11.68	0.37	11.68	11.69	19.5万	1365	0.25	18.39	11.08	11.31	12.30	10.95	11.94	2.28亿	1.82	种植业	海南
20	601999	出版传媒	4.59	7.07	0.31	7.07	7.08	70714	1	0.00	1.28	6.74	6.76	7.43	6.63	11.83	5044万	3.51	出版业	辽宁
21	002280	新世纪	2.87	12.91	0.36	12.90	12.91	28053	413	0.23	7.87	12.42	12.55	13.54	12.11	11.39	3603万	2.92	软件服务	浙江
22	000723	美锦能源	1.78	12.58	0.22	12.58	12.59	38695	320	0.07	3.97	12.11	12.36	13.30	11.90	11.33	4889万	0.87	焦炭加工	山西
23	002596	海南瑞泽	4.70	25.82	1.16	25.81	25.82	18.0万	4561	-1.26	44.71	24.30	24.66	26.78	24.00	11.27	4.58亿	1.04	其他建材	海南
24	600986	科达股份	4.55	5.97	0.26	5.96	5.97	13.7万	116	-0.16	4.10	5.65	5.71	6.15	5.51	11.21	8107万	1.33	建筑施工	山东
25	600851	海欣股份	3.18	6.17	0.19	6.16	6.17	14.8万	56	0.32	2.01	5.88	5.98	6.55	5.88	11.20	9269万	2.06	纺织	上海
26	600146	大元股份	-3.56	11.37	-0.42	11.37	11.38	21.9万	15	-1.04	10.97	11.39	11.79	11.93	10.61	11.20	2.50亿	1.07	塑料	宁夏
27	300188	美亚柏科	5.18	24.99	1.23	24.98	24.99	11986	151	0.52	4.44	23.68	23.76	25.80	23.14	11.20	2982万	3.12	软件服务	福建
28	600354	敦煌种业	10.08	6.55	0.60	6.55	–	25.8万	23	0.00	5.90	5.93	5.95	6.55	5.89	11.09	1.65亿	2.34	种植业	甘肃

常规▲　分类▲　个股拉升　板块吸筹　板块拉升　即时决策　决策信号　资金选股　A股　中小　创业　B股　基金　AH对照　板块▲　自定▲　板块指数　自选　港股▲　期货与商品▲　基金与宏观▲　外盘外汇▲

从波动最大的地方开始

图例 193　从波动最大的地方开始训练自己的判断能力

交易员在自我训练的时候，要学会从振幅排名榜里精选具有操作价值的品种，在挑选的时候，要多考虑出现宽幅震荡的时间节点、空间位置、已有涨幅、量能大小、板块联动等相关因素。如果备选品种处于启动拉升的初期、空间位置的低位、上升幅度偏小、所属板块联动等情况下，那么初次出现宽幅震荡正好是做盘资金加大操盘力度的起始时机。这时候，我们要紧紧跟随做盘资金的步伐，踩准股价波动的节奏，顺势而为，积极高抛低吸。这时候波动幅度大，正好是反复滚动套利、高频交易的大好时机。近年来，很多游资、私募甚至一些公募基金，都喜欢采用滚动操作的方式做盘。我们只要紧紧跟住它们的步伐，踩准上窜下跳的节奏，就可以在实战中反复训练自己的跟进能力，进而快速提高自己的套利能力。

自我训练方案四：从换手最高的地方开始

滚动交易系统的主题关键词是紧扣热点，快速转换，高频交易，滚动复利。怎样才能做到这一点呢？对于交易员来说，可以从换手最高的地方开始训练自己的判断能力，进而学会紧扣热点、快速转换、高频交易、滚动复利。在这里注意关键词是换手最高。这个最高可以是一个点，即某一只股票，也可以是一个面，即几只或者十几只、几十只股票。我们说换手率最高的意思是请各位多关注换手率很高的品种。换手率高，说明活跃程度高，交投活跃。我们可以从换手率排名榜来查看换手率高的品种，查看的方法有两种，一种是盘后静态的查看，一种是盘中动态的查看。不管是动态的还是静态的查看，我们都需要注意区分被查品种在出现换手率很高的时候是不是出货走势。如果是，那么这样的品种就不必关注了。如果不是，那么就必须大力关注，并及时把握其中的套利机会。参见图例 194 所示，通常情况下，我们在选股的时候，要摒弃换手率比较小的品种，可以从换手率排名榜一路往下看，逐一查看换手率高、短期内涨幅小、技术状态低位、空间位置低位的所有品种，把具有操作价值的品种筛选出来，放入股票池跟踪分析。对于换手率很高的次新股，要重点关注。

在这里特别说明一下，很多人一说到高换手率就马上条件反射，斥之为庄家出货。实际上这是很无知的说法。换手率很高并不一定是出货行为，而是做盘资金反复滚动套利、反复倒腾的结果。近年来，市场上出现了很多全新的做盘手法，比如在低位区域反复出现大红大绿的大型 K 线、长量柱高换手、宽幅震荡、长上下影线等操纵手法，这些手法归结起来，其实都与做盘资金高频交易有关系。作为交易员，我们要适应市场的变化，学会在市场变化中找准自己的角色定位，然后顺应时势，快速转换。对于

行情报价 | 资金驱动力 | 资金博弈 | DDE排名 | 多空阵线 | SUP统计 | 财经日历 | 新股日历 | 社保重仓 | 利好利空 | 年/中/季报 | 特色选股 | 软件选股 | CPI指数

	代码	名称	涨幅%	现价	涨跌	买入价	卖出价	总量	现量	涨速%	换手%↓	今开	昨收	最高	最低	振幅%	总金额	量比	细分行业	地区
1	300319	麦捷科技	10.02	19.10	1.74	19.10	–	66399	261	[illegible]	62.06	17.87	17.36	19.10	17.80	7.49	1.22亿	3.18	元器件	深圳
2	002688	金河生物	-3.65	30.92	-1.17	30.92	30.93	13.7万	2134	-0.25	50.45	31.45	32.09	33.80	30.68	9.72	4.43亿	1.01	化学制药	内蒙
3	002596	海南瑞泽	4.70	25.82	1.16	25.81	25.82	18.0万	4561	-1.26	44.71	24.30	24.66	26.78	24.00	11.27	4.58亿	1.04	其他建材	海南
4	300301	长方照明	9.99	22.57	2.05	22.57	–	11.9万	51	0.00	43.96	22.20	20.52	22.57	21.66	4.43	2.65亿	17.66	半导体	深圳
5	300331	苏大维格	6.30	[illegible]	[illegible]	[illegible]	[illegible]	[illegible]355	762	0.40	41.52	24.89	25.41	27.93	24.71	12.67	1.72亿	1.39	元器件	江苏
6	601789	宁波建工	7.88	[illegible]	[illegible]	[illegible]	[illegible]	[illegible].4万	156	1.27	35.36	7.85	7.36	8.01	7.60	5.57	2.77亿	6.76	建筑施工	浙江
7	300339	润和软件	-4.09	[illegible]	[illegible]	[illegible]	[illegible]	[illegible]0497	688	0.00	31.53	23.51	24.19	23.59	21.78	7.48	1.37亿	0.60	软件服务	江苏
8	002686	亿利达	3.88	[illegible]	[illegible]	[illegible]	[illegible]	[illegible]1339	1486	0.00	31.47	20.88	21.13	22.18	19.89	10.84	1.51亿	1.34	专用机械	浙江
9	300334	津膜科技	4.23	[illegible]	[illegible]	[illegible]	[illegible]	[illegible]1556	1563	0.19	28.12	24.20	24.61	26.76	24.11	10.77	2.07亿	1.34	专用机械	天津
10	002629	仁智油服	3.19	[illegible]	[illegible]	[illegible]	[illegible]	[illegible]7689	1609	0.59	27.15	21.50	21.30	22.24	20.86	6.48	1.68亿	0.78	石油贸易	四川
11	002687	乔治白	2.50	21.72	0.53	21.72	21.73	51868	736	-0.36	21.04	20.90	21.19	21.82	20.34	6.98	1.10亿	0.86	服饰	浙江
12	300336	新文化	3.05	27.70	0.82	27.69	27.70	48833	410	0.03	20.35	26.45	26.88	28.40	26.21	8.15	1.34亿	1.01	影视音像	上海
13	300084	海默科技	-4.04	13.05	-0.55	13.05	13.06	13.4万	4548	0.38	19.79	13.13	13.60	13.43	12.54	6.54	1.74亿	0.66	石油开采	甘肃
14	002459	天业通联	4.17	11.25	0.45	11.24	11.25	26.6万	4406	1.26	19.60	10.88	10.80	11.41	10.55	7.96	2.90亿	1.30	工程机械	河北
15	300087	荃银高科	8.73	17.19	1.38	17.18	17.19	92986	1727	0.76	19.42	15.76	15.81	17.39	15.76	10.31	1.57亿	1.33	种植业	安徽
16	002684	猛狮科技	-1.38	34.40	-0.48	34.40	34.41	24961	417	-0.02	18.77	34.00	34.88	35.75	33.51	6.42	8710万	0.79	电气设备	广东
17	600209	罗顿发展	10.02	7.03	0.64	7.03	–	69.1万	2	0.00	18.41	6.55	6.39	7.03	6.23	12.52	4.68亿	3.08	综合类	海南
18	300189	神农大丰	3.27	11.68	0.37	11.68	11.69	19.5万	1365	0.25	18.39	11.08	11.31	12.30	10.95	11.94	2.28亿	1.82	种植业	海南
19	300262	巴安水务	3.07	18.82	0.56	18.82	18.83	61307	793	-0.15	18.36	18.38	18.26	19.57	18.25	7.23	1.17亿	1.45	环境保护	上海
20	600272	开开实业	-3.69	12.26	-0.47	12.22	12.23	29.3万	9	0.24	18.31	12.99	12.73	13.00	11.83	9.19	3.58亿	1.71	服饰	上海
21	002586	围海股份	5.97	15.62	0.88	15.62	15.63	11.4万	1934	0.32	17.58	14.85	14.74	16.18	14.69	10.11	1.76亿	1.99	建筑施工	浙江
22	300085	银之杰	-1.08	9.18	-0.10	9.18	9.19	64886	529	-0.21	17.13	9.65	9.28	9.65	8.86	8.51	5997万	4.43	软件服务	深圳
23	002633	申科股份	-7.13	8.86	-0.68	8.86	8.87	63529	806	-0.78	16.94	9.35	9.54	9.35	8.63	7.55	5638万	0.70	机械基件	浙江
24	300270	中威电子	2.88	23.54	0.66	23.54	23.55	24971	476	0.17	16.65	22.79	22.88	23.90	22.50	6.12	5767万	1.73	通信设备	浙江
25	002568	百润股份	-2.75	29.38	-0.83	29.37	29.38	44310	581	0.65	16.60	29.14	30.21	30.40	28.72	5.56	1.30亿	0.74	食品	上海
26	601388	怡球资源	-5.36	15.00	-0.85	15.04	15.05	16.9万	30	0.26	16.08	15.69	15.85	15.74	14.80	5.93	2.57亿	1.96	铝	江苏
27	300335	迪森股份	3.51	15.93	0.54	15.92	15.93	55065	1042	-0.12	15.79	15.10	15.39	16.00	15.02	6.37	8650万	0.65	燃气供热	广东
28	002468	艾迪西	0.51	9.81	0.05	9.80	9.81	13.5万	1190	-0.50	15.60	9.60	9.76	10.16	9.45	7.27	1.33亿	1.34	其他建材	浙江

从换手最高的地方开始

常规▲ | 分类▲ | 个股拉升 | 板块吸筹 | 板块拉升 | 即时决策 | 决策信号 | 资金选股 | A股 | 中小 | 创业 | B股 | 基金 | AH对照 | 板块▲ | 自定▲ | 板块指数 | 自选 | 港股▲ | 期货与商品▲ | 基金与宏观▲ | 外盘外汇▲

图例 194 从换手最高的地方开始训练自己的判断能力

初交易员来说，我们不要企图战胜市场，而要在市场激烈波动中分一杯羹，赚取属于自己的那一份。要做到这一点，就要学会每天紧紧盯住换手率排名榜，紧紧盯住那些高换手的品种，因为每一天最热门的投机品种就出没在其中。我们需要在最热门、最活跃、最具有投机价值的品种快速进出，才有可能顺利地完成自己的训练目标。

二、明确目标，树立信心

实际上，滚动交易系统属于高难度的操作系统，要做到熟练运用绝非一件容易的事。所以，如果你有志于学习和掌握这套系统，首先要从极小的目标训练自己。训练的时候，首先要明确我们的目标，我们做交易的目的就是要在股市上赚钱。赚多少呢？这就是目标。刚开始的时候，我们要设定最实在的、能做得到的盈利目标：每周就赚一个百分点。等你做到了这个貌似很小的训练目标之后，再把它改为每一个交易日赚取一个百分点。一个百分点是什么概念呢？打个比方说，你投入学习训练的起始资金是 10 万元，那么一个百分点就是 1000 元。扣除各种费用之后，要赚到一个百分点还真不是一件容易的事。所以不要贪心，要以自己能把握的、做得到的目标为目标。否则，不切实际的目标对自己毫无用处，起不到激励自己的作用，起不到训练自己的作用。与其这样，不如把目标放低一些，然后做到做好。

在这里我们特地说明一下，如果你有心成为职业投资者，成为以交易为生的居家交易者，那么这样的训练是必不可少的。如果你不能在股市上每周赚到钱，那么何以为生呢？假设我们投入操作的资金非常之小，就算是10万元吧。那么，如何利用这区区的10万元在股市上谋生呢？你首先要算一下自己的每一个交易日能够赚到多少钱？为了赚到这些钱该买什么股票？每一次买多少股？万一买错了要亏钱怎么办？如何应对？等等。为了明确自己的目标，你需要把有可能遇到的问题逐一列举出来，逐一分析，并寻找可能是最佳的解决方案。然后，我们从最容易做得到的地方入手，试探性实施。当我们不断地取得小小的成功之后，我们的信心就会被树立起来，朝着更高的目标迈进。目标从小到大，从易到难，这是我们自我训练的基本原则。请各位在设计自己的自我训练目标的时候，参照执行。

三、设计适合自己的训练模式

当你经过刻苦的自我训练，熟练地掌握了前边介绍的四套自我训练方案，并且在实战中轻而易举地做到每个交易日赚取一个百分点的时候，那么你的自我训练可以进入一个更高的层次，学习和使用我们特地为交易员训练而设计的、最频繁的交易模式：三日交易技法。这个交易技法也叫三日战法，是我们很多年前策划出来的。在这里介绍一下，供大家参考。

所谓三日战法，就是指在深入细致的调研之上选好操作目标之后，第一个交易日进场建立基础仓位，第二个交易日快速转换、高频滚动、反复套利，第三个交易日出场休息或者换股操作。为了更好地利用交易时间、提高交易绩效，我们可以把一周交易时间安排如下：

周一：进场建立基础仓位。

周二：快速转换高频套利。

周三：清空筹码换股操作。

以上构成第一个三日战法循环圈。

周三：进场建立基础仓位。

周四：快速转换高频套利。

周五：清空筹码换股操作。

以上构成第二个三日战法循环圈。

这样安排交易时间，我们的交易绩效就有可能变得更为理想。

在这里各位需要注意周三这个时间节点，它是跨界的，同时兼顾前后两个循环圈。因此，在资金调度上要考虑周全，避免出现疏漏，以免影响操作，进而影响全部训练计划实施。

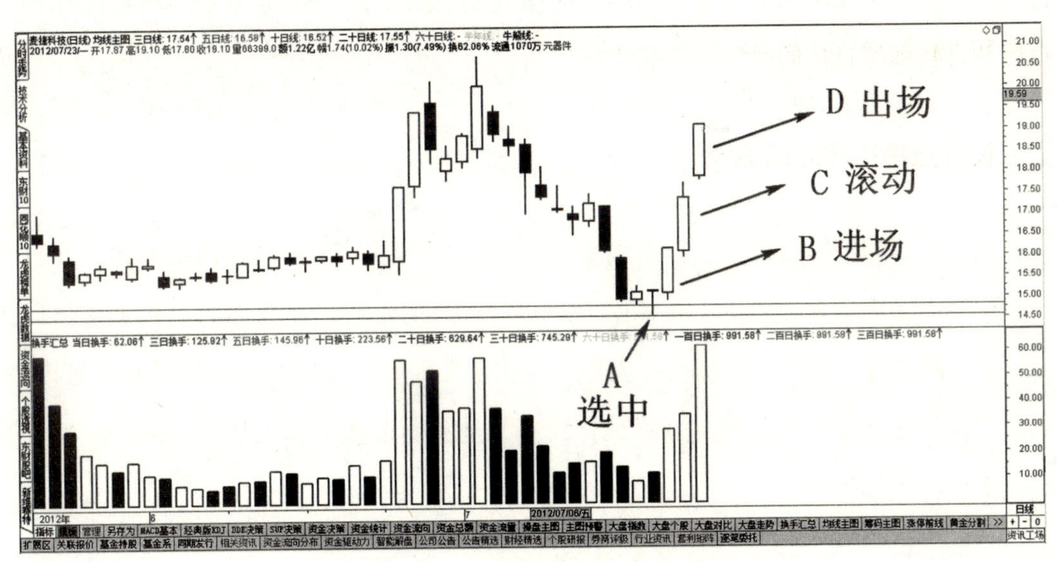

图例 195　三日交易技法实战应用示意图

图例 195 所示的是常见的三日交易技法在实战中的应用。图上标注 A 的地方，是带有很长下影线的 T 型线，我们在复盘时运用自我训练方案三选出这个股票。从 K 线形态结构来说，这是非常典型的止跌 K 线信号。前边我们已经介绍过不创新低买入法，我们就是根据这个方法在图上标注 B 的这一天开始进场建立基础仓位。为什么要选择这一天进场？为什么这一天可以进场？请各位复习一下前边介绍过的不创新低买入法，在这里就不重复了。

买进之后，当天不能卖出，只能看做盘资金表演。从当天的走势来看，低点比前低要高不少，高点是直接以最高价收盘的大阳线最高点，比前一天的高点高出很多。很显然，从K线形态结构来说，这是一根低位启动大阳线，是做盘资金发起攻势的信号。后市坚定看多。

图上标注C的地方是进场的第二天形成的K线，这一天出现了上影线和下影线，带有滚动的特征。我们在这一天全力滚动，盘中做了几个来回。当天的振幅达到10%以上，属于波动很大的类型。也就是说，在低点买进的部分滚动仓，在高点卖出时，最大滚动套利值达到了10%甚至更多。掐头去尾，减去滑价因素造成的价差，滚动套利值至少也可以达到5%甚至更多一些。也就是说，通过滚动套利，当天的滚动仓可以获得5%以上的收益。

在图上标注D的地方，是建仓后的第三天，这一天就不要再买进滚动仓了，在操作上，只是不断地寻找高点，分批卖出。你可以采用多批次的方式逐渐卖掉基础仓位，也可以在尾盘的时候分三次卖出。如果仓位比较重，就不要一次性卖出，否则后果会很严重的。在这里需要说明的是，接下来股价也许还会疯涨很多，但是我们的训练模式就是这么设计的，第三天要坚决执行纪律，卖出基础仓，回笼资金，以备统一调度。不要因为它的涨势良好而随意改变训练计划。你可以根据市场的变化修改操作计划，但是千万不能随意操作。当你藐视纪律随意下注的时候，灭顶之灾就已经盯上了你，而且离你越来越近了。总而言之，在自我训练阶段，一定要严格执行各种纪律，养成良好的交易习惯，改掉各种陋习，使自己成为行为高尚、品格优良、意志坚强、绩效出众的交易高手，不断向更高目标迈进。

第二节 中级交易员滚动操盘修炼方法

前边已经说过，对于中级交易员来说，经过了初级交易员阶段的反复锤炼之后，已经掌握了交易的基本技能，养成了良好的交易习惯，已经具备了在股市上生存的基础条件，并且能够熟练地根据不同的市场环境进行不同的交易。因此，进入中级交易员阶段需要学习的内容和训练的项目就多了很多，比如，需要学习在不同市道如何配置资金、如何根据市场环境布局仓位，如何使自己的交易系统更加完善，如何获得更高的胜率，等等。在中级交易员阶段，因为操作的资金更多，需要考虑的问题也就更多。这时候，就不能再停留在初级阶段的思路上，不更再像流寇那样打一枪换一个地方，而要建立根据地、巩固根据地，尽可能拥有自己的地盘，并进一步学习更多的内容，修炼更多的项目，向更高的目标迈进。这个时候往往是最忙、最辛苦的。但是，也是最充实、最丰富多彩的。

如果说初级交易员是训练自己成为匠的阶段，也就是成为交易能手阶段，那么中级交易员就必须尝试由匠向将的转变，训练自己的判断能力、调度能力、应变能力、协调能力和组织能力，逐步提升自己的管理才能，奔向更高的目标。在这个阶段里，需要重点训练的内容包括以下几个方面：一是资金管理技术，二是仓位调控技术，三是项目策划技术，四是情绪监测技术。这些内容是成为杰出交易员所必须掌握的，也是成为顶级交易大师的基础修养。我们在训练自己的时候，不要满足于每个交易日能够赚到多少钱，那只是交易的初级境界，而要在能够稳定地赚到钱的基础上，学习如何赚得更多、赚得更顺手、赚得更诗化。也就是说，要使我们的交易更加完美，要使我们的交易更加合理、正确、富有美感，最终使我们的交易合乎天道，顺乎时势，这时候我们追求的是股道、人道、天道合而为一。当我们经过反复修炼，接近或者达到这样的境界的时候，我们就已经完成了中级交易员的修炼，进入高级交易员的圈圈，同时我们又有了更新的、更高的修炼目标了。

自我修炼方案一：学习资金管理技术

自我修炼方案二：学习仓位调控技术

自我修炼方案三：学习项目策划技术

自我修炼方案四：学习情绪监测技术

关于上边四个方面的修炼内容，不在本书的讨论范围之内，在这里就不作展开了。本书是《滚动交易系统》的应知应会篇，涉及的内容是滚动交易系统最核心、最根本、最常用同时也是最需要首先掌握的入门部分。请各位首先花足够的时间，把这部分内容学通、学懂、学透、学精，之后再考虑学习更高层次的内容。学习需要由浅入深、从易到难、循序渐进，学习需要用递进的方式逐级进阶，这样才能学的更扎实、更有效、更有用、更科学。因此，当你第一次接触滚动交易系统，刚开始学习的时候，不要企图一下子全部学完。那是不可能的，也是不可取的。囫囵吞枣的做法不利于消化，最终也不利于健康。学习也一样。

第三节　高级交易员滚动操盘修炼方法

当我们的学习进入高级阶段的时候，对于高级交易员来说，赚钱已经不是唯一的追求，更不是刻意追求的事了，而是自然而然的事。也就是说，在高级交易员阶段，我们已经做到顺应天道、合乎时势，已经将股道、人道、天道融合为一体，三合一，融汇成自己的学养、素养。在这个阶段，盈利只是正确交易的时候自然而然产生的结果。这时候，学习的内容和修炼的项目和中级交易员相比已经截然不同，更多的是从哲学的高度去考虑问题，从心智训练的角度提升自己的交易质量。这时候，我们要修炼的不再是交易技能，而是交易智慧。通过日常交易修炼我们的心智，使我们的智慧得以提升，使我们的人生达到更高的境界。这时候，我们的交易需要变得更加从容、更加笃定、更加融通。当我们实现了从交易技能向交易智慧转变之后，整个市场不再是看花是花的市场，而是为我所用的看花还是花的市场，你在上边着力不多，但市场却给你丰厚的回报。这个时候，交易不再是赚钱的手段，而是修心养性的一种途径。总而言之，此时追求的不再是初级阶段的金钱，中级阶段的梦想，而是追求交易的最高境界，借助交易达成人生的圆融通达。

在高级阶段，我们的修炼需要努力尝试由将向帅的转变，为了达成这个目标，我们需要学习更多的东西，这些东西和交易本身没有直接的关系，但又从更高的层次、更深的角度影响着、甚至左右着我们的交易。这就是对交易之道的学习、研习、温习。学习是起步阶段，研习是深化阶段，温习是得到阶段。经由起步、深化、得到三个阶段之后，交易之道融汇于我们的大脑，植根于我们的意识之中，成为我们日常思维的重要分子。到了这个阶段，我们的修炼就已经达到了高阶境界，但是，却不是终极境界，更不是终止境界。修炼需要伴随我们一直进行下去，生命不息，修炼不止。修炼不是一时一地的，而是永恒的。修炼恒久远。在高级阶段，我们的修炼不再是很具体化的，却是很自觉化的。这些修炼包括：

自我修炼方案一：读书，广泛地涉猎

自我修炼方案二：旅游，阅名山大川

自我修炼方案三：静修，炼智和炼止

自我修炼方案四：保健，蓄养精气神

高级阶段的修炼需要自觉，这是自我升华的阶段，因此，自我管理是这个阶段重要的课题。管好自己，天下无敌。这时候，你会明白，人生最大的对手不是别人，而是自己。成功最大的障碍不是客观因素，而是主观努力。这时候，你不再抱怨，而是努力自省。自律、自觉、自省，这三者被视为最重要的修炼手段。借助它们，你不断的修炼，不断地进步，不断地迈向新的目标，不断地进入新的境界。修炼恒久远，修炼无止境。关于高级阶段的修炼内容，已经远远超出了这本书的讨论范围，就不做展开了。具体的修炼内容和方法，我们将在《滚动交易系统·心智修炼篇》做详细的讲解。

后记 滚动复利是成功人生的秘诀

在本书的最后，我们再来说说这本书适合什么人阅读？在回答这个问题之前，先来看看李嘉诚先生的创富故事。李先生从16岁开始创业，白手起家，到84岁时，经由68年的滚动复利，家产就已经超过260亿美元。260亿美元啊！对于普通人来说，这是一个惊讶不已的天文数字，是难以想象的、难以置信的，但是李嘉诚做到了。为什么能做到呢？那是因为滚动复利的缘故。再说一次，那是滚动复利的缘故！滚动复利就这么神奇！现在我们来仔细算一下就会明白了：如果我们有10000美元，每一年复利达到24.8%，那么会有怎样的结果呢？自己计算一下，不算不知道，一算吓一跳。用同样时间，我们就可以做得比李嘉诚还要出色。由此可见，滚动复利的魔力有多么神奇，多么了不起，多么令人难以置信。

滚动复利的适用范围很广泛，它适用于其他领域，更适用于证券市场。在中国股市上，一年的涨幅达到或者超过24.8%的品种不少吧？即使是最烂的熊市，也会有涨幅达到或者超过24.8%的品种吧。对于小资金而言，我们甚至可以在一两个月的时间里获得比这高得多的收益。因此，年收益率达到或者超过24.8%的市场基础是存在的。也就是说，假如我们能够好好运用滚动交易系统，那么我们就可以在股市上实现滚动复利的创富梦想。本书就是写给那些有志于在股市实现创富理想的投资者阅读的。和任何行业任何领域一样，人生成功的在于恒定，在于持续的努力与坚持。如果你是志向远大的人，如果你是坚持不懈的人，如果你是矢志不移的人，如果你是坚忍不拔的人，那么，本书就适合于你阅读。

当今世界上，有许多成功的投资者就是充分利用滚动复利的力量取得成功的。不要抱怨，要恒定。如果现在你还是一个小虾米级的投资者，只要你有10万元本金进行投资，每年保持30%的复利收益率，那么只需要经过18年的时间，你就能够成为家财超过千万元的投资者。你有信心坚持下去吗？如果有，本书就适合于你阅读。那么怎样阅读这本书呢？本书是《滚动复利理论》的第一部，主要讲述滚动交易系统的核心内容，在阅读的时候，建议首先阅读本书的第十章，首先了解滚动交易系统的修炼方法，然后坚持每天修炼，使自己渐入佳境，达到恒定的境界。然后，再阅读本书的第二章，全面了解滚动交易系统的盈利策略。策略先行，稳健制胜。这是我们一贯倡导的投资理念。当你熟悉之后，尝试着建立自己的投资策略，用策略指导你的投资实践。本书的第九章讲述的是滚动交易系统风险控制措施，也建议你首先阅读，并且做到身体力行，知行合一。在股市上，我们每一次做交易，都首先要考虑风险有多大，值不值得参与。只有建立起足够的风险意识之后，我们才能够在股市上长久生存。本书讲解的是滚动交易系统，枯燥乏味，你可能难以卒读。为了确保阅读有成效，建议你打开通达信金融终端行情软件，对照阅读，如果有什么疑难问题，及时记录下来，查询资料或者给我发邮件。我的邮箱是：caopanxue@ qq. com，切磋技术，交流心得，提高水平，共同进步，这是我的心愿，也是我写作这本书的初衷。

写到最后，搁笔之前，我要告诉大家一句话：滚动复利是人生成功的秘诀！当你深入细致阅读这本书，并且身体力行努力实践，深思之感悟之，屡有心得、屡有斩获、长久稳定盈利的时候，你就会明白我的话并非虚妄之言。如果你笃信这句话，那就力行吧。人生的成功就在不远处等着你，人生的成功一定属于你！

罗振文

2012 年 8 月 8 日

写于广州